瓦尔特·温克和他的部队

韩磊 董旻杰 著

吉林文史出版社
JILINWENSHICHUBANSHE

图书在版编目（CIP）数据

瓦尔特·温克和他的部队 / 韩磊, 董旻杰著. -- 长春：吉林文史出版社, 2019.6
　　ISBN 978-7-5472-6230-6

Ⅰ.①瓦… Ⅱ.①韩… ②董… Ⅲ.①瓦尔特·温克－生平事迹 Ⅳ.①K835.165.2

中国版本图书馆CIP数据核字(2019)第100344号

WAERTE·WENKE HE TADE BUDUI
瓦尔特·温克和他的部队

作者 / 韩磊　董旻杰
责任编辑 / 吴枫　特约编辑 / 刘晓
装帧设计 / 周杰
策划制作 / 指文图书　出版发行 / 吉林文史出版社
地址 / 长春市福祉大路 5788 号　邮编 / 130118
印刷 / 重庆长虹印务有限公司
版次 / 2019 年 6 月第 1 版　2019 年 6 月第 1 次印刷
开本 / 787mm × 1092mm　1/16
印张 / 30　字数 /400 千
书号 / ISBN 978-7-5472-6230-6
定价 / 129.80 元

序

　　第二次世界大战结束已经70多年了，中国人来研究二战时期万里之外的一位德国将领，这在许多人看来多少有点匪夷所思。虽然这位将领的名字对许多中国军事发烧友来说谈不上熟悉，远不如曼施泰因、古德里安和隆美尔等人耳熟能详，但他在二战结束后的德国的知名度却丝毫不比那些战功赫赫的将帅们差，这是由他勇敢、正直和善良的优秀品质决定的。

　　瓦尔特·温克不是一个普通的德国军人，在某种程度上，他的戎马生涯反映了在那个大时代背景下整个德国的军事实力和历史发展过程，以及军人们在其中发挥的作用和必须承担的责任，我们这辈人应该能从中学习到很多东西——如何在顺境中脚踏实地，如何在困境中坚忍不拔，如何在领袖的强压下坚持自我，如何在良知、正义、责任和誓言面前做出正确的选择。

　　人的一生是极其复杂的，无法用简单的是与非来评价，身处不同的阵营，持有不同的意识形态更不是一个人的原罪。因此在我看来，韩磊和董旻杰先生的这部《瓦尔特·温克和他的部队》不但是瓦尔特·温克装甲兵上将一生的写照，更是那个疯狂时代的国际形势与思潮碰撞的写照。

　　比起古德里安或者曼陀菲尔等更为声名显赫的装甲兵将领，瓦尔特·温克似乎稍显低调，从普通的装甲师首席参谋开始，他一直是以参谋长的角色在军事主官的背后默默耕耘乃至运筹帷幄。胜利时最耀眼的光环不会落在他身上，失败时巨大的责任和繁杂的实务却需要他来承担，他的个人能力和优秀品质使他在任何时刻都能获得与他搭档的将领的极高评价。到了战争末期，他作为古德里安的副手更被其视作自身衣钵的继承者，乃至柏林围城时的希特勒都把他看成最后的救命稻草。所以，在国内军事圈对其他德军将领有了相对饱和的研究和介绍之后，我们将目光放在温克等人身上，应该显得水到渠成。

韩磊和董旻杰先生都是国内军事爱好者的前辈。韩磊先生早年留学德国，在二战德国空军的研究领域做出了很大贡献。他撰写的《血色夜空：二战英德夜间空战实录》《决死天空：二战末期德国昼间空战》是国内最早出版的关于德国空军夜间及昼间国土防空作战方面的著作，是中文版本中相关研究内容的开拓者。

董旻杰先生，是本人投身到军事历史研究领域的领路人之一。早在十几年前，董旻杰先生就身体力行，投身于军事历史作品的出版，为读者奉献了许多优秀的军事历史出版物，并与国内外的军事历史爱好者互动颇多。董先生对二战史尤其是德军战史进行近二十年之研究，曾撰写了《沸腾的雪》这样近百万字的鸿篇巨制，在国内二战欧洲战场阿登战役的研究成果方面至今无人能出其右。

现在韩磊先生和董旻杰先生以其丰富的人生经历、翔实的史料，撰写出这样一本人物传记，可以说是心血之作。而心血凝结成的作品，其质量是值得肯定的。

观之国内目前蓬勃发展的军事出版事业，尽管产品数量众多，但我们不得不遗憾地承认，质量上乘的军事读物并不多。相信本书能够在这些读物中鹤立鸡群，甚至树立一种典范，这也是本书理应达到的一个高度。

前言

在1982年5月22日，风和日丽的清晨，一群白发苍苍的老军人来到德国黑森州（Hessen）著名的高山疗养地巴特黑斯费尔德（Bad Hersfeld）举行集会，共同悼念他们的老上级瓦尔特·温克（Walther Wenck）装甲兵上将。21天前的5月1日，深受老战友爱戴的温克将军因为一场意外车祸不幸去世，当时他正驾车从奥地利赶回德国，却在奥德边境上发生了交通意外。

与温克共同经历了斯大林格勒（Stalingrad）那个残酷冬天的卡尔-阿道夫·霍利特（Karl-Adolf Hollidt）大将代表老兵致悼词，他在悼词中这样评价温克："……他是二战中德国陆军最优秀的装甲部队参谋指挥军官！"

赫尔曼·巴尔克（Hermann Balck）装甲兵上将在他的回忆录里面写道："我和瓦尔特·温克将军很熟悉，我们之间的合作共事非常愉快，他是我们在二战中最重要的参谋军官和装甲兵将军。"

至于威名赫赫的海因茨·威廉·古德里安（Heinz Wilhelm Guderian）大将，更是将温克看作自己最信赖的副手和继任者。

让我们把目光放回1945年德国的柏林（Berlin）。此时城内一片狼藉，残垣断壁中不时闪过苏德官兵的身影，刺刀、工兵铲、手榴弹……手边所有物件都成了杀人武器。惨烈的巷战达到顶峰，总理府即将失陷。在第三帝国垂死挣扎之际，希特勒依然期待他最信任的温克将军亲率第12集团军前来解救。这位精神处于崩溃边缘的纳粹元首在自杀前14小时发出最后一封电报，电文头一条就是询问最后的救命稻草——温克集团军（Armee Wenck）在哪里？

或许，当元首发现连温克将军都指望不上时，他才彻底失去了希望而自杀。而此时温克正带领着部队苦苦坚守，一边接应突围的特奥多尔·布塞（Theodor Busse）步兵上将的第9集团军，一边为生存而努力。他能做的只是尽可能多地拯救德国士兵和难民，带着他们向易北（Elbe）河的美军防线做最后的撤退。

　　毫无疑问，瓦尔特·温克是二战德军中最好的装甲部队参谋指挥军官。早在1938年，时任第2装甲团1营1连连长的他就因为出众的参谋指挥能力受到上级赏识，成为德军青年军官中的佼佼者。1939年，从担任第1装甲师首席参谋（相当于师参谋长）开始，温克逐渐成长为德军中资深装甲部队指挥官们最喜爱和信赖的参谋军官之一。此后他青云直上，历任装甲军、装甲集团军、集团军群参谋长。二战时，他享有过攻陷波兰和闪击西欧的荣耀；冲在向列宁格勒（Leningrad）和莫斯科（Moscow）挺进的德军装甲铁流的最前沿；在皑皑白雪覆盖的莫斯科和斯大林格勒城下度过了悲惨血腥的冬天；同样也经历了从顿河到第聂伯河，从乌克兰大平原到德国本土艰难而残酷的大撤退。

　　暗杀希特勒事件发生后，温克和古德里安共同在陆军总参谋部苦苦支撑即将崩溃的东线。一场因疲劳引起的车祸使温克不得不离开了维斯瓦集团军群，也离开了陆军总参谋部。当他重返前线时，纳粹德国已面临覆灭，他不得不担负起在盟军东西夹击下指挥1个集团军收拾易北河地区残局的重任。

　　温克将军性格幽默乐观，行事果敢坚定，军事参谋素养一流，指挥组织能力出色。除了能冷静应对突发危机之外，还能灵活处理各种关系。他是一位传统的普鲁士军人，深得士兵们的拥护和爱戴，也是指挥官们最信赖的伙伴。他是一位有着钢铁般意志的前线指挥官，在战斗中经常出现在阵地最前沿，在撤退时则留在最后，无论身处何等绝望境地，都不会放弃最后的努力，不会抛弃他的士兵。他更是一位特立独行的将军，不仅能用自己的言行来鼓舞士气，也能在上级乃至希特勒面前直言不讳。他可以骑着摩托车跟着装甲兵和掷弹兵们一同冲向战场，同样也会骑着摩托车一直冲到元首大本营的门前。

　　温克将军在二战中的经历仿佛是同时期德军装甲部队的一个非常具有代表意义的缩影，他的成长历程和二战期间的军事生涯轨迹，可以让我们清晰地看到一部德军尤其是装甲部队的二战史。

目录

一

初着戎装
从军校到青年军官

1900年9月24日，在德国萨克森—安哈尔特（Sachsen-Anhalt）州维滕贝格（Wittenberg），一个有着浓厚的人文主义氛围的城市，瓦尔特·温克呱呱坠地。他出生在一个传统的军人家庭，温克的父亲马克西米利安·赫尔曼·弗里德里希·温克（Maximilian Hermann Friederich Wenck）当时在维滕贝格步兵团任团部副官。小温克出生1年后，他的父亲晋升为上尉，遗憾的是不久以后就因为身体原因退出现役。他的母亲名叫海伦·吉贝勒（Helen Giebeler），是一个美丽善良的女性。

第一次世界大战爆发后，马克西米利安·温克被重召回部队，任第15后备师的上尉军官。1914年8月4日，他成为第12后备步兵团的连长，同年12月22日，他转任第53后备步兵团2营营长，后晋升为少校。1916年8月6日，再转任第75后备步兵团4营营长。此后，他又被调到第187步兵团任2营营长。1918年，作为1个后备步兵团的中校团长，老温克亲率一支特别部队冲到了位于俄罗斯高加索（Caucasus）地区的库班（Kuban）。当年10月，他被调回西线的第187步兵师任职。一战结束后，身体不佳的老温克再次退役，随后担任不同公职，于1945年3月13日去世。

温克身为家中的第三个儿子，从小就浸淫在普鲁士军事传统教育之中，并将踏上从军之路视为这一生中最为荣耀的事业。温克和他的哥哥们先后被送到了瑙姆堡（Naumburg）预备军官学校（Cadet School）。预备军官学校的历史，可以追溯到多年前的勃兰登堡选帝侯时代，在德意志帝国时期已经发展成九年

在瑙姆堡预备军官学校学习期间的温克。预备军官学校并非从小就教育学员如何行军打仗、排兵布阵，课程设置只是比普通中学更精致，以文化和艺术课程为主，但是日常生活则完全是军事化管理。各类条令规范异常细致，对学员的行为举止有着严格要求，数年的学习生涯能够将一个个懵懂少年培养成吃苦耐劳、坚忍不拔、讲究纪律和服从，对国家与皇室忠贞不贰的军人。

制军事义务教育的小学和中学。虽然瑙姆堡预备军官学校是德国8大预备军官学校中建立最晚的一个（创建于1900年），但设备新，条件好，师资力量雄厚。当小温克于1911年来到瑙姆堡的时候，他的大哥已经毕业，进入号称德国"西点"的柏林利希特菲尔德中央军校（Lichterfelde，位于柏林市区西南）深造。这所军事学院可谓德意志将星的摇篮，众多威名赫赫的德国陆军将帅先后从这里毕业，成为温克的学长。第一次世界大战爆发后，温克的两位兄长先后在战争中阵亡，连他在预备军官学校的10名教官也有3人在战场上丧生。

温克的大哥赫尔穆特·温克（Helmut Wenck）比三弟大4岁，一战爆发时18岁的他入伍参战，在比勒费尔德（Bielefeld）的第131步兵团补充营服役。1914年9月9日，他调入第74步兵团开赴前线。年轻的赫尔穆特·温克在战斗中不仅表现勇敢，还显露出领导才华，深得战友们的喜爱和信任。他在身负重伤后被转到了比勒费尔德的军队医院治疗，随后获得了二级铁十字勋章，伤愈后他立刻回到了比勒费尔德的老部队。1915年1月21日，晋升少尉的赫尔穆特·温克回到东线，在第74步兵团任连长。3月17日，他再次身负重伤，这次情况要严重得多，仅仅坚持到第二天深夜就因伤重不治身亡，此时的他甚至还没有年满19岁。

温克的二哥汉斯·乌尔利希·温克（Hans Ulrich Wenck）于1898年10月2日出生在波茨坦（Potsdam）。1917年高中毕业后他和大哥一起加入了第131步兵团，起初在补充营服役，经过短期培训后他被分配到团部，随部队参加了东线的堑壕战。1917年年底，第131步兵团被调到了法国。和他大哥一样，汉斯·温克在部队中的表现也同样优异，1918年1月27日，他被晋升为少尉，然而不到3个月，他就于4月9日在西线大攻势中阵亡，此刻他尚未年满20岁。就这样在短短几年内，还在学校中的小温克就失去了他的两位哥哥，接二连三的打击使得年幼的他深深体会到战争的残酷。

预备军官学校并非从小就教育学员如何行军打仗排兵布阵，课程设置只是比普通中学更精致，以文化和艺术课程为主，但是日常生活则完全是军事化管理。各类条令规范异常细致，对学员的行为举止有着严格要求，数年的学习生涯能够将一个个懵懂少年培养成吃苦耐劳、坚忍不拔，且讲究纪律和服从，对国家与皇室忠贞不贰的军人。

1918年3月，温克以优异的成绩毕业，获得了所有教官的一致好评，顺利结束了在瑙姆堡的学习生活。同年，温克紧随着他大哥的足迹顺利进入了柏林的利希特菲尔德军校，到学兵7连学习。他在这所军校里经历了德国战败投降的时刻，亲身体验到了战败带来的苦楚，不知道年轻的温克在目睹国家的跌宕起伏之后会有什么触动或感想。

1919年2月，温克加入了当时的自由军团（Freikorps）。这是一个由民兵志愿者组成的准军事机构，它的历史可以追溯到普鲁士腓特烈大帝（Frederick the Great）时期。这个组织为日后众多纳粹高官和德军将帅提供了人力资源储备，包括党卫队领袖海因里希·希姆莱（Heinrich Himmler）、副元首鲁道夫·赫斯（Rudolf Hess）、纳粹冲锋队领袖恩斯特·罗姆（Ernst J.Rohm）、党卫队全国副总指挥兼警察上将莱因哈德·海德里希（Reinhard Heydrich）以及最高统帅部长官凯威廉·凯特尔（Wilhelm Keitel）元帅等人。温克在自由军团的日子只有1年，在自由军团解散前参与过柏林的一场骚乱，还受了轻伤。不过年轻的温克显然不是一名极端分子，他是个品学兼优的好学生，并没有参加1920年3月13日自由军团成员发动的企图推翻魏玛共和国的卡普政变。

1920年年初，协约国方面勒令德国解散总参谋部，关闭柏林战争学院和利希特菲尔德军校，从根子上消除从小培养职业军人的军事教育体系。在强大的国际压力下，对温克一生产生关键影响的利希特菲尔德军校被迫于1920年3月宣布解散。直到1920年年底，温克以士官身份在魏玛共和国防卫军（Reichswehr）第5步兵团服役。当时的魏玛防卫军按照《凡尔赛条约》的规定，只有10万人规模（7个步兵师、3个骑兵师），也就是我们常说的"10万防卫军"。可是一战结束后，德国剩余的军队远远不止10万人，能留在防卫军中的往往都是比较优秀的职业军人,很多二战期间决胜千里的德军将帅都来自10万防卫军。他们的早年经历也都比较相似,军校、一战、自由军团、10万防卫军、陆军局(魏玛共和国的陆军总参谋部),然后再从营长团长一路走过来,最后做到集团军指挥官甚至更显赫的职务上。只是温克太年轻,一战结束的时候才18岁,没机会上前线。

1921年1月1日,温克被调到第9步兵团,不久就被选派到慕尼黑步兵学校深造,此时慕尼黑步兵学校的校长是奥托·冯·洛索(Otto von Lossow)少将。1921年11月1日,温克被晋升为候补军官,1年后升为高级候补军官。1922年7月12日,冯·洛索少将发布了一条军校嘉奖令:"第二期学员班的候补军官温克、海涅、克拉尔和维特在阿梅尔(Ammer)湖发现两位溺水的妇女后,毫不犹豫地跳下水救起了她们,我在这里对他们表示特别嘉奖……"

在慕尼黑学习期间,他第一次遇到了当时还是上尉的海因茨·古德里安。1922年1月—4月期间,古德里安正担任巴伐利亚第7摩托化运输营营长,当时这位装甲大师正在进行一个调研工作,题目是"机械化部队在未来战争中的应用",显然双方的第一次会面彼此都给对方留下了非常深刻的印象。这次会面对于温克今后的人生也产生了深远影响,甚至决定了其军事生涯的发展方向。古德里安对于这位年轻人也印象颇深,从此以后一直关心留意着他的成长,并且设法将他调到新生的摩托化部队服役。当时谁也不曾料到,在22年之后德国濒临战败之际,两人将在总参谋部一同工作。当然,这是后话了。

1922年8月4日,温克以优异的成绩获得军校第二期学员班的毕业证书,回到第9步兵团3营9连任排长。1923年1月1日,高级候补军官温克在一份宣誓书中签下了自己的名字,宣誓履行"在今后的服役生涯中遵守魏玛防卫军的法律法规"的义务,根据《凡尔赛条约》规定"该义务履行的截止日期为1948年2月1日"。1个月后,温克晋升为少尉。就这样,温克在德国国内极其动荡的一年中成为一名少尉,正式开始了他的陆军军官生涯。22年后,他也将在纳粹德国步入毁灭的这一年晋升为装甲兵上将,并且也最终结束了他在德国陆军的军事生涯。

温克在第9步兵团的军官生涯持续了将近10年，众多职业军官在带兵过程中遇到的各种各样的复杂问题他同样都经历了。例如，如何对那些已经服役多年的老兵进行训练和管理。当时德国陆军有这样的规定：每一位年轻军官或士官都必须成为那些服役期长达12年的老兵的教官，同时团以上部队的炮兵指挥官和参谋长都要能担负代理军事主官的重任。这样一来就对那些担任部队主官的青年军官提出了极其严格的要求，他们必须身先士卒，在各个方面起到表率和模范作用。只有在老兵中建立起足够的威信，才能有效地训练管理他们。

1922年温克在9连任排长时，他的连长是马克思·冯·菲巴恩（Max von Viebahn，后来成为步兵上将）上尉，1923年后他的连长换成了冯·施莱尼茨（von Schleinitz）上尉。在他们的带领下，年轻的温克开始学习如何带兵，如何成为一名优秀的军官。1924年，德国陆军开始使用所谓"木头大炮"的模型来训练部队，也有人根据操作守则称其为"步兵炮"。依据《凡尔赛条约》，德国陆军不能配属火炮，协约国监察委员会发现这个情况后曾提出严正抗议，后来经过几次协商后他们才表示理解和许可。在此期间，温克少尉被派到波茨坦炮兵学校接受了几周的炮兵专业培训，随后他就要担负起连队"炮兵教官"的职责，率领全连开展相应的炮兵技能训练。1926年温克被转调到第12（机枪）连，连长是布鲁诺·冯·乌特曼（Bruno von Uthmann，后来成为中将）上尉。二战爆发前，德国陆军中的优秀军官都会被调到重武器连队，例如机枪连、步兵炮连等专业连队进行培训，在掌握不同武器的专业技能的同时，还要积累如何将重武器与步兵连进行协同的作战指挥经验，进而才能成为一名技能全面的步兵指挥官或者参谋军官。在1923—1928年这段时间里，温克所在的部队先后被调往不同的训练基地，参加了多次阅兵或者游行庆祝活动。

对于当时的德国陆军而言，如何让这些服役期长达12年的士兵们（军官服役期长达25年）保持良好的士气是个非常棘手的问题。对于老兵而言，即便是不停地训练，参加各种庆典活动，或者执行不同任务，漫长的服役期也会显得异常枯燥和乏味。同样，这也意味着他们人生中最宝贵的12年将全部奉献给军队，因此很多人都开始为自己的前途担忧，部队士气也不可避免地受到影响，变得消沉。这样的问题在德国陆军中颇具普遍性，几乎没有连队能够幸免，但是为了能够在条约限制之下最大限度地保持德国陆军的战斗力，德军不得不采取措施，走精兵化道路。只有通过严格而漫长的训练，培养出素质全面的士兵，才能确保一支人数不得超过10万，装备低劣的军队依然具备强大的战斗力。不知是命运的嘲弄还是德国

1926年，转调到第12机枪连的温克少尉。《凡尔赛条约》限制了德国军队的数量，为了在不超出条约限制的情况下尽可能多地培养未来的高级军官，德国人将大量优秀的年轻军官转调到机枪连或步兵炮连等重武器连。在这些连队中，他们将学习如何掌握不同武器的专业技能，以及积累如何将重武器与步兵连协同作战的指挥经验等，从而为他们将来成为合格的步兵指挥官或晋升为高级参谋打下良好的基础。

军官团的顽强生命力使然，《凡尔赛和约》的苛刻条款对德国军队和总参谋部的压制竟然催化出一支精英部队，这支军队的规模虽然很小，但每个人都是种子和灵魂。

为了防止出现重复训练的问题，德国陆军采取了兵员分级制度：每个连队把年龄、服役年龄和接受训练程度相近的士兵归为某一级。如同学校年级一样，级别按年份向上递增，每年针对不同级别的士兵制订不同的训练计划，训练合格的士兵升级，不合格的留级重新接受这个级别的训练。这样的话，那些优秀的老兵就不会毫无意义地重复他们已经精通的基础训练科目，而是可以继续拓展或者深化某方面的专业技能。同样，随着训练有素的士兵数量不断增加，德军的训练科目也不断扩展深入到各个方面：体能训练、射击训练、武器

操作培训、骑术和驾驶培训、实地战术演练（包括不同级别单位的协同作战）和课堂教学等。其中实地战术演练是德军训练的核心内容，只有通过严格的实地战术演练才能训练出真正具备强大战斗力的士兵和战斗部队。依照这样的训练体系，德军首先对单兵进行扎实的实战技能训练，随后把训练有素的士兵编成小的战斗团队演练集体战术（例如班排协同战术），最后再编入较大规模的战斗部队进行演习。在德军的训练时间安排中，单兵授课和演练及步兵小组战斗演练占据的训练时间最多。

温克非常热爱体育运动，也是一名出色的运动健将，他认为体育运动是部队进行体能训练的重要组成部分。因此温克所在连队的官兵在他的影响下都成了体育运动爱好者。有了出色的身体素质保证，部队各项训练成绩自然越来越好。在这段时间里，温克的不懈努力也为其日后出色的参谋指挥技能和战术素养打下了扎实的基础。

1928年2月1日，在第9步兵团3营12连服役的温克晋升为中尉，随后被调到营部担任副官。有意思的是，温克的3任营长均非无名之辈，日后都成了德军中的高级将领。

1928—1930：库尔特·李斯（Kurt Liese）中校（后任陆军装备部部长，步兵上将）。

1930—1932：恩斯特·布施（Ernst Busch）中校（陆军元帅）。

1932：埃卡德·冯·加布伦茨（Eckard von Gablentz）少校（中将，在斯大林格勒被俘）。

在这3任营长中，温克和布施中校的私人关系最为融洽，他在各项工作中的优异表现得到了布施的充分肯定。在德军营级单位中，营部副官是个关键岗位，犹如缩简版的参谋长。首先，副官是营长的"综合参谋"，在各项命令拟定下达以及营长做出决定前，副官都要给营长提出相关的建议；其次，副官还是营部和连队各项信息和关系的"传递者"，是营长和下属部队之间的联系组带,需要负责协调解决各类问题;最后,副官还是营部各类军官和士官的"培训者",在培养年轻军官的过程中担负着极其重要的作用。一名合格的营部副官首先需要的是优秀的个人品质:自律、负责、思维敏捷和行事果断。另一个极其重要的能力就是必须善于处理各类关系,例如和上级部队之间、和友邻部队之间以及营部的管理和人际关系等,从而赢得营长、连长、排长以及士官和士兵们的欢迎和信任。正因为如此,营部副官对于任何一名低级军官而言都是一个极富挑战性的职位,对他们的个人综合素质和组织协调能力都提出了很高的要求。显然,营部副官的经历对于一名青年军官的成长是非常重要和有益的,只有获得了相关资历和经验,才能够为其今后担任更高的参谋或指挥职位打好坚实的基础。因此在德军中,只有非常优秀的青年军官才会被上级挑选作为重点培养对象来担任这个"全能职务"。

28岁的温克完全符合一名优秀营部副官的要求,他幽默、乐观、负责、果敢的个人品质和突出的协调能力能够帮助他很快获得全营官兵的喜爱和信任,从而得以轻松驾驭这个复杂的职位。作为营部日常工作的主要负责人,归他直接管理的单位主要有Ⅰa部门(训练和作战、经济预算、营部乐队和营部日常命令)、Ⅱa部门(军官事务管理)和Ⅱb部门(士官和士兵事务管理)、Ⅰb部门(后勤)、Ⅳc部门(武器装备、靶场、维修加工车间和牲畜)以及Ⅲ部门(纪律和军法管理、奖惩、申诉和营部内部管理)。此外,营部还编有1名通信军官(通信业务、通信人员、设备、邮政和电报等管理),1名负责救济等事务的军官,1名营部会计(部队账目,Ⅳa部门:军服、补给和账目等)军官以及负责民事教育的U部门等。由此可见营部副官实际上等同于综合首席参谋,首先在军事方面他需要担当起作战参谋的角色,配合营长或其他参谋军官制订作战计划、开展地图作业与评估等。其次他需要负责部队的技术装备,处理营部的各类电报信函。最考验能力的是副官还必须清楚地了解并熟悉营长的个性、思维和行为方式,能把营长的意愿准确无误地转为符合部队规范的各项命令,这项"制订命令"的任务要求营部副官具备清晰的头脑、敏捷的思维反应、出色的文字组织功底和优秀的沟通协调技巧。

1931年圣诞节，他的营长——即将晋升为第9团团长的布施中校给他写了一封圣诞贺信，信中这样写道：

在此，我对我们之间的愉快合作表示最衷心的感谢，我非常高兴能够结识您这位小朋友。您非常清楚，要把我们3营的指挥权交出去是一件多么艰难的事……这意味着我将和自己所信任及喜爱的同僚分开了……我代表我的夫人和女儿祝您圣诞快乐。

从这封热情洋溢的私人信函的简略摘要中不难看出布施和温克之间具有非常良好的私人关系。直到12年后，已经成为元帅的布施对这段在3营的时光依然记忆犹新，他在1943年6月1日给温克少将的私人信函中再次深深表达了他的感谢和怀念之情。

对于当时的德国来说，虽然属于和平时期，但政局依然动荡不已，德军对高层也做了重大调整。德国军队的重建者——统帅部长官（德语Chef der Heeresleitung，文职国防部部长名义上的军事顾问，实际上的防卫军总司令）约翰内斯·弗里德里希·利奥波德·冯·泽克特（Johannes Friedrich Leopold von Seeckt，旧译塞克特）步兵上将于1926年卸任，他的继任者是威廉·海耶（Wilhelm Heye）步兵上将，1930年则由库尔特·冯·哈默施泰因－埃克沃德（Kurt von Hammerstein-Equord）步兵上将接任。在1933—1934年的决定性时期，维尔纳·托马斯·路德维希·冯·弗里奇（Werner Thomas Ludwig von Fritsch）中将接任陆军局局长，路德维希·贝克（Ludwig Beck，后官至大将，陆军总参谋长）中将成为部队局（后经整编重组成为陆军总参谋部）局长。

1918年深秋时的柏林，德国签订了一战停战协议后成为战败国，但返回柏林的德军官兵依然受到了民众的盛大欢迎。普通民众和德军官兵几乎都不认为德国是在战场上被打败的，而是被政客所出卖。

《凡尔赛和约》的签订现场。经过巴黎和会长达6个月的谈判后，第一次世界大战的主要参战国于1919年6月28日在巴黎的凡尔赛宫签署和约，全称《协约和参战各国对德和约》，标志着第一次世界大战正式结束，中国和美国没有在和约上签字。得到国际联盟的承认后，它于1920年1月20日正式生效。《凡尔赛和约》共分15部分440条，其主要目的是惩罚和削弱德国。根据条约规定，德国损失了13.5%的领土，12.5%的人口，所有的海外殖民地（包括德属东非、德属西南非、喀麦隆、多哥兰以及德属新几内亚），16%的煤产地及半数的钢铁工业。根据协约国赔偿委员会决定，德国共需赔偿2260亿马克（约合113亿英镑），且以黄金支付。1921年，赔偿金额减为49.9亿英镑，即1320亿马克，赔款加上利息直到2010年才由德意志联邦共和国还清。不可否认的是，《凡尔赛和约》在德国人心中种下了仇恨的种子，随后在纳粹党的培育下生根发芽，直至引发了第二次世界大战。

战争部部长兼国防军总司令维尔纳·冯·布隆贝格元帅、古德里安等人陪同希特勒视察部队。德国装甲兵的建立和成长离不开希特勒的支持和帮助。当国防军内部还在为装甲兵的地位争论不休时，是希特勒的协助使得古德里安可以安心按照其原有构想组建装甲部队。

担任第9步兵团3营副官的温克中尉和他的营长库尔特·李斯中校（后成为陆军装备部部长）。营部副官必须具备清醒的头脑、敏捷的思维、出色的文字功底和优秀的沟通协调技巧，这些温克完全胜任。

二

慧眼识珠
踏上装甲部队之路

古德里安在回忆德军摩托化部队创始之初的情况时，这样写道："……我们的演练得到了布施和李斯中校的第9步兵团3营的全面支持。在这些演练中，我熟识了自己今后的同僚和伙伴温克，当时他正担任着第9步兵团3营副官。我们共同学习和研究装甲战术，探讨如何单独地利用坦克编成排、连乃至营级规模作战。"

时任少校的古德里安已经深深认识到装甲部队的巨大价值："我们不能再把坦克分散到步兵师里，仅仅担负支援步兵的配角任务。我们必须组建装甲师，合理编制武器装备，让坦克发挥最大的战斗效能。"

1931年2月，古德里安中校出任第3摩托化运输营营长。在得到运输兵总监部参谋长奥斯瓦尔德·鲁茨（Oswald Lutz, 1935年11月1日他晋升为德军第一位装甲兵上将）上校的许可后，古德里安把他的营改编为实验性装甲部队：1连为装甲侦察连，2连为坦克（装甲车）培训连，3连为反坦克连，4连为摩托化步兵连。由此古德里安得到了一块属于自己的"试验田"，他可以在这里试验并且实践他的理念和设想，进而得以深入进行关于装甲部队理论和实践相结合的各项研究。1931年10月1日，古德里安成为鲁茨少将的运输兵总监部（第6总监部）参谋长。在这个未来德军装甲部队的摇篮里，古德里安的各项试验和训练计划得到了充分肯定和支持，并且得以有效的实施。最初，摩托化部队和步兵部队的协同演练只能在较大规模的演习中才可能实现，通过这些协同演练使得德军积累了相当丰富的装甲部队训练和作战的经验。在1932年的秋季大演习中，德军最早成立的1个摩托化侦察营和1个"模拟"装甲连参加了演习，取得了令人满意的成效，不过德军装甲部队的高速发展还要等到希特勒正式上台之后了。

在这段时间里，古德里安多次和第9步兵团3营配合进行协同训练，作为3营营部副官的温克也自然有机会和古德里安进行长时间的密切合作，彼此之间更加熟悉和信赖。求贤若渴的古德里安自然不会错过招募温克来自己帐下的机会。1932年11月1日，在古德里安的关心努力下，温克得到了要被调到第3

摩托化运输营的消息，为此惹得团长布施大为光火，甚至和上级还打了一场笔墨官司。

温克在很早以前就已经学会开摩托，并且一直钟爱着摩托车，无论他到前线还是在后方指挥部，他都喜欢开着摩托去，甚至"拉风"地将摩托开到了希特勒的狼穴大本营，当然这是后话。尽管如此，一直接受普鲁士军事传统熏陶的温克还是想留在老部队，因为一般普鲁士军官都非常留恋或者说"珍视"老部队。在布施和古德里安进行了一次关于温克去向的决定性讨论后，温克还是被"转让"给了第6总监部参谋长，如古德里安所愿调到第3摩托化运输营。至此，温克正式走上了装甲部队之路。

此刻，德军运输兵总监部（第6总监部）的军官们需要完成三项重要任务。

1.组建摩托化侦察部队。

2.为今后坦克的使用构建合理的部队组织架构。

3.在步兵师编成内组建摩托化反坦克营。

鲁茨和古德里安的目标是组建专业化的装甲师乃至装甲军，装甲部队不应仅仅是步兵的附庸，而是成为能够独立完成任务的专业部队。对于当时的德国而言，《凡尔赛条约》犹如紧箍咒，依然牢牢控制着这个潜在的军事怪兽，因此装甲部队的发展受到诸多限制。在此期间德国曾寻求苏联的帮助，把装甲部队的军官秘密送到苏联接受培训。从1933年年底开始，德军装甲部队的发展发生巨变，逐步挣脱各种限制，其中试点侦察营扩充到了4个连，开始装备6轮装甲侦察车，而且还成立了新的"特别摩托化战斗部队指挥部"，第一任指挥官就是鲁茨中将（同时他还继续兼任运输兵部队总监），参谋长则是古德里安上校。

1933年5月1日，温克中尉正式到第3摩托化运输营报到，该营很快就更名为第3摩托化侦察营，温克所在的连装备的就是宝马摩托车。到新部队后，温克开始全力关注部队的训练状况，努力提高部队战斗力。德军摩托侦察兵的典型任务是：开着摩托快速前进，侦察收集情报或者直接冲向战区，然后跳下车立即投入战斗。所有的训练都是围绕着这一终极目标展开的。

1934年，温克率领1个排参加了柏林的阅兵集会，他们的表现给观众留下了深刻印象，几天后温克收到了慕尼黑宝马汽车公司总裁的亲笔嘉奖信——对于宝马公司而言，还能有比温克部队的表演更形象的产品宣传广告吗？

温克在第3摩托化侦察营待的时间不长，他接到通知要进入军事学院接受总参谋部军官培训，显然他早已经被上级确定为重点培养对象，得到了进一步培训的机会。有趣的是，温克一开始还有点不愿意离开部队，他参加了其老部队第9步兵团举行的军区资格考试后，"不幸"被淘汰出局，显然他在考试的时候没有全力以赴。不过，古德里安在获知温克被淘汰后并没有放过他，因为他很清楚新生的装甲部队迫切需要大批合格的专业参谋军官，温克这样优秀的种子军官怎么会被轻易放弃？所以他亲自给温克报名，要求他再次参加考试。温克在"盛情难却之下发挥正常，不负众望"地通过了考试。

德国军事学院的录取筛选除了根据考试成绩以外，部队指挥官的评价和推荐也是极其重要的评选依据，在这方面倒是温克的强项，所有和他一同工作过的部队主官对他都赞誉有加。1934年5月1日，温克晋升为上尉，同年10月1日，他进入军事学院接受长达2年的严格的参谋军官培训，踏上了成为一名优秀参谋军官的道路。在军事学院，温克将陆续参加战术理论、实用战术、武器装备、工兵作业、地形勘探、军史、国民学、经济学和外语等科目的学习与考试。

德军最初的参谋军官培训体系有明确规定：学员们首先在德军各个军区所辖总计7个师内完成2年的基础培训，随后统一转到柏林军事学院进行为期1年的高级培训。从1932年开始，德军取消了原来在各个军区单独进行的为期2年的基础培训，学员们全部到柏林军事学院接受共三期的培训，称为"柏林军官培训班"。前两期每期分为2个班，每班大约20人，到第三期参加人数将大大减少。第三期培训将在专门的指挥官管理下完成，第一位指挥官就是鲁道夫·施密特（Rudolf Schmidt）中校，他在1937年10月1日—1940年2月1日期间将担任第1装甲师师长，那个时候温克将成为他的首席参谋。

1932年，"柏林军官培训班"正式开班，总统保罗·冯·兴登堡（Paul von Hindenburg）、统帅部长官库尔特·冯·哈默施泰因-埃克沃德步兵上将和部队局局长威廉·亚当（Wilhelm Adam）中将亲自出席参加开幕仪式，德军高层的全体到场凸现了德国陆军对这个培训班寄予的厚望。

德军对于（总参谋部）参谋军官的要求非常严格，他必须具备全面的专业知识技能，思维敏捷能够掌控全局。培训重点涉及诸多方面，包含了从战略战术到后勤、武器装备直到军工厂生产等各个方面。随着培训的深入，每位学员都将接受特定参谋领域的专业训练，例如后勤（Ⅰb）、情报（Ⅰc）、运输等各方面（对应德军师部的各个参谋岗位）。从1933年秋季开始，由于德军扩军的需要，原定3年的参谋军官培训班被缩短到了2年，课程虽然没有缩水，但强度加大不少，对学员的压力和要求也更大，这也是德军快速扩充后体现出来的消极影响之一。

每年10月1日开始的培训班首先进行的是全面的大课理论学习，一直到第二年6月底考试结束，最后学员们将被派到基层部队进行3个月的实习考察，在实习结束后正好赶上德军秋季大演习。战术参谋作业是将要担任师级首席参谋的学员的必修课，第一年的课程内容是从指挥1个加强步兵团到1个步兵师，第二年则重点关注于师一级的战局判断、作战决心、命令下达等参谋作业方面。而且开始学习指挥不同类别的师，例如步兵师、山地兵师等传统部队，也包括装甲师这个全新的部队类型。其中最重要的一项考试就是实用战术作业，要求学员在4~5小时内完成任务阅读理解和地图作业，做出解决对策并且完成文字工作。这项考试难度很大，因为仅文字作业就需要2~3个小时，只有准备充分，具备优秀战术素养的学员才能通过。由于条件所限，直到二战爆发，古德里安力推的远远超过步兵师运动速度的装甲部队高速作战理论并没有进入军事学院的培训课程。

培训课程虽然繁重，但学员们的课余活动也很丰富，每位学员都是他所属的教研室教官家庭的"客人",教官和已婚学员时常都会带着夫人一同参加各类聚会,大家在聚会中亲切交谈。不过聚会并非纯粹的玩乐,因为学员们所表现出的"家庭信息",也是教官给学员写评语作评价的重要依据之一。这样的师生集体聚会一般每个月举行1~2次,这使得教官和学员以及他们的夫人都建立起了非常良好的人际关系。看来早在20世纪30年代,德军教官们都已经知道如何从夫人们的表现来获得学员的"个人信息情报",这或许可以看作是人力资源管理的一个雏形吧。另外,想必那些德军军官学员们都清楚地认识到不可得罪夫人的"重要性"。温克于1928年和伊姆加德·韦内特(Irmgard Wehnelt)结婚,从此白头偕老。

培训课程结束后,学员们将被派到各陆军和空军单位接受考察,这可能将决定他们今后的军事生涯道路。符合总参谋部军官资格要求的青年军官将被派到军部或者师部任职,一般担任军部的情报参谋(Ic)或者师部的后勤参谋(Ib),优秀的学员则可能担任指挥部首席参谋助理(Ia/op)或者进入陆军总司令部(OKH)任职。考察期大约为1年~1年半,这段时期内他们将接受参谋作业的实践学习,顺利度过考察期后,这些军官才能成为正式的总参谋部军官,在军衔后获得i.G.(总参谋部军官资格)的标志。

在1936年10月6日,成绩优秀的温克被分配到了柏林的总参谋部装甲兵指挥部(德语Kommandoder Panzertruppen)任参谋,装甲兵指挥部(1935年9月27日,原来的特别摩托化战斗部队指挥部更名为装甲

弗里德里希·保卢斯元帅。他以上校军衔接替古德里安担任德军装甲兵指挥部参谋长,后参与制订了对苏作战的巴巴罗萨计划。1942年出任德国第6集团军司令,在斯大林格勒城下被苏军包围,率部投降。

兵指挥部）的指挥官是奥斯瓦尔德·鲁茨装甲兵上将，参谋长是弗里德里希·冯·保卢斯（Friedrich von Paulus，在斯大林格勒以陆军元帅军衔向苏军投降）上校。

此时的德军装甲部队正快速地成长。1935年8月，时任中将的鲁茨派遣"训练装甲师"到位于北莱茵—威斯特法伦（Nordrhein-Westfalen）州的明斯特（Münster）训练场进行了为期4周的大规模训练和演习。该师由日后的陆军元帅，当时还是中将的马克西米利安·冯·魏克斯（Maximilian von Weichs）指挥，师部是第3骑兵师师部的原班人马。鲁茨和古德里安对这次训练演习寄予了厚望，希望以此来试验和评估大规模装甲部队在配属其他战斗部队和武器装备情况下的综合机动能力和战斗力，以及可能的各种优化组合。事实证明这次教学和试验演习取得了巨大成功，让德军高层充分认识到了装甲部队的价值，以至于陆军局局长冯·弗里奇炮兵上将开玩笑说表示演习结束的黄色气球应该印上"古德里安的坦克，真棒！"的字样。在此基础上，同年10月15日，德军开始正式组建3个装甲师。

第1装甲师：师长冯·魏克斯中将，首席参谋汉斯·贝斯勒（Hans Baehsler）少校（i.G.总参），驻魏玛（Weimar）。

第2装甲师：师长古德里安上校，首席参谋瓦尔特·德·博利厄（Walter de Beaulieu）少校（i.G.总参），驻维兹堡（Wurzburg）。

第3装甲师：师长恩斯特·费斯曼（Ernst Fessmann）少将，首席参谋汉斯·勒廷格（Hans Rottiger）少校（i.G.总参），驻柏林。

组建德军装甲部队的核心力量是2个摩托化运输教导指挥部、第3骑兵师师部、所有的摩托化运输营、一些炮兵单位以及来自第1和第2骑兵师的部分单位。当首批3个装甲师的核心骨干组建完毕后，德军立刻开始着手组建3个新的

注释：在德语军衔全称中，上述军官军衔后均有i.G.的后缀缩写。这是总参谋部军官的特有标示，如同德国学位中能够体现专业方向的后缀缩写一样，是对于军官该专业技能的肯定和认证。例如Major i.G.表示少校·总参谋部军官。所有总参谋部军官的军裤都有红色裤线，这是他们的识别标志。

约翰尼斯·冯·泽克特步兵上将是第一次世界大战后期的风云人物，人送绰号"斯芬克斯"（狮身人面像）。他先后担任过奥匈帝国、土耳其和德国的陆军参谋长，战功卓著，被认为是德国总参谋部历史上最优秀的总参谋长之一。作为参谋军官，他沉默寡言，谦虚保留，主张"少说多做"，温克作为他的副官，从他身上学到了不少优秀品质。第一次世界大战德国战败后，泽克特先是担任德军总参谋部解散前的最后一任总参谋长，后又出任德国国防军总司令，被称为"10万防卫军的缔造者"，奠定了德国陆军重新崛起的基础，因此他还被尊称为"二战德军之父"。

轻型师（Light Divisions），只是这几个师的建立过程牵涉到陆军内部各兵种间的权力斗争，搞得非常复杂。

1936年3月，3个装甲师（不含下属的装甲旅）被调到西部的明辛根（Munsingen）训练场，担负"掩护进占莱茵兰地区的政治任务"。好在陆军总司令清楚此刻的装甲师完全是组建中的新部队，并不具备真正意义上的实战能力，所以没有赋予其不可能完成的任务。

在这段时间里，温克被调去担任冯·泽克特上将的副官，这是一份特别的殊荣。温克和冯·泽克特上将彼此相处得非常愉快，晚上经常在一起畅谈。冯·泽克特上将70岁生日当天，他获得了无上的荣誉和庆典：首先他获得了第67步兵团（继承原第9步兵团传统）团长的荣誉称号，他的家门口换上了双岗哨兵作为"荣誉门岗"；中午，军乐团和仪仗连来到他家门口高奏乐曲并列队致敬。庆祝活动一直持续到晚上，温克全程负责各项组织协调工作，自然就出现在了冯·泽克特上将生日庆典的照片中。

1936年6月初，当功勋卓著的冯·泽克特上将最后一次参加阅兵式的时候，想必一定感慨万千。当时他站在属于他的荣誉团队队列的排头，领头踏步走过主席台，接受了时任德国陆军总司令维尔纳·冯·弗里奇大将的检阅，走完了他最后的军事生涯。此后不久，冯·泽克特上将还到伦敦短暂访问，同年12月27

日，这位老将与世长辞，他的后事依然由温克上尉负责组织安排。

德军装甲部队的快速成长并非一帆风顺，军兵种间的内部矛盾以及陆军内部保守派的干扰，使得装甲兵这支新生力量或多或少留下了一些遗憾和隐患。当时，古德里安、瓦尔特·内林（Walhter Nehring）等人不断向公众宣传这支新生部队的潜力和能力，为此古德里安在1937年还出版了《注意！坦克！》一书，全面描述了德军的这个新兵种。而装甲部队的军官们更是一刻不停地忙碌着制订训练计划，组织训练和设计演练新战术等。

1937年秋季，德国国防军举行了一次大规模军事演习，费斯曼少将率第3装甲师以及第1装甲师第1装甲旅参加了这次演习。装甲部队在演习中的表现很是抢眼，在演习的最后一天古德里安甚至集中了所有坦克来了一次大规模装甲集群攻击。在希特勒、墨索里尼、陆军总司令冯·弗里奇大将以及其他国家的来宾面前，德军装甲部队展现出了以坦克为核心，配属各类辅助部队和武器装备后组成的装甲矛头的巨大威力。虽然德军装甲部队的主力装备只是Ⅰ号和Ⅱ号坦克，但是装甲部队的高速机动性和灵活多变的战术还是令人印象深刻。

西班牙内战爆发后，德军派遣了装备Ⅰ号和Ⅱ号坦克的第88装甲营（营部和3个装甲教导连），在营长威廉·冯·托马（Wilhelm von Thoma）中校的率领下前往参战。战争结束后，德军装甲部队根据实战经验，要求获得火力更猛装甲更强的新坦克（Ⅲ号和Ⅳ号），以应对今后可能的作战对手装备的新型坦克。

德军装甲部队的扩充如火如荼地进行着，不仅继续组建新的装甲师，还组建了3个新的摩托化军军部。

第14摩托化军：军长古斯塔夫·安东·冯·维特斯海姆（Gustav Anton von Wietersheim）中将，下辖4个摩托化步兵师。

第15摩托化军：军长赫尔曼·霍特（Hermann Hoth）中将，下辖4个轻型师（后来陆续改编为装甲师）。

第16摩托化军：军长奥斯瓦尔德·鲁茨装甲兵上将，军部就是原来的"装甲兵指挥部"，下辖德军最早组建的3个装甲师，此时的3位师长也已经换人。

上述3个摩托化军军部都隶属于海因里希·冯·布劳希奇（Heinrich von Brauchitsch）炮兵上将（1938年2月4日晋升大将）的第4军区指挥部指挥，指挥部设在莱比锡（Leipzig）。1938年年初，受冯·布隆贝格元帅不名誉婚姻事件的影响，鲁茨将军被解职，接替他的是刚晋升中将的古德里安。温克此时就在第16摩托化军军部工作，这是他首次成为古德里安的属下。

1938年这一年里，第16摩托化军陆续执行了一系列极其重要的任务：向奥地利进军，在吕内堡草原（Lueneburger Heide）进行演习，进占捷克苏台德（Sudetenland）地区等。希特勒准备军事占领奥地利的想法让古德里安和计划参加的第2装甲师大吃一惊，在短时间内该师必须马上完成集结，然后向700公里外的维也纳进军。这项看似简单的任务对于新生的德军装甲部队而言并不简单，温克和军部的其他参谋军官为此全力开动，他们需要解决一个又一个不断出现的问题：缺乏奥地利地图、燃料补给问题、各单位的协调组织等。

1938年3月11日晚20点左右，古德里安和军部（温克也在其中）抵达与奥地利接壤的巴伐利亚州帕绍（Passau）。第二天德军进入了奥地利，受到了无数民众和鲜花的欢迎，德军只要担心燃料补给问题就行了。古德里安和温克乘车行驶在第2装甲师行军纵队的前列，鲜花插满了他们的坐车。德奥合并之后，第2装甲师就驻扎在维也纳地区，第16摩托化军军部则于4月间返回柏林。

1938年10月，苏台德危机爆发。10月1日，第16摩托化军军部位于格拉芬沃尔（Grafenwoehr）；10月2日，军部转移到普劳恩（Plauen）；10月3日，德军涌进了苏台德地区。这次进军行动中，第16摩托化军下辖第1装甲师、第13摩托化步兵师和第20摩托化步兵师。德国人的进军没有遇到任何抵抗，当地的日耳曼裔人用欢呼、眼泪和鲜花迎接解放者，这又是一次"欢呼与鲜花"行军。对德军唯一的考验只是参谋部门的组织与协调，以及各类车辆的维修保养。

随着1938年年底的降临，古德里安和温克的人生轨迹都发生了变化。11月20日，古德里安在希特勒的严令下不得不接受机动部队参谋长（德语Chef der schnellen Truppen）的职务，虽然名义上对摩托化部队和骑兵部队都有监督权，但实在不知道这个有名无实的职务对装甲部队的建设有什么意义。为了安慰古德里安的情绪，11月23日他被晋升为装甲兵上将。古德里安走后，埃利希·赫普纳（Erich Hoepner）中将继任第16摩托化军军长。早在11月10日，温克也离开了军部，他被调到鲁道夫·施密特中将麾下的第1装甲师，下派到第1装甲旅第2装甲团1营1连任连长，当时第1装甲旅旅长是费迪南德·沙尔（Ferdinand Schaal）少将，第2装甲团团长是卡尔·克尔奇（Karl Keltsch）中校。温克担任连长的时间不长，实际上是下基层锻炼，短短5个月后他就离开了连队去了师部，其间于1939年3月1日晋升少校。

在1939年4月1日，温克接替瓦尔特·冯·许纳多夫（Walther von Huenersdorff）少校成为师首席参谋。从此，温克的军事生涯又跃上了一个新的台阶。温克在这个岗位上干了3年，随同第1装甲师这支德军装甲部队的种子王牌部队先后经历了波兰、法国和苏联三个战场的浴血奋战。

德国陆军师（参谋/指挥）部组织结构（1939/1940年步兵师）

1.师长（中将，战争后期很多为少将），为全师的总指挥，负责全师总体战斗部署、作战指挥以及其他各方面事务。德军没有设置副师长职务，在师长临时缺席的情况下，一般由首席参谋（Ⅰa）临时接替指挥。

2.师作战指挥部（下属地图作业室和摩托传令兵排）

首席参谋军官Ⅰa：相当于师参谋长（德军军级以上指挥部才设有正式的参谋长，德语Chef des Stabes），负责全师的部队部署和作战指挥，领导师部（参谋/指挥部）日常工作，是师级指挥部的核心。

首席通信/传令军官O1：协助首席参谋工作，掌管作战地图、作战日志和其他指挥部文件。

第3参谋军官Ⅰc（情报参谋）：负责敌军情报以及反情报任务。

第3通信/传令军官O3：协助第3参谋军官Ⅰc工作。

翻译军官：协助第3参谋军官Ⅰc工作。

地图作业室（配属印刷排）。

摩托传令兵排（根据实际情况不同，部分来自于师后勤部）。

师部专业参谋指挥军官（不同专业参谋/指挥军官）：

师炮兵主任：一般由炮兵团长担任；

师工兵主任：一般由工兵营营长担任；

师通信主任：一般由通信营营长担任；

其他配属部队指挥：例如配属高炮、装甲兵单位以及联络官等。

3. 师副官部

师部第1副官Ⅱa：负责全师军官补充以及军官人事相关事务。

师部第2副官Ⅱb：负责全师士官/士兵补充。以及士官/士兵人事相关事物，师部办公后勤。

师部军法官Ⅲ：军事法庭、军法、纪律惩处等。

登记处：接收分发命令以及其他书面文件资料，负责档案保密管理工作。

师部事务指挥部（师部驻地/师部连）：负责师部驻地的勘探、设立和警卫工作。

4. 师后勤部

第2参谋军官Ⅰb（后勤参谋）：师后勤部负责人，负责全师后勤事务，包括伤员/战俘后送管理、损坏物资管理、交通管理以及师后方地域防空任务。

第2通信/传令军官O2：协助第2参谋Ⅰb工作，首要任务是师后方地域的组织管理。

武器装备军官Ⅰb/WuG（武器弹药维护）：负责武器/装备/弹药的补充、运输以及维护（不含工兵、通信和医疗相关物资器材）。

师部工程军官Ⅰb/Kfz：师部工程师，负责各类机动车辆的部署、使用和维护，包括各类配件、燃料的补充和运输管理。

补充军官Ⅳa：负责食物、补给品、军装、装备、住宿物资器材的管理等。

师部医疗军官Ⅳb（师部医生和药剂师）：负责医疗事务、伤病员治疗/运输管理、人员心理咨询帮助、医疗物资器材的补充/管理。

师部兽医军官Ⅳc：负责师属马匹牲畜的管理，监督管理屠宰排的运作。

师部牧师Ⅳd。

师部会计Ⅳz：现金存取业务/财务管理。

其他单位：战地邮局，后勤车队等。

其他相关信息

师参谋/指挥部一般设立在前线后方10~15公里处；师副官部和后勤部一般设立在前线后方15~20公里处；作战期间（例如运动战）师部会成立前线指挥部，包括师长、首席通信/传令军官O1、师炮兵指挥等，配属一些通信指挥车辆和摩托传令兵等，尽可能前置指挥。

1933年希特勒上台后，德国不顾《凡尔赛和约》的规定开始大规模扩军，德军装甲部队的扩充如火如荼地进行着。图为1935年10月4日，德军在汉诺威附近的比克堡全国丰收节期间展示武力，如此壮观的坦克队列容易给普通人带来一种"我们天下第一"的幻觉。

1936年秋，在埃森纳赫（Eisenach）的市中心广场，第1装甲师第37反坦克营在举行成军仪式。该营正式组建后装备的是37毫米反坦克炮。

第1装甲师第73炮兵团是以第56炮兵团2营（汉堡）为班底组建的，图为该营部分官兵的合影。

1935年，第1装甲师的部队在位于埃尔福特（Erfurt）的鲁博菲尔德兵营内举行升旗仪式。

1935年年底，在埃尔福特市中心广场上举行阅兵式的第1装甲师第73炮兵团1营，图中的火炮全由半履带牵引车拖曳。

1936年，第1装甲团的Ⅰ号坦克群在埃尔福特附近的奥尔德鲁夫机动部队训练场进行训练。

1937年秋季的大演习中，第1装甲师第1步兵团的号手正在用号音通知部队"停止前进"。

1937年秋季的大演习中，第1步兵团团部的军官们在休息时边抽烟边聊天。

演习期间，第37通信营的1辆Ⅲ号指挥坦克的车组成员和通信营的官兵正在休息。

1938年3月15日，希特勒在维也纳宣布德国与奥地利合并，无数奥地利民众欢呼雀跃，却不知道就此被绑上了纳粹德国的血腥战车。根据《凡尔赛和约》，奥地利永远不得与德国合并，但希特勒的大胆冒险获得了再一次成功，这也将其在国内的个人威望推上了巅峰。

1938年9月29日，慕尼黑会议现场。左起英国首相张伯伦（Chamberlain）、法国总理达拉第（Daladier）、希特勒、意大利领袖墨索里尼以及意大利外长齐亚诺（Galeazzo Ciano）。

1938年10月，捷克斯洛伐克苏台德地区的民众正在夹道欢迎德军第1装甲师的装甲车队进入城区。该地区的300万日耳曼裔居民用欢呼、眼泪和鲜花迎接解放者，这又是一次"欢呼与鲜花"行军。

1938年10月，在苏台德地区，集会中的德军军官和市民。左二为汉斯·贝斯勒，左三为保卢斯，左五为温克，左七为古德里安。

1938年10月4日，第1装甲师第1装甲团2营4连的坦克纵队进入苏台德地区的卡尔斯巴德（Karlovy Vary，现归属捷克）市，受到了当地德裔居民的热烈欢迎，领头的是1辆装备了短身管75毫米火炮的Ⅳ号坦克。

1938年10月4日，进入捷克苏台德地区克林根塔尔（Klingenthal，现归属德国）市的德军第1装甲师受到了当地民众的欢迎，图为当地的姑娘们和第37工兵营摩托兵们的合影。

三

波兰战役
第1装甲师首席参谋

德国在吞并了奥地利和捷克斯洛伐克之后，便选定了波兰作为下一个侵略目标。1939年3月21日，德国向波兰发出通牒，要求波兰把但泽（Danzig，现波兰格但斯克）"归还"给德国，并解决"但泽走廊"（Danziger Korridor，或称波兰走廊）问题，获得连接波美拉尼亚（Pomerania，现分属德国和波兰）和东普鲁士（East Prussia，现分属波兰和俄罗斯）的通道，尤其是要将在但泽走廊修建公路、铁路的权利也转让给德国。纳粹德国的无理要求，遭到波兰政府的严词拒绝。3月23日，英法正式结成军事同盟，然后于31日对波兰的安全给予保证。有了英法的保证，波兰态度更加坚决。

1939年4月3日，希特勒下达了代号为"白色方案"的秘密指令，要求德国三军部队于8月25日前完成对波兰作战的准备工作。希特勒在指令中强调指出："一切努力和准备工作，必须集中于发动巨大的突然袭击。"

1939年8月21日，第1装甲师在收拢了和平时期分散驻扎在图林根（Thuringia）州和黑森州的部队后，向德波边境一线运动。它隶属的埃利希·赫普纳骑兵上将的第16摩托化军归入卡尔·冯·伦德施泰特（Karl von Rundstedt）大将指挥的南方集团军群序列。进攻时间定于8月26日凌晨4点30分。

此时第1装甲师师部首席参谋是温克少校，后勤参谋是柏林（Berlin）上尉，情报参谋是格拉夫·冯·基尔曼斯埃格（Graf von Kielmansegg）上尉，师部第1副官是格兰普（Grampe）少校，下属第1装甲旅旅长是约瑟夫·哈佩（Josef Harpe）上校，第1步兵旅旅长是弗里德里希·基希纳（Friedrich Kirchner）少将。

8月24日夜间，第1装甲师抵达了罗森贝格（Rosenberg）和奥佩伦（Oppeln，现为波兰奥波莱）之间的新驻地，师部得到的命令关键词是："白色计划，Y天……X点。"

25日下午6点，第1装甲师前进到格伦斯鲁（Grunsruh，现波兰博扎诺维采）地区的攻击出发区域，全师车辆闭灯行军。当晚22点，部队抵达目的地。由于英波两国于25日正式签订了互助协定，意大利拒绝站在德国一边参战，德国外交部部长乌尔里希·冯·里宾特洛甫（Ulrich von Ribbentrop）建议希特勒收回进攻命令，以便争取时间，对局势重新考虑。23点，温克从师部发出新的命令："禁止一切敌对行动，禁止随意行动，部队停留在边境线后方波军部队无法目视发现的地域。"

第1装甲师各部的运动于26日凌晨2点30分平静结束，然而战争的阴霾却并未散去。5天后的8月31日，双方外交谈判没有取得新的进展，希特勒决定9月1日凌晨发起攻击。他要求德国军人要有铁一般的意志和决心，速战速决，不给波兰以任何喘息机会。第1装甲师已经做好攻击准备，位于第16摩托化军序列的中部，经过潘基—皮里（Panki-Pyri）一线向克沃布茨克（Klobuck）进攻。

31日下午4点55分，第1装甲师师部得到命令关键词："白色计划，9月1日，4点45分。"

万事俱备，东风也刮起来了，温克少校在最后的作战准备和部署会议结束后，拍着手激动地鼓动师部的参谋们："出发，出发！"18点，第1装甲师进入攻击阵地。在大战爆发前的压抑气氛中，德军即将入侵波兰，正式揭开第二次世界大战欧洲战场的序幕。

波兰战役期间，第1装甲师所在的第16摩托化军隶属于瓦尔特·冯·赖歇瑙（Walter von Reichenau）炮兵上将的第10集团军。该军正是德军南方集团军群的进攻主力，辖第1装甲师和第4装甲师，目标直指波兰首都华沙（Warszawa）。该师战史对战争爆发第一天的情况是这样描述的："1939年9月1日凌晨4点45分，编队飞向东面的空军机群宣布进攻开始了。在凉爽的天气下，第1装甲师向着利斯瓦尔塔（Liswarte）河发动进攻。步兵群迅速突破敌军虚弱的防线直插身后，于5点15分抵达利斯瓦尔塔河东岸高地，第4装甲侦察营的3个战斗群快速渡过利斯瓦尔塔河继续向前突进。"

基希纳少将的第1步兵旅向着克沃布茨克南部的树林前进，哈佩上校的第

1装甲旅原定向瓦伦佐（Walenczow）以南地区的进攻因故临时推迟。当晚20点30分，德军攻占克沃布茨克，由于无法确认友邻部队位置，第1装甲师决定暂时停止前进。地形的限制使得车辆尤其是重型车辆的通行变得异常困难，公路和河流渡口先后被堵塞，挤满了等待通行的车辆和部队。波兰军队的抵抗开始逐步增强，尽管如此，第1装甲师在第一天依然向前突进了大约20公里，深入波军防线后方。

9月2日，第1装甲师在击溃了波军第7步兵师的阻击后，继续向前冲击。第4装甲侦察营阻止了波军工兵的爆破，快速夺取了3座瓦尔塔（Warthe）河上的桥梁，确保了主力部队前进的重要通道的安全。下午2点，第1装甲师在瓦尔塔河以北建立了桥头堡阵地，波军试图阻止德军突进的努力在第1装甲师的高速冲击下毫无效果。开战后的第二天，第1装甲师高速挺进了大约30公里，刀锋毕现，而其他友邻部队远远落在后面。例如第14步兵师和第4装甲师都陷入了和波军的苦战之中，进展缓慢。到2日晚上，该师2/3的力量已经渡过了瓦尔塔河。

第16摩托化军军长赫普纳上将在发给第1装甲师的无线电报中这样写道："我为你们全师感到骄傲！"

9月3日，军部命令第1装甲师坚守并扩大瓦尔特河北岸的桥头堡，等待两翼的友邻部队跟上。基希纳少将的第1步兵旅随后攻占了拉多姆斯科（Radomsko），波兰方面几乎没有任何有组织的抵抗，德军损失轻微。在距离前线不远的吉德莱（Gidle）镇的师部中，师长施密特中将、温克少校、柏林上尉和传令官贝恩德·弗赖塔格·冯·洛林霍芬（Bernd Freytag von Loringhoven）中尉正在开会。面对战斗力孱弱的波军，施密特中将决定在军部命令基础上，让第1步兵旅继续向拉多姆斯科以北的卡缅斯克（Kamiensk）方向前进，彻底扫荡该地区的波兰军队，温克则建议第1装甲旅的坦克要向拉多姆斯科东边的普热德布日（Przedborz）地区推进，快速占领皮利察（Pilica）河上的桥梁。这个战术动作的目的是通过向东的快速突击，压迫波兰军队，从而掩护第1装甲师的右翼，确保师主力可以继续向北进攻，而不用顾及右翼的威胁。

正当几个人各执己见、争论不休的时候，突然出现在他们头上的波兰轰炸机令会议暂时中止，幸好这次空袭除了让师部官兵大吃一惊外并没有造成什么严重的实质性损失。随后施密特和温克决定双管齐下，第1步兵旅要拿下卡缅斯克，哈佩上校的第1装甲旅派出第2装甲团1营1连（温克曾经带过的连队），在第1摩托化步兵营2连3排的配合下攻击普热德布日，拿下当地的桥梁，各部务必快速前进，粉碎守军的抵抗。

波军意识到了防线可能有被德国人突破的危险，开始动用大批空军和炮兵攻击德军，试图阻挡第1装甲师的前进步伐。由于第1装甲师突进速度太快，

波兰战役第1装甲师作战路线。

友邻和后续部队无法及时跟上，加上波军越来越顽强的抵抗，第1装甲师遇到了各种麻烦，首要是后勤补给上的困难，尤其燃料供应不足。为此，德国空军开始为他们提供空投补给，由于德军掌握了战术制空权，所以几个临时空投场都顺利接收了空投物资，装甲部队在短暂停歇后立刻恢复了活力。第1步兵旅的前锋在约翰内斯·内德维希（Johannes Nedtwig）中校的第1装甲团坦克的配合下，顺利攻取卡缅斯克，迫使当面的波兰守军不得不继续向后撤退。

9月4日，第1装甲师继续扩展桥头堡，摩托化步兵和装甲兵密切合作，向周边地区拓展阵地。而工兵则全力以赴，在维达夫卡（Widawka）河上快速建起了1座有20吨通行能力的浮桥，保证坦克部队的顺利前进。得到坦克加强的第1步兵旅继续向东北方向进攻，突破了波兰军队的第二道防线。

9月5日，军部下达给第1装甲师的命令如下："消灭部队当面的敌军，夺取彼得里考（Petrikau，现波兰彼得库夫—特雷布纳尔斯基）！"

第1装甲师在进攻发起后的1小时内除了零星的炮击基本没有遇到抵抗，当前锋抵达彼得里考南郊约3公里区域时，波军的抵抗突然变得异常猛烈，除了面积广阔的雷区和长长的反坦克壕，波军兵力和火力也得到了增强。在反坦克炮的支援下，领头的德军坦克接连被打得动弹不得，守军的士气被极大地鼓舞起来，他们不再仓皇后退，而是力战到底。

德军虽然投入了基希纳战斗群的主力发动猛烈进攻，但是在波军的顽强抵抗下，攻势进展非常缓慢，双方纠缠在一起展开殊死搏斗，速度快但防御弱的德军坦克损失很大。德军不得不停止进攻，派出工兵冒着猛烈炮火在雷场中开辟通道。波兰守军抓住机会，从北面向着第1装甲师暴露的侧翼发动了2次反击，希望以此来击退德国人的进攻。由于此时位于第1装甲师左翼的第4装甲师未能与其建立起紧密联系，因此根本无法为第1装甲师提供侧翼掩护，情况变得危急起来。获悉波军的动态之后，温克紧急部署第37坦克歼击营去堵左翼的漏洞，由于波兰人的坦克和步兵脱节，被德军各个击破，在损失了不少坦克之后，波军反击部队开始败退。德军乘胜追击，16点左右，第1装甲师终于摧毁了波兰守军的反坦克阵地,将敌军步兵从阵地上赶了出去。19点左右,德军前锋部队的摩托化步兵冲进了彼得里考,经过2个多小时的激烈巷战,德国人完全占领了这座城市。

当基希纳战斗群攻占彼得里考的时候,哈佩战斗群所属的第2装甲团则在彼得里考东北15公里处的沃尔博日(Wolborz)建立了一个桥头堡。由于战局瞬息万变,加上第1装甲师各部的高速运动,此刻师部对于前线各部队的具体位置还无法确认,于是温克通过无线电联络上了第1步兵旅旅部副官:"亲爱的格斯道夫,说得确切点,你们是不是已经在彼得里考城里面了?"

温克喜欢通过尽可能精准的电报问询情况,尽量减少下属对语句的误解。另外,基于德语的发音特性,温克非常善于组织押韵的语句。他的语言或者文字组织得如同诗句一样朗朗上口,非常易于阅读和理解,例如上述这段询问的德语原文就类似于一段诗词。

在连续5天的作战过程中,第1装甲师出色完成了军部下达的任务,推进到距波兰首都华沙只有100多公里的地方,战果颇丰,仅第2装甲团就俘获了波军第19步兵师包括师长在内的大部分师部人员。不过,此时第1装甲师的战场态势并不好,冲到彼得里考城后该师已经远远突出于左右两翼的友邻部队,侧翼的暴露很容易引来对手的攻击。如果当面的波军实力够强,指挥官够果断的话,第1装甲师遇到的可能不只是麻烦而是威胁了。令温克庆幸的是,攻击第1装甲师侧翼,试图完全分割他们和友邻部队联系的波兰军队只有1个师,火力掩护不够猛,兵力投入也不足,给了温克足够的时间调兵遣将。激烈的战斗打了3个小时,在德军坦克的冲击下,这支英勇的波兰步兵师被德军无情地击溃了。

9月5日夜间,第1装甲师师部前出到彼得里考以北约4公里,没想到波军集结了相当强大的力量对彼得里考地域的第1步兵旅和前出的第1装甲师师部所在地发动了猛烈攻击。负责警卫师部的1个摩托化步兵连暂时挡住了波军的进攻,为师部转移争取了宝贵的时间。在转移途中,温克得到情报,波兰军队突入了不远处的波尔塔瓦卡（Poltawka）村，有一举收复彼得里考城的迹象。通过审讯战俘得知，波军第29步兵师已经在彼得里考东南10公里处的苏拉尤夫（Sulejow）镇北面树林里面完成集结，该师还得到了一些骑兵部队的加强。借助苏拉尤夫斯基（Sulejowski）湖的掩护，德军并未及早发现这一敌情变化，战局对于第1装甲师而言非常危险。

接二连三的敌情变化令以温克为首的第1装甲师师部的参谋们彻夜难眠，在他们迅速调动部队应对战局变化时，波兰坦克部队的出现更令他们惊讶万分。温克迅速做出反应，投入了最后的预备队，建立起必要的侧翼掩护阵地。激烈的战斗一直持续到6日上午10点30分，波军的突然反击虽然打了第1装甲师一个措手不及，但德军应对巧妙，暂时消除了波军的威胁。

9月6日下午3点，哈佩战斗群以摩托化步兵营为前锋，向前挺进了大约25公里，渡过了沃尔博日以北的沃尔博卡（Wolborka）河。到当晚22点，德军相继攻占了扎瓦达（Zawada）村，进抵托马舒夫（Tomaszow）城北部。德军的快速挺进，令双方部队的态势犬牙交错纠缠在一起，可谓你中有我我中有你，曾被波军第29步兵师用来做掩护的苏拉尤夫斯基湖和皮里察河，现在又成了德军右翼的屏障。入夜后，波军对突入托马舒夫以北地域的德军发动夜袭，最后仍旧无功而返。第1装甲师的主力部队此时仍停留在彼得里考，正使出浑身解数与周边不断涌来的波军作战，战况非常激烈，当天被该师击溃的波军大约有1个步兵师的兵力，全师各单位汇总到温克手中的战报总计击毙波军约1500人，俘虏3000人。

9月7日，温克向全师部队传达了师长施密特中将的命令："向着维斯瓦（Vistula）河前进！不能前进的就留下，只要我们还有力量，就要继续前进，包围波兰军队！"

温克的计划是，当天第1装甲师主力要推进至托马舒夫，将托马舒夫以东的一大片树林里的波军清理干净，各部沿着皮里察河攻击前进。进攻开始后，前出的侦察兵们发现托马舒夫城东树林里的波兰军队已经撤离了，皮里察河上能用的桥梁全部被波兰人炸毁了，这下工兵又有得忙活了。13点50分，德军步兵对格利尼克（Glinik）村的波兰守军发动进攻，这是一个不算大的村庄，但守军显然不想轻易放弃。面对波兰步兵的顽强抵抗，德军不得不把炮兵推到了第一线，直接轰击波军防御阵地。依靠娴熟的步炮协同战术，德军彻底击垮了守军的抵抗意志，突破了他们的防线。

师长施密特中将带着前进指挥所紧跟着哈佩战斗群前进，而他的前方只有自己的装甲前锋部队。途径一个小村子时，他发现身边的随从很少，于是施密特决定停止前进，就把指挥部设在这里过夜。随后他马上派人通知温克前进指挥部的位置，顺便还送去了一束大丽花！而温克此刻正在格利尼克焦头烂额地协调各单位作战，由于第1装甲师只有一条行军公路可用，部队零散地分布在不同区域，这是经过连续不顾一切的高速突击后必然留下的"后遗症"，如同一队长跑选手在跑出半程后，队列早已经稀稀拉拉，凌乱不堪。

当天中午，位于第1装甲师左翼的友邻部队——格奥尔格-汉斯·莱因哈特（Georg-Hans Reinhardt）中将的第4装甲师发来了一封鼓舞人心的电报："敌军撤退，我们跟上来了！"入夜后，第4装甲师的前锋已经冲到了距离华沙还有大约60公里的地方。

心情大好的温克又恢复了他那颇具特色的押韵诗体无线电报："你们面前的敌军撤退跑路，我们夺取了托马舒夫！"

9月8日，第1装甲师没有停下来休整部队，依然马不停蹄继续向前突进。他们面前的波兰军队似乎一夜间完全消失了——德国人不知道波军统帅部已经下令所有部队撤至维斯瓦河以东，而波兰政府也撤出了华沙迁往卢布林（Lublin）。这让领头的几辆摩托车兴奋不已，一路向着维斯瓦河狂奔而去。后续部队也抓住机会，拼命向前，向前。11点15分，哈佩战斗群的前锋矛头——第1摩托化步兵营抵达黑努夫（Chynow）村，这里同维斯瓦河的直线距离只有大约10公里了。此时第1装甲师已经遥遥"领先"整个南方集团军群主力约有100公里，宛如一把利剑直刺波兰领土的纵深。他们用了8天时间就执行完了第16摩托化军的命令，突破并击溃了当面的波兰军队，为德军完成在维斯瓦河河湾地区的大包围圈打下坚实的基础。而在第1装甲师的左翼，第4装甲师也开足马力拼命向前，遥遥领先大部队，成为进抵华沙城下的第二个装甲箭头。接下来，第1装甲师得到的命令并非直接攻击华沙城，而是要侦察维斯瓦河上最合适的渡河地点以及对岸波军的情况。维斯瓦河的这段流域宽约1000~1200米，工兵经过勘察发现强渡的危险比较大。德军在夜间开始的3次渡河尝试都被对岸波军的猛烈火力击退，设在德沃斯卡（Dworska）的渡河地点则直接遭到了波兰炮兵部队的炮火封锁。

值得一提的是，第16摩托化军之所以不向华沙发起攻击是有原因的。从波兰战役的整体局势来看，德军第10集团军和第14集团军从南面，第3集团军从北面，形成一个巨大的钳形攻势，他们的目标是包围位于维斯瓦河东部的波兰军队，大约有3个集团军的兵力。渡过瓦尔塔河的德军第10集团军分成2个进攻矛头，迂回包抄。到9月11日，被包围的波兰军队损失惨重，大约65000人被俘，145门大炮被缴获。取得阶段性胜利的德军没有停歇，继续向东进攻。9月15日，德军渡过维斯瓦河，继续向卢布林挺进。9月16日，德军第3集团军和第14集团军前锋在西布格河畔的弗沃达瓦（Wlodawa）会师，完成了对波兰军队的外层包围圈。

德军的快速进攻使波军完全陷入了被动挨打的境地，这是波兰人也是全世界第一次领教"闪电战"的滋味。波军统帅部原以为战争会像第一次世界大战那样缓慢地展开，德军会先以轻骑兵进行威力搜索，然后以重骑兵进行冲击，后面再跟着步兵集群，对德军大量使用坦克和航空兵的闪电战术毫无准备。而波军统帅部又对自己的军事力量过于自信，并指望得到英法的援助，因此便把部队全部部署在德波边境，以为只要实施坚决的反击，就可以取得胜利。这种毫无战略纵深的部署，使波军在德军高速度大纵深的推进下不是被歼灭就是被分割包围，成为留在德军后面的孤军，抵抗迅速土崩瓦解。英国军事理论家利德尔·哈特（Liddell Hart）就此指出："可以毫不夸张地说，波军首脑的思想落后了80年。"

9月9日，配属给第1装甲师指挥的第66步兵团1营在得到第2装甲团的坦克支援下，开始强渡维斯瓦河。16点16分，渡河行动终于取得了进展，坦克和步兵都登上了对岸，并控制了登陆场。奥尔勒夫（Ohrloff）少尉的坦克排掩护步兵向登陆场的两翼扩散，不久后就控制了布鲁祖明（Brzumin）村附近的渡口，这里的河道只有最宽处的三分之一左右，工兵搭建浮桥可以省许多力气。浮桥完成后，第1装甲师的炮兵和坦克部队陆续过河。就在德军渡河的当口，第1装甲师的北翼遇到了新的麻烦——部署在皮亚塞奇诺（Piaseczno）的军部高炮营受到了在附近集结的波军零散部队的威胁，因此第1摩托化步兵营奉命前往支援，最终打退了波军的攻击。

虽然波军统帅部下令华沙以南的部队都撤到维斯瓦河东岸去，但德军装甲师的高速推进将不少波军步兵部队截断在了西岸，在德军装甲矛头和集团军群主力之间有长达百公里的缺口，靠步兵的双腿至少需要两三天时间才能赶上来。结果德军装甲部队的后方不断遭到波军的袭扰。9月11日凌晨4点，第1装甲师在姆什乔努夫（Mszczoonow）接收油料的2支运输车队遭到了来自西北方向的波军部队突袭，毫无准备的德军后勤车队损失惨重，众多车辆被付之一炬，波军得手后迅速消失，颇有敌后游击队的风范。波兰军队不时发起的这些突袭使得第1装甲师疲于应付，给他们造成了不小的麻烦。

9月12日，位于维斯瓦西岸的第1装甲师各单位不断遭到小股波军的突袭，不过整体而言第1装甲师的渡河行动依然在继续进行，各部纷纷向渡口涌来。波军则想方设法阻止德军渡河，桥头堡成了波军炮火和步兵主攻的重灾区。下午4点左右，德军桥头堡遭到了波军第10步兵师的猛烈进攻，在炮兵和反坦克炮的掩护下，波军步兵发起一次次英勇的突击。德军的外围阵地丢失后，迅速抽调步兵，在坦克和反坦克炮配合下组成战斗群发动反击，直到打退波军，重新恢复防线。当晚，第1装甲师和从东面包抄而来的东普鲁士集团军装甲部队建立了无线电联系，由此第1装甲师师长施密特和温克都得出了一致的结论：维斯瓦东岸的波兰军队跑不了了。

9月13日，第1装甲师一直在和滞留在维斯瓦河西岸的波军激战，由朗戈纳（Langner）少将指挥的波兰第10步兵师在骑兵和炮兵配合下一直在第1装甲师腹背活动，迫使德军收缩兵力清理后方。温克根据军部的战况通报，感觉战场态势出现了微妙的变化，因为原定跟上来的步兵师不但改变了行军路线，军部也不再催促第1装甲师渡河之后要迅速推进，而是让该师据守桥头堡原地待命。据说在布祖拉（Bzura）河流域的德军第8集团军遇上了大麻烦，兴许第10集团军也会被牵连进去。

9月14日，温克尽力收拢着散在四处的部队，抓紧时间补给休整。从下午开始，温克连续收到第16摩托化军的多次紧急通报，波军突围部队可能将会冲击第18步兵师的防线，命令第1装甲师做好紧急驰援的准备。

原来，早在9月8日，位于第10集团军左翼的第8集团军北翼就出现了危险态势，波兰波兹南集团军的4个师和2个骑兵旅感觉遭到德军的迂回包抄后，决定退守华沙。结果德军第30步兵师和第24步兵师首当其冲被打得晕头转向，损失了数千人。波兰人以罕见的勇敢和处于绝境的人所特有的拼命精神实施突击，随着向华沙地区撤退的波军越来越多，不仅德军第8集团军被迫转向北面抗击其进攻，而且连第10集团军的部队也奉命停止向华沙前进，以便从东面冲击敌军，切断其退往华沙的道路。不甘心束手就擒的波军展开了殊死战斗，迫使大量德军部队都陷入了苦战，但是掌握了战役主动权的德军迅速调集了更多的兵力对波军展开合围。

9月15日，温克得到军部的命令，师主力撤回维斯瓦河西岸，在姆什乔努夫西北方集结并发动进攻，占领威斯科提基（Wisktitki）。

9月16日清晨，第1装甲师的坦克从沃维奇（Lowicz）东北方出击。摩托化步兵先占据布祖拉河西岸的桥头堡，待坦克部队过河后，再由东向西进攻被逐渐包围的波军，以此减轻第18步兵师的压力，并彻底封闭被围在华沙以西地区的波兰军队的包围圈。被包围的波军部队非常清楚局势的严峻性，他们用慢慢聚集起来的强大炮兵发动猛烈的炮击，做殊死抵抗。10点30分，第1装甲团的坦克碾过布祖拉河上的桥梁向东南方挺进，不过战斗打得并不顺利，他们遭到了波军的顽强防御，这些波兰士兵死战不退。由于恶劣天气的影响，双方的作战行动都进行得十分艰苦，对温克来说无线电通信中断是最要命的事情，他和第1装甲旅旅部以及第2装甲团都失去了联系，根本无法掌握战况变化。好在温克早就给各单位下发了预案，即便联系不上师部，各部都可以按照预定方案展开行动。第2装甲团在突破了波军部署在索哈契夫（Sochazew）的坚固防线，击垮守军后夺取了布祖拉河的渡口。根据第1装甲旅的命令，该团开始整队集结，在鲁德维考夫（Ludwikow）以南布防。

第1装甲师迅猛的进攻如同一把锲子突进到波兰防区纵深16公里，随后他们的情况也变得越来越糟糕，因为他们的进攻区域太窄，只有几公里宽，左右两侧失去掩护，原计划负责掩护第1装甲师侧翼的第19步兵师也没有及时跟上。而第1装甲师遇到的另一个大麻烦就是他们的坦克部队彻底失去了和步兵的联系，被"悬空"在战线前方。当夜幕降临的时候，德军先头坦克部队遭到了来自各个方向的波兰军队的炮火攻击以及步兵的夜间突袭。第1装甲师前锋遭受了大约1个小时的炮火洗礼，好在他们还是成功击退了波兰步兵的夜袭。

根据第16摩托化军的最新命令，第1装甲师需要进行重新编组。它组成2个战斗群：右翼的基希纳战斗群和左翼的哈佩战斗群，它们都需要进行一些调整，麻烦的是温克少校还是无法和第1装甲团建立起通信联系。第1装甲师这天的进攻虽然没有完成预定计划，还是取得了一定的进展。该师的坚决突破迫使波兰军队向北撤退，从而得以切断部分波兰军队互相之间的联系。为了阻止波兰军队向华沙方向撤退，第1装甲师必须立刻转向，从向西进攻转为向北。半夜24点左右，温克终于和第1装甲团联系上了，他们此刻正在基尔诺茨亚（Kiernozia）地区向着波军防御中心突进。该团通过无线电得到命令，向着师主力方向突回来。

9月17日早上8点，团长内德维希中校总算出现在师部，报告说他的第1装甲团回来了。他们突回到已方防线的时候坦克油箱基本都空了，有的坦克因为燃料耗尽而留在后面，不过这些坦克后来又都被第1装甲师夺了回来，在撤退途中他们还顺路击溃了波军的一支后勤车队。部队调整完毕后，第1装甲师开始向北发动进攻，主力沿着与布祖拉河几乎平行的方向突击，在该师右翼行军的是第19步兵师。10点25分，第1装甲师抵达威特尼亚（Witonia）一线，2小时后抵达当天的目的地：鲁斯基（Ruszki）。第16摩托化军军部随后命令第1装甲师占领莫罗兹尼（Mlodzieszyn）地区，该处的波兰守军在当天下午被德军击溃，德军装甲部队的"狼群"在这里又一次逮到了波兰"大羊群"——大量从西向东行进的波军后勤车队被德军俘获。第1装甲师目前构成了两条战线：一条狭长但是力量强大的面向北面的战线，另一条较长但是实力较弱的面向西面的战线，波兰军队的突围重点基本可以确认为向东。

9月18日早晨，波军以第17步兵师和皮尔苏德斯基警卫团为主力，向鲁斯基的道路交叉点发动了猛烈进攻。经过艰苦卓绝的殊死战斗，德军第19步兵师第73步兵团死死守住了防线，挡住了试图突围的波兰军队。随后第1装甲师第1步兵团2营在坦克支援下成功地攻击了波兰军队的侧翼，把他们的进攻彻底击垮。眼看无法突破德军的封锁，大批波兰士兵最后残存的作战意志也被彻底动摇，很多人陆续放下武器投降。当天仅第1装甲师就俘获了约12000名波兰官兵，缴获了大批作战物资。随着大批战俘走向德军后方区域，温克少校迎来了他的39岁生日，作为生日礼物，他被授予了二级铁十字勋章，并在10月4日获得一级铁十字勋章。

9月19日，被挤压到维斯瓦河和布祖拉河区域的波军大约19个步兵师和3个骑兵旅的残部在沃维奇附近进行了最后一次突围尝试，失败后残余部队在波美拉尼亚集团军司令瓦迪斯瓦夫·博特诺夫斯基（Wladyslaw Bortnowski）中将的带领下放下了武器，至此波兰所有位于维斯瓦河以西的部队都被德军歼灭了。

德军在维斯瓦河湾的战役至此基本结束，整个波兰战役也已经接近尾声，除了华沙地区和维斯瓦河畔要塞莫德林（Modlin）以外，波兰方面已经没有什么成规模的抵抗。9月19日，第1装甲师完成集结后，作为军预备队向华沙方向开进。该师负责的警戒线大约有16公里宽，一连几天都没有什么作战任务，直到到9月23日上午该师得到前往托马舒夫地区休整的命令。中午12点，第一批部队踏上了向西南方向的归途，第1装甲师的波兰战役到此正式结束。

1939年10月3日，第1装甲师在波兰平静地休整几天后，奉命返回德国本土，到12日全师返回了原驻地。在参战的23天里，第1装甲师从瓦尔塔河一直打到维斯瓦河，直至华沙城下。其中除了两天的休整以外，全师可谓马不停蹄，一直作为突击矛头战斗在第一线。第1装甲师总计损失为：22名军官、211名士官和士兵阵亡，1名军官、18名士官和士兵失踪，398名官兵负伤。

华沙城内的波兰军民坚持抵抗到了9月27日，9月29日随着莫德林要塞的投降，波兰人残存的抵抗意志也消耗殆尽。10月2日，波兰最后的有组织抵抗基本结束。在波兰战役期间，波兰军队遭到了毁灭性打击，大约694000人被德军俘虏，217000人落入苏军之手，还有大约10万人逃过波兰、立陶宛、匈牙利以及罗马尼亚边境进入邻国。尽管波兰军队付出了惨重的代价，但还是无法改变国家被苏德瓜分的事实。

德军的闪电战术第一次在战场上大放异彩，由鲁茨和古德里安建立的装甲部队在大批年轻军官的共同努力下表现优异，装甲部队和空军的协同作战已经初具雏形。冯·赖歇瑙的第10集团军以装甲部队为矛头，在波兰境内向着华沙方向突进了300公里，全然不顾侧翼和后方安全，如同一把钢刀深深切入敌军纵深。波兰军队虽然进行了极其英勇的抵抗，但是根本无力阻挡德国法西斯的浩浩铁流。德军充分认识到，把装甲部队集中起来，从装甲师直到摩托化军级单位，将会形成巨大的攻击力，成为胜利的决定性力量。很快，德军根据波兰战场的实战经验，开始把原来的4个轻型师（第1—4轻型师）改编为正式的装甲师（第6—9装甲师）。

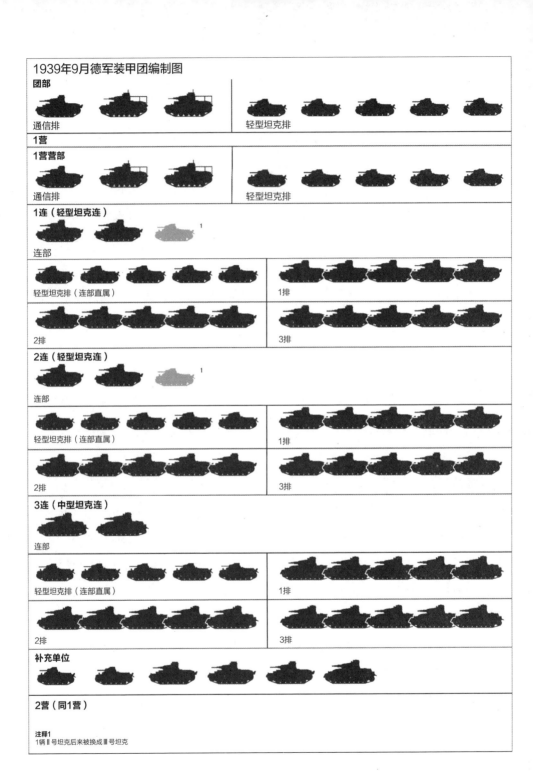

1939年9月德军装甲团编制图

团部

通信排 | 轻型坦克排

1营

1营营部

通信排 | 轻型坦克排

1连（轻型坦克连）

连部

轻型坦克排（连部直属） | 1排

2排 | 3排

2连（轻型坦克连）

连部

轻型坦克排（连部直属） | 1排

2排 | 3排

3连（中型坦克连）

连部

轻型坦克排（连部直属） | 1排

2排 | 3排

补充单位

2营（同1营）

注释1
1辆Ⅱ号坦克后来被换成Ⅲ号坦克

1939年8月23日，莫斯科，苏联外交部部长维亚切斯拉夫·米哈伊洛维奇·莫洛托夫正与德国的外交部部长乌尔里希·冯·里宾特洛甫在《苏德互不侵犯条约》上签字。苏联部长会议主席约瑟夫·斯大林（后排右起第二位）微笑着，后排左一是当时的苏联国防部部长和总参谋长鲍里斯·米哈伊洛维奇·沙波什尼科夫元帅。

1939年9月1日清晨，德军步兵搬开了德波边境上的栏杆，波兰战役开始。

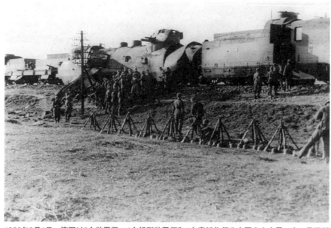

1939年9月1日，德军以6个装甲师、4个轻型装甲师和4个摩托化师为主要突击力量，在一马平川的波兰西部势如破竹般撕破了波军6个集团军约80万人组成的防线。波兰军队节节败退，死伤惨重，图为被德军缴获的一列损坏的波兰装甲列车。

波兰步兵部队正在行军途中。波兰战役中，波军统帅部对自己的军事力量过于自信，并指望得到英法的援助，因此便把部队全部部署在德波边境，以为只要实施坚决的反击，就可御敌于国门之外。这种毫无战略纵深的部署，使波军在德军高速度大纵深的推进下不是被歼灭就是被分割包围，成为留在德军后面的孤军，抵抗迅速土崩瓦解。

1939年，波兰陆军依然保持有许多骑兵连，这些骑兵连在1921年爆发的苏波战争中发挥了很好的作用。曾有这样一个神话—波兰骑兵不顾一切地向入侵的德军坦克冲去，骑兵们奋不顾身地与钢铁巨兽搏斗。其实，骑兵只是偶然与装甲部队遭遇，他们真正的目标步兵，其攻击常常十分有效。该图是1939年4月29日一支波兰骑兵在某地进行演习的照片。

战争爆发前，波兰的炮兵部队相对来说比较落后，图中的Wz.02/26型75毫米野战炮在开战前总共装备了466门，通过骡马拖曳机动，每个骑兵旅都有1个炮兵营，每个营有12～16门这样的火炮。

波兰战役爆发后，德军迅速夺取了制空权。图为从一架He–111P中型轰炸机的机头看到的尚未受到破坏的波兰城市。

德军轰炸机对波军阵地和运输线实施轰炸时的航拍照片。

入侵波兰的德军装甲部队装备的大多都是轻型坦克，配备了20毫米火炮的Ⅱ号坦克成为装甲部队的主力。图中的坦克纵队中还夹杂了几辆Ⅰ号坦克，包括配有大功率电台的指挥型号。

1939年9月5日，在彼得里考以南地区的战斗中，波军的抵抗变得异常猛烈，速度快但防护弱的德军坦克损失很大。图为战斗结束后第1装甲团2营5连的1辆I号坦克的残骸被推到了公路边。

1939年9月9日，在维斯瓦河岸边的莫切德罗夫（Moczydlow），第37工兵营1连的2名上士—劳（Rauh）和克罗伊特尔（Kreuter）在波军丢弃的重炮旁合影留念。

1939年9月9日，在布鲁祖明村附近的维斯瓦河渡口，第37工兵营搭建了能让坦克过河的桥梁。图为第37工兵营1连的几名士官在桥上查看桥梁状况，左起马丁（Martin）连军士长、克罗伊特尔（Kreuter）上士和诺瓦克（Nowak）军士长。

1939年9月，2辆第1装甲师的坦克正在涉渡利斯瓦尔塔河，德军装甲部队的高速挺进令波军防不胜防，波军试图阻止德军突进的努力在第1装甲师的高速冲击下毫无效果。

1939年9月，第1装甲师的1辆I号坦克涉渡过河后爬上了河岸，依据德军装甲部队的作战思想，坦克部队就要集中使用，绕过阻碍大胆突进，后方可以交给步兵去扫荡。

波兰军队对坦克部队的运用与英法等国如出一辙，都认为坦克只是支援步兵和骑兵进攻的武器，并未集中使用，更谈不上诸兵种协同作战。每个波军步兵师都编有1个轻型坦克连支援作战，每个骑兵旅则有1个坦克中队，在战斗中能发挥的作用非常有限。

1930后的德军改革中最容易被忽视的创新是无线电台的广泛应用。通过无线电台指挥和协调装甲部队以及周边辅助部队的方式大大提高了机械化部队的战斗力，使得多兵种合成作战成为可能，而当时世界上其他国家的陆军都还未实现这一作战方式。图为德军的III号指挥坦克。

图为波兰战役初期行军中的德军克虏伯L2H143 Kfz 81型2.6吨轻型货车，通常可搭载半个步兵班或1个机枪组，汽车左侧挡泥板上的战术符号表示该部是摩托化步兵排。

一支德军炮兵部队正从波兰村庄中通过，领头的是1辆师属炮兵团的载重3吨的Sd.Kfz.11半履带牵引车，拖着1门leFH 18 105毫米榴弹炮。

1933年希特勒上台后，德国国防军开始扩军备战，德国陆军在古德里安等人的努力下逐渐接受了步兵摩托化的改编方案，装备了大量摩托车、卡车的装甲师和摩托化步兵师的机动能力得到很大提高。图为波兰战役打响后，一支通过波兰村庄的德军摩托化部队。

第1装甲师在战斗中被击毁的坦克，在皮利察河流域的战斗中，波军的顽强抵抗给德军造成了一定损失。

波兰军队装备的wz.35反坦克枪是其步兵部队的主要反坦克武器，计划每个步兵师配发92枝。虽然这种枪的性能类似于德军在第一次世界大战时期使用的反坦克枪，但由于其首先使用了钨合金子弹，因此能够击穿1939年德军装备的所有型号的坦克装甲车辆。不幸的是，由于弹药在战前还处于保密状态，没能及时配发部队，战争爆发后再陆续配发已经跟不上战况的发展，所以这种有力的反坦克武器在实战中发挥的效用很有限。

波兰战役期间，希特勒同党卫队领袖海因里希·希姆莱（左）以及他的秘书马丁·鲍曼（右）在研究地图。

1939年9月14日，德国步兵小心翼翼地突进到波兰首都华沙周边地区，由于战况发生变化，德军暂时放弃了攻占华沙的计划，转而去围歼陷入包围圈的波军重兵集团。

在波军反击时被俘获的德军士兵，随着德军在战场上的节节胜利，这些人很快将重获自由。

左起：第1装甲师师长鲁道夫·施密特中将，师首席参谋温克少校，第1步兵旅旅长弗里德里希·基希纳少将正在师部商讨战局。这张照片的拍摄时间应该在1939年9月18日之后，波兰战役已经进入了尾声，因为此时温克少校上衣的第二粒纽扣处佩戴着二级铁十字勋章的绶带，这是他在9月18日被授予的。

大势已去之后，一名波兰将军正在向德军投降。

四

辉煌胜利

闪击法兰西

1940年2月底，休整中的第1装甲师进行了一系列调整，部分单位被部署到莱茵河左岸，师部则部署到杜塞尔多夫（Dusseldorf）。原师长施密特中将离开了第1装甲师，他将要担任第39摩托化军军长，上任时还带走了原来的后勤参谋柏林上尉。此前的1939年11月2日，哈佩上校也离开了第1装甲师，去温斯多夫装甲兵学校（Panzer Troops School Wünsdorf）任校长。

新任第1装甲师师长是原第1步兵旅旅长基希纳少将，他早已经是第1装甲师中最重要的指挥官之一。基希纳在担任第1装甲师第1步兵团团长以前是第11普鲁士骑兵团团长。他是一名传统而勇敢的前线指挥官，麾下官兵对他的经典印象就是：当部队行进速度不够快的时候，基希纳往往会站在领头的指挥车上大声呼喊："前进！孩子们！我们必须前进！前进！再前进！"

第1步兵旅旅长现在是瓦尔特·克吕格尔（Walter Krüger）上校，也是名敢打敢冲的军人，日后也晋升为装甲兵上将。温克少校依然继续担任第1装甲师首席参谋之职，他给喜欢冲在前面的师长基希纳提供了巨大的支持。可以说在德军中，基希纳再也找不到比温克更好、更适合他的参谋助手了。后勤参谋由冯·基尔曼斯埃格上尉担任。第1装甲师战史的作者鲁尔夫·施特弗斯（Rolf Stoves，他的作品还有第22、25和27装甲师的战史）写道："温克对于装甲指挥官而言，是一名再理想不过的作战参谋。他能轻松掌控几乎所有相关事务，恰到好处地协调安排，并且能够随时应急处置各类突发事件。"

时任第1装甲师首席参谋的温克少校。第1装甲师作为古德里安麾下第19摩托化军的主力参与了法国战役，温克在此战中的表现可圈可点。

1940年3月3日，第1装甲师主力

被部署到阿登高原附近的米尔海姆
（Mulheim）地区。4月1日，师长基希纳
晋升中将。

5月9日下午1点，第1装甲师师部的
军官们正在一起吃午饭。当大家正兴致
勃勃地闲聊着的时候，电话铃突然急切
地响起，师长基希纳过去抓起电话，电
话内容很简短："黄色计划，5月10日，5
点35分"。

这样简单的一句话对于第1装甲师
乃至全体西线德军而言意义非凡，德军
这台巨大的战争机器又要向前开动了，
这意味着他们要正式向英法比荷联军
开战。18点，全师开始向进攻出发阵地
运动，正在度假的瓦尔特·克吕格尔上校
被紧急召回。

保罗·冯·克莱斯特（1881.8.8～1954.11.13）骑兵
上将。克莱斯特曾在1938年由于反对纳粹党而被迫退
役，在德军为了入侵波兰进行动员时重新入伍。他在
波兰战役和法国战役期间担任克莱斯特装甲集群指挥
官，在入侵苏联时任第1装甲集群（后改番号为第1装
甲集团军）指挥官。1942年任A集团军群司令，参加
高加索战役。1943年2月1日晋升陆军元帅，1944年3
月由于和希特勒发生严重的意见分歧而被解职。战后
被南斯拉夫列为战犯，判刑15年，后被转送至苏联死
于狱中。

德军进攻法国的"镰割"计划关
键点是伦德施泰特大将指挥的A集团军群，人类有史以来从未有数量如此
之多的装甲车辆集中在德国、比利时和卢森堡边境的阿登山区。A集团军群
将兵分三路，其中担负最重要的突击任务——夺取色当（Sedan）并进行长距
离迂回——的部队是古德里安上将的第19摩托化军、冯·维特斯海姆步兵上
将的第14摩托化军。这2个摩托化军将由保罗·冯·克莱斯特（Paul L.E.von
Kleist）骑兵上将指挥。他们是A集团军群进攻任务中最外层的一支部队，这
也意味着他们将比另外2个摩托化军承担更为艰巨的突破任务。战前陈兵德
比边境的是霍特步兵上将的第15摩托化军，德卢边境上是克莱斯特上将的装
甲集群。在这2支装甲突击力量后方紧跟着第4、12和16集团军，第2集团军则

作为这一方向的预备队。

在这场史无前例的大规模坦克突击行动开始前，很多人并不认为这次行动能完全成功。古德里安的名著《闪击英雄》中曾有过如下这样一长段有意思的描述。

"镰割"计划颁布后不久的一次沙盘作业，希特勒亲临现场听取将领们对计划的看法，在这里他见到了古德里安，并听取了古德里安汇报的预定作战计划，他指出部队可以在5天内占领色当渡过马斯（Maas）河，希特勒接着问道："那么你渡过马斯河以后怎么办？"

这个重要的问题此前从未有人问过古德里安，古德里安略为沉思后回答希特勒："除非我已经接到了其他的命令，否则在第二天我就会继续向西推进，一直向英吉利海峡进发。"

希特勒点点头。古德里安的自信并不被其他德军将领接受，德军总参谋部

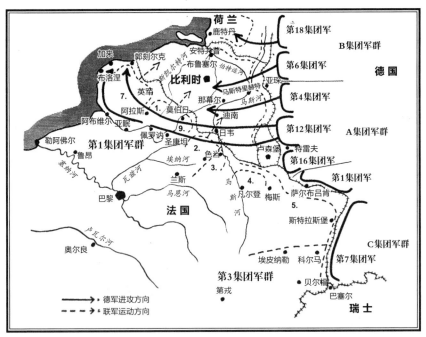

法国战役德军和联军计划态势。

和大多数高级将领预测推进到色当至少需要10天的时间,而且马斯河将阻挡住装甲部队的步伐,渡河任务还是需要步兵来完成。一起参加沙盘作业的布施(温克在第9步兵团服役时的老营长)步兵上将当时就高声说道:"好吧,第一点,我首先就不相信你能渡过马斯河!"

在即将进行的突击计划中,布施上将的第16集团军将配置在古德里安第19摩托化军的北面稍后一点实施突击。对于这个精通步兵突击战术的将军的挑战,古德里安对这位老熟人一点都不客气,回应道:"无论如何,总不需要您来代劳!"

两位将军各执己见,约定以1瓶香槟酒作为赌注验证胜负。

克莱斯特装甲集群由第19摩托化和第14摩托化军构成进攻核心,并且得到1个航空队的空中支援。前锋矛头第19摩托化军由3个装甲师组成:第1、2和10装甲师,其中第1装甲师和第2装甲师都是古德里安亲自训练出来的部队。为了加强该军的步兵力量,德军总参谋部还为第19摩托化军增添了一个很特殊的部队——"大德意志步兵团"。大德意志步兵团(简称GD团)的前身是柏林警卫团,是德军拱卫首都担负各政府机关警卫及仪仗任务的"禁卫军",也是民众眼中的德军形象代表。上战场前总参谋部又为其加强了工兵和炮兵部队,总体实力等于1个摩托化步兵旅。古德里安将3个装甲师分为3路,以第2装甲师掩护右翼,第10装甲师掩护左翼,第1装甲师自然成为中央突破的尖刀,紧跟其后的是军属炮兵、军部以及高炮部队。

1940年5月10日清晨5点35分,第1装甲师作为第19摩托化军的前锋越过了卢森堡边境线,这标志着A集团军群的进攻正式开始了,随后该集团军群各部越过边境线揭开了千里突击的序幕。当整个克莱斯特装甲集群沿着3条主要公路推进的时候,卢森堡全境还处于睡梦之中。作为中立国,卢森堡没有武装力量,但道路上遍布各类障碍物,凡是人能想出来找得到的东西都给堆在路上,只是这些障碍物都没有人把守,德国人要做的只是清道夫的工作罢了。睡眼蒙眬的卢森堡国民走出家门眼看着德国工兵在忙碌着清理障碍,并没有人意识到一场残酷的为时5年的战争已经开始了。

10点左右，第1装甲师冲过比利时边境，抵达曼纽方丹—福维莱尔（Menufontaine-Fauvillers）一线。到中午时分，右翼的第2装甲师进入比利时境内，左翼的第10装甲师在大德意志步兵团的伴同下也在向前推进。当天下午，第1装甲师在事先机降的大德意志步兵团3营11连士兵配合下，击溃了比利时军队的微弱抵抗，急速向西疾进。

11日整天，德国装甲部队都在高速前进，第1装甲师更是冲在前面，德军于当天晚些时候进抵瑟穆瓦（Semois）河。比利时和法国部队都没有来得及组织起起码的抵抗。虽然河上的桥梁已被比军"按部就班"地炸掉，但这并没有阻挡德国人多长时间，古德里安一边命令架桥，一边让部队利用橡皮艇迅速渡河。

5月12日，第1装甲师转向南面，目标色当。7点30分，第1装甲师前锋已经越过法国边境。在色当以北地区，德军甚至没有遭到抵抗，法军悉数撤退。克莱斯特装甲集群得以在12日下午至傍晚进至马斯河东岸，与法国人隔河对峙。而第1装甲师又接到了艰巨的任务，从他们的进攻出发地域到马斯河之间有一大块没有任何掩护的空地，法国炮兵一旦发现德军出现就会不停覆盖射击，而德军自己的炮兵却因为道路堵塞还没有赶到。右翼的第2装甲师由于道路崎岖速度缓慢，预计要到第二天清晨才能赶到。左翼的第10装甲师因为与法军第5轻骑兵师作战，速度也稍有延缓，不过12日夜晚该师就陆续赶到色当南部的预定地点。德军的推进速度还是令法军大吃一惊，德军比总参谋部规定的时间提前了1天，比英法联军统帅部预计的时间提前了整整1周！

对岸法军的援军分别要到17日和21日才能抵达前线。不过法国统帅部深信，德军经过长时间在阿登山区的行军，必然需要休整并等待炮兵部队跟上，法军在马斯河还有几天的时间来准备防御并等待增援部队，何况法军在撤退时已经炸断了从那慕尔（Namur）到色当的马斯河上的所有桥梁。法军认为，马斯河深深的河谷和陡峭的河岸就足以让德国的机械化部队止步不前。

提前赶到马斯河边的古德里安准备用1天时间等待后续的炮兵部队赶到，然后在14日发动渡河攻势。但是克莱斯特坚持要在次日开始渡河，他认为这样就能充分利用出敌不意、攻其不备的优势。古德里安担心没有炮兵的掩护渡河有一定的困难，克莱斯特回答说他将向德国空军请求强大的空中掩护。

赫尔曼·巴尔克（1893.12.07～1982.11.29）装甲兵上将。在法国战役时担任第1装甲师第1步兵团中校团长，和时任师首席参谋的温克有过一段愉快的共事经历。巴尔克最著名的一战是1942年底的奇尔河畔反击战，当时他指挥第11装甲师重创了苏军第5坦克集团军。之后，巴尔克历任大德意志装甲掷弹兵师师长、第48装甲军军长、第4装甲集团军指挥官和G集团军群指挥官等职。

德国炮兵确实没有及时赶上，法国人的大炮也的的确确让德国人吃到了苦头，第19摩托化军的集结点几乎不间断地被法军大炮轰击。第1装甲师的处境尤为艰难，他们的集结点缺乏有利的地形掩护，几乎直接暴露在法军炮兵部队的火力覆盖之下，部队稍有动弹就会招来一顿炮弹伺候。但是联军忽略了另一个重要因素：空军。在马斯河，德国人让一直忽视空地协同的法国人结结实实地吃了一个大亏。

5月13日早上8点起，德军第3航空队的轰炸机群接替了传统炮兵的任务，猛烈轰炸了法军的防线、炮兵阵地和部队集结地。

古德里安的参谋长内林上校把军部设到了拉沙佩勒（La Chapelle），而古德里安则坐着他的通信指挥车跟随着进攻部队。在13日下午3点30分，柏林少将集结了所有能够使用的炮兵进行了大约30分钟的炮火准备。16点，马斯河西岸法军阵地上硝烟弥漫。在强大的空军掩护下，大德意志步兵团首先开始渡河，赫尔曼·巴尔克中校的第1装甲师第1步兵团在大德意志步兵团的北面强渡；第10装甲师在色当南部选择登陆场，而第2装甲师则在右翼的邓什

德军B集团军群指挥官博克（1880.12.3～1945.5.4）大将。西线战役打响后，博克指挥B集团军群对荷兰发动攻击，仅仅5天就让荷军投降，1940年7月19日晋升陆军元帅。德军入侵苏联后，他指挥中央集团军群直逼莫斯科城下，俘虏苏军数百万人，1941年12月18日因病去职。1945年5月4日，在二战结束前几天与妻女乘车去基尔的路上遭英军战斗机扫射，全部身亡。

里（Donchery）渡河。古德里安亲率第二批渡河部队登上了马斯河南岸，过河之后，他找到了巴尔克中校和他的团部，该团已于17点30分冲过了色当—邓什里的铁路线。21点30分，古德里安来到第1装甲师师部，对该师圆满地完成了任务表示满意，同时向基希纳和温克表示祝贺，并期待该师能够继续前进，夺取更大的胜利。而此刻第1装甲师的步兵旅已经冲进了法军的炮兵阵地，确保了渡口的安全。至此，A集团军群的3个摩托化军都已经突破了马斯河，德军的"镰割"计划已经成功了一半。B集团军群指挥官费多尔·冯·博克（Fedor von Bock）大将的话最能代表德国将领的兴奋："法国人似乎已经丧失了知觉。"

在5月14日凌晨4点，德军第1装甲师第一批坦克隆隆驶过浮桥，向马斯河西岸挺进。第1装甲师得到军部的命令如下："进攻到谢里—迈松塞勒和维莱尔（Chehery-Maisoncelle-et Villers）一线，在勒泰勒—旺德雷斯（Rethel-Vendresse）一线向西北转向，大德意志步兵团在斯通尼村（Stonne）负责掩护部队的南翼。"

第1装甲师面临一个艰难抉择：如果按照命令立即转向，斯通尼村以北和以西地区的法军就有可能对其侧翼和后背产生威胁，这将给法军提供一个很好的反击机会，或者部队先协助大德意志步兵团稳定了南翼之后再转向西面，但有可能浪费许多时间。基希纳中将权衡利弊之后决定全师主力继续向西挺进。天亮后古德里安亲自来到第1装甲师师部，询问他们是否完全按照命令执行——即不顾及法军可能的反击，继续向西挺进。温克回答道："将军已经教导过我们，要勇往直前，不要犹豫。"于是第1装甲师按计划在勒泰勒向西北转向，向海岸挺进。

根据德军作战计划，第19摩托化军必须确保斯通尼村的安

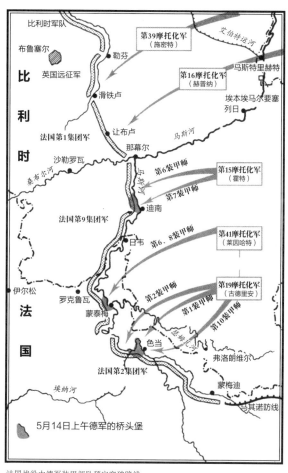

法国战役中德军装甲部队预定突破路线。

全，阻止法军的反击，掩护第14摩托化军安全渡河。克莱斯特希望古德里安先在桥头堡阵地集结力量，稳固防御阵地，而古德里安并不认可这样的命令。他认为如果这样做，他们付出相当代价才得到的突袭优势将被毫无意义地浪费掉。他首先和克莱斯特的参谋长库尔特·蔡茨勒（Kurt Zeitzler）上校沟通，见没什么效果，就直接和克莱斯特通话，最终克莱斯特允许第19摩托化军向西继续进行24小时的"火力侦察行动"，掩护后续步兵师安全渡河。

5月16日，得到了行动自由的古德里安再次来到第1装甲师师部。看到法军

的表现后，古德里安更加坚定了继续快速前进的决心。他率领第1和第2两个装甲师向西挺进了大约70公里，直抵蒙科尔内（Montcornet）和马尔勒（Marle）一线。此时右翼的莱因哈特的第41摩托化军也已经赶了上来，几乎同时进入了蒙科尔内城内。

17日，当古德里安准备继续前进的时候，他得到克莱斯特的命令，停止继续进攻，并于早上7点和他会面。克莱斯特准点到达，他没有和古德里安进行任何寒暄就直入主题，严厉指责了古德里安的自行其是。古德里安寸步不让，请求解除自己的指挥权，克莱斯特也毫不让步，同意了古德里安的请求，要求他把部队交给资深将领代行指挥。他们的会谈就此不欢而散，古德里安回到指挥部后，立刻要求第2装甲师师长鲁道夫·法伊尔（Rudolf Veiel）中将来军部暂时代理军长职务。随后古德里安向集团军群指挥官伦德施泰特大将报告，他已经交出指挥权，预计中午可以当面汇报。很快，古德里安就接到集团军群指挥部的命令，要他留在军部等候第12集团军指挥官西格蒙德·威廉·李斯特（Siegmund Wilhelm List）大将的到来。在此期间，德军部队停止前进。位于圣康坦（Saint-Quentin）的第1装甲师师部接到了如下命令："不得继续越过瓦兹（Oise）河向西前进。"

西格蒙德·威廉·李斯特（1880.5.14～1971.8.17）。1940年7月19日晋升陆军元帅，法国战役结束后又参与指挥了巴尔干地区的作战行动，以及入侵苏联的作战。1942年9月10日，由于希特勒拒不承认自己的战略判断失误和指挥能力低下，为推卸责任解除了李斯特元帅A集团军群指挥官的职务。战后，他遭盟军羁押到1952年获释。温克曾经两度与李斯特共事：第一次是在1940年法国战役时期，温克隶属的第1装甲师被编入李斯特元帅指挥的第12集团军。另一次则在1942年的斯大林格勒战役早期，当时以温克担任参谋长的第57装甲军被编入李斯特麾下的A集团军群。

温克少校对于这样的"停止"命令非常失望，他立刻骑着摩托赶到古德里安的军部询问到底出什么事情了。当他刚到军部后不久，李斯特大将也到了。李斯特解释说，停止前进的命令来自于陆军总司令部，所以必须执行。但他也认同古德里安的看法，部队进行"威力搜索"是必要的，同时取消了原先解除古德里安指挥权的命令。不过，为了给上面一个交代，古德里安的军部停留在蒙科尔内以东的索伊兹（Soize）村不得再向前移动，在此前提下威力侦察行动可以继续。这样一来，在最高统帅部的地图上，代表第19摩托化军的符号不会产生任何地点上的变化，但实际上其下属的坦克部队依旧在向前推进，一个看上去很是棘手的问题被这么轻易地解决了。随后古德里安的军部和前进指挥部之间铺设了长途电话线，这样一方面可以确保通信畅通，防止无线电通信因为距离原因中断，另一方面也可以防止陆军总司令部"旁听"他们的无线电通信。

温克在军部停留期间，夏尔·戴高乐（Charles de Gaulle）将军率领的法军坦克向着军部后勤单位所在地蒙科尔内发动了攻击，带着"继续前进"命令的温克在赶回师部途中经过交火地带时负了轻伤。不过温克并不是第1装甲师师部唯一的伤员，师长基希纳两天前膝盖就受了伤，不得不躺在作战地图前的行军床上指挥作战，随后师部后勤参谋基尔曼斯埃格上尉也负了伤。不过，尽管师部伤员剧增，但是他们的指挥效率并没有受到什么影响，第1装甲师的高速挺进依然继续着。

5月18日，第1装甲师渡过瓦兹河向着佩罗讷（Peronne）方向前进。忍耐了快两天的德军装甲部队又一次全速发动，向着海峡进军。

5月19日，第1装甲师夺取了佩罗讷附近的索姆（Somme）河桥头堡。同一天，古德里安的军部也得到了正式允许其继续进攻的命令，开始向着亚眠（Amiens）前进。第1装甲师随即得到命令，经过阿尔贝（Albert），攻占亚眠后在索姆河南岸建立桥头堡。

5月20日上午8点45分，当古德里安到达亚眠城郊的时候，第1装甲师正在发动进攻。中午时分，德军占领了全城，并且建立了一个有7公里纵深的桥头堡。在当天，第1装甲师战斗日志写着："决定性的一天到了，德国装甲部队于5月20日向英吉利海峡进军。第19摩托化军今天必须攻占亚眠——阿布维尔

（Abbeville）一线。"

在攻克亚眠的过程中德军曾因为防务交接的问题出现过一段时间的侧翼空当。当时立功心切的巴尔克带着第1步兵团（内德维希上校病倒后，巴尔克暂时指挥该团作战）和第1装甲团混编的部队，在第10装甲师的接应部队还没到达前就丢弃了佩罗讷附近的阵地向前开拔，导致第1装甲师和第10装甲师之间的衔接出现了真空，幸好法国人好像压根就没注意到这点。虽然此举令接防的第10装甲师第4装甲旅旅长弗朗茨·兰德格拉夫（Franz Landgraf）上校火冒三丈，并向古德里安提出抗议，但后者压根没当回事，也就不了了之了。

傍晚时分，第2装甲师占领了距离英吉利海峡不过20公里的城市阿布维尔，其先头营通过努瓦耶勒（Noyelles）村，成为第一支到达英吉利海峡的德军部队。而此前该师不止一次借口油料耗尽停下来休息，只是这些小花招都被古德里安——拆穿。

到达海峡岸边的德军部队突然不知道自己下一步该怎么办了，他们在停下来修整的同时也在等待高层的新命令。5月21日这天是第1装甲师进入法国战场

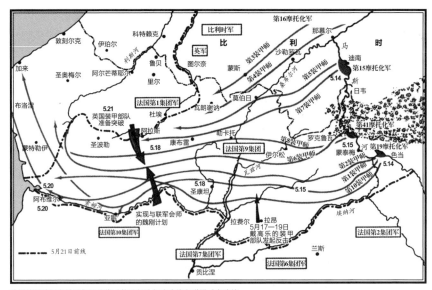

法国战役德军突破马斯河防线后装甲部队行动路线和联军反击路线。

后的第一个休息日，两个装甲团和步兵旅都在抓紧时间检修车辆装备。古德里安在日记上记录道："21日这天浪费在等待命令上了，我利用这天视察了索姆河渡口和桥梁，并且参观了亚眠城。"

22日，德军装甲部队得到继续向北进攻夺取海峡港口的命令。第1装甲师和大德意志步兵团将通过萨梅尔—代夫勒（Samer-Desvres）一线向加来（Calais）推进；第2装甲师于22日抵达布洛涅（Boulogne）外围，并且和守军展开战斗接触。

23日下午，克吕格尔战斗群抵达加来外围后，曾试图一鼓作气拿下加来港，结果和英军皇家装甲团3营在距离加来不到10公里的吉讷（Guines）打了一场遭遇战。战斗打得很激烈，英军损失了12辆坦克后退回加来城内，德军的突袭也没有成功，停在了城外等待后续部队。在圣奥梅尔（Saint-Omer）的阿（Aa）运河一线，克吕格尔战斗群一部也被英军阻击了3个多小时，打乱了德军的部署。当天夜间温克接到命令，第1装甲师要抽调部队准备向敦刻尔克（Dunkerque）突击，渡过运河后距离敦刻尔克的直线距离只有20公里。

24日凌晨，第10装甲师接替第1装甲师继续进攻加来，得到大德意志步兵团加强的第1装甲师的突击方向则全部转向东北，希望能在格拉沃利讷（Gravelines）地区取得突破。格拉沃利讷位于阿运河下游靠近大海，是个庞大的六边形棱堡要塞，周边地区水网运河和要塞密布，在昔日的冷兵器时代是法国用来防御英国入侵者登陆的要塞区，易守难攻。温克在制订作战计划时颇费心思，格拉沃利讷要塞建筑在阿运河东岸，运河从南到北通向大海，部队唯一能够运动的地形只有西边和西南方向。如果想攻击要塞本体先得过了运河和护城河，而要塞炮火又控制着周边道路和运河桥梁，只有牵制住要塞的炮兵火力，才能给在其他地段渡河的德军部队以最大的掩护。所以温克制订的计划是不惜一切代价牢牢吸引住要塞守军的注意力，或者削弱其炮兵火力，为其他部队创造渡河条件。

战斗打响后，巴尔克亲率第1步兵团1营和3营，在坦克掩护下从西面和西南面对格拉沃利讷发起攻击,战斗进行得并不顺利,首次攻击就被法军炮火击退,投入进攻的20辆坦克损失了8辆。此后巴尔克没有再发动无谓的进攻,而是和法国人打起了炮战,最终在下午摧毁了要塞内威胁最大的2门155毫米M32型加农炮,令要塞的威胁大减。在格拉沃利讷以南约5公里的圣福坎(Saint Folquin)大桥边,得到第73炮兵团两个营炮火支援的第1步兵团2营经过苦战,重创了坚守运河大桥的法军第21步兵师第137团2营(仅在2个小时的战斗中法军就损失了250人),夺取了大桥建立了桥头堡;在更南面的圣皮埃尔布鲁克(Saint-Pierre-Brouck),得到6辆突击炮支援的大德意志步兵团击溃了法军第137团第1营和第18集团军属侦察营的防御,夺取了拉比斯塔德(La Bistade)大桥和桥头堡;而在奥尔克(Holque),第1装甲师第4侦察营和法军第137团第3营缠斗了几乎一天,法军伤亡惨重面临被全歼的境地,残部只得放弃阵地撤往卡佩勒布鲁克(Cappelle-Brouck),傍晚时德军在河东岸夺取了一块纵深约两公里的桥头堡。

到天黑时,第1装甲师在运河东岸建立了3个桥头堡,温克的计划大获成功。同日,位于第19摩托化军右翼的莱因哈特中将的第41摩托化军也通过圣奥梅尔抵达阿运河一线,并且在阿运河东岸建立了多个桥头堡。就在温克制订新的计划打算在25日直扑敦刻尔克时,希特勒下达了暂停进攻的命令。德军各装甲师得到的命令是:停留在阿运河沿线,部队休整,装备整修。这是一道令无数德军官兵扼腕叹息的命令,许多德国军官在战后都痛骂希特勒是个蠢货,毁掉了德军取得完胜的机会。虽然随着时间的推移,越来越多的证据表明希特勒并非这道命令的始作俑者,而是诸多因素促成的,但无论如何大错已经铸成。

25日,德军完全攻占布洛涅,当天A集团军群的右翼和B集团军群的左翼取得联系,一个弧形的包围圈在陆地上构筑完成,联军背靠大海,看似无路可退了。

26日,加来守军向德军投降。同日,希特勒终于同意恢复装甲部队的行动自由，但是已经太晚了。英国人的敦刻尔克大撤退（代号：发电机计划）已经付诸实施，他们动用了一切可能用以拯救自己部队的力量。当天夜里，第19摩托化军重新开始进攻。到28日，第1装甲师粉碎了法军第137步兵团和第310步兵团的防御，进抵布尔堡（Bourbourg），第19摩托化军的右翼一直推进到了沃尔穆（Wormhout），党卫军警卫旗队团在这里屠杀了60多名英军战俘。

29日，第1装甲师夺取了格拉沃利讷，其侦察营又占领了布罗克尔克（Brouckerque）。此地距离海岸线不足10公里，站在高地上已经能够看见敌人大批满载部队的运输船正从敦刻尔克开出，驶向英国。由于联军的顽强抵抗，大片道路和田地都被河水淹没，装甲部队几乎没有用武之地，只能靠步兵缓慢推进。当天古德里安接到新的命令，第19摩托化军将被第14摩托化军换下，不再参加对敦刻尔克的进攻。第1装甲师于30日早晨被第9装甲师替换，撤离了前线。

早在5月28日，希特勒就下令组建1个装甲集群归古德里安指挥，原第19摩托化军军部被改编升级成装甲集群指挥部，内林上校依然担任参谋长，装甲集群隶属于李斯特大将的第12集团军指挥。这个集群构成如下。

第39摩托化军，军长鲁道夫·施密特中将（6月1日晋升装甲兵上将），下辖第1、2装甲师和第29摩托化步兵师。

第41摩托化军，军长莱因哈特中将（6月1日晋升装甲兵上将），下辖第6、8装甲师和第20摩托化步兵师。

6月2日夜间，第1装甲师奉命向东南撤离，前往伊尔松（Hirson）以东的新驻地，转属第39摩托化军。第1装甲师又回到了老师长施密特装甲兵上将的麾下。

按照德军的设想，征服法国分为两步：第一步是消灭进入比利时的法军主力（以及英、比、荷军主力），第二步是向南彻底打败法国。从5月20日攻占阿布维尔开始，德国人就认定第一阶段的任务已经基本完成，开始准备下一步作战。24日，希特勒发布了第13号指令，规定下一步作战行动将分三个阶段进行：

第一阶段将以右翼德军在瓦兹河与海峡之间向塞纳（Seine）河下游推进，以配合和掩护主要作战方向；第二阶段将在兰斯（Reims）两侧向东南发动主要攻击，消灭巴黎—梅斯—贝尔福（Paris-Metz-Belfort）之间的法军主力；第三阶段将突破马其诺防线。这一计划被命名为"红色计划"。

德军调整了兵力部署后，古德里安装甲集群归属第12集团军指挥，而后者仍在伦德施泰特指挥的A集团军群编成内。第12集团军的任务是在波尔西安堡（Chateau-Porcien）和阿蒂尼（Attigny）之间渡过埃纳（Aisne）河和埃纳运河，向着南方继续挺进。古德里安向李斯特大将请求给他的装甲集群优先分配渡河区域，让各装甲师在夺下渡口后自行过河。古德里安担心庞大的补给车队和步兵混杂的话，很可能引起交通堵塞，而且指挥也很容易发生混乱，这是装甲部队最害怕的事情。但是李斯特为了保存古德里安集群的实力，拒绝了古德里安的提议。古德里安自己写道："所以各装甲师只好集中在步兵军的后方，等候8个桥头堡建立好之后，再渡河进攻，2个摩托化步兵师就分别尾随在装甲师的后面前进。这个计划成功的先决条件就是步兵能够迅速渡河，而且要稳住桥头阵地。"

战斗首先在B集团军群的作战区域打响，德军利用索姆河南岸的3个桥头堡，以3个摩托化军为矛头，于6月5日开始冲击法军的魏刚防线。

6月6日，第1装甲师师长基希纳和首席参谋温克向各部下达了作战命令：第1装甲师在第2装甲师右翼，第41摩托化军左翼，步兵攻占桥头堡后，第1装甲师将超越前面的第13步兵军，向南突进，第一个目标是马恩河—莱茵河（Rhein-Marne）运河位于维特里-勒弗朗索瓦（Vitry le Francois）和雷维尼（Revigny）之间的渡口。第13步兵军将为第1装甲师提供2座浮桥。

在6月8日下午4点，第39摩托化军军部下达了让在作战命令："进攻发起日，6月9日。"

第1装甲师将分为3个战斗群：克吕格尔战斗群、巴尔克战斗群和第1装甲旅（内德维希上校）。进攻开始后，第13军搭建的2座桥梁情况都无法令人满意，而且部队进展均不顺利。古德里安亲自赶到前线察看情况，一直到晚上19点50分，第一辆坦克才通过桥梁。由于桥梁承重能力有限，Ⅲ号和Ⅳ号坦克只能一辆一辆通过，因此第1装甲师原定的进攻计划只能推迟。

6月10日凌晨1点，温克从师部给各战斗群发布的进攻发起时间为早晨6点30分。受法军防御指导思想变化的影响，第1装甲师开始的进展很顺利，法军只是集中在树林或者村庄中抵抗，德军在平原上的推进几乎没有任何阻碍。德国坦克充分利用了法军的这种战术，抛开固守的支撑点不理不睬，一直向法军纵深迅速前进，那些被孤立的支撑点则交给后续的步兵解决。午后，巴尔克战斗群（第1步兵团第2营、第2装甲团第1营、第73炮兵团第1营）拿下了瑞尼维尔（Juniville）村，随后南下的第1装甲旅在该村南部突然遭到了法军第3装甲师坦克部队的反击，一场坦克大战大约持续了2个多小时，德军击败了法军100多辆坦克的进攻。为了掩护步兵部队后撤，法军第7轻型机械化师又在村北方向用40辆坦克发动了一场反击，到天黑前反击失利，法军溃退了。当天下午4点，意大利宣布将于午夜时分对法国宣战。天黑后，温克调整了部队编组和任务，计划由步兵和摩托车兵作为进攻主力来对付法军的固定据点，装甲旅抽调少量坦克配合步兵作战，主力继续向前突进，目标是贝特尼维尔（Bethenivielle）。

第二天进攻开始后，德军炮兵先做准备射击，坦克和步兵协同前进，将拉讷维尔（La Neuville）村包围，大量坦克则绕过村落向南推进。第1装甲师在叙普（Suippes）河畔又一次和法军坦克部队绞缠在一起厮杀搏斗，实力大损的法军坦克部队此仗过后几乎消耗殆尽，再也无力给德军制造麻烦了。温克少校通过俘虏之口确认对手是第7轻型机械化师的部分兵力，贝特尼维尔的守军属于第127步兵师，此时已经无心恋战正在撤退。

6月12日，第39摩托化军给第1装甲师下达了新的作战目标：抢占维特里–勒弗朗索瓦和雷维尼之间马恩河—莱茵河运河渡口。施密特将军给进攻方式定下了严格的规定：装甲部队必须集中起来形成一个攻击矛头，最重要的任务是向敌

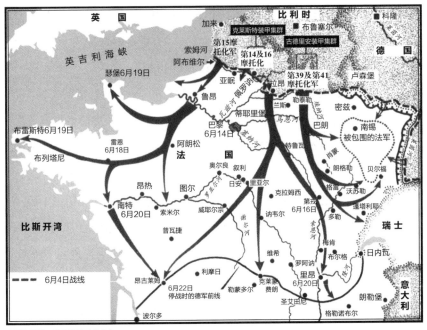

法国战役第二阶段德军攻击方向。

军纵深突进，尽量避免无谓的纠缠和停顿。如果战斗实在无法避免，那么必须集中一切可以集中的力量，快速而坚决地消灭当前的敌军。

由于当面的法军步兵几乎溃不成军，毫无阻截的能力，古德里安装甲集群的两个摩托化军几乎齐头并进，再加上陆续赶上来的步兵部队，各师的行军路线都没有清楚划分，因此部队都挤在了一起。德军步兵不甘心给装甲部队当清洁工人，不分昼夜快速行军，希望能抢到装甲部队前面去和后撤中的法军交战。当天第39摩托化军的进攻速度非常快，沿着公路狂奔的第2装甲师先头部队中午时分已经到达香槟沙隆（Chalons-en-Champagne），并且有望夺取马恩河上的一座桥梁，但是法军提前设好的定时炸弹最终还是在德军过河的紧要关头把这座桥炸上了天。在温克的计划安排中，第1装甲师的行军纵队尽可能避免和其他部队混杂在一起，摩托化步兵走次级公路，坦克直接在野地里推进，渡过叙普河后部队一路向南，天黑后先头部队抵达了博西堡（Bussy-

Chateau）。

　　6月13日，巴尔克战斗群的行军纵队依旧滚滚向南，沿途几乎没有遭到有组织的抵抗，在前进了大约50公里后拿下了马恩河—莱茵河运河上的小镇埃特皮（Etrepy）。第1步兵团第2营在巴尔克的率领下不但抢占了运河上的桥梁，而且还建立了桥头堡。不过，第1装甲师从军部接到的命令是不得越过运河，这让一线部队非常困惑，因为当面的法军殖民地部队战斗力很低，几乎没有像样的抵抗。情况反馈到师部后，温克也不敢公开违抗军部的命令，只得让部队原地待命，但谁也没想到此时巴尔克已经过了河。黄昏时，古德里安亲临埃特皮镇视察，并为夺取运河大桥有功的工兵军官奥古斯特·韦伯（August Weber）中尉、第1步兵团第2营营长约瑟芬-弗朗茨·埃京格尔（Josef-Franz Eckinger）上尉颁发了一级铁十字勋章。对于部队不得越过运河一事，古德里安写道："对于这个命令我毫不知情，这也不是我的意思。"

　　他当即撤销了这个命令，要求巴尔克率部直接向圣迪济耶（St.Dizier）前进。随后他前往第1装甲师师部，向温克重申撤销停止前进的命令，要求全师立刻开动起来，向南继续挺进。

　　古德里安装甲集群在4天内越过马恩河—莱茵河运河，迫使法军整个东北前线不得不向南收缩，马其诺防线已经失去了价值，2个基本完好的法军集团军群不得不全体后撤。6月14日，德军一枪未发进占巴黎，古德里安中午把这个消息传达到了第1装甲师师部，师部诸人一片欢腾。攻占圣迪济耶后，疲惫的第1装甲师各部打算休息一下，结果被古德里安连哄带骂全赶上了路，现在还不是休息的时候，必须继续向85公里外的朗格勒（Langres）前进。

　　在和施密特将军进行了仔细商谈后，第39摩托化军要变更主攻方向，他们从现在起就向东南进攻，直抵瑞士边境。第1装甲师第37号师部命令这样写道："古德里安集群向南高速突进，目标是切断阿尔萨斯（Alsace）、洛林（Lorraine）以及马其诺防线敌军的后路。不理会溃退的敌军，直冲当天的目标朗格勒。"

第1装甲师几乎每天都在不停地加速，古德里安装甲集群的集体冲刺使得部队与部队之间距离越拉越大，指挥官与指挥官之间见个面都很困难。军部、师部和各前方战斗群指挥部之间的距离越来越远，无线电通信时断时续，有线电话更是梦想。这可把第39摩托化军军长施密特上将累坏了，他每天的时间几乎都花在路上，在军部和3个师的师部之间来回奔波，以便了解情况，部署下一步作战任务。

15日凌晨，第1装甲师前锋巴尔克战斗群的先头营抵达朗格勒城下。他们发现此处的法军防御力量较强，但是当德军从他们的后路包抄杀进去后，法军指挥官和他的部下士气丧尽，军官下令部队放弃抵抗，乖乖缴械做了俘虏。第1装甲师当即统计俘虏了大约1200名法军官兵，根据古德里安的回忆，第1装甲师在当天清晨收容的俘虏超过3000人。南下的通路又一次敞开了，此时侦察机报告发现了长长的法军车队正在后撤。上午9点，第1装甲师发出了如下电报："古德里安集群跟着敌军向南继续前进。第1装甲师目标：贝桑松（Besancon）。"

15日中午，古德里安又赶到了位于肖蒙（Chaumont）的第1装甲师师部，向他们说明了最新战况和计划：第1装甲师的目标是格雷（Gray）和贝桑松，一定要拿下前者在索恩（Saone）河上的桥梁，后者在杜（Doubs）河上的桥梁也要确保；第29摩托化步兵师的任务是确保格雷（Gray）西南方的几个索恩河渡口的安全；第2装甲师的任务是拿下蒂勒沙泰勒（Til-Chatel）。比较让人不安的是第1装甲师左翼目前没有友军跟上，侧翼的空当太长太暴露，如果法军从侧翼攻击的话会带来不小的麻烦。午后第20摩托化步兵师抵达朗格勒，古德里安命令该师即刻向沃苏勒（Vesoul）推进，这样可以使装甲集群日益暴露的左翼获得一部分掩护。下午1点，第1装甲师再次启动，乘着法军还晕头转向的时候快速前进，迅速击溃法军抵抗。至此，第1装甲师距离其他兄弟部队的距离已经超过了100公里！

古德里安麾下的4个装甲师分散成数股钢铁洪流，在法国东部的平原上向着瑞士边境狂奔，在14和15日两天时间里，第1装甲师急速推进了大约200公里，这样的挺进速度对于当时的法军而言几乎是不可想象的。之所以会出现这样的场景，主要是由于法军最高统帅部乱成一锅粥，根本无法应对德军的高速机动，向部队发布的命令往往跟不上战况的变化，让一线部队无所适从。面对德军装甲部队的钢铁洪流，法军部队常常会感觉自己的后路已被切断或者被包围，上级和友军都指望不上，错判战况后便彻底丧失了勇气，要么四散奔逃，要么举枪投降。

天黑后，德军逼近了索恩河，第1摩托化步兵营的侦察部队向营部报告，他们发现大批法军车队正通过桥梁向南撤退。营部命令快速攻占桥梁，切断法军退路，这样的作战行动对他们而言就如同演习一样，各项预案早就烂熟于胸，营长一声令下："演习方案2号！"他的部下就如同开动的机器一样准确而协调地进行作战。守军在格雷进行了顽强抵抗，但没能炸掉桥梁，在指挥部被德军打掉且指挥官阵亡后，法军放弃了格雷向南撤退。温克在师部获悉前锋营已经拿下了索恩河上的桥梁并占领了格雷后，立刻向军部做了汇报，军部回电命令第1装甲师攻占贝桑松，切断敌军公路，向西南和东南方向建立桥头堡。

16日上午10点，巴尔克战斗群夺取了奥尼恩（Ognon）河上的一座桥梁，这意味着他们快要冲到贝桑松，就剩下不到20公里路程了。法军的抵抗几乎不值一提，有组织的抵抗很快就被击溃，剩下的都是混乱不堪如同没头苍蝇般各自为战的散兵。不过法国人在撤退时还是及时炸掉了几乎所有的桥梁，能够被德军抢占的桥梁屈指可数。就在格雷附近的索恩河上，由于装甲部队推进过快，空地协同出现问题，德国空军的俯冲轰炸机把第1装甲师正在架设中的一座浮桥给炸掉了。贝桑松城内法军有不少部队，甚至还有1个坦克营，由于缺乏统一指挥，到天黑后德军基本扫清了贝桑松城内的法国守军，大多数人放下了武器，30辆坦克成了德军的战利品。

17日下午，古德里安命令第39摩托化军和第41摩托化军各部改变行军方

瓦尔特·K·内林（1892.8.15～1983.4.20）装甲兵上将，
在法国战役时任古德里安指挥的第19摩托化军参谋长，法
国战役结束后调任第18装甲师师长。1942年5月起他担任
德国非洲军军长，在"沙漠之狐"隆美尔元帅麾下作战。
1942年11月为为德国突尼斯驻军司令，北非战役结束后，
调至东线担任第24装甲军军长。战争结束时他为第1装甲
军军长。

向，全军呈90度向左转弯，与正从上阿尔萨斯方向前进的德军第7集团军会合，将留在阿尔萨斯和洛林两州内的法军退路切断，不让他们与其他的法国军队会合。他要求第1装甲师从贝桑松东北方推进，通过蒙贝利亚尔（Montbeliard）到达贝尔福。不过，第1装甲师得到的命令是："……在蒙贝利亚尔彻底封闭马其诺防线后方敌军的包围圈……"

根据这个命令，第1装甲师将停在距贝尔福只有15公里的蒙贝利亚尔—埃里库尔（Hericourt）一线。因为该师距离其他部队实在太远，为了它的侧翼和后方安全，第39摩托化军军长施密特上将出于爱护部队的考虑才下达了上述命令。

6月17日这天也是古德里安52岁的生日，他的参谋长内林上校组织了指挥部的军官为古德里安庆祝，作为一份寿礼，内林上校把一份报告交给他，上面说第29摩托化步兵师已经到达了瑞士和法国边境的蓬塔利耶（Pontarlier），此战的首要目标已经完成。

接到军部的命令后，温克清晰地认识到尽管部队已经快要抵达瑞士边境，但大量法军并没有放下武器，而且随时有向南撤退的迹象，要想尽可能一网兜住敌军就必须加快进攻速度。因此尽管左右两翼的第20摩托化步兵师和第29摩托化步兵师都无法提供有效支援，温克还是认为第1装甲师应该尽快夺取贝尔福，彻底切断敌军退路。第1装甲师虽然经过9天连续作战，奔袭了数

百公里后部队略显疲态，但是一路高奏凯歌，部队士气高昂，完全有可能一鼓作气完成攻占贝尔福的任务。18点50分，温克向克吕格尔战斗群、内德维希战斗群、巴尔克战斗群和第4装甲侦察营发出了一封决定性的电报："快速攻占贝尔福！"

温克的这个决定显然违反了第39摩托化军军部乃至古德里安装甲集群指挥部的命令，但是其核心理念完全符合古德里安的作战思想——对于装甲兵，应该把绿灯放在路的尽头，敌人是完全给奇袭所击败的。

经过空中和地面侦察，德军确认贝尔福有敌军防守，还有很多法军陆续撤到这里。温克在日后回忆道：

尽管我和师长彼此相互信任，合作非常顺畅，但这次我还是决定由自己承担全部责任，避免基希纳将军在这样艰难的抉择下产生犹豫，或者给他带来各种麻烦。我自己也清楚，虽然我们此前一切顺利，但是这次进攻将困难重重，而且我们随时都有被军法审判的危险。尽管如此，我必须做出决定。首先，我决定不让基希纳将军参与命令的决策，因此没有通告他我所做的决定。然而基希纳将军对我实在太熟悉了，我的无线电命令发出后大概半小时，他就询问我，有没有得到部队抵达蒙贝利亚尔—埃里库尔一线的报告，因为这是今天的目标。我有点忐忑地告诉他还没有这样的报告。我当然清楚，部队早已冲过了这条任务线，正在继续向前进攻。因为此前我已经通过传令兵获悉这两个战斗群都已经越过了蒙贝利亚尔。我因为腿伤缓慢地在师部内走着，我的首席通信军官冯·洛林霍芬中尉跑过来问我，是把前线的情况告诉基希纳中将，还是继续隐瞒不报？

关于是否继续向基希纳隐瞒情况，温克内心作了激烈的斗争，他继续写道：

我决定继续保持沉默，这样就可以确保前线部队不会受到影响，否则他们可能被要求撤回或者暂停进攻。基希纳将军坐不住了，他在此后的1个小时里不断询问我，到底有没有前线部队的电报，前锋到底到哪里了。面对这样直接的询问，我已经很难再隐瞒下去了。我沉默了大约1分钟后向他报告："将军先生，我必须报告一些情况。我已经下令快速攻占贝尔福，部队已经远远越过蒙贝利亚尔—

埃里库尔一线，正在冲向贝尔福。"基希纳起初震惊了一下，过了一会儿，他紧紧握着我的手说："温克，我们一直到现在都一起同甘共苦，因此无论是我们一起下达的还是你下达的命令，只要是我认为正确的，我们都共同承担责任！"我自己先行下达的命令就这样得到了他的许可和证实，成为正式合法的师部命令。随后基希纳和我一同赶到前线，为了防止万一前线部队通过别的渠道获知军部命令而引起不必要的麻烦，我们必须亲自到场坐镇指挥。

　　当我们到达蒙贝利亚尔的时候这里已经一片漆黑，汽车开进了一片寂静的城市，很长时间我们都看不到一名德军士兵，真让人怀疑是不是开错路了。车开到一所房子前，我让司机停下，跳下车去四处张望，试图找到我们的岗哨。随后我推开一扇门，这是一座小酒馆，猛然间我看到了满屋子全副武装的法国士兵！虽然这里面有点嘈杂，但是他们中有不少人还是转过头来看着我。情急之下我马上用法语喊了一声："你好"，然后赶紧关上门，飞快地跑回汽车，边跳上车边大声喊道："快！开车！快！"司机也被我吓倒了，死命地踩离合器和油门，挂挡加速，车子飞驰而去。幸运的是那些法国兵并没有冲出来，可能他们也没有这样的心情了吧。就这样我们快速冲过蒙贝利亚尔，一路上看到的都是停放在道路两旁的法军车辆和大炮，法军残兵败将的景象加上黑漆漆的街道让人不由得感到阴森恐怖。汽车一直向前开，我希望尽快找到自己的部队，此前为了确保部队的进攻不受干扰，我已经下令无线电静默，所以此刻我们的无线电台也派不上用处。当我们冲出蒙贝利亚尔后，终于隐约听到了坦克履带的声音。有动静了，但那是我们的部队吗？我们抱着巨大的希望加速赶了上去，结果让我们又一次叫苦不迭：这些都是法国坦克！见鬼！我们只能先悄悄跟在这些坦克后面，小心翼翼地低速开着。经过短暂商量后，我们决定加速超车，继续向贝尔福前进。躲不是办法，冲过去或许还有机会！于是司机猛地向左拐，开始加速超车，事实证明这是一个明智的决定。在超越坦克纵队期间，我稍稍向右探出点脑袋，斜着眼睛紧张地看着这些钢铁巨物，不过什么也没发生，法国装甲兵似乎都睡着了？我们超越整个坦克车队后，保持高速，一路绝尘而去。

历经两道鬼门关后，我们继续向前开。我仔细地听着外面的动静，突然隐约听到一句地道的德语脏话"真他妈倒霉"。我赶紧让司机停车，然后跳下车估摸着向声音方向走去。哦！太好了！原来是1名勇敢而倒霉的摩托传令兵，他的摩托车轮胎坏了，正一个人忙着修车。这哥们很有意思，他看到我后停下手中的活慢慢向我走来，距离还有几步的时候，他突然伸出双手想拥抱我！我也如释重负地说道："噢，感谢上帝！部队向哪里前进了？"他指了指贝尔福方向说道："一直向前，别人都跑得没影了，只有我最倒霉，该死的轮胎坏了。"我们急着赶路，也没办法帮他，只能向他表示祝福，告诉他小心后面的法军坦克，然后继续前进。

不久以后，我们又一次听到了履带的声响，稍微紧张了一下后彻底放下心来，没错！这次真是我们自己的机械化部队。我们开到第一辆装甲车边上询问克吕格尔在哪里，"继续向前！"车里面的人大声喊道。我们加速向前开了一段，终于看到了克吕格尔和巴尔克，他们看到我们时显得非常惊讶。没有时间过多寒暄，我们就急忙在一所农居里面开会商量接下来的作战计划。

军部下午下达的"今天不再继续前进，警戒前进公路"的命令没有影响第1装甲师的前进，该师的主力部队都按照温克的命令向着贝尔福前进。午夜时分，温克就部队的情况向集群指挥部做了汇报，他报告说部队在抵达蒙贝利亚尔这个军部指定的目标后还有充足的油料可以继续前进。因为他无法及时联络到军长，所以只能直接联络集群指挥部，请求获得许可继续向贝尔福前进。古德里安当然支持温克的建议，批准了他的请求，实际上古德里安并没有给部队限定停止线，而是第39摩托化军军部出于种种考虑自行设定的。

17日午夜，克吕格尔战斗群的前锋抵达沙特努瓦（Chatenois），这里距离贝尔福要塞只有大约10公里。第4侦察营营长冯·舍勒（von Scheele）少校命令弗朗茨·冯·贝勒加德（Franz von Bellegarde）上尉和营部副官塞德尔（Seidel）中尉，带着1个无线电通信小队搭乘2辆通信车去劝降贝尔福的守军。然而他们的劝降行动并不顺利，这8名德军官兵被法军逮捕，1名法军军官说："不管贝尔福是否投降，现在你们都必须听我的。"然后这8个人经过审讯后都被关了起来。内德维希战斗群也遇到了类似的情况，去劝降的军使一去不复回。

由于一直没有得到劝降"代表团"的回音，于是在18日凌晨4点，克吕格尔战斗群和内德维希战斗群兵分两路进攻贝尔福。没想到法国人只是嘴硬，既不投降也不抵抗更不逃跑（估计绝大多数人还在睡觉），6点左右第1装甲团第2营的坦克在吉特曼（Gittermann）上尉率领下分成两路以行军纵队径直冲进了贝尔福，令城内居民和守军大吃一惊。德军各部进展顺利，没有遇到激烈抵抗，7点30分就已经打通了贝尔福全城。第1装甲师师部最后就选定了该城火车站附近一家名叫"巴黎大旅社"的豪华旅馆，恰好一个法军指挥部也设在这里，那些还在睡梦中的法军军官和士兵纷纷被德军从床上拽了下来，然后集中送到战俘收容点。

清晨8点，古德里安亲自赶到贝尔福，一路上到处都是法军丢弃的车辆和大炮，成千上万的俘虏挤在要塞的城墙下宿营。这时城内的战斗尚未结束，四处枪声不断，古德里安拦下1名摩托传令兵，询问第1装甲师师部在哪里。这名传令兵开着摩托领头开道，带着古德里安的指挥车来到旅馆门前。温克看到古德里安这么快就到了城里不由得惊讶，古德里安则笑着向他表示祝贺，然后问他师长在哪里，温克回答道师长正在洗热水澡。等基希纳洗完澡出来，古德里安和师部军官们一起享用了一顿丰盛的早餐——这是旅馆厨子为原先驻扎在这里的法军军官准备的。众人正吃到兴头上，1名传令兵气喘吁吁地前来报告，他带来了第39摩托化军军部的命令："立刻从蒙贝利亚尔出发，向贝尔福进攻！"温克只能告诉那名传令兵："快点加满油，马上开回军部，告诉他们第1装甲师已经进了贝尔福，并且都快吃完早饭了！"

实事求是地说，此刻第1装甲师还没能真正控制贝尔福。作为一个历史悠久的军事要塞，贝尔福城内外有许多堡垒和军营，德军的突袭只是逼迫军营内的法军放下武器，而那些堡垒仍旧在法军控制之下。就总体兵力而言，法军要远远多于进城的德军，只是因为缺乏统一指挥，刚刚缓过神来的法军虽已逐渐组织起来进行抵抗，但只能各自为战。

基希纳中将亲自指挥城内的战斗，他组织了一个专门的攻城部队去攻打各个要塞，效率非常高，古德里安在城内观摩了几场攻打要塞的战斗，显得兴致勃勃。德军攻城部队先用炮兵做短暂的炮火准备，再用装甲车拖着1门88毫米高射炮做抵近射击，轰掉火力点后步兵上去劝降或者爬城墙。法军的抵抗意志并不坚决，往往很快就举起了白旗，德军进入城堡后再挂上他们的军旗。就这样一个堡垒接着一个堡垒，德军在慢慢清除法军的抵抗，激烈的战斗一直持续到中午。内德维希战斗群的装甲部队出城向北推进，拿下了10公里外的日罗马尼（Giromagny），俘虏了大约1万名法军官兵、40门迫击炮、7架飞机和大量技术装备。

到18日夜间，第1装甲师全面肃清了城内法军的抵抗，这座历史悠久的要塞就这样第一次被外敌攻占了。在昔日的普法战争中，贝尔福曾被普军围困104天而屹立不倒，真是物是人非。温克和基希纳做出的决定被事实证明是非常正确的，突袭成功使得惊慌中的法军混乱不堪，无法有效组织抵抗，第1装甲师因此大大减少了强攻可能造成的战斗损失。在贝尔福地区，德军俘虏了约5万名法军，这是第1装甲师总兵力的数倍。基希纳中将当日在战斗日志中写道："我为全师的表现感到骄傲！"

此后法军的局势急转直下。从弗莱堡（Freiburg）地域发起进攻的由弗里德里希·多尔曼（Friedrich Dollmann）炮兵上将指挥的第7集团军在17日已经从正面突破了马其诺防线，深入到科尔马（Colmar）地区。而法国政府对战争的态度也发生了巨变，刚刚上台的贝当政府毁灭性地打击了法军继续抵抗的勇气。6月17日12点30分，法国新总理亨利·菲利浦·贝当（Henri Philippe Petain）第一次对他的同胞发表广播讲话，就宣布他已向德国探询停战条件，并表示必须停止战斗。这位第一次世界大战时期的法国英雄此时的表现让人大失所望，他上台后的所作所为乏善可陈，满脑子想的都是放弃抵抗同德国停战，昔日胜利的象征、法国人民的英雄，今日软弱保守的代表、法兰西的罪人。

18日，贝当政府又下了一个灾难性的命令，宣布2万人以上的居民点都是"不设防城镇"，这个命令加速了抵抗的瓦解。同日新任陆军部部长也下了一道匪夷所思的命令："正式禁止任何文职官员或军事将领撤退。所有人必须坚守岗位，即使敌人来到也不得撤退，违反此项命令者将交军事法庭审判。"这项命令和上一项命令结合起来，就等于法国政府正式命令法军应该在德军"到达"时投降。

6月19日，古德里安装甲集群和第7集团军前锋部队建立了联系，彻底封闭了包围圈，然后开始到处抓俘虏。此后两天，法军的抵抗更加虚弱，第1装甲师轻松占领了勒蒂约（Le Thillot）、比桑（Bussang）和科尔尼蒙（Cornimont）。22日停战在即，中午时分温克少校从第39摩托化军军部获得了关于撤出第1装甲师的命令，他们将从现在的沃苏勒—代勒（Vesoul-Delle）区域转移到迪尼—莫尔托（Bugny-Morteau）区域。第二天，第1装甲师按照现有的战斗群编制沿着两条公路转移撤出，随后部队进行休整补充，第1装甲师的法国战役到此完全结束。

1940年3月，雷诺坦克工厂生产线上的B1 bis重型坦克。实事求是地说，法军坦克从数量和质量上并不逊于德国坦克，但由于双方在坦克部队作战理论上的巨大差距，导致战争出现了一面倒的结果。

1940年年初，正在法国里尔以东地区构筑防线的英国远征军部队。

第1装甲师维修连的技师（穿白色工作服）和2名步兵站在1辆Ⅲ号E型坦克前合影，从编号上（531）可以看出这辆坦克属于5连3排排长。在西线之战打响前该师共拥有259辆坦克，其中62辆是Ⅲ号坦克。

1940年5月10日，德军入侵中立国卢森堡，庞大的摩托化纵队正在穿越卢森堡国土向法国进发，摩托车队伍中夹杂着1辆装甲侦察车。

1940年5月11日，在比利时和卢森堡边境的马特朗日（Martelingen）地区，第1装甲师第37工兵营1连的工兵们在被俘的比利时军官（图中最右侧）配合下，正在清除边境线上的地雷。

1940年5月11日，正在向比利时讷沙托（Neufchateaux）镇开进的第1装甲师第1步兵团3营11连3排的1辆装甲运兵车。根据德军战史，这辆装甲车上的士兵后来都在东线战场阵亡。

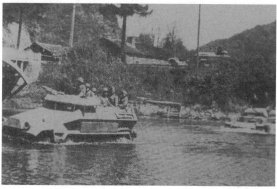

1940年5月12日，第1装甲师第1步兵团的机械化步兵搭乘装甲运兵车，同坦克部队一起在布永（Bouillon）附近渡过瑟穆瓦河。

穿越阿登高原上某个小城镇的德军装甲纵队。由于高原地形补给困难，可以看到每辆坦克上都搭载了足够份额的油料桶，车辆背面的大写字母"K"表示这些部队属于克莱斯特装甲集群。

1940年5月，在法国上空呼啸而过的Ju 87斯图卡俯冲轰炸机群。由于炮兵没有完全跟上，德军在突破色当地区的马斯河防线时，轰炸机群接替了传统炮兵的任务，猛烈轰炸了法军的防线、炮兵阵地和部队集结地。

1940年5月13日，强渡马斯河成功的第1装甲师部队正在接受法军投降，图中戴船形帽正对镜头的就是第1步兵团团长赫尔曼·巴尔克中校。

1940年5月14日，第1装甲师第37工兵营在军属工兵部队的配合下，在马斯河上顺利搭建了一座载重达到36吨的浮桥，德军坦克顺利渡河，向法国腹地挺进。图中还能看到被俘虏的法军正在后送。

1940年5月15日，在谢埃里附近的比尔松（Bulson）农庄，第1装甲师与法军坦克部队发生了激烈战斗，图为第1装甲团2营4连1辆被击伤的III号坦克，可以看见坦克正面装甲上有数个弹孔。

战斗结束后，2名德军士兵正在掩埋阵亡者。

为了堵住马斯河流域的突破口，法军紧急调集了2个装甲师来堵缺。不过德军装甲部队的进军速度远远超出法军预计，刚刚抵达战区的法军装甲师根本来不及做好作战准备就遭到德军重击，大量完好无损的法军坦克由于缺乏油料只能被抛弃。忙着向大海挺进的德军连整理这些武器的时间都没有，只能将坦克拖到路边，以免影响部队前进。

1940年5月17日，第1装甲师的士兵在圣康坦城内的街道上检查被击毁的法军第1装甲师的Char B1 bis重型坦克。

1940年5月20日中午，第1装甲师占领亚眠，并且建立了一个7公里纵深的桥头堡，图为德军正利用城内的加油站给车队加油。

1940年5月21日，被第1步兵团3营11连俘虏的一队英军正行走在阿布维尔附近的公路上，他们的身边是向大海进军的德军装甲车队。

抵达英吉利海峡岸边后，德军装甲部队在停下来修整的同时也在等待高层的新命令。5月21日这天是第1装甲师进入法国战场后的第一个休息天，2个装甲团和步兵旅都在抓紧时间检修车辆装备。

1940年6月初，乘船回到英国的英军士兵，历经千难万险终于回家了。从敦刻尔克撤回英国的联军官兵超过30万人，他们成为日后盟军大反攻的基础兵力。

1940年6月16日，第1装甲师的工兵在格雷附近的索恩河上架设浮桥。由于装甲部队推进过快，空地协同出现问题，这座浮桥刚架设完，德国空军的俯冲轰炸机就把它给炸掉了。

在贝尔福地区，德军俘虏了约5万名法军，这是第1装甲师总兵力的数倍。图为在法军军官的带领下，正在列队行军的法军战俘。

第一次世界大战中的法国英雄亨利·菲利浦·贝当（1856.4.24—1951.7.23）元帅，很可惜他的战争经验和思想已经跟不上时代的变化，当法国最需要他的时候不但没能拯救自己的国家，反而成为法兰西的民族罪人。法国投降后他出任维希法国政府元首兼总理，战后被判处死刑，后改判终身监禁，于1951年死于被放逐的利勒迪厄岛。

1940年6月，当法国投降德军参战部队调回国后，德国政府在柏林举行了盛大的庆祝游行。图为德国儿童和民众向凯旋归来的部队欢呼致敬。在这场战役中，英法荷比联军拥有152个师、4204辆各型坦克、14000门火炮、4981架飞机，而德军兵力为136个师、2438辆各型坦克、7378门火炮、飞机3369架。联军输得干干净净，从5月10日起荷兰5天投降、比利时18天投降，而法国则是43天后投降，190万人被俘。联军输掉了这场看起来不应该输的战争。

五

触手可及

冲向列宁格勒

1940年7月初，古德里安装甲集群被解散，有些师被运回德国，还有一些则驻扎在巴黎周围。到8月初，集群指挥部也撤回到柏林。第1装甲师在法国待了一段时间，通过休整补充重新完成了战备工作。8月28日，第1装甲师得到了转运去东普鲁士的命令。

9月5日起，第1装甲师各单位开始通过铁路运往东线。该师在东普鲁士的驻地分设在齐腾（Ziten）—桑斯堡（Sensburg）—阿伦施泰因（Allenstein）—拉斯登堡（Rastenburg）一线，基希纳中将和温克将师部设在桑斯堡，部队抓紧时间继续休整训练，同时接收新装备。这段时间里，师部出现了很多人事变动，例如原师部后勤参谋基尔曼斯埃格上尉调到了第6装甲师任首席参谋，安东·冯·伯拉图（Anton von Plato）上尉接手了他的职位，而师部副官格兰普少校则进入军事学院深造。

基于西线战场上的经验，希特勒雄心勃勃地下令扩充装甲师和摩托化步兵师的数量。由于坦克的生产数量远远不足，只能拆东墙补西墙，将原先装甲师的坦克编制数减半，所以名义上的装甲师数量是增加1倍了，但是坦克的总体装备数量却并没有加倍，这对于以后的战争具有很大影响。由于德国并未转入战时经济体制，摩托化步兵师数量的增加，也让德国现有的汽车工业倍感压力，于是只好把从西欧各国缴获的军用车辆拿来"滥竽充数"。这些车辆品种多，车况一般，零备件不足，这对军队的后勤供应压力极大，这导致在东线战场和非洲战场上的德军饱受其害。

安东·冯·伯拉图上尉，第1装甲师的后勤参谋（Ⅰb），他和温克在一起共事了1年多，双方配合默契，从莫斯科城下撤退时协助温克做了大量工作，确保了第1装甲师的后勤保障。

随着德军装甲部队的持续扩充,作为核心种子力量的第1装甲师不得不给其他新建部队输血,因此它的建制和人员变动很大。原第1装甲旅旅长内德维希少将调任第10装甲师师长,该旅旅部也打散,部分人员调往新建的第18装甲师(师长是原古德里安的参谋长内林少将)师部。1940年10月,为了组建第16装甲师,第1装甲师又要贡献出1个装甲团,那么它原有的2个装甲团中该分出去哪个呢?面对这样"痛苦"的抉择,师长基希纳中将决定采用抽签的方法交给上帝来决定,最后黑罗·布罗伊辛(Hero Breusing)上校的第2装甲团抽到了这根令人悲伤的"离别签"。除此之外,第1装甲师的"义务献血"行动还要继续,除了整个第2装甲团,第1装甲团的部分骨干力量也被抽调出去充实其他装甲单位。1940年11月,克吕格尔少将的第1步兵旅由1个3营制摩托化步兵团改编为2个2营制摩托化步兵团(第1步兵团和第113步兵团),原第1步兵团团长巴尔克(8月1日晋升上校)于12月15日调任第2装甲师第3装甲团团长,新任团长是弗朗茨·韦斯特豪芬(Franz Westhoven)上校;第1步兵团第3营改编为第113步兵团第1营,该团的第二个步兵营到1941年2月才由第69步兵团第2营改编而来,原第1摩托化步兵营营长文德·冯·维特斯海姆(Wend von Wietersheim)少校于1941年4月1日晋升中校,任第113步兵团团长。第73炮兵团团长是鲁道夫·霍尔斯特(Rudolf Holste)中校。

温克在这段时间忙得焦头烂额,唯一值得高兴的是他于1940年12月1日晋升为中校。

随着海狮计划胎死腹中和意大利在北非及巴尔干的冒险行动,德国与苏联的战争看似已经无法避免。1941年年初,德军在东线聚集起越来越强大的部队,训练和演习也变得更加频繁。6月中旬,为了提高部队士气和战斗力,基希纳和温克想出了很多办法,例如在师内组织"军官预备队",与其他部队轮换军官分别前往东西线部队交流参观,举行体育节以鼓舞士气等。随着德军装甲部队和摩托化步兵师的扩充,坦克和其他车辆产能不足的短板越来越明显,第1装甲师也不可避免地受到了影响。作为首席参谋,温克的压力骤然大增,好在他还是圆满地完成了部队编组和训练的任务，第1装甲师齐装满员，新补充进来的部队战斗力在短时间内获得了不小的提升。此前在1941年2月8日的考评中，师长基希纳中将给温克做出了非常优异的评价，认为他已经具备了担任军级甚至集团军级参谋长的资格和能力，尤其是在装甲部队领域。古德里安在这封评价后面也写下了类似的评语，证明温克今后能胜任更高级别的参谋长或指挥职位。

此时东线已经布满了战争的阴霾，德军入侵苏联的巴巴罗萨计划即将付诸实行。第1装甲师和第6、8装甲师一同编入埃利希·赫普纳大将的第4装甲集群，集群参谋长为曾经担任过第2装甲师首席参谋的瓦尔特·德·博利厄上校，都是温克的老熟人。该集群和第16、18集团军一同隶属于威廉·冯·勒布（Wilhelm von Leeb）元帅的北方集团军群，将担负北线的突击作战任务。该集团军群将和中央集团军群以及南方集团军群共同对苏联发动大规模进攻。

北方集团军群的任务是消灭波罗的海地区的苏军力量，攻占列宁格勒，控制东海。第4装甲集群的任务是向着西德维纳（德语Duena，拉脱维亚语称道加瓦河）河前进，进占杜纳堡（德语旧称Duenaburg，现拉脱维亚陶格夫匹尔斯）地区，为接下来继续向奥波奇卡（Opotschka）的进攻建立攻击出发地，它的左右两翼则分别由第18和16集团军负责掩护。第4装甲集群下辖莱因哈特装甲兵上将的第41摩

格奥尔格-汉斯·莱因哈特（1887年3月1日～1963年11月23日）装甲兵上将，他在1939年率领第4装甲师成为首支进入华沙的德国军队。法国战役结束后，他担任第41摩托化军军长，温克所在的第1装甲师就隶属该军指挥。在东线战场，他担任过第3装甲集群和中央集团军群指挥官，1945年初因兵力明显不足，拒不执行希特勒不放弃一寸土地的命令，将部队撤回德国境内而被撤除军职。1945年6月，莱因哈特被美军逮捕并接受纽伦堡审判，他被控以战犯罪名，判处15年有期徒刑，于1952年获得释放。

托化军和弗里茨·埃里希·冯·曼施泰因（Fritz Erich von Manstein）的第56摩托化军。第1装甲师被编入第41摩托化军序列，同属该军的还有第6装甲师、第269步兵师和第36摩托化步兵师。

第41摩托化军接到的任务是从边境地区出发，一路向东突破陶拉盖（Tauroggen）地域的苏军防线，然后以最快速度向西德维纳河推进，在叶卡布皮尔斯（德语Jakobstadt，拉脱维亚语Jēkabpils）建立桥头堡，为德军下一步进攻建立攻击出发阵地。该军还有一个次要任务是通过快速向施奥伦（Schaulen，现立陶宛希奥利艾）推进，调动当面的苏军来减轻右翼第18集团军的压力。为了能顺利完成上述任务，第41摩托化军得到了几个炮兵营、1个火箭炮团、高炮营和工兵部队的加强。

第1装甲师的攻击出发阵地在陶拉盖西南地区，该师得到了第36摩托化步兵师下属全部炮兵部队和第269步兵师1个步兵团的加强。6月17日清晨6点，第1装甲师的部队向攻击出发阵地前进。6月20日晚上，第1装甲师在位于东普鲁士和苏联边境线上的提尔斯特（Tilsit，现俄罗斯加里宁格勒州苏维埃茨克）地区集结，第二天下午1点30分，第1装甲师得到了如下命令："B天：1941年6月22日，攻击开始：3点05分。"

经过整编，此刻第1装甲师编成内只有1个装甲团：第1装甲团，辖2个装甲营6个装甲连，其中3个连装备Ⅱ号坦克，2个连装备Ⅲ号坦克，1个连装备Ⅳ号坦克。温克将全师的主力混编为2个战斗群：克吕格尔（第1步兵旅旅长）战斗群和韦斯特豪芬（第1步兵团团长）战斗群。

1941年6月22日凌晨3点05分，东线的浩大战幕徐徐拉开。第41摩托化军按原定计划开始了炮火准备，该军下属的550门各型榴弹炮、火箭炮和铁道炮猛烈开火，进行了40分钟的火力覆盖。凌晨3点45分，德军突击部队越过边界向前猛攻。克吕格尔战斗群以及配属的第1装甲团于4点05分才发起进攻，起初他们没有遇到什么有效抵抗，直到进入距陶拉盖西南约5公里的尤拉（Jura）地区才遭遇了苏军炮兵的打击以及反坦克炮防线。庞大的后勤车队在进入立陶宛境内后因为较差的道路状况不得不放慢了前进速度，距离一线部队越来越远。开战才几个小时，德国人就发现苏联境内的道路交通问题也许是个大麻烦。苏军边防部队在陶拉盖城内进行了极其顽强的抵抗，交战双方在城内逐街逐屋展开激烈争夺，几乎每座房子都变成了一个据点，德军在付出相当大的代价后才攻占了这座不大的边境城市。

战争爆发的第一天，苏军西北方面军按计划应该实施实弹演习，因此许多部队正在靶场或开往靶场的路上，而方面军司令员费奥多尔·库兹涅佐夫（Fyodor Kuznetsov）上将正为此在国境地区进行布置，方面军司令部里只留下副司令萨夫罗诺夫（Safronov）。战争突然爆发后，司令部不仅不能和所属部队取得联系，甚至都无法找到司令员本人。在这种情况下，苏军第8集团军仅对推进的德国装甲部队进行了零星反突击

第1装甲师的两个进攻矛头在战争爆发的第一天向前高速挺进了约100公里，再一次上演了标准的装甲高速突进作战。6月23日晚上10点，温克按原定计划给两个战斗群下达了第二天的作战任务，没想到2小时后，他突然接到了军部的新命令，第1装甲师和第6装甲师的分界线将进行调整，向西平移。于是温克不得不马上变更作战计划，他在凌晨1点30分通知两个战斗群，部队于4点30分开始行动。

6月24日，基希纳和温克把第1装甲师师部搬到了尼阿马科萨（Niaimaxai），随后向军长莱因哈特报告了部队战况。随后莱因哈特下令："第6装甲师在拉塞尼艾（Raseiniai）和敌军坦克部队展开战斗。第1装甲师首先结束沃希利斯基斯（Vosiliskis）—格林基斯基斯（Grinkiskis）地区的战斗，打扫战场后集结部队，根据实际情况制订新的进攻计划。或者向西进攻，协同第6装甲师歼灭当面的敌军装甲部队，或者根据军部的原定命令向东突进。"

此刻摆在温克面前的是两个方向完全相反的任务，这样他就得制订两套作战计划，对师部的参谋军官们来说，这是个不小的工作量。当天下午，苏军第3机械化军（编制有第2坦克师、第5坦克师和第84摩托化步兵师，战争爆发时

拥有坦克692辆, 其中KV坦克52辆, T-34坦克3辆) 第2坦克师的坦克部队按照其作战预案对突进中的德军第41摩托化军的侧翼发起了猛攻。苏德两军在北线乃至整个东线的第一场大规模坦克遭遇战爆发了。苏军的反突击打了德军一个措手不及,德军步兵部队装备的37毫米反坦克炮根本无法抵挡苏军的KV-1和KV-2坦克的进攻。苏军坦克毫不顾忌德军的反坦克火力,一直插向纵深,在摧毁了德军反坦克炮阵地后,又消灭了一批德军后勤车队,直接威胁到德军装甲前锋的腹部。第41摩托化军的侧翼和后方遭到了严重威胁,莱因哈特上将立刻调整了部队部署——第1装甲师180度后转回援;第36摩托化步兵师向西北推进掩护侧翼;第269步兵师向东前进到杜比萨(Dubysa)河, 然后向北进攻, 由此德军迅速对孤军深入的苏军坦克部队形成了一个合围态势。

晚上10点30分左右,第1装甲团在沃希利斯基斯地区遇到了苏军的小规模抵抗,但是由于坦克乘员在夜间无法看清楚目标,因此主要战斗就只能由第113步兵团第1营的步兵来完成。由于路况非常差,第1装甲师的部队调动遇到了不小的麻烦,两个战斗群在交叉路口发生了大堵车,为了首先保证把第1装甲团尽快送到东边,协同第6装甲师围歼当面的苏军坦克部队,只能让另一个战斗群完全停下来让路。18点30分,温克把师部前推到了绍库塔斯(Saukotas), 营地还没完全设置好,师部就遇到了来自南方的1个苏军步兵营的突袭。这些苏军得到了3辆坦克的支援,冲锋的时候视死如归,立足未稳的温克率部经过一番苦战才把这股苏军击退。

6月25日凌晨4点30分,第1装甲师遇到了更多的麻烦。苏军第3机械化军的坦克部队继续向第1装甲师发动猛烈进攻,部署在沃希利斯基斯以南约5公里的第113步兵团第2营阵地成为苏军进攻的重点地域,步兵受到了沉重打击,而德军的反坦克炮、坦克歼击车以及坦克炮都无法击穿苏军KV-1和KV-2这两种重型坦克的装甲。苏军的这两种坦克对于德军坦克无论在装甲还是火力上都占绝对优势,第1装甲师首次遭遇苏军重型坦克,显得有些准备不足。KV坦克勇往直前,直向德军阵地纵深冲去,37毫米反坦克炮的炮弹打到近在咫尺的苏军重型坦克身上只会跳弹，随即反坦克炮就被坦克碾成了废铁。于是暴露在空旷地带的第1装甲师炮兵部队就只能临时改行当起了反坦克炮兵，他们把榴弹炮炮管放低，原本执行远距离火力支援任务的重型榴弹炮被当作反坦克炮平射。依靠这些勇敢的炮兵，德军这才暂时挡住了苏军坦克的前进步伐。

8点20分，第1装甲团开始发动反击，让德国人郁闷的是，他们的坦克在大约800米的距离上开炮射击苏军重型坦克时，竟然没有任何效果。而当双方的坦克群拉近至50~100米时，德国坦克发射的炮弹仍被重型坦克坚固的装甲弹了回来，1辆KV坦克前后中弹达70发，却仍然未被摧毁。苏军坦克无视身边的德国坦克，继续向着德军步兵阵地猛冲，第1装甲团立刻向后转向，跟在苏军坦克后面追击。好在德国人也不是第一次和重型坦克作战，在法国战场上已经积累了一些经验，装甲和火力都处于下风的德军装甲部队扬长避短，灵活应对。他们充分发挥坦克观瞄系统、机动灵活性和通信指挥上的优势，利用有利地形不断通过包抄苏军侧翼和后路，通过各个连队之间的密切配合来有效打击显得迟缓而又指挥不畅的苏军坦克部队。德军装甲部队在观瞄系统上的优势、有效的火力协同、多样的进攻战术和通畅的通信指挥成为他们战胜苏军坦克部队的法宝。德军坦克先向KV坦克的行动装置射击，打断其履带，训练有素的德军战斗工兵再爬上不能动弹的坦克，用集束手榴弹或者炸药将其彻底炸毁。

6月25日早晨6点，第1装甲师师部再次遭到苏军第28坦克师的攻击，温克亲自指挥1个88毫米高射炮连和第37坦克歼击营的部分炮兵构建起了坚固的防御，成功击退苏军，守住了绍库塔斯。温克在26日的战斗日志中这样总结："因为我们的反坦克炮和坦克都无法直接击穿敌军坦克，因此我们必须尝试各种办法来对付这些坦克，首先打断它们的履带，让敌军坦克停下来，然后再用榴弹炮或者高炮来对付他们，或者组织步兵反坦克组，直接用炸药包炸毁它们。"

26日凌晨4点左右，第1装甲团和第113步兵团第1营达成了决定性突破，第

1装甲师和第6装甲师的坦克于8点38分在索凯茨阿（Sokaiciai）会合，彻底封闭了对苏军第3机械化军的包围圈。通过几天残酷的战斗，第41摩托化军成功在拉塞尼艾和沃希利斯基斯之间歼灭了苏军的第3机械化军主力，第1装甲师则歼灭了苏军第2坦克师（师长索连京少将战死沙场）和第84摩托化步兵师的主力。苏军机械化军在战斗中表现出了勇敢顽强的意志和坚决的作战决心，但仓促应战和软实力上的差距是无法及时弥补的，最终苏军的反击悲壮地失败了。苏军坦克在性能上的优势成为德军一个很大的麻烦，混战中第41摩托化军摧毁了186辆苏军坦克，其中包括29辆KV重型坦克，取得了不错的战果。不过这些战果都来之不易，其中大部分被击伤的苏军坦克都必须由高炮或者榴弹炮来完成最后一击才能彻底摧毁。最为重要的是在这两天时间里，第41摩托化军被苏军坦克部队死死拖住，暂时停止了快速前进的步伐，失去了和友邻第56摩托化军的联系。

在开战最初这几天，第1装甲师的指挥通信、部队组织编成以及作战都经受了东线战场的严峻考验，师长基希纳的命令或者由温克亲自前往下达或者通过无线电报下达，能够畅通无阻。师部往往只给下属战斗群规定路线和目标，具体的行军安排和作战指挥由各战斗群指挥官自己负责，基本都能够顺利完成任务。这说明温克的努力协调、战争爆发前部队的艰苦训练和充足的准备起到了至关重要的作用。在沃希利斯基斯—绍库塔斯地区作战中，由于战局的临时变化，第1装甲师的两个战斗群不得不两次通过道路交叉口变更部署，因此大批装甲车辆在交通上遇到了严重麻烦。好在第1装甲师的参谋们制订了切实可行的计划，在宪兵的管理和各级军官的协调之下，部队的调动还是按时完成，并在此后的战斗中表现出色。

6月27日，军部命令第1装甲师要尽快攻占叶卡布皮尔斯。受道路条件的限制，全师各单位此时还零零落落分散在立陶宛境内各处。温克一方面要保证战斗任务顺利完成，同时还要努力维护前线部队的交通运输。在现有的条件下，要为两个完整的战斗群高速推进及时提供充足的补给有很大难度，因此温克示意战斗群指挥官再挑选精锐组成前锋营,在师主力前方快速挺进。前锋营高速行军过程中基本没有遇到什么有规模的抵抗,很快就进入了拉脱维亚境内。到28日午夜,第1装甲师完全占领了叶卡布皮尔斯。该师经过一系列战斗后挺进了300公里,这把装甲利剑再次向世人展现出锐利的锋芒。这也意味着战争爆发一周后,第41摩托化军在7天内完成了它的第一阶段任务。

29日清晨,第113步兵团2营冒着苏军火力乘坐橡皮艇强渡西德维纳河,渡河成功后又马不停蹄巩固桥头堡,并击退了苏军的反击。由于西德维纳河上的桥梁都被苏军成功炸毁,为保证坦克渡河德军工兵只能选择架设浮桥,陆续赶到西德维纳河河边的第1装甲师各部有了宝贵的休整时间。29日和30日两天里,除了担负防空警戒任务的第83轻型高炮营以外,其他单位都抓紧时间整补装备、休整人员,工兵则拼命工作,同时架设两座桥梁。虽然德国空军取得了制空权,但并不等于天上没有了苏军战机,在苏军飞行员的拼死突击下,已经架好的桥基被数次炸毁,德军工兵不得不多次重新修建桥基。好在第26舟桥营表现出色,终于用了大约10个小时在166米宽的西德维纳河上建起了一座承载量为20吨的浮桥。

7月1日清晨,第1装甲团的坦克通过浮桥向叶卡布皮尔斯以东的克鲁斯皮尔斯挺进。第二天,在河北岸集结完毕的全师陆续开拔向东北方推进,担任前锋的克吕格尔战斗群首先发起进攻,侧翼掩护的任务则交给了经过加强的第4装甲侦察营,韦斯特豪芬战斗群负责掩护第41摩托化军的北翼。

勒布元帅不想给当面苏军留下任何喘息的余地,他命令第4装甲集群立刻向奥波奇卡—奥斯特罗夫(Ostrow)一线前进。这一新的目标在俄罗斯境内。曼施泰因的第56摩托化军受命从杜纳堡出发,沿着杜纳堡—雷泽克内(拉脱维亚语:Rēzekne,德语Rositten)—奥斯特罗夫公路向东北方前进。7月2日,第41摩托化军的两个装甲矛头:第1装甲师和第6装甲师也开始向前挺进。第1装甲师战史上这样写道:"天气干燥,有阳光。公路上挤满了各类装甲车辆和后勤车队,一时间铁流浩荡,尘土飞扬。"

7月4日，德军的空中侦察显示，大量苏军车队正从普斯科夫（Pleskau）出发，南下奥斯特罗夫。很显然苏军正在全力增援奥斯特罗夫的守军，希望在德军赶到以前尽可能加强这个重要交通枢纽的防御力量，以挡住德军的进攻步伐。先行一步的第56摩托化军向装甲集群指挥部报告，他们已经在奥斯特罗夫南部和苏军陷入了苦战。曼施泰因建议，第41摩托化军的部分兵力向东转向，以减轻他当面的压力。但是集群指挥部并未采纳他的建议，而是命令第41摩托化军按照原定计划继续向北突进。实际上，从整体战局来看，第41摩托化军的继续前插也能分散苏军注意力，迫使苏军调整作战力量部署，同样能起到减轻曼施泰因压力的作用。

第1装甲师克吕格尔战斗群的先锋部队——第113步兵团1营和第1装甲团1营于7月4日下午1点突破苏军的顽强防御，越过了拉脱维亚边境向俄罗斯境内继续前进，2小时后他们抵达乌特加（Utrga）一线。苏军充分认识到战局情势的急迫，他们向普斯科夫投入了强大的预备队——第1机械化军和第41步兵军，希望这两个军能和第20机械化军一起攻击莱因哈特摩托化军的侧翼，迫使德军延缓推进的步伐。但是实际上苏联人已经无力扭转颓势了。

此时第1装甲师的其他部队正沿着宽大的正面向韦利卡亚（Welikaja）河畔的奥斯特罗夫前进，克吕格尔战斗群击垮苏军在斯大林防线的防御，步兵们呐喊着冲进了奥斯特罗夫南郊的苏军反坦克战壕，和苏军士兵在壕沟内展开了殊死的白刃战。一时间，铁铲刺刀横飞，喊杀声震天。白刃战拼的是个人的勇气和兵力优势，虽然英勇的红军士兵竭尽全力厮杀，但人数占优、士气高昂的德军对苏军的压力越来越大，守军渐渐力不可支，一座又一座碉堡被炸毁，一道又一道战壕落入了德军之手。苏军在尽量阻击德军前进步伐的前提下，在兵力大量损耗之后只能慢慢后撤，各部队交替掩护且战且退。很快，第113步兵团2营和第1装甲团1营从南面杀进了奥斯特罗夫，第1摩托化步兵营也从西南方进了城，埃京格尔少校率第113步兵团1营和第73炮兵团3营7连穿城而过，直奔北面的韦利卡亚河公路桥而去，随着更多的德军涌进城内，守军溃散了。17点30分，克吕格尔少将向师部报告:"奥斯特罗夫已经落入我们之手!韦利卡亚河上的公路桥也被拿下!"

到7月5日,克吕格尔战斗群当面的苏军虽然实力大损,但并没有轻易放弃。14点左右苏军坦克部队发动了极其猛烈的反突击,由于缺乏步兵的掩护,苏军坦克的反击功亏一篑,而且损失巨大。克吕格尔战斗群报告说击毁了大批苏军坦克,战场上苏军丢弃的坦克约有100辆。在这场激烈的战斗中,第37坦克歼击营1连的37毫米反坦克炮被苏军的重型坦克碾得粉碎,德军步兵和反坦克炮兵束手无策,好在炮兵们再次担负起了坦克杀手的重任。第73炮兵团3营的贡献最大,9连的1门重型榴弹炮犹如好斗的拳击手,连出重拳,一口气打瘫了12辆领头的坦克,其他炮组也不甘示弱纷纷开火,最终挡住了苏军坦克的冲击。克吕格尔少将在战斗结束后亲自向炮兵团官兵表达了深深的谢意,没有他们,缺乏重型反坦克炮的步兵和坦克部队必定会损失惨重。

7月6日的前半夜还算平静,到凌晨3点的时候,苏军对第1装甲师桥头堡阵地的反击又开始了,这次进攻苏军还出动了空军支援。夜战是最考验部队技战术能力的战斗,屡败屡战的苏军虽然英勇,但无法彻底扭转双方实力上的差距,即便付出了高昂代价,仍旧无功而返。不过苏军的多次反击让第1装甲师的日子也不好过,温克已经连续24小时没有合眼,他要根据战况的变化不断调整部队部署,同时还要求军部催促友邻部队尽快跟上。天亮后,第6装甲师先头部队终于渡过了韦利卡亚河,在第1装甲师右翼开始集结。而在奥斯特罗夫—普斯科夫一线,向第1装甲师的阵地不停发动反击的是苏军的2个坦克旅(第1和第3坦克旅)和4个步兵师(第143、181、183和184步兵师),该部向第1装甲师施加了强大的压力,直到第6装甲师和第36摩托化步兵师的部队陆续赶到后,第1装甲师才喘了口气。

7月7日下午1点,第1装甲师和第6装甲师齐头并进,向北朝着普斯科夫推进,第36摩托化步兵师负责掩护两个装甲师的侧背,该师已经抵达了距离普斯科夫西南约40公里处。第1装甲师前锋韦斯特豪芬战斗群首先突进到城外大约12公里处，并且夺下了机场。不久后第36摩托化步兵师一路狂奔追了上来，随后向普斯科夫城内发动进攻。第1装甲师则绕过该城，马不停蹄继续向东突进。到当天晚上，他们已经冲到了普斯科夫以东大约20公里处，克吕格尔的第1步兵旅成功发动突袭，夺下了策尔约哈（Tserjoha）河上的桥梁，为下一步的作战行动扫平了障碍。

8日晚上，德军全面占领奥斯特罗夫—普斯科夫一线，正在和德军18集团军下属各步兵师激烈战斗的苏军部队的后路被包抄，这些部队已经无法后撤了。第41摩托化军毫不停歇，继续向着列宁格勒方向前进。7月9日—10日，第1装甲师的两个战斗群进展缓慢，因为苏军依托有利地形的抵抗颇见成效，而且抵抗意志也很顽强。11日，韦斯特豪芬战斗群继续向着普柳萨（Pljussa）地域推进，由于道路两旁都是沼泽地和森林，严重限制了装甲部队的机动速度，无论是第1装甲师还是在侧翼的第6装甲师，行军速度都非常缓慢。到后来，第6装甲师行军的次要道路几乎无迹可寻，不得不返回到唯一的主公路上跟随在第1装甲师身后向前推进。德军装甲部队一路狂飙的景象荡然无存。

11日夜间，第6装甲师首席参谋冯·基尔曼斯埃格少校（第1装甲师的前任情报参谋和后勤参谋）给温克发来了一封"押韵诗体"的无线电报："我们的前面有7辆坦克，因此我们被挡住了，你们沿着铁路线进展如何？你们能够快速前进吗？"

温克中校很快以同样的方式回复道："你们没在幻想吧？我们沿着铁路线前进？我们正在穿越诺斯利耶（Noeossjelje）地区，穿越密集的森林！"

到12日夜间，第1装甲师打到了卢加（Luga）城南约30公里的地方，并且努力向前攻击。普斯科夫—卢加—列宁格勒之间的公路部分地段路况极差，苏军还布设了很多地雷以及障碍物，这使得德军的前进步伐变得异常艰难。面对高速突进而导致部队分散的第1装甲师，苏军采取了多种伏击和突袭的办法来打击他们。例如放过前锋的战斗部队只打跟随的后勤车队和炮兵部队，结果第1装甲师分散的各部不断遭到苏军袭扰，因此遭到了很大的损失。

第4装甲集群的地面和空中侦察发现，左翼的卢加河下游地区苏军的防御比较薄弱。鉴于恶劣的地理环境和交通状况，莱因哈特将军于12日夜间决定变更部队的进攻方向。他下令两个装甲师转向西北，从苏军防御薄弱处插进去——第1装甲师通过萨布斯克（Sabsk）地区渡过卢加河，第6装甲师通过波列奇耶（Porechye）地区夺取卢加河上的桥梁。两个师渡河之后，将通过卢加河东北的森林地带向列宁格勒挺进。第1装甲师12日发布的师部命令如下："韦斯特豪芬战斗群必须夺取萨伯利耶（Sapolje）以东的公路岔口，并且沿萨摩什—萨伯鲁斯耶—格罗迪施（Samoshe-Sapljussje-Gorodischtsche）一线设立侧翼防御线。随后师主力使用卢加—普柳萨公路转向新的进攻方向。"

克吕格尔战斗群得到的命令是："首先协助韦斯特豪芬战斗群，通过侧翼进攻打开卢加防御线的缺口，清理该地区后转向奥耶舍诺（Orjechowno）附近的渡口前进。"

虽然德军在战争初期取得了制空权，但在第1装甲师向卢加河推进的过程中，在他们头顶上不断出现的却是苏联轰炸机，而德国空军的战斗机却迟迟不见踪影，失去了空中保护伞的装甲部队遇到的麻烦可不算少。7月14日，第1装甲师各部在糟糕无比的道路上痛苦地挣扎前行，到处都是沼泽，小型桥梁只能走人或者骡马，工兵们四处砍树用来铺垫道路，以使各类车辆和火炮勉强向前运动。尽管如此艰难，德军的进攻仍旧取得了相当的进展，只是各单位之间的距离拉得太开，前后几乎超过了150公里！前锋部队的态势糟糕无比，长长的侧翼因为缺乏保护而显得十分脆弱，在东侧的普柳萨、博布洛沃（Bobrowo）等处尤为危险。此时其他的德军战斗部队或者后勤部队仍未抵达萨布斯克地区，只有第36摩托化步兵师拼尽全力才勉勉强强算是跟在后面，但是他们直到14日下午才能勉强为第1装甲师提供一点必要的侧翼掩护。14日晚间，第113步兵团1营营长埃京格尔少校率部进抵萨布斯克，当晚22点前，他们已在卢加河东岸建立起桥头堡。围绕着渡口和桥头堡，苏德双方又展开了一场激战，好在没多久第113步兵团2营也投入了战斗，德军得以牢牢地控制住桥头堡。

7月15日，苏军对桥头堡发起了规模更大的攻势，猛烈的炮火和轰炸摧毁了卢加河上的桥梁，但德军在东岸的部队一直固守待援，死战不退。复杂的地势和恶劣的道路状况使得德军的通行效率非常低下，直到15日夜间，温克才把第4侦察营调到前面，派该部前往奥斯米诺（Osmino）掩护克吕格尔战斗群的东翼，牵制苏军对萨布斯克桥头堡的攻击。第1装甲师其他的部队一边抵挡着苏军的各种反击，一边掩护第41摩托化军交通线北侧的安全，努力把部队向前送，冲向卢加河。当天第1装甲师师长基希纳中将在苏军的空袭中被弹片击伤，不得不撤下前线送往后方治疗。

7月16日，克吕格尔少将在师前指接过了第1装甲师的指挥权。头堡的血战继续扩大，在通往萨布斯克镇的路上，身在前指的克吕格尔少将给师部发了一封幽默的电报："前面没有桥，后面没有桥，下面是地雷，上面是蚊子，阳光毒辣辣，衬衣贴裤腿，猪肉没得吃。"

虽然对于德军而言，莱因哈特上将的调整部署已经在慢慢扭转战局，但是顶在萨布斯克桥头堡一线的第1装甲师还没有机会感受到这种好转的趋势，相反成了苏军反击的众矢之的，而且他们的后勤补给状况还越来越糟糕。物资运输由于恶劣的道路影响，几乎跟不上一线战斗部队的推进速度，弹药和补给品无法前送，伤员又送不下去。最让人难以忍受的是，尽管温克一再要求，到16日下午无论是在萨布斯克桥头堡还是前进道路上的第1装甲师各部，依旧得不到德国空军的空中掩护，他们不得不忍受着苏军飞机的连续空袭和骚扰。来自苏联空军的多次打击严重侵蚀着第1装甲师士兵们的士气，不过军官们依然没有失去必胜的信心和幽默感。

7月17日中午11点25分，第4侦察营营长冯·舍勒中校给温克发出了一封电报（如同前面叙述的，温克喜欢用押韵的诗体语句作为电报用语，在他的带领下这个习惯很快就传遍了第1装甲师上下。不仅如此，这个习惯还感染到了德军其他单位，和第1装甲师电文往来密切的各部队对此也都印象深刻。那些无线电通信兵们也都开始喜欢用类似的语句发报，这样他们的解码编译都变得更加容易。以下所有电报内容如果用德语念的话，全部押韵朗朗上口，很有意思，可惜翻译成中文再要押韵就有点难度了）："苏联轰炸机在我们头顶上翱翔，我们正成为他们觅食的目标。我们的梅塞斯密特教授（喻指德国空军战斗机部队）在哪里？再不来我们什么都干不了！"

当温克获悉空军战斗机已经前往支援的确切消息后，立刻给舍勒发报："我们的战斗机到了吗？高炮打下敌机了吗？敌机是否还是很活跃？"

第4侦察营回电道："我们打下1架，活跃的还有10架，我们的战斗机来了2架，刚刚都已经回家。"

当温克再次收到侦察营的电报后，他不得不继续向军部请求战斗机保护，电报内容如下："乌拉！乌拉！乌拉！飞机终于又来了，可惜不是纳粹飞行员，布尔什维克又来啦！"

前线请求空中支援的电报不断，连莱因哈特将军也亲自出面为获得空中掩护而努力交涉。到傍晚时分，德军侦察兵们终于又看到了自己的战斗机，虽然数量依然很少，总算聊胜于无，鼓舞鼓舞士气也好。

7月18日，第113步兵团成功击退了苏军在猛烈炮火掩护下的进攻。中午时分，第1装甲师的师部前移到佩斯耶（Pesje）。当天该师据守的各个地区显得很安静，他们的天空因为有了德国空军更多的保护而显得安全，来自新建野战机场的德军战斗机群重新夺回了战术制空权。第1装甲师利用这短暂的喘息机会加紧修理受损车辆和武器装备，为一线部队补充急需的物资，不过大批弹药、油料和食品还在后方运输的途中。19日晚，师后勤参谋冯·伯拉图上尉给师部发来了一封电报："蚊子拼命咬，消瘦是代价，大家莫消沉，邮件马上到。"（邮件送达就意味着后勤补给物资到了。）

20日下午3点过后，奥斯米诺以南地区遭到了苏军的猛烈炮击，苏军步兵在坦克支援下分别于18点30分和21点发动了两次较大规模的反击，但都被德军击退。21日，苏军的几次反击都被击退，此后攻势就逐渐弱了下来。除了苏联空军的空袭和炮火轰击，苏军没有再投入地面部队发动进攻，第1装甲师在卢加桥头堡享受了大约2周的平静时光。

其实早在7月15日第1装甲师建立萨布斯克桥头堡的时候，当面的苏军就被德军的攻击打得措手不及，如果再算上第6装甲师在波列奇耶建立的桥头堡，德军已经拥有了两个不错的向列宁格勒发起攻击的跳板。这两个桥头堡距离列宁格勒只有大约110公里，对装甲部队而言也就是2天的路程。苏军拼凑了不少部队投入了对桥头堡的反击，连列宁格勒的军校学员也投入了战斗，徒劳地试图抹除德军的桥头堡。然而德军在数天时间里不但守住了桥头堡，还修补了100多公里的补给通道，扩大了桥头堡的面积，如果第41摩托化军从这里跃出攻向列宁格勒的话，也许能取得非常大的战果。但是德军最高统帅部暂时叫停了从该处出击列宁格勒的计划，反而制订了一个更为复杂更为庞大的攻城计划。其目的在于构建一个巨大的弧形包围圈，从东南方攻占列宁格勒后再一举歼灭从波罗的海三国溃退回来的苏军部队，试图一鼓作气结束北方战事。不能说这个计划不高明，但问题在于曼施泰因的第56摩托化军将面对无尽的森林、沼泽和苏军的重兵集团，装甲部队根本发挥不出其高速机动的优势，从而导致德军在兵力配置上面出现了致命缺陷，最终没能达成战略目标。

东线战事开启后的第一个月里，德军装甲部队和摩托化部队都尝到了苏联复杂地势和恶劣路况的味道，部队的交通运输遇到了很多麻烦。苏军在密集的林区里能够展开非常顽强的抵抗，向前突进的德军装甲部队时常因为遭到苏军的侧翼偷袭而遭受损失。广袤的俄罗斯国土令德军犹如闯进了大海一般，第1装甲师在作战中部队四处分散，各单位间距超过了150公里，这令师部在作战指挥和通信方面受到了严重影响，因为这个距离上德军的无线电通信会近乎失效，而有线电话的铺设则远远跟不上快速发展的战局需要。一旦通信中断，第1装甲师的战斗群就只能各自为战，或者按照温克制订的作战计划独立进攻。第1装甲师的各级指挥官都有身先士卒的习惯，因此除了师长负伤以外，两个战斗群的指挥官在作战中都相继负了轻伤。温克除了必须在师部坐镇指挥的时间外，他每天都会骑着摩托车或者坐车到前线去亲自了解部队的实际情况，用他的乐观和幽默来鼓舞士气。所以他和第1装甲师的官兵们建立起了非常信任的关系，这对于快速突进的装甲师而言是非常重要的保障。

毫无疑问，就在第41摩托化军在桥头堡中无所事事的2周时间里，苏军获得了弥补列宁格勒防御圈上薄弱之处的机会，从西南方一举夺取这座城市的机会丧失了。莱因哈特上将后来说，能给他的部队几天时间对道路系统加以改善，以确保补给物资和援兵的运送是求之不得的好事，然而他没想到的是原先需要的几天时间居然成了2个星期。莱因哈特在日记里苦涩地回忆道："我们军一再敦促上级迅速恢复进攻，并要求至少把曼施泰因摩托化军里的步兵部队调给我们，特别是他们在右翼已经无法前进的时候，但上级对我的要求毫无反应。"

期待中的进攻命令依旧没有下达，莱因哈特在7月30日的日记里写道："等待恢复进攻的命令已经有整整2个星期了，一再拖延实在太可怕了。我们曾得到的机会永远失去了，事态正变得愈发困难。"

由于需要等待第16集团军几个步兵师运动到位，从7月22日—8月6日之间第41摩托化军被迫5次推迟进攻时间。北方集团军群指挥官勒布元帅显然不敢违背最高统帅部的指令，更不敢给装甲集群指挥官赫普纳大将根据战况自行决断的权力，相比之下在中央集团军群中的古德里安是幸运的。一直在等待出击命令的赫普纳大将和莱因哈特上将都已经如同热锅上的蚂蚁一样焦虑不堪，在战机稍纵即逝的战场上居然被上级卡着脖子强令休整了3个星期之久，这无论如何都不是愉快的事情。

1941年8月8日早晨，第41摩托化军久违的进攻命令终于下达，第1装甲师和第6装甲师将从卢加河桥头堡出击，形成一个狭长的楔形尖头向西北方向进攻，第一个目标是列宁格勒—金吉谢普（Kingisepp）—纳尔瓦（Narva）铁路线以南地区。3个星期前，苏军在该地域的防御非常薄弱，而现在已经发生了巨大变化，经过成千上万平民的辛苦努力，牢固的野战工事和防御体系被建立起来，获得炮兵和坦克加强的苏军第125步兵师和第111步兵师正在工事中准备迎战。

进攻开始后的前3天里，暴雨天气产生了极其严重的影响，道路泥泞不堪，导致机械化部队和炮兵部队的推进速度可以用"爬行"来形容。曾在法国战役时给装甲部队提供重要帮助的斯图卡机群也无法对苏军堡垒区域发动空中打击。这实在不是进攻的好日子。8月8日上午9点，韦斯特豪芬战斗群的3个营跃出桥头堡开始进攻，虽然一路上遭到苏军顽强抵抗，但最终打开了一个突破口。当晚23点，温克从军部获悉由于第6装甲师和第36摩托化步兵师的进攻都没有取得进展，因此第1装甲师明天的进攻将得不到计划中的炮兵加强。更让温克惊讶的是，军部接着又发来第二份电报——为避免孤军深入，致使第1装甲师暴露的侧翼遭到苏军攻击乃至陷入可能的包围圈之中，所有攻击部队放弃现有阵地，撤回攻击出发地。

维特斯海姆中校的战斗群原计划将通过由韦斯特豪芬战斗群打开的突破口继续向北进攻，眼看要放弃付出了相当大的伤亡代价后才打开的突破口，他心有不甘拒绝撤回。为此，维特斯海姆中校立刻驱车于午夜时分赶到了师部，希望能从师部得到支持。温克当然理解维特斯海姆的想法，他马上联系军部试图让上级更改命令，起初军部的态度非常强硬，让第1装甲师回撤的命令不变。经过温克的据理力争，军部终于理解了维特斯海姆中校的意图，态度也稍有软化，表示同意维特斯海姆战斗群天亮后继续进攻，对是否全面撤退没有再表态。温克等人心领神会，部队自然没有真正执行撤回攻击出发地的命令，而是按照原定计划准备进攻。

8月9日的战斗进程充分验证了冯·维特斯海姆中校的决定是正确的。经过连续几天强攻，第41摩托化军逐渐逼退了当面的苏军，取得了不错的进展。第1装甲师接近了他们的目标：赤卫军城（Krasnogvardeysk，现俄罗斯加特契纳）—纳尔瓦的铁路线。根据德军计划，在越过这条铁路线后部队将转向东挺进，直逼列宁格勒外围防线。

8月13日夜间，第1装甲师逼近了那道重要的铁路线，在森林边缘地带发生的战斗让双方都付出了很大代价。战斗经验和兵员素质都处于弱势的苏军凭借顽强意志和对地形的熟悉，与德军在森林沼泽里周旋了1周时间，宽达50公里的林区让德军每前进1公里步都要付出血的代价。实战是最好的老师，德军逐渐掌握了在林区地带的战斗技巧，各作战单位之间的配合日益默契，例如鲁道夫·霍尔斯特中校率领的第73炮兵团的炮兵们就一直灵活高效地支援着一线部队作战，为步兵和装甲兵提供有效的火力支援。

第二天，在森林里展开的残酷战斗只能延缓第1装甲师前进的步伐，苏军的种种努力已经无法挡住他们了。在连续击溃了列宁格勒第2民兵师和近卫第1民兵师的阻击之后，第1步兵旅旅长汉斯-克里斯托夫·冯·海德布朗德（Hans-Christoph von Heydebrand）上校率部成功攻占了莫罗斯科维策（Moloskowitzy）火车站，切断了列宁格勒至金吉谢普的铁路和公路线，并占领了赤卫军城—纳尔瓦公路和萨布斯克—普鲁施茨（Prushizy）公路的交汇点，与第6装甲师会师了。第41摩托化军终于越过了森林沼泽，走出了宽达50公里的林区，来到了路况相对良好的开阔地带，克服了列宁格勒大门前的最后一道天然屏障。

然而，从爱沙尼亚撤向列宁格勒的苏军严重威胁着第41摩托化军的北翼，莱因哈特无法挥军杀向列宁格勒，而是停下来巩固侧翼。8月15日，就在勒布元帅同意了赫普纳大将的请求，将曼施泰因麾下精锐的第3摩托化步兵师调归莱因哈特用来掩护侧翼的当天，战况又发生了变化，向列宁格勒的突击再次被叫停。

苏军西北方向总司令调集重兵，以第34集团军（4个步兵师、1个骑兵师）为主力，试图包围在北方集团军群右翼的德军第10步兵军，然后向西进攻，从后方彻底切断进攻列宁格勒的德军部队的交通线。曼施泰因的部队在被来回折腾了100多英里的路程后，首先攻占了伊尔门（Lake Ilmen）湖南岸的旧鲁萨（Staraya Russa），再和第10军协同击溃了苏军第34集团军，消除了第16集团军面临的危机。在伊尔门湖北岸，德军第1步兵军于8月16日突破了苏军第48集团军的防御，攻下了有千年历史的俄罗斯古城诺夫哥罗德（Novgorod），随即抢占了沃尔霍夫（Volkhov）河上的大桥，然后以每天10公里的速度向前推进。8月21日，德军占领小城丘多沃（Chudovo），切断了列宁格勒通往莫斯科的十月铁路，从东南方向逼近了列宁格勒。而在中路，曾死死顶住德军第56摩托化军和第28步兵军前进步伐的苏军卢加河桥头堡的战况也出现了变化。其实早在第41摩托化军于卢加河下游取得突破、第1步兵军占领丘多沃的时候，位于中路的卢加城已经从战略上被德军包抄了，但是从普斯科夫经卢加城通往列宁格勒的公路是该地区路况最好的硬面公路，德军必须要控制它用来改善补给状况，而苏军自然是寸土必争。在几次正面攻击都失败后，德军第28军第122师的3个步兵团穿插到了苏军防御阵地的后方，在正面进攻的第8装甲师、第96步兵师、党卫军第4警察步兵师、第269步兵师等部的配合下，歼灭了卢加包围圈内的苏军第41步兵军的5个师，仅俘虏就抓了12000多人。

当德军在中路和东路都取得不错进展的同时，由于侧翼太长得不到足够兵力掩护的第41摩托化军无法大踏步前进，只能以每天10公里左右的速度向前推进。连续多日激烈的战斗令第1装甲师实力消耗很大，其中第1装甲团马蒂亚斯·冯·舒伦堡（Matthias von Schulenburg）上尉的1营能够作战的坦克数量下降到18辆Ⅱ号、20辆Ⅲ号和6辆Ⅳ号坦克，实力不及开战时的一半，第6装甲师的情况也好不太多，但如果集中使用的话仍能有所作为。随着4个步兵师被填进第41摩托化军的左翼，该军的态势有所改观，8月21日该军先头部队进抵赤卫军城西北地区，距离列宁格勒只有40公里了。

兵临城下的第41摩托化军得到的命令不是攻城而是休整，北方集团军群指挥官勒布元帅出于多方考虑，不愿意冒险攻城，而是命令格奥尔格·冯·屈希勒（Georg von Küchler）大将的第18集团军先歼灭对第41摩托化军侧翼产生威胁的苏军第8集团军，再清除芬兰湾南部的苏军海岸防御工事。虽然第18集团军取得了不小的战果，但也浪费了大量时间和兵力，将列宁格勒城下急需的步兵师拖延在了次要战线上。可以这么说，1941年的苏德战场上德国人缺少的不是胜利，而是时间。攻击列宁格勒的德军装甲集群在开战初期高速挺进争取的时间就这样被一天天浪费掉了，如果第18集团军只用少量部队牵制住芬兰湾沿线的苏军，而将主力投入到第4装甲集群的主攻方向，也许夺取列宁格勒不是没有机会。列宁格勒作为苏联的第二大城市，又是红色政权的摇篮，能否攻陷它政治意义非凡。

为了在接下来的攻城战中以最佳状态登场，也可能是为了迷惑苏军，9月初第41摩托化军被调往西面的沃洛索沃（Volossovo）地区整补，只有少数作战单位还处于一线。连续几天，第1装甲师都处于休整战备状态，以准备投入到对列宁格勒的进攻中去。

8月中旬德军连续取得突破和胜利的时刻，列宁格勒防御圈内苏军和平民的士气曾严重下降。然而德军放慢了进攻的脚步，这也给了苏军调整兵力、修筑防线的时间。首先，在奥拉宁包姆（Oranienbaum，现罗蒙诺索夫）整编了从波罗的海三国撤退回来的部队的基础上，城防司令部又从工人和民兵中组建了10多个师，扩充了守城兵力；其次，列宁格勒市委书记安德烈·日丹诺夫（Andrei Zhdanov）紧急动员百万市民围绕列宁格勒城构筑了两道防线，防线由一道道战壕和反坦克壕构成，无数的火力点和碉堡密布其中，可谓严阵以待。

9月6日，第1装甲师得到了上级下达的"进攻列宁格勒要塞"的命令。该师作为第36摩托化步兵师的支援力量，将紧跟在步兵的后面突破赤卫军城—杜德尔霍夫高地（Duderhof）之间的外围防御线，然后突进到列宁格勒的内部防御圈。

9月9日清晨战斗打响了，第36摩托化步兵师118团1营在大量炮兵和俯冲轰炸机的掩护下开始进攻，第1装甲师焦急地等待着步兵突破的消息。德军战斗

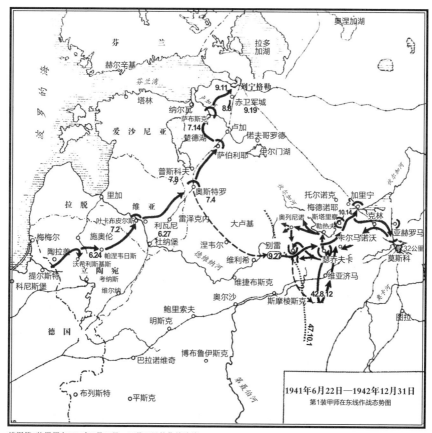

德军第1装甲师在1941年6月22日—12月31日的作战路线。

工兵使用了火焰喷射器和大量炸药,摧毁了一个又一个苏军据点,攻陷了一道又一道战壕,突击和反击不停地上演,双方都血流成河。当夜幕降临时,第118摩托化步兵团夺取了苏军第5民兵师严密防守的阿罗帕库茨(Aropakkuzi)村,在苏军的第一道防线上撕开了一个口子。当天的德国国防军通报这样写道:"德军已经完成了对列宁格勒包围,切断了其陆地交通线。"

9月10日上午,第36摩托化步兵师第118团突击营推进到了杜德尔霍夫高地前。这里已经被堡垒化,一道道战壕间混凝土碉堡、炮台、机枪巢星罗棋布,苏军甚至挖掘了方便调兵的坑道。面对这样的防御体系,德军只能一米一米向前啃。由于进攻部队遭到了苏军的侧翼攻击,第1装甲师的部队被紧急投入战场,与第36摩托化师并肩推进。经过一天的战斗，德军于22点前在猛烈炮火的掩护下攻占了杜德尔霍夫高地西北侧的143高地。

9月11日是第1装甲师在列宁格勒攻城战中表现最为出色的一天，也是最后的辉煌。在灿烂的阳光下，韦斯特豪芬上校指挥着战斗群投入了对167高地的进攻。埃京格尔少校指挥着第113步兵团1营打主攻，他得到了第1装甲团2营6连的坦克和第37工兵营1个排的加强，此外第73炮兵团2营为他们提供炮火支援。埃京格尔少校是优秀的机械化步兵部队的指挥官，以感觉灵敏而著称。他能闻到机会、能嗅到最适合的地点，此外闪电般的反应力和适应性极强的领导力是他赢得胜利的保证。如果不是他后来阵亡得太早的话，到战争末期一定会是个非常出色的将领。

在坦克和装甲车的掩护下，德军步兵将苏军逼入第二道防线的反坦克壕中，机枪手对着后撤中的苏军步兵猛烈开火，迫使对方四散奔逃。工兵排则乘乱抢占了横越反坦克壕的通道，打掉了防守通道的苏军机枪组后，立即用横梁和木板加固通道，以便让坦克和装甲车通过。苏军步兵开始反击试图封闭通道，遭到了德军炮火的覆盖，随后俯冲轰炸机掩护着德军步兵冲锋，炸弹准确地落在德军散兵线前方200米处，苏军的火力点、散兵坑、战壕和反坦克炮阵地被笼罩在弹片和硝烟之中。德军的空地联络军官搭乘指挥坦克伴随着步兵冲在前方，和空中的轰炸机保持着紧密联系，指引着斯图卡飞行员挨个炸掉威胁最大的苏军堡垒。

激战一直持续到中午，杜德尔霍夫高地下的村庄反复易手，从第36摩托化步兵师手里丢掉的村庄，最终被埃京格尔少校牢牢控制。覆盖在杜德尔霍夫高地上的植被已经被炮火燃尽，这是个喷吐着致命火舌的堡垒。德军坦克掩护着步兵成功突入到高地西面的炮台死角里，封锁道路的苏军火炮被第1装甲团的几辆坦克打哑了。在坦克的炮火掩护下，德军工兵设法冲入了苏军舰炮阵地，顿时手榴弹在四下里炸开，火焰喷射器向那些大炮喷吐出火舌，苏军炮兵被淹没在一场白刃战中。

战斗中，温克搭乘着克吕格尔少将的指挥坦克，一直跟随着突击部队行动。11点30分，他无意间听到了第6装甲连连长达留斯（Darius）中尉与他营长的通话。这段通话令温克中校长长地松了口气，达留斯中尉激动地在无线电里大声喊道："我看到圣彼得堡和大海了！"

温克明白，达留斯此刻正在杜德尔霍夫高地顶上，列宁格勒城区就在他脚下，几乎触手可及。昔日俄国沙皇阅兵的这座"将军山"上，最后的防御堡垒已被攻克。

此刻，攻占杜德尔霍夫高地的德军正在欢呼，似乎列宁格勒已经唾手可得，然而历史再次和他们开了个玩笑，攻占列宁格勒的胜利和荣誉正在同他们挥手告别。这一切都是因为2个人而改变。首先是希特勒，他改变了原定攻占列宁格勒的计划，希望通过围困迫使列宁格勒投降，因此在几天后调走了装甲集群的主力。而苏军迅速调整了部署，在第42集团军和第55集团军防区内采取了种种有效的防御措施，特别是集中使用各类火炮，将其配置到最危险的地段，在通往市中心的道路上布设地雷和各种障碍物，任何擅自放弃阵地者都将被枪决。这一系列改变，最终令德军的攻城行动功亏一篑。

此后数天，尽管第41摩托化军左右两翼的友军都取得了突破性的进展，但这个军的前进脚步有限，在越过杜德尔霍夫高地后装甲部队被限制投入市区方向的进攻，只能在城市外围转入有限进攻状态。根据莱因哈特的回忆，装甲集群指挥部于9月12日发来的命令中，强调不再要求攻占列宁格勒，而是围困这座有着数百万人口的城市。于是第41摩托化军主力转向东边，去清除苏军构筑的外围防线上的据点，尤其是围绕着城郊的那些大型居民点。在这几天里，第1装甲师在向前推进的过程中同进行反击的苏军坦克打了好几场遭遇战，那些坦克多数都是从位于科尔皮诺（Kolpino）镇的坦克工厂的生产线上直接开出来，连油漆都没有涂上。9月13日，第1装甲师战史作者，时任第1装甲团2营6连1排排长的鲁尔夫·施特弗斯少尉在和KV坦克的激烈战斗中身负重伤，在医院里躺了5个星期。9月14日早晨，苏军第10步兵师向第36摩托化步兵师据守的阵地发动猛攻，从德国人手里收复了索斯诺夫卡（Sosnovka）和芬兰科伊洛沃。9月16日，侧翼受到威胁的第1装甲师再度发力，拿下了普尔科沃（Pulkovo）高地。当第121步兵师攻占了普希金（Pushkin）镇后，第1装甲师顺势攻克了普希金镇西边的亚历山德罗夫斯卡娅（Aleksandrovskaya）镇，这里距离列宁格勒市中心只有12公里，也是该师在攻城战中的终点了。

关于第1装甲师将要被调到其他战区的消息已经在几天前不胫而走，虽然绝大多数人都认为这是不可能的事情。9月17日，命令终于下达了：第1装甲师将从列宁格勒前线撤出，转调到中央集团军群第3装甲集群（霍特大将）。不过，在接到命令的当天该师并没有立即脱离战斗，它依然组织了1个战斗群支援党卫军第4警察师第2团的进攻，战斗结束后才开始后撤。至此，第1装甲师在北方集团军群的战斗正式结束，他们在北方集团军群中称职地扮演了装甲矛头的角色，在对列宁格勒的进攻战中起到了至关重要的作用。对于该师的官兵而言，他们很难理解此时为何会被调离，他们认为自己在拼尽全力后却被剥夺了胜利的桂冠，殊不知一场更为残酷惨烈的大战在等待着温克和他的战友。

东线战役开始后，德军一路高歌猛进，措手不及的苏联军队损失惨重。图为一名德军士兵正走向倒地的苏军坦克兵，边上就是燃烧中的苏制BT－7快速坦克。

巴巴罗萨行动开始后，德军装甲部队在苏联领土上纵横驰骋，苏军节节败退，近处是1辆Sd.Kfz 250半履带装甲指挥车。

1个德军步兵班挤在1辆Sd.Kfz 251半履带装甲车上向前进发，泥泞的俄罗斯大地逐渐开始发威，令德军苦不堪言。

德军夺取奥斯特罗夫后，第1装甲师的几名士兵正在查看被击毁的KV-1型坦克。

第83轻型高炮营1连的1辆Sd.Kfz.7/1 20毫米四联装半履带高炮车，该营在战斗中为第1装甲师提供了一定的对空火力。

在泥潭中尝试着挣扎而出的德军梅赛德斯–奔驰L3000卡车。

沼泽地和森林严重限制了装甲部队的机动速度，德军只能大量砍伐树木铺路架桥，并用马车来运送补给。

著名的"莫洛托夫鸡尾酒"，土制燃烧弹的别称。它最初出现在西班牙内战的战场上，到苏德战场上又遍地开花，成为性价比最高的反坦克武器。

第16集团军指挥官恩斯特·布施大将亲临炮兵阵地视察，北方集团军群战区由于兵力不足，对列宁格勒的攻击一再推迟。

列宁格勒的居民们在街道上构筑街垒工事，这些工事在后来的巷战中发挥了重要作用。

城市街道中的1个苏军炮位，122毫米榴弹炮的护盾可能被打折了，几名炮兵的尸体躺在无人的街道上，注意他们脚上的靴子被人扒掉，只剩下散乱的裹脚布。

正在接受训练的列宁格勒民兵，临时组建的工人师虽然在战斗中损失很大，但他们守住了列宁格勒，守住了自己的家园。

几名德军摩托化步兵兴高采烈地站在路牌边，路牌上能够清晰地看到距离列宁格勒只有75公里，仿佛胜利已经触手可及了。

1940年9月11日，埃京格尔少校指挥的战斗群攻占了杜德尔霍夫高地，图为第37工兵营2连的2名工兵正在一个被占领的苏军炮垒边庆祝，其中一个甚至爬到了长长的炮管上做出飞翔的姿态。

德军进攻列宁格勒期间，第41摩托化军军长莱因哈特上将（左）来到第1装甲师师部视察，正同师长克吕格尔少将交谈。

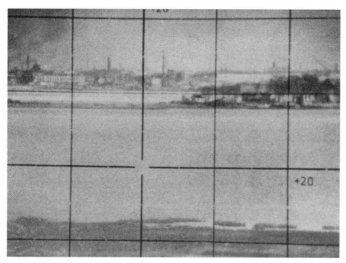

"我看到圣彼得堡和大海了！"站在杜德尔霍夫高地，用望远镜能清晰地看到列宁格勒市区的建筑。从地理上来讲，列宁格勒是苏联波罗的海舰队当时仅剩的一个港口；从工业上来说，列宁格勒是苏联当时最重要的坦克生产基地之一，其中基洛夫工厂更是KV系列重型坦克的诞生地和主要生产厂；就历史而言，列宁格勒更是10月革命的爆发地，是苏维埃政权的诞生地。所以列宁格勒必须守住，德军对这座城市，以及后来的莫斯科和斯大林格勒，都是可望而不可即。

列宁格勒调整了城防部署，波罗的海舰队的水兵们将舰炮搬到了陆上的炮台中，给予德军沉重打击。

六

功亏一篑

血战莫斯科

9月21日—26日，第1装甲师被分批运往中央集团军群作战区域。27日，部队抵达位于维捷布斯克（Vitsyebsk）以东的第3装甲集群战区。温克中校在第1装甲师前段时间的工作得到了各级上级的充分肯定，获得了一致好评。

第1装甲师在东线开战后的前3个月里遭受了相当大的人员装备损失，步兵、摩托兵和工兵单位的战斗力急剧下降，大量的坦克装甲车辆等重装备都在修理厂修理，因此部队急需休整，补充损坏的各种武器车辆和技术装备。最重要的是部队需要补充一批有经验的军官，就在备战的几天时间里，师里的一些指挥官也做了调整。

根据台风作战计划，为了发动对苏联首都莫斯科的总攻，德军中央集团军群得到了极大加强：来自北方集团军群的第4装甲集群和来自南方集团军群的第2装甲集群，集中了德军在苏德战场70%以上的装甲部队；还有大量的步兵师、炮兵和高炮单位也被调了过来。编成第2、4、9集团军和第2、3、4装甲集群，共有14个装甲师、8个摩托化步兵师、2个摩托化旅和46个步兵师，以及1个航空队，总兵力1929406人，坦克1700多辆，在兵员和武器装备的数量上占有一定优势。

第1装甲师和第36摩托化步兵师依旧归属于老上级第41摩托化军指挥，被编入第3装甲集群。该军的任务是掩护沿着斯摩棱斯克（Smolensk）—莫斯科公路以北发动进攻的第56摩托化军的侧翼，攻向伏尔加（Volga）河上游的交通枢纽勒热夫（Rzhew）。

10月2日，德军的总攻在猛烈的火力准备后正式开始，第41摩托化军和第56摩托化军的500辆坦克肩并肩向苏军第30集团军和第19集团军的结合部发起猛攻。担任正面防御的苏军有3个步兵师、1个骑兵师和1个坦克旅，在德军装甲铁流的压力下很快就被击穿了防线，越过别雷（Belyy）后德军坦克突进到苏军防线后30公里处的区域。为了阻止第3装甲集群的前进步伐，苏军西方方面军调集了2个摩托化步兵师、2个步兵师和2个坦克旅对德军发起反击。从10月3日开始第1装甲师陷入了苦战，幸好空军的支援非常及时有效，大大减轻了部队的进攻压力。当第41摩托化军遭遇苏军第89步兵师和第127坦克旅的进攻时，温克审时度势，建议第1装甲师先挡住实力有限的第127坦克旅的进攻，分割其和步兵的联系，然后再对第89步兵师进行侧击，来个各个击破。实战证明，温克的建议非常有效。

10月7日，德军的装甲铁流粉碎了苏军的反击，碾过了苏军在第聂伯（Dnepr）河上的防线，第1装甲师作为第41摩托化军的前锋向着瓦祖扎（Vazuza）河推进，直取瑟乔夫卡（Sychevka）。这次，第1装甲师战斗群的进攻一直得到空军的伴随支援，第8航空军军长沃尔夫拉姆·冯·里希特霍芬（Wolfram von Richthofen）航空兵上将甚至亲自坐着他的鹳式"专机"把最新的航空侦察情报空投给第41摩托化军的前锋部队。

在此期间，第3装甲集群指挥官霍特大将调任南方集团军群所属的第17集团军指挥官，第41摩托化军军长莱因哈特装甲兵上将于10月5日接替他的职务，他的军长一职暂时由第36摩托化步兵师师长奥托-恩斯特·奥腾巴赫尔（Otto-Ernst Ottenbacher）中将代理。一周后，代理军长的职务又交给了原第1装甲师师长基希纳中将，该师仍由克吕格尔中将（10月1日晋升）暂时指挥。

10月8日期，雨雪交加的战场路况和苏军的阻击令第41摩托化军稍稍停顿了一下，但俄罗斯冬季的第一场雪并没有影响温克幽默搞笑的心情，他依然用他的乐观鼓舞着部队的士气，对苏军的反击也从容应对，有条不紊地从师部发出一条条电令。11日，第1装甲师突破了苏军第31集团军的防线，攻占了祖布佐夫（Zubtsov）。

10月12日，第1装甲团收到了第1步兵

瓦尔特·克吕格尔（1892.3.23～1973.7.11）中将，时任第1装甲师师长。1944年2月10日任第58装甲军军长，1944年5月1日晋升装甲兵上将。战争结束时他率部向英军投降，后被移送美军战俘营，1947年获释。

旅旅部的无线电报："1941年10月12日的目标：加里宁（Kalinin，现俄罗斯特维尔）！"

第1装甲团立刻抽调了1个满员的装甲连，配合1个搭乘装甲车和卡车的摩托化步兵营，开始向加里宁州州府加里宁市发起冲击。这支装甲前锋动作迅猛，突破苏军的阻击，于14点30分夺取了斯塔里察（Staritsa）以东的机场。捷报传到师部后，温克当机立断，从位于祖布佐夫的师部发布命令——第1装甲团归属师部直接指挥，沿着前锋营打开的通道全速挺进。德军的攻击道路基本上是沿着伏尔加河向着东北方推进，不过德国人试图渡河的尝试失败了，河流对于德军坦克而言太深了，且河上的桥梁也已经被彻底破坏。

苏军被德军的突进搞晕了，苏军西方方面军右翼的部队只顾撤退，根本无法组织起有效的防御或者反击，让温克有种回到战争刚爆发时候的感觉。17点左右，代理师长克吕格尔中将和温克来到斯塔里察以东的机场，和师里的营以上军官在装甲指挥车旁讨论战况时，1架苏军飞机摇摇晃晃准备降落。警卫连的士兵沉不住气，过早涌到了跑道上，眼尖的飞行员一看情形不对立刻爬升逃过一劫，让温克大叹可惜。克吕格尔将军在分析了战况后，认为当面的苏军未必还存在强大的防御力量，他向各级指挥官下令，部队立刻向加里宁挺进。随后，第41摩托化军军部通过无线电报把第1装甲师的成功突击通报给了侧翼的第6装甲师："温克已经向着加里宁开去了！"

作为州府的加里宁市是该地区最重要的交通枢纽，列宁格勒—莫斯科铁路干线和公路干线穿城而过。从斯塔里察地区出发，到加里宁有80公里左右的路程，沿途有大量苏军部队和撤退的难民，而道路非常有限，根本不适合德军大部队的高速推进。因此温克要求第113步兵团抽调全团的装甲车，全部交给全师最优秀的营指挥官埃京格尔少校，让他带着机械化行军的1营，在装甲连的掩护下连夜高速冲向加里宁，必须夺取加里宁市的伏尔加河渡口，并且坚守到师主力抵达。这不是一个容易完成的任务，而埃京格尔少校却是能完成此项任务的不二人选，自波兰战役以来，第1装甲师的难仗硬仗很多都由他来完成，

1941年3月他就获得了骑士铁十字勋章，是全师第一个获此殊荣的军人。

领受任务后埃京格尔立刻率队出发，根据先头连的报告，公路上和路边到处都是撤退中的苏军和平民，东一堆西一伙，并没有发现坚固设防的苏军阵地。埃京格尔当即下令全营高速行进，遇到苏军立即开火，小股苏军就地消灭，大队人马冲散就行不要纠缠。慌乱撤退中的苏军很容易就被突破了，沿着公路撤退的苏军部队不断被德军装甲纵队赶上、驱散、击溃。这时候，喜欢从空中往下扔"传单"的里希特霍芬上将又坐着他的鹳式"专机"飞临第1装甲师行军队列上空，这次他扔下的航空侦察情报上写着："现在通往加里宁的公路上挤满了撤退中的苏军部队，没有发现有组织抵抗的迹象。"

这下埃京格尔彻底放心了，他丝毫不理会苏军的防御情况一心猛冲，只是和跟在车队后面的温克的指挥车保持着无线电联系。没想到撤退的苏军越来越多，他猛然发现夜色中自己的装甲车队竟然陷入了苏军的大潮之中！面对这种情况，温克中校急切地通过无线电报询问第41摩托化军军部："我们正在全速向着加里宁前进。撤退中的苏军队伍跑进了我们的车队，并且和我们争抢道路先行权！我们等候如何处置的命令！"

这道电文经层层上报居然传到了陆军总司令部，获悉报告内容后陆军总司令部发出了一道令第1装甲师全体官兵为之骄傲的回复："先行权照例属于第1装甲师！"

埃京格尔战斗群的先锋是第3连，他们在夜间行军中混进了一支庞大的苏军车队，3连连长格奥尔格·法伊格（Georg Feig）中尉发现这个车队中大多都是坐满苏军步兵的莫罗托夫卡车，规模不小于1个营，一旦打起来自己肯定吃亏。法伊格中尉急忙通过无线电通知紧跟着他的其他装甲车："关灯！不要开枪！不要说话！"

过了会儿，埃京格尔通过无线电询问法伊格："谁在最前面领头？"

法伊格中尉回答道："伊万！"

到了半夜23点左右，埃京格尔战斗群距离加里宁大约还有10～12公里，公路上下遍布撤退的苏军步兵和车辆，因为交通拥挤几乎寸步难行。埃京格尔禁止部下随意开火，以免打草惊蛇，在黑夜的掩护下，庞大的苏军撤退部队中就这样混杂着德军前锋部队向着加里宁慢慢开去。

10月13日上午10点30分，埃京格尔战斗群沿着斯塔里察—加里宁公路大摇大摆进了城，天亮前他们就和那支庞大的苏军车队分道扬镳了。埃京格尔命令部下尽可能贴着伏尔加河走，通过一大片树林后，他们发现一座完好无损的铁路桥出现在眼前。机不可失，3连的装甲车队直奔桥头而去，在守桥部队反应过来之前突然开火，打倒了桥头的工兵。法伊格中尉一边射击一边对部下大喊："快把引信切断！"

1辆装甲车驶上大桥直冲对岸，机枪向着北岸的苏军掩体泼洒着弹雨。没过多久，伏尔加河两岸的桥头堡和铁路桥就落入了德军手中，苏军安置的炸药被拆得干干净净。

加里宁城区被伏尔加河、特维尔察河（Tvertsa）、齐马卡河（Tmaka）分为四大块，埃京格尔战斗群夺取的铁路桥在城西，伏尔加河上的公路桥则在城东。德军夺取铁路桥后，并未立刻引起城内苏军的恐慌，守城的苏军第256步兵师更没有马上组织起有效反击，埃京格尔向温克汇报了战果，温克一边催促后续部队快速跟进，一边向军部汇报。13日一整天，埃京格尔战斗群据守着铁路桥和周边的几座建筑，打退了试图从铁路桥过河的小股苏军的进攻。

10月14日清晨，军部下达命令给第1装甲师："攻占加里宁市并夺取伏尔加河公路桥。"

埃京格尔接到命令，当即叫来3连连长法伊格中尉和几个排长，几个人研究了一番地图，确定了进攻路线，发动装甲车隆隆而去。大约过了1个小时，温克从耳机里听到了埃京格尔少校的呼叫："伏尔加河公路桥完好无损，已被我控制！"

这是德军整个战争期间在伏尔加河上抢到的唯一一座完好无损的公路桥，这座桥梁对于德军在该地区的作战而言具有极其重要甚至是决定性的意义,法伊格中尉由于此役中的出色表现于1941年12月4日获得了骑士铁十字勋章。

天黑后,温克通过无线电报联系上了第6装甲师首席参谋基尔曼斯埃格少校:"加里宁的伏尔加河公路桥经过艰苦战斗后,完好无损地被我们夺取。你在哪里呢?"

基尔曼斯埃格少校首先向他表示祝贺,接着回答道:"伏尔加河大桥价值非凡,一座完好的桥梁更是意义重大。我们也很希望能够赶上来,但是我们现在动不了,因为油料都被调到古德里安那里了,他现在也前进不了,所以我无法判断我们什么时候才能碰面。"

第1装甲师主力陆续赶到了加里宁,但守军并没有弃城而去,苏军第256步兵师又和德军在城内巷战了2天,一直到17日德国人才最终占领了全城。温克把师部安置在加里宁西北方的一座学校内,作为中央集团军群的北翼掩护,第1装甲师无法投入向莫斯科的直接攻击。为了抵御苏军第256步兵师、第46摩托化团和第8坦克旅的反击,该师还得向加里宁西北方的托尔若克(Torzhok)发起进攻。值得一提的是,指挥苏军进行反击的是西北方面军参谋长尼古拉·费奥多洛维奇·瓦杜丁(Nicolay Fiadorovish Vatutin)中将,也是苏德战场上一颗冉冉升起的将星。交战双方在加里宁和托尔若克之间来回拉锯,刚刚立下赫赫功勋的埃京格尔少校再次奉命率队向托尔若克出击。历经多场恶战的他这次好运不再,他的装甲指挥车被1辆隐蔽良好的T-34坦克击毁,埃京格尔伤重不治。毫无疑问,他的死对于第1装甲师而言是无法弥补的巨大损失,士气受挫的第1装甲师暂时停止了进攻。温克对埃京格尔的阵亡感到痛惜不已,以师部的名义为他申请了银橡叶骑士铁十字勋章(1941年12月31日补发,第48位获得者)。

在冬季真正来临之前,苏联秋雨季节引起的道路泥泞问题终于越来越明显地发挥出它的威力,绝大部分道路都变得难以通行,德军官兵把这种状况戏称为"泥泞将军",暗喻这是另外一个强大的对手。德军轮式车辆和马车都陷在泥泞中难以动弹，只能靠人力把它们拖出来，只有履带车辆还能挣扎前进，为此德国人到处去砍树铺路，而且制作了大量垫木交给司机和摩托车手带在身边。

现在加里宁成了德军中央集团军群战线东北方向的一个顶点，苏军加里宁方面军（10月17日成立）以10个步兵师、1个摩托化步兵师、2个坦克旅的兵力，不但建立起了稳固的防线，还不断向德军发起反击。10月18日，苏军第29集团军（第174、252、243、246步兵师和第46骑兵师）向第1装甲师施加了强大压力，前一天刚刚到手的阵地被苏军夺回去大半，海德布朗德上校的第1步兵旅被迫放弃了特维尔察河位于梅德诺耶的公路桥和斯洛博德卡（Slobodka）附近的铁路桥，退守加里宁市西北郊。除此以外，从托尔若克南下的苏军还渡过了伏尔加河，试图切断斯塔里察和罗德尼亚（Rodnya）地区的道路，彻底断绝第1装甲师通往加里宁的补给线。在里希特霍芬上将的第8航空军全力支援下，第41摩托化军动用了最后的预备队，才将苏军赶过河去，确保了加里宁地区德军的后路安全。

到10月24日，德军第9集团军和第41摩托化军的进攻陷入停滞状态。到10月底，整个中央集团军群的攻势差不多都停了下来，各部距离莫斯科还有约50公里。除了苏军的抵抗，随着时间的推移，德军的补给线拉得太长，各类问题日益严重，而且情况还在继续恶化，例如冬衣供应严重不足的问题早在10月初就已经显现出来，但是到现在一线的官兵们依然无法得到充足的冬衣供应，部队只能在越来越冷的天气下坚持作战。由于雨雪导致的道路泥泞，令机械化部队和炮兵几乎难以通行，连马车都走不了的路，只有步兵还勉强可以前进，但是缺少炮火的掩护和粮食补给，步兵师无法有所作为。一线的装甲部队什么都缺，几乎失去了机动能力，能够守住现有阵地已经算不错的表现了。

到目前为止，第1装甲师的官兵连续作战长达3个多星期，他们中的绝大多数人已经筋疲力尽，部队战斗伤亡和非战斗减员都很严重，恶劣天气导致的病患数量也在急剧增加。老师长基希纳中将来到第1装甲师师部，他告诉温克，他在军部的时候对第1装甲师在加里宁的艰苦作战已经有所了解，但现状看上去更为糟糕。前几天维亚济马（Vyazma）和布良斯克（Bryansk）包围圈的大胜反而加重了德军本就脆弱的后勤系统的负担，几十万名俘虏每天的消耗不说，除了要抽调大量兵力来看守和运输，向西行进的一眼望不到头的俘虏队伍对道路的占用也是个麻烦事情。现在的德军后勤系统有点像强壮的大汉一下子吃得太多，有点消化不良的样子，而这个大汉还要忙着跟人搏斗，没有时间让他去慢慢消化，于是各个系统的运转都出现了问题。温克向老师长表示，从10月20日开始的降温已经严重削弱了第1装甲师这样的精锐重装部队的实力，如果后勤状况得不到改善的话，部队难以再次投入大规模进攻，只能坚守既有阵地。

10月29日，苏军第29集团军和第31集团军所部对加里宁桥头堡再度发起猛攻，从加里宁的西北到东南，依次是第129步兵师、第1装甲师、第900摩托化教导旅（配属第36摩托化步兵师）和第36摩托化步兵师，而第1装甲师承担了加里宁桥头堡弧形防御圈的主要压力。苏军的炮弹甚至封锁了加里宁机场，驻扎在机场上的第52战斗机联队1大队和2大队2天内就被炮火击毁了25架战斗机，紧急转场的运输机也被击毁击伤多架。驻守加里宁市的第1装甲师和第900摩托化教导旅在伏尔加河北岸和东岸掘壕固守，掩护着铁路桥和公路桥，击退了苏军多次进攻。

为了应对补给短缺和部队大量减员的窘境，温克对全师各部队进行了重新编组——步兵营缩编后人员集中到3—4连；侦察营和摩托车营合并保持机动能力；全师的装甲车辆集中使用编为1个机械化步兵加强连，和坦克部队合并后由师部集中指挥，作为全师的机动预备队投入最需要的地方；第73炮兵团和配属的几个炮兵营集中在伏尔加河南岸的城区，为加里宁市周边弧形防线上的德军各部提供火力支援，压制苏军炮火。在温克的谋划下，第1装甲师的阵地始终没有被苏军突破，克吕格尔中将对温克和参谋人员做的几个紧急情况下的预案赞不绝口。温克一直在用他那特有的幽默文字给坚守阵地的各部送去信心和鼓励，并且在战况危急的时刻还会及时送去炮火支援和装甲预备队，军官们也不断地鼓励着战壕中的步枪手和机枪手："坚持住！我们就快恢复进攻了！"

11月初，第1装甲师部分单位从弧形防线上撤了下来。根据第1装甲师11月2日的第67号命令，他们的战线将由第161步兵师接替，换防工作在2天内完成。在大量减员以及补充匮乏的情况下，已经被严重削弱的第1装甲师需要进行休整整编，补充人员装备，优化部队组合，通过这些方式尽可能地维持原有战斗力。到11月中旬，加里宁前线基本稳定，苏军也没有发动大规模进攻，主要通过大炮和喀秋莎火箭炮显示自身的存在，顺带给德国人找点麻烦。11月10日，第1装甲师最后的一些作战单位也从前线撤出。至此，第41摩托化军下属的装甲师和摩托化步兵师共同在加里宁桥头堡坚守了近1个月，付出了惨重代价。此后第1装甲师将被调到新战区，按照原定计划，他们还将继续参与对莫斯科的最后总攻。

随着11月6日夜间霜冻的来临，俄罗斯的严冬（此时的温度还不算很低）真正降临了，用德国人的话说，这是"温和而又颇受欢迎的霜冻"。泥泞的道路冻结后倒是改善了德军的后勤运输，汽车轮子又能运转自如，吃的喝的穿的用的再加上慰问品和信件再次被运了上来。部队的状况在改善，德军的信心开始恢复，于是恶魔向德国人发出了诱惑却又致命的召唤："来吧，莫斯科就在眼前了，再伸伸手就够着了……"

就在德军感谢老天爷赐予他们霜冻的11月7日那天，斯大林却在莫斯科红场检阅了他的部队，做了一生中最重要的一次演讲："……今天，在伟大列宁的红色旗帜指引下，布尔什维克依然能够领导千千万万不屈的人民和红军，挡住希特勒和他的纳粹德国战争机器……"

11月13日，德国陆军总参谋长弗朗茨·哈尔德（Franz Halder）大将飞抵第聂伯河畔的奥尔沙（Orsha），召集东线的3个集团军群及集团军参谋长开会，经过激烈争论后，通过了对莫斯科发动最后进攻的计划，决心将"最后一个营"都投入战斗。

11月15日，博克元帅的中央集团军群对莫斯科的第二阶段进攻开始了，数百公里的战线上战火重燃，通往莫斯科的最后几十公里路程，要用无数鲜血和生命来丈量。虽然现有资料说当时莫斯科地区11月中旬到12月初的温度没有传说中那么低，但至少在西北160多公里外的加里宁地区，根据德军的记录温度下降得很厉害，尤其是12月初，温度更是降到了零下30℃。对霜冻的到来兴高采烈了没几天，德军就遭遇到前所未有的困难，车辆装备在低温下纷纷"失灵"，空军也不见了，前线士兵很难得到热餐供应。更关键的是由于冬装没能及时到位，德军官兵只能把所有能找到的布片都穿到了身上。在这样的温度下，士兵们几乎无法坚持下去，部队的战斗力急剧下降到非常可怕的地步，然而进攻仍要继续，开弓没有回头箭。

11月16日，基希纳中将调离第41摩托化军，转任第57摩托化军军长，接手第41摩托化军的是著名的瓦尔特·莫德尔（Walter Model）装甲兵上将。基希纳中将从1935年第1装甲师组建之日起就一直在这个部队服务，对于这个师的许多老兵来说，他是战友、是上级、也是亲人，第1装甲师战史作者鲁尔夫·施特弗斯这样写道："（基希纳）将军对于第1装甲师而言，不仅仅是师长和优秀的指挥官，他更是部队的父亲！"

11月18日，第1装甲师向南转移，师主力在洛托希诺（Lotoshino）地区集结，待命出击。运动中的第1装甲师从苏军第17骑兵师和第126骑兵师的结合部突入，并死死咬住苏军第8坦克旅的左翼，为友军部队的进攻创造了更好的条件。费迪南德·沙尔（曾任第1装甲师第1装甲旅旅长）装甲兵上将的第56摩托化军（辖第6、7装甲师）的目标是克林（Klin），在第4装甲集群所属的第2装甲师、第14摩托化步兵师和第35、106步兵师配合下，压得康斯坦丁·罗科索夫斯基（Konstantin Rokossovsky）中将的第16集团军步步后撤。扯开苏军防线上的空当后，再从苏军第30集团军和第16集团军的结合部冲了进去，直扑克林和索尔涅奇诺戈尔斯克（Solnechnogorsk）。在之前的17

日，苏军第44骑兵师在洛托希诺以东的穆西诺（Musino）附近发起反攻，德军第106步兵师240团在第107炮兵团的支援下，以零伤亡的代价在防御战斗中击溃了苏军2000多人马。

11月24日，当第56摩托化军第7装甲师夺取克林，并且转向东面继续朝德米特罗夫（Dmitrov）和亚赫罗马（Yakhroma）前进的时候，第1装甲师得到了将于第二天投入进攻的命令。他们将通过第6装甲师占据的阵地，越过别雷拉斯特（Belyy Rast），直扑洛布尼亚（Lobnya）北面的莫斯科—伏尔加运河渡口，尝试从莫斯科正北方突入城内。

恶劣的气候和道路依然是德军部队遇到的严重问题，尤其对于通信部队和后勤部队而言，他们的工作更加艰难。实力虚弱的第1装甲师虽然解救了被围的第23步兵师一部，但推进速度极度缓慢。官兵没有毛皮外套、没有毡靴、没有毛皮帽、没有厚手套，甚至缺少厚袜子和裹脚布，在这样的情况下要穿越被冰雪覆盖的田野和森林是极其痛苦的，更何况部队要在零下20℃—30℃的野外过夜。11月30日温克听说有一批冬装终于送到，但后勤参谋冯·伯拉图上尉告诉他，冬装的数量少到每个步兵班最多分到1件军大衣，如此残酷的现实让一向幽默乐观的温克都不知道说什么好了。

12月1日，德军第3装甲集群从北面对莫斯科发动的进攻依然进展缓慢，要达到决定性效果完全是一种不切实际的空想。苏军的抵抗英勇而坚决，前赴后继的有莫斯科的工人，有集体农庄的农民，还有从远东刚刚调来的生力军，他们用生命阻止了德军前进的脚步，他们的身后是莫斯科，他们已经无路可退。面对如此顽强的对手，德军即便付出惨重代价也无法继续前进。

12月4日23点15分，在已经对进攻完全失去信心，部队状况岌岌可危的情况下，第3装甲集群指挥官莱因哈特上将只能无奈地下达停止进攻的命令，德军对莫斯科的进攻彻底失败了。突出在第3装甲集群最前方的第1装甲师停留在莫斯科北面30公里处的库萨耶沃（Kusayevo），寒风中一切仿佛都冻住了，枪炮车辆甚至是人的思维。一些年轻的士兵蜷缩在雪坑中哭泣或呕吐，寒冷会导致胃疼挛，在把胆汁都吐出去后，浑身乏力的士兵连转动眼珠的力气都没有了，能够找一个暖和地方睡个安稳觉是多么奢侈的事情啊！

12月5日清晨，在灰暗的晨光和茫茫雪雾中，莫斯科城下苏军的大反攻开始。一阵阵排炮打得惊天动地，德国人的望远镜、炮队镜和火炮瞄准镜等由于缺乏冬季养护成了"睁眼瞎"，穿着白色伪装服的苏军战士和坦克在雪地里冲到目视距离内才会被发现，这时候人人都已经能听见那排山倒海般的"乌拉"声了。苏军第1突击集团军在亚赫罗马地区的进攻颇具威胁，但他们的攻击正好一头撞上第1、6、7装甲师的防线，3个德军装甲师虽然攻击能力被严重削弱，但自保有余，战斗进行了一天，德国人仍旧牢牢地坚守着阵地。在打退了苏军的攻击之后，更为惊人的消息传来——苏军兵力强大的第30集团军在德米特里·列柳申科（Dmitriy D.Lelyushenko）少将的指挥下，对兵力薄弱的第56摩托化军北翼施加了强大压力，第14和第36摩托化步兵师正被压得向克林方向退却。仅仅在2周前的战斗中，列柳申科少将由于及时躲在被击毁的坦克底部才没有被德军俘虏，现在他来一雪前耻。第二天，听说罗加切沃（Rogachevo）要守不住后，第1装甲师师长克吕格尔中将对他的传令官说道："我们撤回去，命令部队向后转！"温克中校奉命前往军部，在那里他将得到进一步的命令。

由于德军根本没有做好防御乃至撤退的准备，当初冲在最前面的第1装甲师的撤退之路也最为艰苦。温克在第6装甲师师部和第41摩托化军参谋长汉斯·勒廷格上校面谈后，获悉第1装甲师将于12月7日8点30分归属第56摩托化军指挥。他立刻赶往第56摩托化军军部听取战况说明，得到的命令是第1装甲师必须撤到克林并坚守这座城市，为其他部队的后撤争取时间。

12月7日中午，已经冲到大夏波沃（Bolshoye Shchapovo）的苏军突击部队出现在第56摩托化军军部面前，包括沙尔装甲兵上将在内的每个人都端起枪向着苏军射击，军部卫队的3辆装甲车、几门20毫米自行高炮和2门反坦克炮不停地开火，总算暂时打退了苏军。天黑后，韦斯特豪芬上校率第1步兵团的先头部队抵达大夏波沃,午夜过后第1步兵团2营也从别雷拉斯特赶到了。

12月8日清晨,苏军坦克在炮兵支援下掩护2个团的步兵从北部和南部绕过了大夏波沃,准备直扑西南方6公里处的克林城。韦斯特豪芬上校率部在村北阻击苏军,已经分身乏术,眼看村南的苏军就要达成突破,一支德军坦克部队突然出现,给予苏军暴露的侧翼重重一击。原来第7装甲师第25装甲团的坦克在关键时刻赶到战场,重创了从南路进攻的苏军后,掩护大夏波沃村内的德军撤往克林。

此时的克林可谓风雨飘摇,第14和第36摩托化步兵师之间的结合部已经被苏军突击部队击穿,大批苏军正在向德军防线纵深涌来,克林以北的公路即将被苏军切断。到中午时分,坏消息接二连三传来,先是斯帕斯-扎乌洛克(Spas-Zaulok)丢了,接着亚穆加(Yamuga)也被苏军夺回,他们距离克林北部也就10公里的样子了。如果苏军越过克林西北继续向纵深穿插,第3装甲集群的大量部队会被切断后路。由于缺乏燃料,第1装甲师的许多单位无法及时后撤,一直到中午在得到第41摩托化军分派的1个燃料运输车队后,他们才恢复了机动能力。克林的局势越来越紧急,然而第1装甲师必须继续坚守这个重要的交通枢纽,以掩护克林以东的第6装甲师、第7装甲师、第14摩托化步兵师和第5步兵军的一些部队安全撤回,昔日锐利的进攻矛头而今不得不担负起防御支柱的重任。第1装甲师有越来越多的部队撤到了克林,第37工兵营守住了克林北郊的麦丹诺沃(Maydanovo),暂时稳定了局势。

为了确保该地区的防御,莱因哈特将军必须整合该地区的德军力量,置于统一指挥之下。12月9日,第1装甲师全面接管克林地区的防御重任。上午10点30分,维特斯海姆战斗群和第1摩托化步兵营在由鲁尔夫·施特弗斯率领的第1装甲团2营的6辆Ⅲ号坦克掩护下,试图重新攻占亚穆加。虽然打了苏军一个措手不及,由于兵力相差悬殊,在取得一定战果后,德国人不得不撤了回来,追击的苏军被击退。而在克林东南方向,苏军第1突击集团军突破了第23步兵师的防御,与北面的第30集团军一起对克林地区的第3装甲集群形成了南北合围的态势。

情况非常危急，德军将克林地区所有能作战的坦克全部集中起来——包括第1装甲师和第7装甲师的全部坦克（大约有30辆）、第2装甲师的1个装甲连、第5装甲师的25辆坦克，全部交给第7装甲师第25装甲团团长爱德华·豪泽（Eduard Hauser）上校统一指挥，组成豪泽战斗群。12月12日，豪泽战斗群向克林东南方出击，成功地打退了苏军第1突击集团军的进攻，将散落在德米特洛夫至索尔涅奇诺戈尔斯克之间的德军各单位带了出来，掩护他们撤向克林。当天的气温回升到零度左右，在"温暖无比"的阳光照耀下，德军的撤退行动非常顺利，数以千计的伤员、各种大大小小的非作战单位都通过燃烧着熊熊烈火的克林向西撤退，作战单位则被填补到周边的防线上，抵御着越来越近的俄国人。

12月13日，苏军对第1装甲师在克林西北部的防线发动了极其猛烈的进攻。他们直接威胁到了第3装甲集群从克林到涅克拉西诺（Nekrasino）的后撤路线，严峻的战局预示着克林的陷落几乎近在咫尺，不可避免。战况在瞬息万变，克吕格尔师长也很清楚，此刻通往涅克拉西诺的公路附近已经出现了强大的苏军部队，他们随时会切断这条公路，但这条公路只要还在德军手里，就能维持部队最起码的机动和作战能力。为了确保大量伤员安全转移，温克制订了新的作战计划，第1装甲师的机动部队数次主动出击，将威胁到公路安全和畅通的苏军部队击退。同12日的风和日丽相比，13日起温度又急剧下降了20度左右，"冬将军"再次发威，给交战双方都带来不小麻烦。相比作战单位的井然有序，各部队的后勤单位则军纪崩溃混乱不堪，第56摩托化军军长费迪南德·沙尔装甲兵上将日后在个人回忆录中叹息不已："军纪开始开始崩溃……后勤车队疯狂向后逃窜……后勤单位惊慌失措，而之前他们早习惯于高歌猛进……这是装甲集群有史以来最艰难的时刻。"

越来越多的部队撤了出去，但大量车辆和装备只能被放弃了，莱因哈特将军曾亲自给温克打电话说道："温克，即便装备都损失了，你至少得把人都给我带出来!"

12月14日早晨5点,第1装甲师下达了第82号师部命令,对各单位的突围秩序和作战任务做了严格规定,全师将撤退到拉马(Lama)河与亚乌扎(Yauza)河之间的防线上。值得一提的是,当天下午1点,苏军第1突击集团军第29步兵旅派出3位军使,向豪泽上校递交了苏军的最后通牒,要求守军投降,1个小时后豪泽以书面形式答复拒绝投降。这是苏德战场上苏军首次以胜利者的姿态要求德军投降,日后这样的场面将屡见不鲜。

德军最后的撤退行动有惊无险,由于苏军一直在西边的公路上活动,温克干脆设计了一个声东击西的突围策略。他建议豪泽上校先派1个战斗群向克林北方攻击,将苏军注意力吸引过去后再突然折向西面,然后再向南直奔,向在公路干线附近的苏军冲去……行动展开后,苏军当即北上迎战,德军且战且退,将苏军从公路附近引开。16点30分,克林城里的第1装甲师以第1摩托化步兵营开道,从城内向西杀出,德军坦克、突击炮和装甲车在公路两侧掩护,大量伤员搭乘汽车跟随在装甲运兵车后向涅克拉西诺驶去,更多的人则跟着车队徒步行军。

12月15日7点左右,第1装甲师所有单位成功撤退到涅克拉西诺地区由第2装甲师负责的防线上,该师在温克的周密策划下,带出了所有的伤员和绝大部分装备。10点15分,第3装甲集群的绝大多数部队已全部撤退到涅克拉西诺附近,留在克林地区的仅有少量后卫部队。当晚21点,最后一支德军部队撤出了克林,留下遍地的废墟和深埋在雪地中的车辆、大炮和坦克,还有无数冻僵的尸体。德军从未离苏联首都莫斯科这么近过,也再未离莫斯科那么近过。

温克完成撤退重任后总算缓了口气,向军部报告:"7点,全师撤退成功。"

在艰苦的撤退和防御作战期间,第1装甲师的后勤参谋冯·伯拉图上尉和师部后勤部队指挥官布朗少校表现优异,协助温克做了大量工作,在他们的共同努力下第1装甲师的后勤得到了基本保障。他们想尽一切办法,动用了一切可能,维持部队的油料、弹药以及其他后勤补给的供应,确保一线部队的战斗力。

这是德国人自战争爆发以来的首次大规模撤退，而且发生在被对手紧紧追逼的情况下。曾经不可一世的德军丢盔弃甲地逃跑，这让苏军兴奋不已。可以这么说，此时的德军还不适应在对手步步紧逼下组织大部队撤退（因为他们从来没有学过如何边打边撤）的节奏，而苏军同样尚未习惯追杀逃跑的敌人。于是战场上总是能见到这样的画面——德军在撤退的时候，不同部队之间，以往都很成功的协同作战此时已经不复存在，摩托化部队在复杂地形上一旦受到冲击就和死鱼一样，人员要么丢掉车辆和装备乱跑一通，要么就和苏军展开近距离作战，技术和装备优势根本发挥不出来；而苏军在进攻时，也并不怎么规范有序——炮兵精确射击能力差（以面积射击为主，浪费炮弹）、步炮协同差（炮兵停止射击后，步兵还没跃出战壕），习惯于以小群坦克掩护步兵冲锋（遇到严阵以待的反坦克炮群或者德军装甲部队侧击很容易被消灭）。最令人难以理解的是苏军总是从正面攻击那些严阵以待的德军阵地和支撑点，往往造成巨大伤亡还无法突破——随着战争的进行，苏军逐渐解决了上述的问题。

12月16日，在涅克拉西诺完成集结后，第1装甲师又撤到西边10多公里外的格鲁西诺—斯捷潘采沃（Glukhino-Stepanzewo）地区。这里是亚乌扎河畔的几个小村子，从第1装甲师在莫斯科城下的阵地算起，已经撤退了100公里。在这里，已经精疲力竭的官兵总算可以暂时休整一下，但是留给他们舔伤口的时间并不多，很快第1装甲师又将再次后撤。在苏军迅猛的冬季大反攻下，中央集团军群全线陷入苦战和撤退，几乎没有喘息的机会。即便在这样的危急时刻，温克也没有失去他一贯的幽默和乐观，他在和第41摩托化军首席参谋（Ia）冯·诺斯提茨（von Nostitz）少校的无线电报通话中这样说道："首先跳到了瓦西里克瓦—沃斯维希科耶（Wasilkowa-Wosdwischnkoje），接着继续跳回来……再跳回来……抬头！查理！我们突出来了！"随后，第1装甲师重新回到了第41摩托化军的序列。

瓦尔特·冯·布劳希奇（1881.10.4~1948.10.18）元帅，1938~1941年任德国陆军总司令。1941年莫斯科战役后被解除职务，转入预备役，有人认为他被希特勒选为陆军总司令的原因在于懦弱服从，不会跟希特勒据理力争。战后他以证人身份在纽伦堡大审判出庭作证，中途因病去世。

直到12月17日，中央集团军群才给从莫斯科战区撤退下来的众多部队下达了明确的撤退目标和区域，第1装甲师随即前往第3装甲集群的指定驻扎地区休整。12月18日，中央集团军群指挥官博克元帅因病去职。12月19日，德军陆军总司令布劳希奇元帅被解职，希特勒亲自担任陆军总司令，彻底拿过了军队的指挥权。随后，第2装甲集群司令古德里安大将和第4装甲集群司令赫普纳大将也都被解职。希特勒禁止部队继续后撤的命令从某种意义上说的确挽救了东线的局势，中央集团军群各部原先的撤退命令被取消了，而此时苏军的反攻仍在继续，恶仕接二连三而来。

从1941年到1942年的残酷冬天里，在苏军的猛烈打击下，德军只能苦苦支撑着。由于瑟乔夫卡—勒热夫地区的局势非常危急，苏军加里宁方面军对阿道夫·施特劳斯（Adolf Strauss）大将的第9集团军形成了半包围的态势，同时严重威胁到第3装甲集团军（1942年1月1日第3装甲集群升级为装甲集团军，其他的3个装甲集群差不多同时都升级了）的后勤补给线。按照苏军的作战计划，南北对进的西方方面军和加里宁方面军将在维亚济马会师，一口吞掉德军中央集团军群的70%以上的兵力。

1942年1月12日，第1装甲师调归第9集团军指挥，同日苏军第39集团军的先头部队出现在瑟乔夫卡火车站，几乎就到了德军第9集团军前进指挥部的大门口。当时第1装甲师师长克吕格尔中将、首席参谋温克中校、第113步兵团团长冯·维特斯海姆中校、第73炮兵团团长霍尔斯特中校正在集团军指挥部听取战情通报,但集团军指挥官施特劳斯大将和参谋长鲁道夫·霍夫曼(Rudolf Hofmann)上校都不在场。集团军作训处长告诉第1装甲师的军官们,由于集团军指挥官和参谋长同时因为健康原因提出辞职,因此新任指挥官莫德尔装甲兵上将和参谋长汉斯·克雷布斯(Hans Krebs)上校即将到任。听到莫德尔的名字,在场诸公都惊讶万分,要知道他3个月前还是第3装甲师的中将师长,这升迁的速度不是一般的快。

经过2天的战斗,第1装甲师肃清了瑟乔夫卡地区的苏军前锋。18日,从元首大本营回到前线的莫德尔召见了克吕格尔和温克,要求第1装甲师保护勒热夫—瑟乔夫卡—维亚济马的铁路线畅通,同时还要主动出击,在党卫军第2帝国师的协同下封闭苏军在勒热夫以西索洛米诺(Solomino)附近的突破口——10天前德军封闭突破口的行动没能成功。于是,温克将没有坦克可用的装甲兵编成滑雪连去保护铁路线,2个步兵团则投入封闭突破口的战斗。也许是莫德尔的上任带来了好运,1月23日12点45分,苏军的突破口被封闭,被隔断在突破口两端的德军第23军和第6军会师了。

1月27日,根据莫德尔的命令,海因里希·冯·菲廷霍夫-谢尔(Heinrich von Vietinghoff-Scheel)装甲兵上将的第46摩托化军接管了瑟乔夫卡地区所有德军野战部队的指挥权。从28日起,德军将对被切断在奥苏加(Osuga)—奥列尼诺(Olenino)地区的苏军发起进攻,被切断退路的苏军第29集团军、第39集团军以及第11骑兵军将为自己的生存展开殊死搏斗。被积雪覆盖的森林和原野成了屠杀场,由几十栋木屋组成的小村成了坚不可摧的要塞,战火和硝烟将冰原再次变成了地狱。

2月4日,就在第1装甲师维特斯海姆战斗群和第23军的党卫军策恩德尔战斗群在切尔托利诺(Chertolino)以北会师,将苏军9个师彻底包围的时刻,温克中校接到了回到柏林的调令。他将担任柏林军事学院参谋军官培训班的战术教官,将他积累的丰富作战指挥经验传授给未来的参谋军官们。在此之前柏林方面征询部队意见的时候,师长克吕格尔中将和第41摩托化军参谋长勒廷格上校都在评语中高度赞扬了温克的作战指挥和参谋协调能力，以及他优秀的个人品质。温克将要离开他服役了将近3年的第1装甲师时，战友们的依恋之情溢于言表。在"一个图林根装甲师的回忆记录"系列书籍（图林根装甲师指的就是第1装甲师）的《我们的装甲师在东线》这一册中，对于温克中校在第1装甲师的表现做了高度评论："在瑟乔夫卡，长时间担任我们（师）首席参谋Ⅰa，和我们从西线到东线一同经历了胜利和艰苦卓绝战斗的温克中校将要离开我们了。他为我们的图林根装甲师做出了巨大贡献，我们每一位士兵都很熟悉并且绝对信任这位优秀的参谋指挥军官'敬爱的温克大哥'……他的离去是我们部队的巨大损失。虽然他将在更加重要的参谋指挥岗位上承担更加重要的责任，但是我们的离别悲伤之情依然难以抑制。我们在波兰、法国和东线大进军的光辉胜利中将永远记录下他的名字。"

1941年9月21日—26日，第1装甲师被分批运往中央集团军群作战区域。图为9月26日第1装甲团的坦克搭乘火车抵达维捷布斯克。

第1装甲师各部抵达维捷布斯克后，部队进行了短暂休整。图为9月27日当地女孩提着一篮子鸡蛋来到车站同炮兵们交换物品，火车上运送的150毫米s.IG.33自行重步兵炮还未卸车。

一番苦战后，德军装甲部队攻占了一处城镇，下一个目标还在前面。由于战争初期苏军指挥混乱和部队表现糟糕，德军势如破竹。虽然苏军顽强地阻止德军的推进，但是在缺乏有效指挥和合理战术运用的情况下，阻击战往往只能以饮恨告终。

尽管苏军不停地炸桥迟滞德军的前进，但德军还是想尽办法快速渡河。苏联空军在战争初期集中所有的在德军闪击中幸存的飞机，执行了诸多针对道路和桥梁的破坏任务。但德军工兵的效率显然不低，而且装甲车辆也能在浅水区涉水渡河。

德军入侵苏联后，在广袤的白俄罗斯、乌克兰以及俄罗斯大地上，无数的村镇和城市在燃烧，战火所到之处生灵涂炭，民众为了生存苦苦挣扎。

1辆德军三轮摩托冲入一座彻底沦为废墟的城镇内，驾驶员还叼着根烟，在节节胜利之时德军的嚣张气焰不可一世。

1941年10月14日，加里宁市内被第113步兵团1营3连连长格奥尔格·法伊格中尉率部夺取的伏尔加河公路桥。这是德军整个战争期间在伏尔加河上抢到的唯一一座完好无损的公路桥，它对于德军在该地区的作战具有极其重要甚至是决定性的意义。法伊格中尉由于此役中的出色表现于1941年12月4日获得了骑士铁十字勋章。

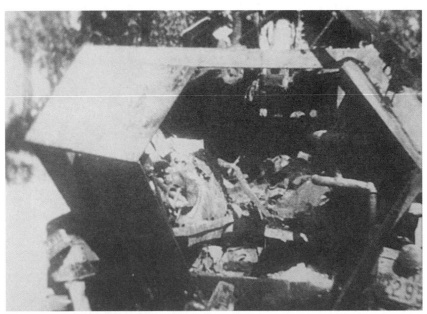

1941年10月17日，第113步兵团1营营长约瑟芬-弗朗茨·埃京格尔少校率部向加里宁西北方的托尔若克出击。历经多场恶战的他这次好运不再，他的装甲指挥车被1辆隐蔽良好的苏军T-34坦克（也有说是KV-1）击毁，埃京格尔伤重不治。毫无疑问，他的死对于第1装甲师而言是无法弥补的巨大损失，图为他搭乘的装甲指挥车残骸。

埃京格尔少校阵亡后,同其他阵亡的德军官兵一起被埋葬在加里宁市内的教堂墓地,左上角的小照片是埃京格尔少校以及他的墓碑。

1941年12月5日清晨,在灰暗的晨光和茫茫雪雾中,莫斯科城下苏军的大反攻开始了。身着全套冬季装备的苏军官兵,在莫斯科城下将德国人打得落花流水,自战争爆发以后德军首尝败绩。

1941年12月8日,第1装甲团2营的6辆Ⅲ号坦克在鲁尔夫·施特弗斯率领下,试图重新攻占克林以北的亚穆加。

冰天雪地以及恶劣的道路交通使后勤运输工作变得异常困难。苏联的道路按照德国标准而言只能属于非常粗糙的"乡间小道",对于部队的通行和后勤补给而言都是一种折磨,而恶劣的天气更使整个问题雪上加霜。

1941年12月8日,第1装甲师有越来越多的部队撤到了克林,第37工兵营守住了克林北郊的麦丹诺沃,暂时稳定了局势。图为该营的1辆安装有火箭发射器的Sd.Kfz. 251/1型半履带装甲车,站在车上的是桑德尔中尉。

第1装甲师丢弃在莫斯科—伏尔加运河渡口附近阵地上的1门榴弹炮，气温降至零下38℃，德军从莫斯科城下全线后撤。

1942年1月，由于坦克数量不足，在瑟乔夫卡地区的德军第1装甲团1营2连开始装备缴获的苏制KV-1重型坦克。

苏军士兵正在检查克林城外的公路上德军撤退时丢弃的车辆装备。莫斯科战役期间，在克林外围的战斗中德军和苏军都投入了大量部队，苏军的反攻甚至直接击打在德军第56摩托化军的军部身上，图中的车辆残骸就属于该军军部，这里的战斗对德军第3装甲集群乃至中央集团军群的左翼具有至关重要的影响。在温克的巧妙调度下，德军最终成功逃离了苏军的包围圈。

苏军红军高级将领中的头号帅哥——在莫斯科战役期间任第16集团军司令员的康斯坦丁·罗科索夫斯基少将（右二），与来自西伯利亚的第78步兵师师部的指挥人员在一起。照片摄于1941年12月苏军反攻胜利之后，位于沃洛科拉姆斯克高速公路边的树林里。

七

初为人师
总参谋部军官培训班

1939年9月1日二战爆发的时候，德国陆军总计有824个参谋岗位，而对应的总参谋部军官数量则只有811名，其中303人还在军事院校学习，并没有进入一线部队。显而易见，德国陆军对于参谋军官的需求是非常急迫的。为了充实参谋岗位，德军不得不抽调一批还未完成学习的军校学员下部队，不过这批参谋军官未能完成培训终究是个隐患。即便如此，德军依然没有足够的参谋军官储备来弥补由于各种损失引起的专业人员短缺问题。在波兰战役结束后，经过重新整编和扩充的德国陆军所需要的参谋军官数量达到了844人。为了解决参谋军官的短缺问题，陆军总参谋长哈尔德炮兵上将决定开办参谋军官培训班，培训时间为期8周。第一期培训班于1940年1月15日—4月6日在德累斯顿的军事学院举行，60名军官参加了培训班，培训班指挥部由2名军官组成，教官队则有4名军官。

1939年12月7日，哈尔德下达的培训指导中确立的培训内容是：首要的培训是步兵师的指挥参谋作业和命令拟定颁布等；加入装甲部队相关的参谋作业内容。重点培训内容是：战壕堡垒以及固定防线作战，和空军协同进行侦察以及作战；战术任务，通过战术操作来控制作战效果。具有重要价值的科目是：通信部队参与下进行的师级指挥部参谋作业。

根据德军原定计划，在第一期培训班结束后紧接着将要开始第二期——1940年4月7日—6月14日，总计将有46名军官参加这次培训班，其中包括2名来自武装党卫军部队的"旁听生"——由于西线战事第二期培训班延期了。随着德国陆军继续整编和扩充，参谋军官的需求量直线上升，到1940年秋季这个数字达到了1117名。因此德军需要继续举办培训班，而且规模要扩大。接下来的培训班将在柏林军事学院举行，培训班指挥官是赫尔曼·弗奇（Hermann Foertsch）上校。第三期培训班于1940年10月14日—1941年1月5日举行，总计99名军官参加。第四期则在1941年1月6日—3月15日，108名军官参加。通过后两期培训班，德国陆军的参谋数量总算基本满足了部队需求，并且还有大约30名参谋军官作为储备力量。在这种情况下，参谋军官培训班暂停举办。

随着东线开战，德军在1941年到1942年这个残酷的冬天遭受到了巨大损失，参谋军官数量也随之下降，陆军参谋军官数量不足再次成为一个严重问题。经过计算确定，陆军至少需要补充大约200名参谋军官。有鉴于此，陆军总参谋部于1942年1月初决定分两批培训总计100名年轻的参谋军官。1941年12月15日，陆军总参谋部下令12月底完成培训班所有相关准备工作。培训班指挥官由曾任第9集团军参谋长的库尔特·维克曼（Kurt Weckmann）少将担任，他由于在战斗中负伤而无法重返前线，维克曼少将于1943年3月成为柏林军事学院院长。培训班的战术教官则直接从前线部队抽调优秀的参谋军官担任，名单如下。

温克中校：第1装甲师首席参谋Ⅰa。

拉格勒少校：第76步兵师首席参谋Ⅰa。

冯·博宁少校：第17装甲师首席参谋Ⅰa。他后来还将在陆军总参谋部和温克一同工作，并且由于违抗希特勒的命令而被逮捕，关于他的故事后文还将提及。

施达茨少校：第294步兵师首席参谋Ⅰa。

1942年3月2日，德军第5期参谋军官培训班正式开始，这期培训班将于5月9日结束。培训班分成4个大教室（A—D），每个大教室相当于1个学员队，4名战术教官每人负责1个大教室。参训军官总计为71人，其中4人是武装党卫军上尉，1名意大利中校。值得一提的是，古德里安大将的儿子海因茨·京特·古德里安（Heinz Günther Guderian）也参加了这次培训。二战期间他只是个普通的装甲部队（第116装甲师）参谋军官，战后加入联邦德国国防军，曾经担任装甲教导旅旅长和北约盟军最高司令部地面部队指挥中心德军代表，1972年以少将军衔退役，2004年9月25日以90岁高龄去世。除了小古德里安，这期培训班中还有至少5人在战后成为联邦德国国防军的将领。同在部队一样，温克作为战术教官很快就赢得学员们的喜爱和信任，他的教学严谨，讲课生动而又不失活泼幽默。已经身经百战的温克在装甲部队的作战指挥方面有着极其丰富的实战经验，将理论和实战经验相结合，这样的教学内容成为学员们巨大的财富。他送给所有学员的毕业赠言是：用"心"和部队在一起。

为期9周的参谋军官培训班基本上达到了培训目的，获得好评的优秀学员有很大一部分马上就被派往东线，补充到那些将要参加1942年夏季攻势的南方集团军群各师师部，担任后勤参谋Ⅰb这个极其重要的岗位。按照惯例，这个职位以前都是由正式的总参谋部军官担任，也就是说起码得受过2年的专业培训。

培训班指挥官维克曼少将高度评价了温克的教学工作，在他的评语中这样写道："优秀的总参谋部军官，出色的战术素养，丰富的实战经验，在装甲部队指挥作战方面尤其突出。他是非常优秀的教官，教室的核心人物……"

他还进一步证明温克已经有能力担任更高一级的参谋职务，完全符合装甲军参谋长的要求。陆军总参谋长哈尔德大将的批注很简单："同意！"

1942年6月1日，温克晋升为上校。同一天，第6期参谋军官培训班也开始了（8月15日结束），这次有60名军官参加，从中走出了3名未来联邦德国国防军的将领。第7期培训班将于8月30日—11月7日之间举行，不过温克没有再给这期学员上课，因为他强烈渴望重新回到一线部队参战，为此他打了好几次申请报告。在他的多次努力下，总参谋部终于给了他满意的答复：温克很快将成为第57装甲军参谋长。

1942年9月24日，由于和希特勒就南方战线的战局判断产生了严重分歧，哈尔德大将不得不离开了陆军总参谋长的岗位。原先还只是中将的库尔特·蔡茨勒被希特勒提升为步兵上将，接替了这个极其重要的职位。

八

重返前线
第57装甲军参谋长

去第57装甲军当参谋长，对温克来说是一件再好不过的事情，因为这个军的指挥官正是原第1装甲师师长基希纳中将，现在已经晋升为装甲兵上将，两个人可是老搭档了。基希纳于1941年11月接任第57摩托化军军长，当时这支部队在中央集团军群的第4集团军序列中参加了进攻莫斯科的战役，1942年1月—3月间该军位于尤赫诺夫（Juchnow）地区，在抵御苏军的冬季大反攻中损失颇大。4月—6月间第57摩托化军撤到后方休整补充，6月21日更名为第57装甲军，随后配属于南方集团军群。到了8月份由于南方集团军群要执行两个方向上的进攻，因此分为A、B两个集团军群，第57装

弗里德里希·基希纳（1885.3.6～1960.4.8）装甲兵上将，宝剑银橡叶骑士铁十字勋章获得者，他刚满14周岁便加入了德国军队，第一次世界大战结束后成为魏玛防卫军的一员。他在第1装甲师组建之日起就一直在这个部队服役：1935年10月15日起担任第1步兵团团长，1938年11月10日任第1步兵旅旅长，1939年11月2日任第1装甲师师长。1941年11月16日调任第57摩托化军（后改称装甲军）军长，直至战争结束，1942年2月1日晋升装甲兵上将。他的腿曾在法国战役时被卡车撞伤，与温克两度搭档，两人感情深厚。

甲军随后被编入冯·克莱斯特大将的第1装甲集团军序列，隶属于李斯特元帅的A集团军群。

1942年的春季之后，德军在苏德战场上的进攻重点已经转向了南方，南乌克兰的良田、东乌克兰的工业区和高加索的石油都是希特勒想要得到的。在轻易粉碎了苏军在哈尔科夫（Kharkov）地区发动的反击后，1942年6月28日德军的夏季攻势开始了，5个德国集团军、2个罗马尼亚集团军、1个意大利集团军和1个匈牙利集团军一同向着苏联南方挺进。上述集团军分属南翼的A集团军群和北翼的B集团军群。

1942年9月3日，温克上校抵达高加索前线，到第57装甲军军部履职。此时该军隶属于里夏德·劳夫（Richard Ruoff）大将指挥的第17集团军，仍在A集团军群编成内。期间下属的主要装甲力量包括第13装甲师、党卫军第5维京摩托

化步兵师以及斯洛伐克快速师。第57装甲军此前参加了对罗斯托夫（Rostov）的进攻并且攻占了这座重要城市，打开了通往高加索地区的大门。随后他们跟着第17集团军继续向高加索纵深挺进，直冲向黑海海岸线。

8月9日，该军的第13装甲师占领迈科普（Maykop），这是德军在高加索地区占领的第一个石油产区。然而这个胜利象征意义远大于实际意义，因为苏军已经及时破坏了该地区的石油工业设施，到处都是熊熊燃烧的大火。德军需要很长时间才能修复或者重建这些设施，恢复生产。曾经充满幻想和期盼的德军再一次陷入深深的失望之中。

8月28日，第57装甲军的党卫军维京师、第198步兵师和斯洛伐克快速师开始向图阿普谢（Tuapse）这个黑海海滨的重要城市发动第一次进攻，在左翼协同他们的是拥有第97和101两个精锐猎兵师的德军第44军。苏德两军在拥有复杂地形的高加索展开了你死我活的殊死搏斗，双方都付出了高昂的伤亡代价。然而，苏军不再像以前那样寸土必争死守不退，德军表面上看在高歌猛进，却始终抓不住对方主力，不要提歼灭，连打垮都做不到。德军在一次次扑空的过程中，占领了相当大的一块地盘，但除此以外一无所获。

温克抵达前线的时候，第57装甲军的友邻部队——第49山地军已经突进到高加索高山区，最精锐的第1和第4山地师已经征服了厄尔布鲁士（Elbrus）山，这是高加索乃至整个俄罗斯最高的山峰。虽然德军2个山地师组织的联合登山队把德国军旗插上俄罗斯最高峰具有巨大的宣传意义，能够让随军记者们多点报料，鼓舞鼓舞军心士气，也让德国百姓们多感受一点德军在前线的"伟大胜利"，但是在军事上这样的胜利几乎没有任何实际意义。即便德军不顾一切地向前冲击，并且也确实在向前推进着，但是依然无法真正击穿苏军的防线。黑海海岸线这个目标在地理上虽然近在眼前，但是实际上却是遥不可及，德军第4山地师第91山地猎兵团停留在距离苏呼米（Sokhumi）只有20公里的地方，由于补给断绝，再也无法前进了。

由于A集团军群无法达成预定作战目标，作为最高司令官的李斯特元帅不

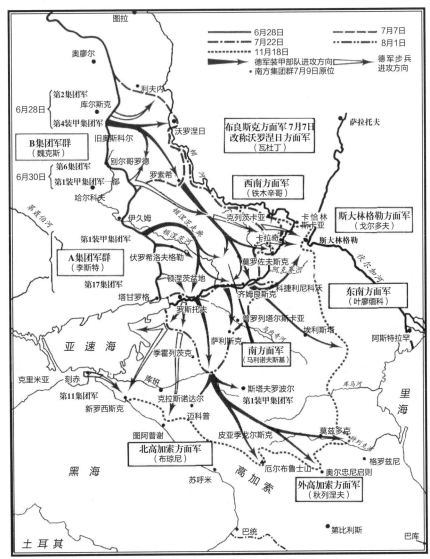

图拉

奥廖尔

利夫内

6月28日

第2集团军
库尔斯克

第4装甲集团军

沃罗涅日

萨拉托夫

布良斯克方面军7月7日
改称沃罗涅日方面军
（瓦杜丁）

旧奥斯科尔

6月28日

| | 6月28日 | | 7月7日 |
| 7月22日 |
11月18日		8月1日
德军装甲部队进攻方向	德军步兵
南方集团群7月9日原位	进攻方向

B集团军群
（魏克斯）

别尔哥罗德

罗索希

第6集团军

6月30日

第1装甲集团军一部

哈尔科夫

伊久姆

克列茨卡亚

卡恰林
斯卡亚

西南方面军
（铁木辛哥）

斯大林格勒方面军
（戈尔多夫）

第1装甲集团军

卡拉奇

斯大林格勒

A集团军群
（李斯特）

伏罗希洛夫格勒

顿涅茨盆地

莫罗佐夫斯克

第17集团军

塔甘罗格

齐姆良斯克

科捷利尼科沃

东南方面军
（叶廖缅科）

罗斯托夫

普罗列塔尔斯卡亚

埃利斯塔

亚 速 海

季霍列茨克

萨利斯克

南方方面军
（马利诺夫斯基）

阿斯特拉罕

克里米亚

刻赤

库班

斯塔夫罗波尔

第1装甲集团军

里 海

第11集团军

新罗西斯克

克拉斯诺达尔

迈科普

莫兹多克

格罗兹尼

皮亚季戈尔斯克

图阿普谢

北高加索方面军
（布琼尼）

厄尔布鲁士山

奥尔忠尼启则

黑 海

苏呼米

高 加 索

外高加索方面军
（秋列涅夫）

巴统

第比利斯

巴库

土 耳 其

1942年6月—11月德军在斯大林格勒和高加索战区的作战态势。

得不承担首要责任，希特勒对他的指挥极度不满。9月7日，他派出最高统帅部作战局局长阿尔弗雷德·约德尔（Alfred Jodl）炮兵上将赶到前线，要弄清楚为什么A集团军群没能及时攻占图阿普谢。约德尔当天就飞回了元首大本营，将前线的实情向希特勒做了汇报——正是因为李斯特元帅忠实地执行了几个星期来希特勒发布的一道道命令，才导致A集团军群陷入目前极度困难的境地——前线部队需要彻底重组，部队太过虚弱，根本无法完成任务。

希特勒大吃一惊，他无法接受事实和真相——他最信任的将领不仅在言辞激烈地反抗他，而且指责他质疑他的战略判断和指挥能力，要他为高加索地区的危机和斯大林格勒城下的困局负责——这一危机和困局也许会造成南线战局的可怕崩溃。

于是希特勒不顾大本营幕僚们的反对，在9月10日解除了李斯特元帅的职务，更在9月24日解除了总参谋长哈尔德大将的职务，事实证明他的顽固为战局的变化带来了最大的厄运。此后德军陆军总司令部，实际上也就是希特勒本人亲自指挥这个集团军群，一直到11月22日由冯·克莱斯特大将接任A集团军群指挥官。希特勒对石油的痴迷，使得他无视德军已经在高加索地区拉得太长的补给线，拒不承认部队的能力已经过度消耗，仍旧命令部队冲向格鲁吉亚（Georgia）的第比利斯（T'bilisi）和阿塞拜疆（Azerbaijan）的巴库（（Baku）。

9月23日，第17集团军重组休整后，准备再次向图阿普谢发起了猛攻。苏军最高统帅部认为如果德军占领图阿普谢，就能切断苏军第47集团军和第56集团军的后路并合围该部，如果这2个集团军被消灭德军至少能腾出约10个师的兵力用来沿黑海海岸向南实施突击。这样德军就能扫荡黑海沿岸的几个重要港口，进入外高加索占领苏联红海军在黑海上的最后几个基地，然后向第比利斯展开进攻。因此，苏军最高统帅部采取一切办法加强了图阿普谢方向上的部队和防御。

根据温克的计算，他认为向图阿普谢的进攻必须在大量坦克的掩护下集中几个步兵师进行反复突击，不能留给苏军任何喘息的时机。但是在他力所能及的范围内，大量坦克首先不存在，这需要整个集团军去协调。基希纳也认同他的看法，但仅靠第57装甲军显然实力严重不足。而当面的苏军有3个集团军的番号，拥有完备的防御工事和地利，因此温克对战役胜利的前景并不乐观，他所能做的只是尽可能将部队的战斗力提升上去，用到最需要的地方。

9月25日，残酷的攻防消耗战再次揭开战幕，并且持续了几个星期。最初的几天，德军取得了一定进展，这是由于当面的苏军第18集团军缺乏纵深梯次配置的防御，兵力分散，尽管在总兵力上占优势但在每个具体方向上却劣于德军。而且苏军没有集中兵力实施坚决的反突击去恢复防线，只是一点一点地给防御部队加强兵力，致使德军能够将苏军防御部队各个击败。进入10月之后，认识到战术出错的苏军第18集团军调整了防御措施，集中了大约2个师的兵力对德军进攻部队进行反突击，德军在付出惨重代价后好不容易夺下的阵地往往很快又被发动反击的苏军夺回去，德军一线进攻部队在进攻的同时不得不随时做好防御准备。本来就兵力不足的德军在严酷的山地争夺战中更是被严重削弱，渐渐乏力不支。一线连队往往只剩下30~40人，军官和士官严重短缺，而无论人员还是物资补充都远远跟不上需求，部队士气也日益低落。此时南线德军的后勤补给已经到了极限，很多部队的供应几乎中断。

11月15日，第17集团军开始最后一次进攻图阿普谢的尝试，然而倾盆大雨伴随着顽强勇敢的苏军战士们的誓死抵抗，德军前进的步伐还没有机会迈开就已经躺倒在泥泞和火网之中。此外，南线德军对其他黑海港口和石油区等重要目标的进攻都失败了，除了已经被毁的迈科普石油区以外，其他诸如格罗兹尼（Groznyy）、巴库油田和第比利斯等重要目标对于德军而言都可望而不可即。虽然德军距离这些目标都已经不远了，有的前锋部队甚至已经可以清晰看到黑海海岸线，但依然还是功亏一篑。苏德双方在高加索的战线陷入停滞胶着状态，谁都没有力量再前进一步。冬季来临后，德军在东线又一次停滞不前，而苏军面对德军的攻势已经不再慌乱，而是冷静地退防，慢慢聚集力量准备展开有力的反击。苏军正在策划对顿（Don）河和北顿涅茨（Donets）

河流域的德军展开大规模的反攻, 他们已经找到了南线德军的虚弱命脉。而已经筋疲力尽的南线德军几乎无法抵挡苏军发起的凌厉进攻, 防线上的诸多弱点预示着即将到来的巨大灾难不可避免。而在此时, 温克将调到面临崩溃的罗马尼亚第3集团军。

德国陆军总参谋长弗朗茨·哈尔德大将正在和希特勒研究苏德战场的形势，站在希特勒右手边的应该是当时的陆军总司令布劳希奇元帅，照片摄于1941年。由于希特勒不愿意为高加索地区的危机和斯大林格勒城下的困局负责，于1942年9月24日解除了总参谋长哈尔德大将的职务，事实证明他的顽固，为战局的变化带来了最大的厄运。

德军占领了顿河上的浮桥后，机械化部队正在抓紧时间过河。

快速推进中的德军装甲部队，眼前是仍在冒烟的坦克残骸。

德军的步兵指挥官们正在战壕中用炮队镜和望远镜观察目标，准备发起进攻。他们中间有位士兵的左臂上缝着闪电臂章，表明他是通信兵。

这是一组照片，在高加索战区的德军第13装甲师的1个步兵分队跟随坦克搜索前进，遭到射击后步兵立刻卧倒隐蔽或者躲到坦克后面，最右侧的那个士兵看上去中弹了。

高加索山区的德军山地兵哨所，士官臂章上的代表山地兵的雪绒花标志清晰可见。

德军山地兵的机枪阵地，射击后留下不少弹壳，在有些地段发生激烈战斗容易引起雪崩。

九

力挽狂澜
罗马尼亚第3集团军参谋长

霍特大将这样记录此刻的战局:"根据第41号命令,1942年夏季攻势的主要目标不再是夺取斯大林格勒,而是攻占高加索以及那里的石油工业区。该地区对于苏联正在进行的这场战争而言意义重大,对于德国而言其经济和政治意义也非常巨大。1942年7月底,2个德国集团军群已经接近顿河下游,苏军西南方面军已经退到顿河中部。希特勒于7月23日下令A集团军群率领它的4个集团军转向南面,向着高加索前进,只有第6集团军继续向着斯大林格勒前进。陆军总参谋长哈尔德大将从一开始就反对把进攻目标延伸到高加索,他认为在进攻高加索之前最重要的任务是寻找并且击垮斯大林格勒地区的苏军重兵集团。因此他首先从第4装甲团军抽调了2个装甲师配属给第6集团军,加强它们的攻击力量。随后,A集团军群的第4装甲集团军和罗马尼亚第3集团军也被抽调出来投入到B集团军群。通过这些措施,我们的进攻重点又转回到斯大林格勒,被削弱的A集团军群在高加索北部地区停下了脚步。"

尽管南线德军面对两个方向上的大规模进攻作战已经不堪重负,希特勒下达的攻占斯大林格勒的命令却依然没有任何改变。随着战线延伸和战场消耗,越来越虚弱的德军第6集团军已经没有能力完全攻占斯大林格勒这个城市,苏军誓死据守着这个城市最后的防线,哪怕是伏尔加河边的几栋楼和几公里长的河岸。从整体战局来看,德军在斯大林格勒的巨大灾难正在逐步显现,尤其是由仆从国部队负责的侧翼已经危机四伏。11月19日,苏军西南方面军突然突破斯大林格勒西北的罗马尼亚第3集团军防线,同时在斯大林格勒以南的罗马尼亚第4集团军的防线也被苏军斯大林格勒方面军突破。苏军的战役决心无比坚决,钳形攻势迅猛有力,德军防线顷刻间摇摇欲坠,侧翼崩塌。

在11月18日到19日夜间,第6集团军战区十分平静。凌晨4点45分和6点,第6集团军派驻罗马尼亚第4军的联络官报告苏军在用轻武器做密集射击,这种浪费子弹的行为让人感觉很奇怪。7点30分,苏军突然展开了狂风暴雨般的炮击,大规模进攻突然开始了。苏军重点进攻下的罗马尼亚第3和第4集团军的情况或许可以用令人绝望来形容,这些罗马尼亚部队并不缺少勇敢,缺少的是武器装备和训练，尤其是对付苏军坦克部队的经验。他们的反坦克武器只有车辆拖曳的37毫米反坦克炮，这种武器在苏军的T–34铁流面前已经无能为力。此外，他们缺乏重炮支援，士兵的训练也跟不上战争形式的发展，防线纵深没有足够的机动预备队。尽管如此，这些罗马尼亚师被分配到的防线宽度和标准的德国师无异。当1942年寒冬苏军的装甲铁流狂涌而来的时候，当罗马尼亚士兵们成为苏军重点进攻的目标后，他们显得如此无助。勇敢的罗马尼亚人在将军们的带领下用白刃战迟滞了苏军第一梯队的攻击，到了中午，当苏军的坦克军出现在战场上时，他们顶不住了，那些在高地上掘壕固守的罗马尼亚士兵高喊着"俄国人的坦克从后面上来了！"四散奔逃，丢弃了曾经坚守的阵地。苏军的装甲矛头如同切豆腐般突入罗马尼亚部队防线纵深达60公里之多，罗马尼亚第2、4、5步兵军很快都被击溃。

在整个罗马尼亚第3集团军的后方，只有费迪南德·海姆（Ferdinand Heim）中将的第48装甲军（辖第22装甲师和罗马尼亚第1装甲师，以及第14装甲师的部分兵力）作为预备队。在苏军反攻开始时，第22装甲师能投入战斗的只有42辆坦克，罗马尼亚第1装甲师编制有108辆坦克，实际能用的也只有40辆左右。B集团军群指挥官魏克斯大将判断，在克列茨卡亚（Kletskaja）的罗马尼亚第1骑兵师和第6步兵师的情况最为紧急，苏军以1个坦克军、1个近卫骑兵军和6个步兵师在此地形成了突破，因此他下令第48装甲军向东北方向发动反击。但是到了中午，陆军总参谋长蔡茨勒将军的命令传到了军部，取消了之前集团军群指挥部的命令，要求第48装甲军转向博利绍伊（Bol'shoy）和佩夏内（Peschanyy）地区，封堵苏军第5坦克集团军第1坦克军的突破口。在一些罗马尼亚步兵和德军反坦克炮兵的协同下，等第22装甲师在风雪中转向180度赶到战场的时候仅剩下20辆能够作战的坦克（剩下的都因为机械故障停在了雪原上）。如此微弱的装甲预备队对于此时的危局只能算是杯水车薪，但他们还是投入了战斗。在佩夏内的激烈对决中，20辆德军坦克在反坦克炮的支援下打掉了26辆苏军坦克，但是随着苏军大部队源源不断地赶到，德军有被包围的危险，只能于20日上午撤离了战场。而在佩夏内以南的佩列拉佐夫斯基（Perelazovskiy）附近，罗马尼亚第1装甲师由于通信单位被苏军打掉而失去了和军部的联系，结果在苏军第26坦克军的进攻下损失惨重，失去了作战能力，苏联人更是顺手端掉了在佩列拉佐夫斯基的罗马尼亚第5军的军部。苏军大反攻开始后仅仅24小时，第48装甲军已经无力再对苏军产生威胁了。

为了稳固罗马尼亚第3集团军的左翼，卡尔-阿道夫·霍利特步兵上将的第17军被派去增援。11月19日，霍利特和他的参谋长奉命前往B集团军群指挥部报到。

11月22日，斯大林格勒地区的第6集团军被彻底包围，集团军指挥官保卢斯大将建议的突围计划被希特勒否决。这里需要提到的是，希特勒的决心首先得到了德国空军参谋长汉斯·耶顺内克（Hans Jeschonnek）空军大将的支持，接着又获得了空军总司令赫尔曼·戈林（Hermann Goring）帝国元帅的赞同。戈林保证他的空军能通过空投为包围圈内的德军提供每天500吨的补给，这样就能满足第6集团军的基本需要，不至于由于后勤短缺而崩溃。然而实际上德国空军能够完成的空投补给量连这个数字的一半都不到，因为人们都忽视了耶顺内克提出空运成功的前提——守住靠近包围圈的机场，有良好的可供飞行的气候条件。

11月21日，德国陆军总司令部命令，为了统一指挥陷于苦战的斯大林格勒西面和南面的德军以及仆从国部队，决定以第11集团军指挥部为班底组建顿河集团军群指挥部，由曼施泰因元帅任指挥官，负责指挥霍特的第4装甲集团军、保卢斯的第6集团军和已经被打残的罗马尼亚第3、第4集团军。顿河集团军群得到的命令是："阻挡敌军的进攻，重新恢复敌军进攻开始前的原有战线。"

曼施泰因面对这样的危险战局，首先明确了顿河集团军群的2个首要任务：首先是为第6集团军解围，解救出20多万官兵。这不仅仅只是为了解救1个集团军，更是为了稳定并且恢复南部战线，确保A集团军群的安全。另一个任务同样不能忽视，那就是阻挡苏军的进一步进攻。此刻"德军整个南线都有崩溃的危险"，如果苏军继续前进，突破罗马尼亚部队防线，击溃德军的后勤和警卫部队占领罗斯托夫,割裂顿河大弯曲部或者向第聂伯河发起进攻,那么德军在高加索的A集团军群和顿河前线都有被彻底切断的可能,苏军就能包围东线南翼的全部德军,继而会导致整个东线崩溃。

11月21日晚,罗马尼亚第3集团军已经明确接到防御奇尔(Chir)河防线的任务,他们拥有的作战部队除了没被击溃的罗马尼亚第1和第2军以外,还有德军第62、294步兵师,这两个德军师毫无疑问是防线的支柱。霍利特步兵上将的第17军将在23日抵达奇尔河畔的博科夫斯卡亚(Bokovskaya)。奇尔河一线最虚弱的区域就是苏罗维基诺—莫罗佐夫斯克(Surovikino-Morozovskaya)铁路线以北,这里只有德军第8航空军和其他一些后勤辅助部队,防御力量非常薄弱。

罗马尼亚第3集团军的状况已经非常危险,集团军指挥部所在地莫罗佐夫斯克到处弥漫着绝望的恐慌情绪。除了司令官和集团军指挥部里的一部分军官以外,其他各部队和各级机关都处于一片混乱之中,有人忙乱地收拾文件行李,有人甚至忙着换上平民的衣服,急匆匆想逃出生天。机场的油库被点燃,弹药库也被一一炸毁,到处都是杂乱无章的末日景象。苏军第5坦克集团军的前锋被临时投放到这里的德军部队和一些临时拼凑的警戒营挡住,而苏军主力则因为主攻方向的变更转往德军第6集团军方向。

刚刚赶到这里的霍利特步兵上将对罗马尼亚部队防区的印象基本上就是如此,他日后回忆说罗马尼亚部队上上下下弥漫着绝望恐慌的情绪,秩序一片混乱。当他在博科夫斯卡亚以北和隶属于他的罗马尼亚部队建立联系的时候,罗马尼亚第2军正在紧张构筑奇尔河防线的工事。经过3天的战斗,11月22日,德军B集团军群认为此时的罗马尼亚第3集团军已经陷入混乱,无法完成指派给它的任务,仅仅依靠投入德军部队来巩固它的左翼也不能从根本上解决问题。罗马尼亚第3集团军迫切需要重整部队,阻止混乱继续扩散,由于苏军坦克和撤退引发的恐慌情绪必须得到控制,重新组织起有效的防御。

22日这天,德国陆军总参谋部也得出了类似的结论,"罗马尼亚第3集团军已经不适合继续担负这样的防御任务。"为了及时改善奇尔河防线的情况，B集团军群下令组建霍利特战役集群，负责指挥该地区的罗马尼亚第1军和第2军、霍利特自己带来的第17军部以及其他正在赶来途中的德军师。该战役集群将负责防守从意大利第8集团军右翼边界顿河的维奥申斯卡亚（Vyoshenskaya）到奇尔河的阿扎诺沃斯基（Arzanowskij）之间的防线。

为了组织并且监督陷于混乱的罗马尼亚部队，德国方面首先派遣舍内（Schoene）上校将作为罗马尼亚第3集团军指挥官皮埃尔·杜米特雷斯库（Petre Dumitrescu）上将的专职军事顾问，随后又送过去一个德军参谋部来协调指挥罗马尼亚部队。罗马尼亚第3集团军的首要任务非常明确，就是重建部队秩序。为了给杜米特雷斯库上将提供参谋指挥支持，德国陆军总司令部又派遣第57装甲军参谋长温克上校前往担任罗马尼亚第3集团军的德方参谋长。温克坐着空军专门提供的专机于23日紧急飞往莫罗佐夫斯克。在罗马尼亚集团军内组建德方参谋部是一项极其困难的工作，这其中牵扯到的指挥组织关系非常复杂，还牵扯到了不同国家之间的关系问题，而战场局势则已到了生死存亡的关头，任何处置不当都会加速局势的恶化。

当温克抵达的时候，他这个残缺不全的参谋部只有参谋长（他本人）、首席参谋Ⅰa（霍斯特中校）和后勤参谋Ⅰb（贝克少校），到12月初他才得到了情报参谋Ⅰc，12月底才得到工兵科参谋和炮兵科参谋。温克的参谋部和罗马尼亚第3集团军原有参谋部（参谋长阿伯勒少将）之间的关系显得非常松散，温克和他也没什么过多交流，因为温克直接向集团军指挥官杜米特雷斯库上将负责，他和这位罗马尼亚将领建立起了非常良好的合作关系。11月22日晚，杜米特雷斯库上将下令把那些被打散或者逃跑的罗马尼亚士兵重新组织起来，投入到前线，并且不惜一切代价守住现有防线，没有集团军指挥部的命令任何人不得后退一步。通过这些措施，罗马尼亚第3集团军才勉强恢复一点部队秩序，逐步收拢溃败的残兵败将，重建一条十分脆弱但总算有点组织的新防线。

对于这段紧急状态下的往事，温克日后如下记录道：

我通过翻译官伊万内斯库中尉向杜米特雷斯库上将报到，他向我介绍了战况。形势令人绝望，而他对我们抱着深深的怀疑。第二天早上，我就坐着鹳式轻型飞机飞到位于奇尔河突出部的前线。建制完整成规模的罗马尼亚部队几乎已经不存在了……我能依靠的力量只有第48装甲军的残部、空军临时组织的警戒部队、被包围的第6集团军留在包围圈外的一些后勤单位。这些德军部队在一些勇敢的军官指挥下自发组成了不同的战斗群，陆续到来的还有属于第6集团军和第4装甲集团军的休假或伤愈归队人员。德军的这些临时战斗群指挥官主要有：卡尔·施庞（Karl Spang）中将、特奥多尔·施塔尔（Theodor Stahl）上校、绍尔布鲁赫（Sauerbruch）上尉和威廉·亚当（Wilhelm Adam，保卢斯大将的副官，后来回到包围圈内的第6集团军指挥部，直到向苏军投降，战后成为民主德国人民军少将）上校。他们将第6集团军后勤单位的警卫部队、从前线退下来的失去坦克的装甲兵、工兵、炮兵和高炮部队组织起来，建立了顿河—奇尔河防线。稍后，第48装甲军的部分单位于11月26日赶到这里，该军军长海姆中将带着第22装甲师突围到奇尔河南岸后和我建立了联系。我们先是直接隶属于B集团军群，但是我得到的很多命令直接来自于陆军总参谋长蔡茨勒，因为B集团军群此刻已经自顾不暇，根本无力顾及指挥我这里。

我的首要任务是挑选一些精明能干的军官组建战斗部队，这些小规模的救火队将在奇尔河沿线负责掩护前面提及的亚当上校、施塔尔上校和施庞中将等人指挥的战斗群的侧翼安全。即便没有充足的力量，至少也要保证提供侦察性质的侧翼掩护。这些大大小小的战斗群还得到了马丁·菲比希（Martin Fiebig）空军中将的第8航空军空中侦察的配合以及空军地面战斗部队的支援，守住了漫长的防线。至于我的参谋部组建过程，都是我自力更生弄来的人员和装备——我充分发挥参谋部人员的力量，把我的参谋军官逐个分配到不同的公路上，拦截一切对我们有用的东西和人：摩托车、卡车、通信设备以及那些有战斗经验的老兵和士官，这都是哪怕再小的指挥部正常运作所必需的。这些老兵是非常宝贵的，他们作战经验丰富、意志坚定，具备高度的自觉性和纪律性，能够立刻被组织起来执行各种紧急任务。

我没有属于我专用的独立通信系统，但幸运的是我可以充分利用各种可用的通信线路，例如第6集团军后勤补给区域内的通信线路和德国空军的通信网。通过和各级指挥部的频繁沟通，我总算对防区内的整体情况有了一个大概但是清晰的了解：确认了哪里有我们的战斗部队，哪里有罗马尼亚部队。每天我都带着几个参谋奔走在前线各处，视察不同部队的防区，对地形地貌和部队情况有精确的认识，这样我就能及时判断哪些阵地能坚守，哪里能实行弹性防御，以及如何布置纵深防御和机动部队。

我唯一可以指望的战斗预备队来自于那些休假或伤愈归队人员，他们的武器装备或来自于集团军群的武器库和维修厂，或直接来自那些"被重组"的单位。要把那些来自3个集团军里的众多单位和人员重新组织起来，需要我们投入极大的精力，采取不同的措施和方法。我还记得我在莫罗佐夫斯克说服了一个国防军宣传连连长，让他在交通枢纽点旁放电影，吸引那些散兵游勇们的注意力，然后我们就可以把那些陆续聚集起来的士兵编组成新的战斗单位，并且重新武装。他们中的很多人都获得了不错的装备，而且不少人都是身经百战的东线老兵，作战经验丰富，在后来的战斗中表现很好。

还有一次，一个宪兵中士向我报告，他在公路旁发现了一个没有人看管的油库。我们虽然急需的不是油料，而是能够把新组建的战斗部队尽快送往前线的运输车辆。不过只要有效利用这个油库，它还是能够发挥作用的。我在油库组织了一个由精干军官负责的小管理部，并且派人在各条公路上到处竖立写着"前往加油站"的指示路牌。于是那些急需汽油的驾驶员们就会开着他们的各种车辆前往这个油库，在管理部的协调下排队加油。一方面，这些车辆可以加油重新上路；另一方面，我们也可以挑选合适的车辆和驾驶员及时征用，尤其是那些一门心思开着空车想远离前线的"老油子们"，一个都跑不掉。

为了获得坦克，我就在那些计划运往霍特大将的第4装甲集团军的坦克上动脑筋，我派人把某辆坦克的履带松开空转，然后登记这辆坦克因"发动机过热"需要检修，从而把坦克截留下来。通过这种办法，我很快就得到了10余辆坦克。

通过这些不符合常规的"特殊手段和措施"，我在很短时间里就组建了很多新的战斗单位。虽然这些单位临时被冠以"警戒单位"的名称，但是实际上它们以后都将成为重建第6集团军时的"种子"力量。这些战斗单位在那些经过战斗考验，经验丰富的优秀军官和士官的指挥下，在极度危机的时刻表现优异，发挥了极其重要的作用。这些五花八门的部队以他们的顽强和勇敢挽救了奇尔河防线，挡住了苏军的突破，保护了通往罗斯托夫的道路。

11月27日，曼施泰因正式接掌新成立的顿河集团军群，他的参谋长是弗里德里希·舒尔茨（Friedrich Schulz）少将，首席参谋是特奥多尔·布塞上校。温克在新切尔卡斯克（Novocherkassk）向他做了情况汇报，他们彼此之间非常熟悉，所以讲话都直截了当一点都不客套。

曼施泰因说得很简单："温克，用你的脑子帮我想想，怎样才能阻止苏军突破你们集团军的防线向着罗斯托夫前进？顿河—奇尔河防线必须坚守住，否则我们不仅救不了第6集团军，在高加索的整个A集团军群都将不保。"

温克回答道："用什么来完成这个任务？元帅先生。"

曼施泰因想了想，又把球传到了温克脚下："嗯，我也不知道，但是我认为你会想办法完成的。"

这是一段陆军元帅和上校之间的有趣对话，元帅并没有威严地下令，甚至有点儿耍赖的味道。因为他了解眼前的这名上校，对温克在德军指挥参谋领域所建立起的良好形象无比信任。

如同温克自己回忆的那样，为了得到急需的装备，他和他的参谋们想尽一切办法搜集那些"履带松脱"和"发动机过热"的"故障"坦克，还有各种"受损"的突击炮和装甲车。他利用手头的这些装备尽一切可能组建起新的装甲部队。他们将作为救火队被派往顿河—奇尔河防线上出现危险的地段，这些都是温克采取的应急办法。温克手下的参谋们全力投入到组织工作之中，他们在温克提供的各种思路的基础上，继续集思广益充分发挥，把能想得出来的各种办法都用上了。特别是那些运往A集团军群或者第4装甲集团军的坦克，只要经过温克他们的地盘，就会有一些坦克以各种理由被"扣留"。很快，温克居然东拼西凑出了1个装甲营，他用这支机动部队解决了几次麻烦。之后某日，他的首席参谋霍斯特中校在给上级的晚间报告中提到苏军在奇尔河上危险的突破已经被"他们的1个装甲旅"成功消除（注：此时的报告原文为装甲旅）。听到这个消息，曼施泰因的参谋长舒尔茨少将万分惊讶，这个"装甲旅"是哪里来的？曼施泰因获悉后也觉得又惊又喜，他脑子首先想到的就是这可能是温克捣的鬼，于是温克马上就被叫到了集团军群指挥部。

"是哪个装甲旅清除了你们集团军防区的危险？我们的部队序列里面怎么没有这个单位？"曼施泰因问道。

温克不慌不忙地回答道："当我从元帅先生这里得到坚守防线，确保罗斯托夫地区安全的任务后，我曾经问道，我拿什么来完成这个任务。我从您这里得到的回答是，具体用什么来完成任务还不清楚，但是我肯定能完成任务。因此我们别无选择，必须在任何危急情况下不惜一切代价确保任务完成。如果必要的话，我请求接受军事法庭的调查。"

曼施泰因听完后并不觉得意外，这仿佛都在他意料之中。他笑着摇摇头，表示非常理解温克和他的部队的处境，同时他也表示："这种'抢劫性偷窃'武器装备的行为必须停止。"

温克接受了曼施泰因的告诫，并将部分坦克移交给了刚增援上来的第23装甲师，手里仅留下1个加强装甲连规模的机动力量，这样再使用的时候就不那么引人注目了。

温克处理问题沉着冷静、灵活果断，优秀的战术指挥素养使得他总能够为自己的部队在紧要关头提供最大的帮助，坚守到了更多援兵到来的时刻。在极度危机的时刻，他和他的部队最终成功地堵住了防线上极其危险的大漏洞，否则苏军将利用这些机会，不仅能确保包围第6集团军，还将进一步侵蚀德军防线，甚至直接切断高加索地区的A集团军群的退路，让德军南线陷入更大的崩溃危机之中。

斯大林格勒城内，一名德军军官正在给部下布置进攻任务。他身边的士兵提着一把苏制波波沙冲锋枪，这种拥有大容量弹鼓的冲锋枪非常受德军士兵欢迎。德军指挥官的身上佩戴着一级铁十字勋章、战伤章和步兵突击章（有缺损），说明他是个战功卓著、经验丰富的老兵。

德军装甲部队的1辆Ⅰ号自行反坦克炮（Sd.Kfz.101）正在参加战斗。该车装备捷克柯斯达公司制造的47毫米43.4倍径A–5 P.U.V vz36火炮（反坦克炮），乘员3人，基于Ⅰ号坦克B型底盘，仅有一个前护盾，可以算作世界上第一种自行反坦克火炮。

斯大林格勒城内的红十月工厂在攻防战中多次易手，残垣断壁和墙上的弹痕向人们述说着战斗的激烈及残酷。就在按下快门的瞬间，一名在窗口处的苏军战士被子弹击中，冲锋枪从手中滑落，身躯还未倒下。

位于伏尔加河河堤下的苏军第62集团军指挥部所在地，门口堆放着弹药箱。德军曾数次攻到附近，就是无法再进一步，苏军誓死据守着这个的城市最后防线，哪怕是伏尔加河边的几栋楼和几公里长的河岸。

向斯大林格勒侧翼阵地行军中的罗马尼亚骑兵部队。对德军来说这样的盟友就战斗力而言只是聊胜于无，关键时刻可能还会拆台；对苏军而言他们则是不错的软柿子，就看什么时候捏了。

随着德军第6集团军被牢牢牵制在斯大林格勒城下，位于该战区两翼的德军兵力严重不足，德国人只能调派仆从国军队来防御，结果被苏军轻易突破战线，将第6集团军彻底包围。图为进攻开始前正在集结的苏军T-34/76坦克群。

进攻暂时受阻的苏军突击部队，近处是1挺马克辛重机枪，女卫生员正在为伤员包扎。猛烈的炮火准备将罗马尼亚军队阵地前的薄薄积雪一扫而空，但是远处还能看到白茫茫的大地。

东线进入冬季之后，恶劣的气候条件和大批车辆的损失，导致德军的有效补给品运输工具只有马车。

德军的1辆突击炮正在雪地中拖曳受损的坦克。

1942年11月22日，斯大林格勒地区的德军第6集团军被彻底包围，图为2名苏军冲锋枪手押送被俘的罗马尼亚战俘走向集结地。

1942年11月24日，虽然德军第6集团军的后路已经被切断，但德军并没有立刻停止在伏尔加河沿线的战斗。他们仍旧按照原定计划在进攻，试图占领斯大林格勒，图为俯冲轰炸机向工厂区的苏军阵地投下了重磅炸弹后扬起的巨大烟尘。

十

沉着应对
霍利特战役集群参谋长

1942年11月24日，在温克上校从第57装甲军前往罗马尼亚第3集团军担任参谋长之前，军长基希纳装甲兵上将在评语中写道："非常优秀的战术素养，出色的指挥能力和应变能力，能够最优化地实战指挥装甲部队。思维敏捷，善于应对处置各种复杂情况。"其评语证明，温克非常出色地完成了在第57装甲军参谋长任上的任务，完全有资格也有能力担当更高一级的集团军参谋长。

1942年11月29日，第17集团军参谋长文岑茨·缪勒（Vincenz Müller）少将这样评价温克："优秀的参谋军官，能应付各类战局，善于组织。积极，乐观。"

A集团军群参谋长汉斯·冯·格赖芬贝格（Hans von Greiffenberg）中将在12月21日的评语对温克这样写道："一名完全符合（各级指挥机构）对其高度评价的军官和参谋长！名副其实！"

1942年11月26日—12月26日，温克在罗马尼亚第3集团军当了1个月参谋长，而这是斯大林格勒前线具有决定性意义的一个月。

曼施泰因在他的《失去的胜利》一书中关于1942年11月底斯大林格勒前线的战局这样写道："这是第4装甲集团军指挥官霍特大将和罗马尼亚第3集团军参谋长温克上校的功劳，在11月底最危急的时刻，他们总体上成功封闭了出现在第6集团军、A集团军群和顿河前线之间的巨大防线空隙，阻止了苏军进一步利用当时有利战局继续扩大战果的企图。"

曼施泰因认为如果当时苏军

弗里茨·埃里希·冯·曼施泰因（1887.11.24～1973.6.10）元帅。入侵法国计划的最初制定者，使德军成功绕过了法国的马其诺防线，从阿登山区冲出后出其不意打败了法军。之后他参与对苏作战，率领第11集团军攻占了苏军设防坚固的塞瓦斯托波尔要塞，晋升陆军元帅。斯大林格勒德军惨败之后，他率部在哈尔科夫阻止了苏军的反击，达到其军事生涯的顶峰。1944年3月，由于和希特勒的战略思想产生严重分歧而被解职。战后他被判处18年徒刑，1953年获释。由于温克在法庭上毫不顾忌对自身的影响，客观公正诚实地出庭作证，因此直到去世前他都和温克保持着极其密切的联络，对温克怀有深深的谢意和感激。

的突击集群继续向着罗斯托夫方向突进，那么不仅仅第6集团军，甚至整个A集团军群都有被切断后路的危险。而拯救第6集团军此刻对于顿河集团军群而言，是一项极其艰难的任务。为此该集团军得到了来自其他战线的支援：来自A集团军群的基希纳装甲兵上将的第57装甲军，拥有第23装甲师和直属炮兵，还有来自西线的第6装甲师。此外还有虚有其表的第15空军野战师，姗姗来迟的第17装甲师只能作为预备队使用。这些部队将配属给第4装甲集团军，从南面向着斯大林格勒方向发起进攻。而在罗马尼亚第3集团军的左翼由霍利特集团军级集群（一般称为霍利特战役集群）向东进攻，担负起另一个方向的解救任务。但是这两个方向的德军部队都不具备直

卡尔-阿道夫•霍利特（1891.4.28～1985.5.22）大将，出生于德国西南部的小城施派尔（Speyer），1910年在德意志帝国陆军第117团任少尉，第一次世界大战期间在西线作战，晋升上尉并荣获二级和一级铁十字勋章。战后他在魏玛防卫军服役，1938年4月1日晋升少将。二战爆发时任第52步兵师长，后任第17军中将军长。斯大林格勒战役结束后任重建的第6集团军指挥官，并获颁银橡叶骑士铁十字勋章，1943年9月1日晋升大将。1944年5月，由于敖德萨失守，他作为替罪羊被解职，转入预备役。在纽伦堡审判中他由于虐待战俘和平民被判处5年有期徒刑，庭审期间温克也为他出庭作证，他在狱中服刑14个月后于1949年12月22日获释。1985年他病逝于联邦德国锡根（Siegen）。

接打穿苏军包围圈的实力，他们的进攻只能起到分散苏军注意力，吸引苏军部队，削弱苏军包围圈的作用，并且尽可能近地接近第6集团军，减轻第6集团军的包围圈压力。

新建的霍利特战役集群的部队基本都是临时抽调或者是残存力量，因此编制较为混乱，变动很大，各种作战单位繁杂。从番号上来看，计划配属的德军作战部队有第62、294、336步兵师，归第17军指挥；第48装甲军辖第11装甲师、第22装甲师，此外还有第3山地师和第7、第8空军野战师。

由于铁路运输能力的限制，这个战役集群的部队调动速度有限，而且计划

中配属的部队也不能完全到位。为协助罗马尼亚第3集团军至少能守住现有防线，第62步兵和第294步兵师都驻守在该集团军战线上，成为罗马尼亚部队的支柱。如果调走这2个德国师，那么罗马尼亚第1军和第2军的防线随时可能崩溃。第3山地师实际上也没有来，这个师的一半被临时调往A集团军群，应对那里的危险局势，另一半则被中央集团军群以类似原因留了下来，像第3山地师这样的老牌精锐部队此时必然成为各个集团军群争抢的"香饽饽"。新组建的第22装甲师此前已经被投到了罗马尼亚第3集团军后方担当救火队，这支年轻的装甲部队在战斗中虽然表现不错，无奈损失惨重，几乎失去了进攻能力。因此，霍利特战役集群能够担当进攻主力的就只有第48装甲军军部、第11装甲师和第336步兵师。理论上该战役集群仍将继续得到补充，霍利特将军希望这些部队或多或少能增强点作战力量，如迟迟未到的第306步兵师，即便不能完全弥补缺额，却至少能够解燃眉之急，然而现实是令人失望的。

霍特大将的第4装甲集团军从12月起改称霍特战役集群，但他们的情况也好不到哪里去，进攻准备同样由于部队调动等原因进展缓慢。此刻驻守在奇尔河下游70公里防线的德军部队只有一些高炮部队、警卫部队、后勤单位以及度假或伤愈归队人员。苏军自然不会放过这个战机，普罗科菲·罗曼年科（Prokofi L.Romanenko）少将的第5坦克集团军经过补充，辖第1坦克军、第5机械化军和第8骑兵军等部，拥有大约280辆坦克，8.5万人，该部于12月4日对德军的奇尔河防线再度发动了猛烈进攻。为了保证解围部队的侧翼安全，曼施泰因不得不再次拆东墙补西墙，把第48装甲军军部、第11装甲师以及第336步兵师调往奇尔河上游，稳定那里的防线，于是霍利特战役集群原定用于救援任务的部队几乎被抽调一空。虽然巴尔克少将的第11装甲师在此后的防御战中重创了苏军第5坦克集团军，但该师一直被牵制在奇尔河沿线，霍利特战役集群根本无力投入对第6集团军的救援作战。

12月9日，曼施泰因在向陆军总参谋长蔡茨勒将军提交的报告中描述了温克上校所在的罗马尼亚第3集团军的状况。该集团军下属每个师的战斗兵力最多只能凑出1~2个营，师属炮兵几乎已经不存在，后方地域的补充单位缺乏武器弹药。集团军指挥部手里已经没有什么值得一提的战斗力量，他们几乎就靠着剩下的这点兵力和休假归队人员来"守卫"第一线，严重缺乏反坦克武器的罗马尼亚部队面对苏军尤其是其强大坦克部队的进攻近乎不堪一击，很容易彻底崩溃。曼施泰因认为他们已经无法再坚持下去，必须尽快用其他部队将其替换下来。作为该集团军的德方参谋长，温克正在面对的就是这样的悲惨状况，他必须尽一切可能来维持部队的生存，尽可能长时间地坚持。此外，温克还必须妥善处理涉及集团军内的德国人和罗马尼亚人之间的各种关系，尽可能达到公平公正缓和矛盾的目的。他曾经亲自签发一道命令，证明罗马尼亚军人的英勇战斗，并且指出一些德军官兵对于罗马尼亚军队的过分指责是不公平的。在战争的危急时刻，德军还是迫切需要罗马尼亚等盟友的支持，没有他们德军防线上的漏洞就更加不可弥补了。为了缓和与罗马尼亚的关系，平抚他们的怨气，希特勒在1942年11月29日下令逮捕德军第48装甲军军长费迪南德·海姆中将，因为罗马尼亚方面控告这位德国将军必须对拉斯卡（Lascar）战斗群的覆灭负责。此后海姆中将被投进了柏林的军事监狱单独囚禁，但并未接受军事法庭的审判，1943年4月后他被突然释放转入预备役，一直到1944年8月战争进入末期的时候，这位装甲部队指挥官才被重新启用去指挥法国布洛涅港的要塞师，1个月后向英军投降。

霍特战役集群于12月12日发动进攻，执行解救第6集团军的任务，温克刚刚离开不久的第57装甲军就隶属于该战役集群投入作战。最初几天，德军虽取得了不错的进展，但损失日益加重。18日，曼施泰因请求陆军总司令部下令让第6集团军立刻突围，与霍特战役集群会师，但是这个建议被希特勒严词拒绝，话说回来，此时已经极其虚弱的第6集团军还有没有能力站起来向前突击都是一个问题。12月19日，通过电传打字机，曼施泰因和保卢斯就突围问题进行了商讨；20日，两人的参谋长再次进行了沟通。必须承认，解围部队事无巨细该考虑的都考虑到了，由于得不到希特勒的批准，第6集团军进行突围的最后时机已经失去了。实事求是地说，按照第6集团军当时的状况，拼死突围肯定会损失惨重，但总好过最后全军覆没。当天德军第57装甲军已经突进到距离被围德军直线距离大约48公里的地方，即便此后的3天里他们仍向前推进了10公里，但在苏军的顽强抵抗和坚决反击下进攻势头已经被扼制。更令人绝望的是，苏军近卫第2集团军的部队正源源不断抵达前线，总计149000人，635辆坦克，这股

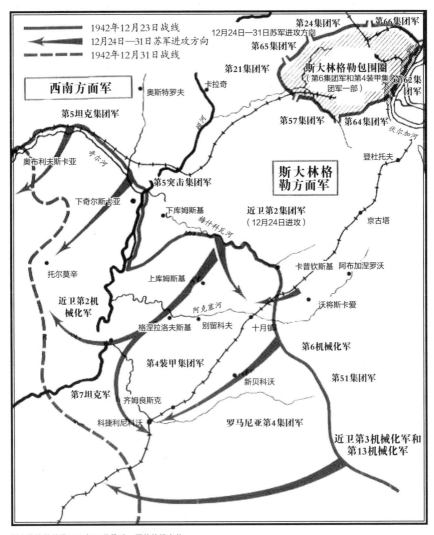

斯大林格勒前线1942年12月最后一周的战场态势。

庞大的兵力挡住了霍特战役集群的去路。

就在霍特战役集群陷入停顿之时,12月18日德军战线再次出现严重危机。苏军西南方面军2天前对霍利特战役集群和隶属于B集团军群的意大利第8集团军右翼发动了猛攻,攻击德军阵地的苏军近卫第3集团军被第22装甲师的反击所扼制,而近卫第1集团军的3个坦克军却把意大利人打得狼狈不堪。意大利人的防线被打开后,苏军坦克军向纵深猛插,当意大利人被苏军的迅雷攻势击垮后,霍利特战役集群的侧翼就完全失去了屏护,彻底暴露给了苏军。坚守防线的德军部队一下子就被顶在了前面,宛如海中顽石,却孤立无援,顿河集团军群的左翼和B集团军群的右翼被撕裂,德军原本就摇摇欲坠的防线就这样被苏军采用重点打击薄弱环节的方法不断侵蚀。

霍利特立即把战况上报顿河集团军群,他得到的命令是继续坚守在奇尔河上游地区,组织力量防守自己的左翼。当天,霍利特战役集群自己的防线也有两处被苏军突破,先是罗马尼亚第7步兵师擅自后撤,接着它的上级罗马尼亚第1军军部在极度恐慌下也迅速撤离。2天后,霍利特战役集群面对左翼和防线内部的严峻局势,已经无能为力,只能逐步收缩。而且霍利特战役集群的危险境况也直接威胁到了位于奇尔河下游的罗马尼亚第3集团军的防线,霍利特一直在尝试重新建立防线,保持与罗马尼亚第3集团军接触。12月24日,霍利特战役集群的危机达到了顶点,被包围的意大利军队向苏军大批投降,近卫第1集团军的2个坦克军冲进了德军防线纵深。其中第24坦克军的3个坦克旅和1个摩托化步兵旅在军长瓦西里·巴达诺夫(Vasily M.Badanov)少将(12月26日因功晋升中将)率领下直扑塔钦斯卡亚(Tatsinskaya)机场,第25坦克军则扑向莫罗佐夫斯克机场,这两个机场对于德军向斯大林格勒的空中补给行动至关重要。第24坦克军长途奔袭200公里的行动极为壮观大胆,犹如一把尖刀直接插到了霍利特战役集群的后背,攻占了塔钦斯卡亚机场,击毁了数十架飞机,焚毁了机场上堆积如山的设备和物资;第25坦克军则为德军第306步兵师和第8空军野战师所阻,未能完成预定任务。

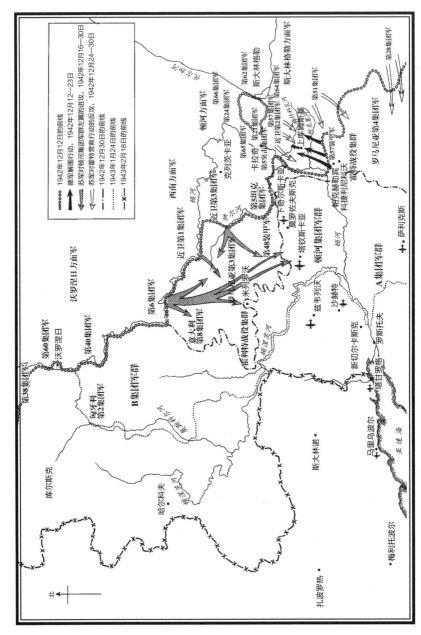

德军解围行动路线和苏军进攻霍利特战役集群攻击路线。

虽然最后第24坦克军在德军第11装甲师和第6装甲师的围堵下几乎全军覆没，但苏军坦克部队的大胆穿插吓坏了德国人。当天晚上B集团军群右翼的马克西米利安·费雷特-皮克（Maximilian Fretter-Pico）炮兵上将的第30军接到命令，他们将和霍利特战役集群一同防御苏军的突破，阻止苏军进一步前进，维持住原有防线。对于南线德军而言，斯大林格勒包围圈已经不是头号危机，解决在顿河集团军群左翼新出现的危机才是首要任务。曼施泰因不得不通知霍特暂停进攻，开始重新调整部队部署，第6装甲师被调走意味着霍特战役集群的解围行动已经失败，第6集团军只能依靠空投继续挣扎求生，20多万人马现在只能听天由命了。

12月27日，霍利特战役集群接管原属于罗马尼亚第3集团军的防线，原罗马尼亚集团军的"德方参谋部"就此归建，成为霍利特战役集群的新参谋部，温克上校自然就成了霍利特战役集群的新任参谋长。罗马尼亚第3集团军新的指挥部设在了沙赫特（Schakhty），新的德方参谋指挥代表是威廉·施内肯布格尔（Wilhelm Schneckenburger）中将。28日，温克获得了骑士铁十字勋章，作为对他在稳定奇尔河防线时所做贡献的最高奖励。

罗马尼亚方面和德国方面在对于各自部队指挥上遇到的问题和分歧因为战局的恶化而愈发凸现，除了此前提到过的冲突案例以外，新的不信任危机还在不断产生和加剧。罗马尼亚首相扬·安东内斯库（Ion Antonescu）元帅给曼施泰因元帅的一封信中严厉指责了霍利特步兵上将，认为他把罗马尼亚第7步兵师和第1军军部推向了覆灭境地，残忍血腥地对待罗马尼亚军人，让苏军"捏碎"并且"屠杀"了他们。霍利特步兵上将驳回了所有这些对他的指责和控告，他提交了所有相关的作战日志等资料，并列举了他和罗马尼亚第3集团军指挥官杜米特雷斯库上将以及他的参谋长温克上校领导的参谋部之间的良好合作和沟通。后来，希特勒通过蔡茨勒转告霍利特，他对于霍利特在抵御苏军进攻过程中采取的所有措施和对策表示理解和赞同。

不过罗马尼亚方面和德国方面的摩擦并没有就此结束，反而愈演愈烈。罗马尼亚方面开始绕过德军指挥层级，直接对部署在A集团军群和顿河集团军群的罗马尼亚部队下达命令，例如直接把罗马尼亚第1装甲师从一线撤出，调到顿河集团军群后方休整，而德军方面几乎对此一无所知。当曼施泰因把罗马尼亚第3集团军转调执行顿涅茨河防线的准备工作后，杜米特雷斯库上将要求在3天内把他的罗马尼亚师也调回顿涅茨河。曼施泰因不仅拒绝了这个提议，而且提醒下属德军关注越来越自行其是的罗马尼亚部队，配属到仆从国军队的各联络部和联络官要随时注意并且报告其部队的动态，避免再次发生部队随意调动而前线指挥官一无所知的情况。

霍利特在温克75岁生日这天，这样对他说道："您在东线和西线的服务已经被记入（我们的）战争史。在战争一帆风顺的时候，在大踏步前进的时候，鼓舞士气是一件简单的事情，大家都会热情高涨。但是在战争危急的时刻，在艰苦支撑的时期，情况就完全不同了……1942年残酷的冬天，我们面对的不仅仅是斯大林格勒第6集团军的悲惨命运，还要面对苏军更大的威胁，因为我们必须建立起一条新的防线，尤其要守住罗斯托夫地区，防止我们在外高加索的部队被苏军切断。亲爱的温克，您不是一般的参谋长。我开诚布公地说，我们曾经在合作的过程中发生过激烈的争吵，但是当我们互相明白对方的立场和原因后，就能够互相理解……"

佩戴骑士铁十字勋章的温克上校，他于1942年12月28日获颁此殊荣，作为对他在稳定奇尔河防线时所做贡献的最高奖励。

1943年1月1日，霍利特战役集群在苏军重压下逐步退到了马林斯卡亚—尼古拉耶夫—贝利亚耶夫—巴甫洛夫（Mariinskaya–Nikolaev–Belyaeva–Pawlow）一线。1月5日晚，他们得到德国陆军总司令部的许可，于第二天继续后撤到克冈尼克—克雷洛夫—亚诺夫彼得罗夫斯基（Kagalnik–Krylow–Yanovo–Petrovskiy）以东一线。退到这里后他们就不能再撤了，要不惜一切代价守住现有的桥头堡阵地。在温克带领的战役集群参谋部优异的计划组织和指挥下，霍利特战役集群的撤退行动进行得很顺利。

1月10日6点左右，德军南线情况大体如下：霍利特战役集群的左翼部署在卡利特瓦（Kalitva）河东岸，霍特战役集群的第57装甲军掩护布拉特斯

1943年2月1日，温克上校正式晋升为少将，其优异的指挥能力、参谋素养以及优秀的个人品质使得他有资格成为一名将军。1943年3月11日，温克少将被任命为第1装甲集团军参谋长。

基（Bratskij）通过托克马斯基（Tokmatskij）直到马内奇（Manichh）河北岸一线，其间第16摩托化步兵师正在向萨利斯克（Salsk）地区前进。A集团军群于1月9日后撤到阿拉里奇（Alarich）防线。由于部队指挥关系上的变更，顿河集团军群指挥部也相应地变更了后勤隶属。在莫罗佐夫斯克的第6集团军后勤指挥部将划归霍利特战役集群。从1943年1月1日开始，这个后勤指挥部就被命名为霍利特战役集群后勤指挥部。

1943年1月15日，霍利特将军递交了一封晋升推荐信：建议将温克上校晋升为少将。他这样写道："温克上校担任罗马尼亚第3集团军参谋长期间，在艰难的战局下表现非常优异，他的服务和战功完全值得授予骑士铁十字勋章……虽然他在新岗位的时间不长，但是我确信他能够在艰难的条件下担负起重任。他优异的战术、指挥能力和参谋素养以及优秀的个人品质使得他有资格获得更高一级的

1943年1月31日，刚刚被火线晋升为元帅的保卢斯率领第6集团军南部集群向苏军投降，图为他在苏军指挥部内接受讯问时的照片，还佩戴着大将的肩章。

军衔。"

顿河集团军群指挥官曼施泰因元帅在霍利特将军的这份推荐信的基础上补充道："……温克上校于1942年11月16日已经被任命为第1装甲集团军参谋长，但是并没有实际就任，而是转任了罗马尼亚第3集团军的参谋长。12月26日后，他成为霍利特战役集群的参谋长。12月28日，温克上校由于在战局危急时刻的优异表现而获得了骑士铁十字勋章。我完全赞同霍利特将军的推荐。"

他在给温克的评语中写下这样一句话："一名非常优秀的参谋长，并且完全具备成为高级指挥官的素质和能力！"

1943年2月1日，温克上校正式晋升为少将。在霍利特战役集群改名为新的第6集团军（3月6日）后不久，温克将军被调到了第1装甲集团军担任参谋长。

斯大林格勒危机的连锁反应影响了整条东线，尤其是南部战场。1942年12月，苏军成功击溃斯大林格勒以南的罗马尼亚第4集团军，使得德军解围成功的可能性不复存在，甚至已经深入高加索地区的A集团军群也受到了严重威胁，苏军继续向着罗斯托夫进攻，他们就有被彻底切断退路的危险。1943年1月31日，刚刚被火线晋升为元帅的保卢斯率领已经被折磨得虚弱不堪的第6集团军南部集群投降，2月2日北部集群也放下了武器，这个原本大约有27万人的强大集团军只剩下93625人进入了苏军战俘营，只有34000多名重伤员通过空运逃出包围圈。情势同样危机万分的A集团军群在冯·克莱斯特元帅的率领下从1943年1月开始撤退，总算成功逃到顿河下游，躲过了被全线切断的大劫难。

在奇尔河沿线的2辆德军Ⅲ号坦克正在调动中，第一辆坦克右侧的马正拖曳着的一辆雪橇车。为了解决冬季的运输问题，德军想出了各种各样的方法。

由于战线拖得太长，德军的兵力捉襟见肘。当苏军包围了斯大林格勒城下的20多万人后，曼施泰因发现组织援兵非常困难，如果说坦克部队还勉强都能凑出一些的话，那么精锐步兵就实在不够。顿河集团军群的兵力不足以打穿苏军的包围圈。

第22装甲师由Ⅲ号坦克和Ⅳ号坦克组成的混编坦克群。由于该师一直在罗马尼亚第3集团军后方担当救火队,这支年轻的装甲部队在战斗中虽然表现不错,无奈损失惨重,剩余的兵力已经难以担当解围的重任。

1942年12月16日,苏军西南方面军对霍利特战役集群和隶属于B集团军群的意大利第8集团军右翼发动了猛攻,德军第22装甲师为数不多的坦克对苏军近卫第3集团军进行了反击,短期内扼制了对方的进攻,但总体局势仍旧迅速恶化。

斯大林格勒的被围德军只能通过空中补给来苟延残喘。虽然德国空军尽了最大努力，但无论是Fw 200和Ju 52等都满足不了空运的任务需求。空投的补给品数量远远不到能满足被围部队最低要求的每天500吨，这使得部队的战斗力所剩无几。

返程的Ju 52运输机大都需要满载伤员才能起飞，被围期间有3万多人通过空运逃出了包围圈。

紧跟在解围部队身后的德军车队，据说德国人为被围部队准备的补给品足足装满了3000辆运输车，可以看见车队中还有缴获的苏制卡车。

在斯大林格勒城内的废墟中战斗的苏军冲锋枪手们。随着包围圈的收缩和解围行动失败，德军第6集团军的末日来临了。

1942年12月23日，解围部队突进到距离包围圈只有30多公里的地方，由于第6集团军无法突围，随着苏军近卫第2集团军的部队源源不断抵达前线，曼施泰因的解围努力宣告失利。图为解围路上被击毁的德军IV号F2型坦克。

德军解围部队丢弃在战场上的装甲车辆残骸，近处是1辆少见的VK 3001（H）重型坦克歼击车，它搭载了128毫米火炮（这种绰号"埃米尔"的重型坦克歼击车一共只有2辆，其中仅存的1辆现保存在俄罗斯库宾卡坦克博物馆）。在这辆重型坦克歼击车边上是1辆I号自行反坦克炮。有趣的是，到1942年年底和1943年年初，它们在东线战场上都属于"稀有动物"。

参与解围的第57装甲军的部队损失惨重，几乎流尽了鲜血，自身也差点被苏军歼灭。部队撤退后，战场上留下的只有坦克残骸和士兵的尸体，这至少可以证明他们为了解救战友努力过。

1943年2月2日，斯大林格勒地区的德军全部放下了武器，9万多人被俘，这是苏军首次围歼德军的重兵集团，斯大林格勒的保卫者们用自己的鲜血和生命改变了历史。

斯大林格勒战役结束后，苏军打扫战场时清理出来的部分德军尸体。整场战役交战双方都受到了很大损失，德军除9万多人被俘外，还永久损失了147000人，可谓血流成河。

十一

出色组织

第1装甲集团军参谋长

1943年3月11日，温克少将被任命为第1装甲集团军参谋长。其实他早在1942年11月15日就应该担任这个职位，只是因为斯大林格勒的危急战局才使得他的任命有了变动和推迟。3月11日这天，温克离开第6集团军，在陆军总司令部作为预备指挥官短暂停留几天后，于3月15日正式接任第1装甲集团军参谋长。

德军第1装甲集团军前身为第1装甲集群。该装甲集群于1940年在第22军的基础上组建，曾经以克莱斯特集群的名义在西线作战。1941年6月，该集群得到了"南部最高土建集群"的伪装代号。1941年10月25日，第1装甲集群正式改名为第1装甲集团军。冯·克莱斯特大将作为集团军指挥官，一直到1942年11月21日离任，他的继任者是埃伯哈德·冯·马肯森（Eberhard von Mackensen）骑兵上将。1943年10月29日，汉斯–瓦伦丁·胡贝（Hans–Valentin Hube）装甲兵上将接任第1装甲集团军指挥官，这位优秀的装甲兵指挥官在1944年将带领着第1装甲集团军成功撤离险境，突出苏军严密设防的包围圈，这场挽救第1装甲集团军的战役因此被德军称为"胡贝包围圈"之战。

第1装甲集团军指挥官马肯森骑兵上将和他的参谋长温克少将正在商讨战局。他们两个搭档期间，第1装甲集团军一直隶属于南方集团军群，参加了一系列艰苦卓绝的防御战。

温克在担任第1装甲集团军参谋长期间，该集团军一直隶属于南方集团军群，参加了一系列艰苦卓绝的防御战：1943年4月1日—到7月3日，顿河中部防御战；7月17日—23

日，第一次伊久姆（Isjum）防御战；8月16日—26日，第二次伊久姆防御战；9月28日—12月底，第聂伯河防御战；10月15日—12月9日：克里沃罗格—第聂伯罗彼得罗夫斯克（Krivoy Rog–Dnipropetrovsk）地区防御战；11月20日—12月30日，克列缅丘格—基洛沃格勒（Kremenchug– Kirovograd）地区防御战。到温克于1944年3月担任南乌克兰集团军群参谋长之前，他随同第1装甲集团军在南乌克兰经历了尼科波尔（Nikopol）和克里沃罗格地区的几次攻防战，分别是尼科波尔桥头堡和克里沃罗格以北防御战（1943年12月29日—1944年1月19日），克里沃罗格防御战和尼科波尔撤退（1944年1月30日—2月2日），文尼察—亚姆比尔—切尔诺夫策（Vinnitsa–Jampol–Tschernowzy）地区防御战（1944年3月4日—4月10日）。

在上述艰苦战斗期间，温克和马肯森骑兵上将建立起了非常良好的合作关系。马肯森出身将门，他在二战开战后曾先后担任过第14集团军和第12集团军参谋长（到了战争的最后关头，温克将出任新建的第12集团军指挥官，率领该集团军投入德国本土最后的战斗，这或许是历史的一个小小巧合）。1941年1月15日，马肯森成为第3摩托化军军长，他从1942年11月22日开始指挥第1装甲集团军（1943年6月6日晋升大将），直到1943年11月5日后转任第14集团军指挥官。

无论局势有多危急，温克总能够给马肯森大将注入勇气和活力。1943年11月3日，马肯森大将在他对温克的评语中这样写道："积极、乐观、灵活、直接……独立，勇于承担责任，能征善战的一名集团军参谋长，具备优异的作战指挥、战术和参谋素养及技能，即便在最艰苦最危急的时刻，也能够沉着冷静清晰地判断局势。乐于实践，深受基层部队喜爱和信任，工作能力强。快速而高效地领导参谋部，举重若轻。他是非常优秀的军人！"

在哈尔科夫战役初期，第1装甲集团军奉命撕开苏军第6集团军和近卫第1集团军的接合部。温克向马肯森建议，第1装甲集团军向北移动，插入波波夫机械化集群侧翼，用第40装甲军切断波波夫机械化集群与苏军第6集团军的联系。马肯森采纳了这个建议，在苏军战线上打开了一个缺口，波波夫机械化集群随即面临危机。当党卫军第1警卫旗队装甲师又成功地撕开了苏军第6集团军的侧翼，党卫军第2帝国装甲师和党卫军第3骷髅装甲师合力切断了苏军补给线后，苏军的战局已经岌岌可危。接着党卫军第3骷髅装甲师又穿透了苏联第15坦克军的防线，德军彻底包围了苏军第3坦克集团军、第6集团军和波波夫机械化集群，随即展开了歼灭作战。

1943年3月底，随着苏联泥泞时期的到来，苏德双方连续血战9个月后的局势渐渐平息下来。尽管苏军投入了几乎所有的有生力量，他们还是无法彻底击垮德军。经历了严冬血战的考验，曾经岌岌可危的南线德军终于重新建立起了一条稳定的防线，避免了战线崩溃的危险。虽然德军的损失同样非常巨大，但是还能组织起有力的装甲预备队，有能力对苏军发动快速而有效的反击，消除苏军坦克部队的楔入点，哈尔科夫反击战的胜利就验证了这一点。但是总体而言，德军在1942年到1943年遭受的巨大损失以及苏军在这段时间实力的快速增长使得德军的东线战争前景越来越复杂。

希特勒当然不能接受就这样把战争主动权交给苏联的事实，他要为夺回东线主动权做最后的赌博。4月15日，希特勒下达了进行"城堡作战"的命令，目标是苏军在库尔斯克（Kursk）的巨大突出部。德军将从北面的奥廖尔（Orel）和南面的别尔哥罗德（Belgorod）同时发动进攻，钳形攻势的汇合点就定在库尔斯克。为了达到战役目标，德军投入了刚刚聚集起来的强大预备队。7月5日，德军两个集团军分别从南北两个方向发动进攻，尽管德军投入了强大的装甲部队以及空中力量，进攻的效果却远没有达到预期目标。苏军拥有超乎德军想象的强大预备队，很快就发动了大规模反击，双方的装甲矛头展开了剧烈对撞，最终德军选择了撤退。虽然给予苏军重大杀伤，但东线德军最后的装甲预备队被严重消耗，从此彻底失去了和苏军争夺战争主动权的可能性。库尔特·冯·蒂佩尔斯基希（Kurt von Tippelskirch）步兵上将在战后的专著中写道：

"进攻开始几天后，德军就发现其战役目标无法达成，而付出的惨重代价却再也无法重新弥补。"

而苏军并不满足于防御的胜利，他们清楚地认识到德军的薄弱环节，坚决乘胜追击，抓住机会坚决消灭后劲乏力的德军。1943年7月17日，苏军投入了南方方面军和西南方面军下属的各集团军，对位于伊久姆和塔甘罗格（Taganrog）之间的德军第8集团军南翼、第1装甲集团军以及第6集团军（此刻隶属于A集团军群）发动了猛烈进攻。虽然苏军在伊久姆两侧以及伏罗希洛夫格勒（Vorochilovgrad，现乌克兰卢甘斯克）以西的进攻都暂时被德军击退，但还是成功地楔入了位于米乌斯（Mius）河的德军第6集团军纵深，南方集团军群为此投入了包括党卫军第2装甲军在内的大量预备队支援该集团军。8月2日，德军暂时恢复了在米乌斯河的原有防线，却为此付出不菲代价。不过苏军的战役目的也已经达到，他们成功突破了库尔斯克以南的德军防线，并且继续突向哈尔科夫。德军两个集团军群的防线一时间风雨飘摇，摇摇欲坠，苏军则乘胜追击，重新解放了顿涅茨盆地。

曼施泰因元帅手里的数字让他感到无可奈何：从7月17日到8月21日，第1装甲集团军损失了27291人，得到的补充只有6174人，同期第6集团军的损失则为23830人，得到的补充只有3312人。德军这两个集团军的实力都遭到了严重削弱，在苏军持续的猛烈进攻下，德军很快就丢掉了米乌斯河防线，虚弱的第6集团军再也没有能力阻挡苏军前进的步伐。8月29日，塔甘罗格被苏军解放。从9月1日开始，苏军继续沿着伊久姆两侧对第1装甲集团军发动猛攻。此外，第8集团军面对苏军草原方面军的猛攻也无力支撑，不得不继续后退。整个德军南方集团军群陷入了巨大危机！南方集团军群在苏军的追击下，只能高速向第聂伯河撤退。

苏军西南方面军继续大踏步向着第聂伯河高速挺进：9月8日，苏军近卫第2集团军和第5突击集团军解放了斯大林诺（Stalino，现乌克兰顿涅茨克）；9月25日，苏军南方方面军的部队抵达梅利托波尔（Melitopol）以及位于扎波罗热（Zaporozhye）和第聂伯罗彼得罗夫斯克之间的第聂伯河流域。9月中旬，德军南方集团军群开始了大规模整体撤退，这是人类战争史上最大规模的撤退行动之一，大约100万德军通过6个第聂伯流域渡河点（大桥）后撤到西岸。德军各集团军的渡河点分配如下：第6集团军在赫尔松（Kherson）和尼科波尔；第1装甲集团军在扎波罗热和第聂伯罗彼得罗夫斯克；第8集团军在克列缅丘格；第4装甲集团军在基辅（Kiev）。

　　德军撤退行动的第一步是要把大约20万名伤员先运送过河，然后是后勤单位，平民，再是野战部队，等德军主力过河后再依托第聂伯河重新建立起一条大约700公里长的防线。短短2个月内，德军的防线一下子向西溃退约200公里。苏军不会眼睁睁看着德军撤退，5个方面军的部队在后面紧追不舍，并且飞快地抢渡第聂伯河建立桥头堡，到10月初共建立了大大小小20多个桥头堡。大批苏军部队在第聂伯河河湾部的第聂伯罗彼得罗夫斯克对岸集结渡河，德军手

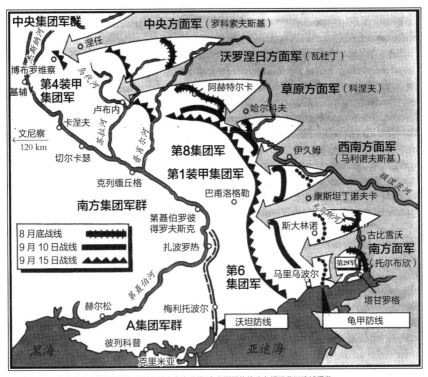

1943年9月14日，德军南方集团军群与苏军集结在乌克兰的5个方面军的战斗在顿涅茨河流域爆发。

里很快就只剩下尼科波尔和扎波罗热这两个第聂伯河东岸的桥头堡。南方集团军群手中没有足够的预备队来应付苏军的快速进攻，连清除苏军建立的第聂伯河西岸的桥头堡都力不从心。虽然德军或许还可以通过在其他战线缩短防线来挤出力量增援南线，但显然希特勒并不想这样做，他始终不愿意轻易放弃每一寸夺来的土地，结果只是失去更多的地盘。直到10月初，南方集团军群才得到了来自克里米亚（Crimea）半岛的一些部队，来自法国战区的第25装甲师以及来自希腊战区的第1装甲师，但是这些部队对于岌岌可危的南线而言也只是杯水车薪。虽然南方集团军群表面上有60个师级单位，但总兵力不到72万

1943年9月中旬，德军南方集团军群开始大规模整体撤退，这是人类战争史上最大规模的撤退行动之一。在1000公里的战线上，大约有100万德军官兵通过第聂伯河流域的6个渡河点撤到西岸，并在西岸形成了呈扇状打开的700公里战线。

人，这说明许多师级部队只剩下了空架子，战斗兵力的数量严重不足，但一时半会这些消耗严重的部队又得不到有效补充。德军还失望地发现，苏军进攻的停歇并不是因为德军部队阻挡住了他们，而是因为他们在快速进攻中遇到的后勤问题，不得不停下来等待补给，一旦他们完成补给，又会发起更猛烈的进攻。苏德双方南线在1943年最后几个月的血战将在扎波罗热、尼科波尔和基辅这3个焦点地区展开。

　　从9月下旬一直到10月中旬，德军第1装甲集团军一直拼尽全力守卫扎波罗热这个希特勒认为至关重要的桥头堡，抵挡苏军西南方面军（10月20日后改称乌克兰第3方面军）的猛攻，他们的形势岌岌可危。希特勒之所以如此重视扎波罗热的主要原因如下。第一，从战略角度而言，这个桥头堡对于南方集团军群的南翼具有极其重要的价值，这里是南方集团军群与A集团军群的结合部，是德军留在第聂伯河东岸的桥头堡。德军只要坚守住这个"锲子"，就可以迫使苏军无法继续从第聂伯河河湾与亚速（Azov）海之间区域向西突进到第聂伯河流域，打开通往克里米亚半岛的通道。第二，守住这个"锲子"才能掩护梅利托波尔地区的第6集团军的侧翼，而该集团军又掩护着克里米亚半岛的入口，第1装甲集团军和第6集团军控制区域的铁路枢纽对攻守双方来说都非常重要，扎波罗热桥头堡的存在更能威胁在第聂伯罗彼得罗夫斯克地区进攻的苏军侧翼。第三，这里还有一个重要的发电基地，拥有一座欧洲最大的水坝，是整个西乌克兰工业区至关重要的"电源"，而在扎波罗热以西的克里沃罗格和尼科波尔更是产量丰富的铁锰铜镍矿产区。如此重要的一块地盘，希特勒怎么会舍得放弃呢？

　　希特勒的想法和坚持并非总是错误，苏军对于这个卡在他们前进路上的"锲子"的确感到非常头痛，受此威胁他们无法直接向克里米亚半岛方向大步挺进。因此苏军不停地加强进攻力度，希望能尽快拿下位于第聂伯河东岸数百平方公里的桥头堡，于是苏德双方在这里的血腥争夺战不断升级。西格弗里德·亨里奇（Siegfrid Henrici）装甲兵上将的第40装甲军和汉斯·克赖辛（Hans

Kreysing）中将的第17军下属部队共同组成了亨里奇集团军级战斗群，以大约6个半师的兵力（35000人）不惜一切代价坚守在扎波罗热桥头堡。考虑到兵力不足和桥头堡的重要性，德军不但调来了新组建的装备虎式坦克的第506重装甲营，还在这里布置了全军唯一的重型装甲团——第656重坦克歼击团，团长恩斯特·冯·容根费尔德（Ernst von Jungenfeld）中校，下辖装备费迪南德坦克歼击车的第653和第654重型坦克歼击营，装备灰熊突击坦克（更像自行重步兵炮）的第216突击坦克营。不过，除了第506重装甲营是满编的以外，第656重坦克歼击团的费迪南德数量很少，灰熊突击坦克的数量也不多。

为了拔掉这颗大钉子，乌克兰第3方面军动用了近卫第8集团军、近卫第3集团军、第12集团军共计15万人和近300辆坦克、自行火炮来发动进攻。瓦西里·崔可夫（Vasily I.Chuikov）中将的近卫第8集团军前身是坚守斯大林格勒的第62集团军，拥有8个近卫步兵师，还有2个炮兵师、1个迫击炮师又2个迫击炮团、3个坦克团和1个坦克旅，还有一些辅助部队，实力强大。近卫第3集团军的指挥官是列柳申科中将，麾下也是兵强马壮。苏军的进攻还得到了强大的空中支援，伊尔强击机群的狂轰令防守的德军吃了不少苦头。

10月1日战斗打响，德军虽然依托牢固工事配合虎式坦克、费迪南德坦克歼击车和灰熊突击坦克的重火力取得了不错的防御效果，但由于缺少补充，使得一线战斗兵员的数量快速下降。更麻烦的是，德军后勤补给也存在严重问题，弹药缺乏，甚至没有炮弹打击就在射程之内陆续驶过的苏军后勤车队。这所有的一切都令亨里奇装甲兵上将忧心忡忡。10月10日，苏军的方面军司令员罗季翁·马利诺夫斯基（Rodion Y.Malinovsky）大将下令再次发动猛攻，并且调整了炮兵火力的密度进行了为期50分钟的更为猛烈的炮击（似乎在这场战役中德军首次发现苏军建立了独立炮兵师，在重点突破区域的火力密度非一般的队属炮兵可比）。苏军异常猛烈的炮火使得坚守在扎波罗热桥头堡的德军大吃一惊，虽然他们在残酷的东线已经打了很久，但是还从未遇到过如此猛烈的炮火覆盖。这样的火网洗礼不仅给德军造成了人员装备上的重大损失，更使不少人在精神上受到了极大打击。虽然苏军进行了精心准备,但其步兵和坦克发起的冲击在德军重型装甲部队面前依然败下阵来。德军装甲兵骄傲地宣称:"只要我们出现在战场上,起码会有1个团的步兵在为我们欢呼和祈祷!"

残酷的战斗又持续了2天,亨里奇战斗群的步兵们在苏军的猛攻下继续顽强坚持着,双方发生了多次白刃战和夜战,许多阵地也反复易手。12日这天,第123步兵师师长埃尔温·劳赫(Erwin Rauch)中将把一封苏军空投的信件转交给亨里奇将军,这封劝降信的落款是:瓦尔特·冯·赛德利茨-库尔茨巴赫(Walter von Seydlitz-Kurzbach)炮兵上将。信中承诺只要德军放下武器投降,就会受到体面的待遇,战俘可以保留个人财物,军官允许保留其个人武器等。

10月12日和13日,锲而不舍的苏军通过两次大规模夜间进攻,终于在德军防线上撕开了突破口,突进纵深达5公里。由于德军对大坝和铁路桥安放炸药进行爆破准备至少需要24小时(因为爆破前需要先降低大坝水位至少5米,防止爆破后由于落差太大产生的洪水直接威胁到下游第6集团军防区内的大桥),因而温克建议把爆破准备的决定权交给一线指挥官,但是陆军总司令部却没有同意这个建议。到13日,苏军的大炮都可以直接打到大坝了,德军高层的命令还没有下达,亨里奇急切地要求得到授权,开始爆破准备工作,但是陆军总司令部依然没有任何答复。眼看苏军就要全线突破,亨里奇如同热锅上的蚂蚁,他几乎每隔5分钟就询问一次:

"狼穴还没有回复?"

"没有,将军!"他的情报参谋坎杜奇少校亲自守在电话旁寸步不离。

为什么在如此危急时刻狼穴依然杳无音信?原来元首希特勒正在睡觉,没有人敢去惊动他(日后盟军在诺曼底登陆,隆美尔的指挥部需要得到调动后方装甲预备队的许可,同样的场面再次重演)。可谓前线火烧眉毛,后方稳如泰山。无奈之下,亨里奇只能直接给上级马肯森将军打电话:

"大将先生,我准备下令降低水位后对大坝和水电站装药爆破,一切责任由我来承担。"

马肯森没有反对，他也非常替亨里奇担心，但即便是他此刻也没有权力下达同意的命令，他只能回答道："亨里奇，动动你的脑筋，你在用生命冒险。"

虽然没有明确的命令，但是前线指挥官手里毕竟还是有临机处置的余地，亨里奇做到了这一点。

10月14日，苏军的坦克再次杀进德军防线纵深，德军第16装甲掷弹兵师的装甲战斗群协同第125步兵师421团在最后关头拼死挡住了苏军的浩浩铁流。此时亨里奇感到部队再也坚持不下去了，他下令于18点45分和20点分别炸掉铁路桥和水坝，但是第16装甲掷弹兵师的部队仍旧留在东岸坚守最后的防线，为其他部队撤退争取时间，而且一时半会也无法取得无线电联系。第40装甲军派人进入东岸熊熊燃烧着的城区寻找第16装甲掷弹兵师的指挥部，爆破时间被

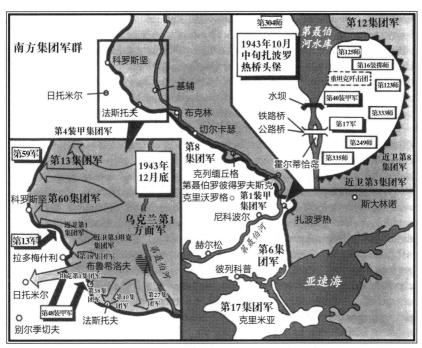

1943年10月中旬，苏军雷巴尔科中将的近卫第3坦克集团军的目标是占领基辅西南方的日托米尔。与此同时德军在扎波罗热的桥头堡正遭到近卫第8集团军、近卫第3集团军和第12集团军的猛烈进攻，西格弗里德·亨里奇装甲兵上将的第40装甲军最终放弃了桥头堡。10月15日凌晨，发电厂和水坝根据亨里奇将军的命令被炸毁。

迫推迟。获悉大桥要被炸毁,第16装甲掷弹兵师师长格哈德·什未林(Gerhard von Schwerin)中将表示他们必须坚守到所有部队都撤过河去。

10月15日凌晨,当德军终于完成撤退后,随着震耳欲聋的爆炸声,第聂伯河大桥和水坝被成功引爆。尽管装填了大量的爆炸物(大约40吨甘油炸药和百枚以上航空炸弹),这座760米长的水泥大坝也只是被炸塌了一个缺口,水电站的机房倒是被毁得厉害——当初德军花了1年时间才修好,使用了1年时间都不到。

扎波罗热的失守,使得南乌克兰的形势发生了根本性转变,苏军获得了1943年在第聂伯河流域最具深远意义的胜利。从现在起,第聂伯河中下游和克里米亚半岛的大门已经打开了。10月17日,苏军在攻占扎波罗热桥头堡重大胜利的鼓舞下,乘胜追击,成功地在第1装甲集团军和第8集团军结合部打开了缺口。其坦克部队犹如一把锋利的尖刀再次切入德军纵深,可谓刀刀见血,切得德军血肉横飞,狼狈不堪。2天后,苏军前锋矛头直抵德军后方50公里处的铁路交通枢纽皮亚季哈特基(Pyatikhatki)。

到11月10日,苏军在德军第聂伯河防线的克列缅丘格和第聂伯罗彼得罗夫斯克之间打开了一个大约150公里的缺口,此时苏军的坦克部队前锋已经插入德军第1装甲集团军和8集团军之间,直抵克里沃罗格以北。从11月20日起,得到增援的第1装甲集团军通过不断组织装甲部队(主力为第24装甲军和第48装甲军)展开反击,连续挫败了乌克兰第2、3方面军向克里沃罗格和基洛沃格勒的进攻,守住了现有防线,暂时阻止了苏军从北部包抄其后背的企图,但该集团军的南部防线在苏军重压下不得不继续后撤。

10月29日,由于德军南线战局的颓势,那些丢失阵地的前线将领大多照例成为"负责人",以承担作战不力的责任。于是汉斯-瓦伦丁·胡贝装甲兵上将成为新的第1装甲集团军指挥官,冯·马肯森大将则被调到了意大利去接管第14集团军。胡贝将军从1935年1月1日—1939年10月18日曾担任德国一所步兵学校校长,他写的《步兵》一书在当时非常著名,成为德军的重要专著之一。此后他担任第3步兵团团长，然后晋升为第16步兵师（该师后来改编为第16装甲师）师长。斯大林格勒战役期间，他担任第14装甲军军长，被希特勒用专机接出包围圈后就去了意大利。曼施泰因在回忆录中这样写道："他（马肯森）和我对于分别都感到非常遗憾和惋惜，我们在一起经历了长时间的、互相之间绝对信任的合作。他的继任者是胡贝将军，一名优秀的前线战士。他作为一名步兵军官在第一次世界大战中失去了一条胳膊……他为军官团的训练和培训做出了巨大的贡献。"

苏军于12月初根据各种情报和侦察结果判断，德军为了组织防御重点，从奥托·韦勒（Otto Wöhler）步兵上将的第8集团军抽调了很多部队，导致该集团军实力大大下降。因此苏军牢牢抓住这个机会，乌克兰第2方面军对德军第8集团军发动猛攻，同时继续进攻克里沃罗格东北。12月14日，苏军坦克部队占领切尔卡瑟（Cherkasy），24日切入到克列缅丘格以南地区。第二天，苏军前锋毫不停歇，继续扩大其战区，分割挤压德军。德军第8集团军因兵力不足，放弃了近百公里的第聂伯河河岸，退守一条沼泽水道。第8集团军和第1装甲集团军的部队一同拼尽全力才勉强抵挡苏军的强攻，并且不时通过坚决的反击来减轻当面压力，获得喘息的机会。这种硬碰硬的战斗使得双方都损失惨重，苏德双方在该地区又一次开始了血腥残酷的装甲攻防战。

到1943年12月底，德军上述两个集团军的整体状况没有什么大的变化，因为苏军在猛冲猛打之后也需要喘息一下，但是苏德两军之间的血战一直持续胶着。苏军占领了从扎波罗热到切尔卡瑟之间的全部第聂伯河防线，2个方面军合力从德军手中夺取了4万多平方公里的土地。苏军通过扩大其突入矛头的实力，试图达到从克列缅丘格以南突入切断基洛沃格勒的目标。德军南翼的第6集团军第4山地师在苏军近卫第13步兵军和近卫第2机械化军的夹击下，于12月20日放弃了第聂伯河下游靠近入海口的赫尔松桥头堡。第1装甲集团军和第8集团虽在不间断的激烈战斗中逐步后退，但直到12月底基洛沃格勒和克里沃罗格依然还在德军手里。苏德双方对于德军2个集团军乃至2个集团军群的结合部的重要性都非常清楚，乌克兰第2方面军不断猛攻试图切断德军，而德军则殊死抵抗，每次在苏军形成突破的时候都用装甲部队给予迎头痛击，努力维持着防线的连贯。为此双方都付出了惨重的代价，德军的2个集团军已经拼到精疲力竭，而苏军连续不断的进攻则越来越直接地威胁到德军的腹背要害。

在这段艰苦而危急的作战期间，温克一直在从容应对，协助马肯森和胡贝调动装甲部队一次次斩断苏军的突击矛头，令对手血流成河。曼施泰因元帅这样描述温克将军："马肯森很幸运，他得到了温克将军这名优秀参谋长的协助，温克曾经在斯大林格勒那个严酷的冬天成为罗马尼亚第3集团军的指挥部灵魂。在第1装甲集团军的形势已经非常危急的时刻，我们相信，得到指挥官充分信任的温克总能找到对策。他经常向我的参谋长布塞将军直接而不加掩饰地描述战局的危机，但是他总是用这样的语句结尾：'那么，我们终究能够应付，能够搞得定！'温克将军的乐观、沉着以及对他周边战友展现出来的人格魅力使得他得到了'太阳鸟'（德语中表示能带来阳光和希望，又名相思鸟）的绰号，这是我们一致送给他的赞誉。很难想象，如果当年温克中尉没有通过军区考试，由此打开成为参谋军官之路的大门，那将是多么大的讽刺。幸好依靠他的说服能力，他得到了补考的机会，并且成功通过了。"

直到曼施泰因1973年6月10日去世前，他都一直用"太阳鸟"来称呼温克。

1943年12月，苏军继续全力压迫德军，期望在第聂伯河流域赢得决定的胜利。乌克兰第3方面军用2个集团军持续不断地向第1装甲集团军的北翼发动进攻，试图协同乌克兰第2方面军一起击垮它的左翼。乌克兰第4方面军则用3个集团军从南面向尼科波尔桥头堡进攻，随后突向第1装甲集团军的腹背。苏军的目标是：在第聂伯河河湾东部合围第1装甲集团军。苏军坦克部队的突破成功了2次，每次曼施泰因都冒着风险从其他地段抽调出装甲预备队，及时投入到苏军进攻方向，挡住其进攻矛头，挽救了德军千疮百孔的防线。

在基辅方向，苏军瓦杜丁大将的乌克兰第1方面军在12月24日沿着基辅—

日托米尔（Zhytomyr）公路线两侧向德军第4装甲集团军防线发动猛攻，德军防线出现了约30公里宽的缺口，而在前一天，曼施泰因的反攻才刚刚结束。苏军的猛攻令曼施泰因大惊失色，他打算从第聂伯河河湾抽调出第1装甲集团军，至少把5~6个师的兵力转移到集团军群的左翼别尔季切夫（Berdichev）方向。曼施泰因将方案通报给总参谋长蔡茨勒将军，他表示只有放弃第聂伯河河湾东部，把防线撤回到第聂伯河膝部（Dnjeprknie），尼科波尔—克里沃罗格以西一线才能解放出第1装甲集团军。然而直到12月28日，希特勒都没有做出决定。29日，曼施泰因发布命令，第1装甲集团军于1944年1月1日把原有防线移交给第6集团军，最迟于1月3日接防第4装甲集团军现有从第聂伯河到别尔季切夫东南45公里之间的防线。直到12月31日，希特勒才同意集团军群做上述部队的调整。

1944年1月5日，苏军开始对基洛沃格勒发动猛烈进攻，意在尽快收复这个极其重要的西乌克兰工业基地。一时间，基洛沃格勒成为苏德两军新的激战焦点。第1装甲集团军原定撤出调往北翼的装甲师一时间被苏军的进攻牵制在第聂伯河河湾，而此刻南方集团军群北翼急需支援力量，德军再次陷入捉襟见肘的窘迫境地。苏军很快就会发现了一个巨大的战机：德军第4装甲集团军防线被击垮后出现的巨大缺口。1月3日这天，德军第1装甲集团军正式接管基辅以南和以西防线段。此时苏军已经快速突进到乌曼（Uman）以北大约50公里处。危机的进一步扩大迫使曼施泰因于第二天急急忙忙飞往元首大本营，试图说服希特勒最终接受把集团军群南翼力量调往已经岌岌可危的北翼的提议。然而固执的希特勒坚决拒绝撤离第聂伯河河湾和放弃尼科波尔这几个提议。曼施泰因利用私下和希特勒谈话的机会（除他们两人之外只有蔡茨勒将军在场），对元首说道，德军需要1个"真正能对战争全局负责的总参谋长"，而希特勒必须在作战指挥上支持这位总参谋长的工作。希特勒严厉拒绝曼施泰因这个明显要求他放权的提议，并且立刻结束了对话。

1月8日，德军第3装甲师师长弗里茨·拜尔莱因（Fritz Bayerlein）少将违背了希特勒坚守基洛沃格勒的命令，率部在黑夜的掩护下从西北方杀出已经被包围的城市。在摧毁了部分苏军炮兵阵地后，他又将在附近穿插的苏军近卫第5集团军第7机械化军和第8机械化军的后卫部队打得七零八落，随后杀回城郊，接应城内的第10装甲师、第14装甲师和第376步兵师突围而出。几个师成功渡过因古尔（Ingul）河，在格鲁兹科耶（Gruzkoye）以西建立了新的防线。虽然拜尔莱因对战场态势的判断准确、动作果断且成绩斐然，但却违背了希特勒的命令，所以此举没能为他赢得勋章。希特勒当然不会给违背自己命令的人颁奖，但他对拜尔莱因的能力表示了认可。于是拜尔莱因获得了另一种奖励——1月10日他被调回德国，去指挥装备精良的新组建的装甲教导师，那可是德国陆军的装甲样板部队。

不过，德军官兵的种种努力，只能使局势不至于最糟糕，却无法阻止局势越来越糟糕。对于德军南方集团军群而言，即便基洛沃格勒失守，他们仍旧要在第聂伯河河湾坚持战斗。不过以德军的现有兵力而言，要想同时守住第聂伯河河湾和尼科波尔桥头堡几乎是不可能完成的任务。1月6日，瓦杜丁发现了第1装甲集团军和第4装甲集团军之间的防线空隙，于是抓住这个机会坚决果断地出击。他在这里投入了第1坦克集团军、第38集团军和第40集团军，兵锋直指乌曼（Uman）和文尼察。到11日，第1装甲集团军和第4装甲集团军之间的缺口宽度达到了25公里左右，苏军前锋已经突进到乌曼以北大约30公里处，并且接近了文尼察。这是直插要害的事情，要知道乌曼是第1装甲集团军指挥部所在地，也是最重要的后勤补给基地。曼施泰因的南方集团军群指挥部几天前还设在文尼察，1月5日刚刚迁往普罗斯库罗夫（Proskurov，现乌克兰赫梅利尼茨基）。

第1装甲集团军和第4装甲集团军之间的防线空隙对于南线德军来说极其危险，苏军的快速突进迫使第1装甲集团军位于基辅西南地区的西翼向南撤退。考虑到整个南线德军的整体防御安全，第1装甲集团军的撤退必须和第8集团军协同进行。在苏军的坚决突击下，南线德军眼看又要被分割包围，于是曼施泰因再次从第1装甲集团军和第8集团军中抽调部队,从3个方向共同夹击3个苏军集团军。在给予苏军重创的同时,他再次请求希特勒同意放弃卡涅夫(Kaniv)突出部,拉平战线,避免据守突出部的数万部队被包围。而希特勒依然一如既往地严令不得后退一步,他宣称卡涅夫突出部可以用来证明"德军仍在第聂伯河河畔战斗",是向基辅反攻的跳板,他还在固执地期待苏联的彻底崩溃。对于德军高级指挥官们,希特勒除了反复通告他们在军队中需要强化纳粹主义宣传以外,别的只字不提。或许在此时此刻,他可能是全德国唯一一个还在期待东线"最后全面胜利"的人:守住克里米亚! 守住尼科波尔! 守住切尔卡瑟! 在这些不可能完成的任务的重重压力下,德军最终在切尔卡瑟地区被苏军包围,形成了切尔卡瑟口袋。

早在1月上旬进攻基洛沃格勒的同时,苏军第52集团军和近卫第4集团军一

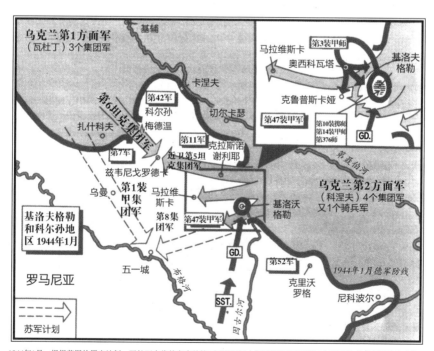

1944年1月,根据苏军的原定计划,瓦杜丁大将的乌克兰第1方面军的3个集团军和乌克兰第2方面军的4个集团军将在布格河畔的五一城会师,彻底包围德军第8集团军和第1装甲集团军,重演斯大林格勒的辉煌胜利。由于瓦杜丁的部队突破失败,根据斯大林的命令,苏军放弃了一口气吞掉德军2个集团军这样大而无当的计划。最后苏军选择吃掉卡涅夫突出部的德军,最终形成了切尔卡瑟包围圈。

直在该城北方向斯梅拉（Smila）一线推进，德军很清楚苏军想干什么，因此调动了数个师的兵力于1月16日挡住了苏军的突击。在攻克了基洛沃格勒后，乌克兰第2方面军终于腾出了手。根据最高指挥部的命令，苏军放弃了一口气吞掉第1装甲集团军和第8集团军这样大而无当的计划，选择了吃掉卡涅夫突出部的德军，对此时的苏军来说这才是最佳方案。

1944年1月25日，乌克兰第2方面军对第8集团军位于切尔卡瑟西南地区的防线发动猛攻。第二天瓦杜丁的乌克兰第1方面军以第6坦克集团军为先锋，从突出部北面开始进攻。在西南地区，德军的有效抵抗只持续了1天，其脆弱的防线很快就被苏军近卫第5坦克集团军的坦克集群撕开，成功达成突破。德军动用了实力虚弱的装甲预备队——第47装甲军，虽然数次封闭了突破口，但由于无力巩固又被苏军撕开。从北向南而来的苏军第6坦克集团军在第一天突破未果的情况下，编组了1个装甲战斗群，绕过德军防御支撑点突进了纵深。1月28日，乌克兰第2方面军近卫第5坦克集团军第155坦克旅和乌克兰第1方面军第6坦克集团军第233坦克旅在兹韦尼戈罗德卡（Zvenigorodka）成功会师。德军第1装甲集团军下属的由代理军长特奥巴尔德·利布（Theobald Lieb）中将指挥的第42军，第8集团军下属的由威廉·施特默尔曼（Wilhelm Stemmermann）炮兵上将指挥的第11军被苏军包围。被围的第42军大多是一些被打残的步兵师，如第323师群（2个营）、第167步兵师331团、第168步兵师417团、第213警卫师318团和177团，还有第112、255和332步兵师残部组成的B军级集群（只相当于1个步兵师的兵力，B军级集群的代号只是为了迷惑苏军），只有第88步兵师还算有些战斗力。而第11军所属的第57、72、389步兵师情况稍微好点，每个师大约有1个团的战斗力，实力最强的只有党卫军第5维京装甲师。著名的切尔卡瑟口袋（苏军称为科尔孙口袋，从地理上来说更准确，切尔卡瑟城还在包围圈东边有段路呢）之战即将开始。

1月28日，从元首大本营赶回来的曼施泰因发布了3道命令。

1.将包围圈西北角和东北角的部队撤一部分下来在包围圈的南部形成新的

防线。

2.把被围的第42军转交第8集团军指挥,被围部队由第11军军长施特默尔曼统一指挥。

3.命令胡贝装甲兵上将和韦勒步兵上将从各自的集团军中组织装甲部队展开救援行动。

这会儿胡贝的装甲部队还在和苏军第1坦克集团军战斗,为了腾出手来应付眼前的危机,即便苏军的这支坦克部队眼看就要被德军包围,第1装甲集团军仍必须把赫尔曼·布赖特(Hermann Breith)装甲兵上将的第3装甲军从火线上撤下来,投入到切尔卡瑟口袋的解围行动之中。温克估算了一下部队撤出火线,调整后再进入预备出发阵地的时间,受恶劣天气和地形的影响,他告诉胡贝部队至少要到2月3日才能重新投入进攻。

第8集团军的第47装甲军在尼古劳斯·冯·福曼(Nikolaus von Vormann)装甲兵上将的指挥下,在苏军发起进攻的第一天起就在战斗,除了实力消耗严重的第3、11、14装甲师,曼施泰因还瞒着希特勒偷偷把第6集团军最后的预备队——第24装甲师调了过来。在第24装甲师抵达前,第47装甲军将从兹韦尼戈罗德卡以南发动进攻。不过这2个云集了德军最优秀装甲部队的装甲军都需要几天时间来调整集结部队,实际上直到救援行动开始,这2个装甲军真正能投入战斗的装甲师加起来也只有3个。为了弥补兵力不足,南方集团军群命令被包围的2个军分别从西面和南面对苏军的侧翼和腹背进行攻击,尽可能支援解围行动。2月1日,第47装甲军首先突入苏军包围圈外围的苏军第49军的防线,但很快遭到苏军2个坦克军的反击,只能暂时停了下来。

按照曼施泰因的想法,他不但要救出被围部队,更要来个反包围,重创战场上的苏军,因此第3装甲军的解围路线并非直线,而是先向北再向东,走了个直角。温克少将此时如同以往在莫斯科和斯大林格勒战役中一样,竭尽全力协调组织,最大限度地稳定防线,拯救部队。2月4日,第3装甲军以所能组织起来的最强装甲矛头(第16、17装甲师和贝克重装甲团)向梅德温(Medvin)发动进

切尔卡瑟战役期间，按照曼施泰因的想法，他不但要救出被围部队，更要来个反包围重创战场上的苏军，温克则如同以往一样竭尽全力协调组织，最大限度地稳定防线拯救部队。图中左起为温克少将、胡贝装甲兵上将和曼施泰因元帅，他们正在研究地图，寻找最佳的进攻路线。

攻，第34、198步兵师负责左右两翼的掩护。贝克重装甲团拥有第503重装甲营的34辆虎式坦克和第23装甲团1营的47辆豹式坦克，一登场就来势汹汹，将苏军第104步兵军133师和58师的前沿阵地冲击得七零八落。瓦杜丁迅速做出反应，抽调第2坦克集团军上来和德军打对攻，在泥泞的雪原上，双方的装甲部队撞击在一起，苏军付出了巨大代价，但德军的进攻被挡住了。

此后数天里，党卫军希特勒警卫旗队装甲师和第1装甲师两个身经百战的王牌装甲部队也陆续抵达，继续向包围圈发起冲击。胡贝调整了冲击路线，这次取直线不再绕圈子，第3装甲军的进攻令苏军手忙脚乱，但是泥泞的道路和苏军的顽强抵抗还是拖慢了德国人的脚步。2月8日，在付出惨重代价后第16装甲师和党卫军警卫旗队装甲师进抵维诺格勒（Vinograd），随后攻到了格尼洛伊季基奇（Gniloy Tikich）河。胡贝命令部队直奔雷相卡（Lysyanka），必须攻入包围圈。2月12日，贝克重装甲团在雪原上和苏军80辆坦克大战一场，在付出

4辆虎式坦克和4辆豹式坦克的代价后，德军宣称击毁了70辆苏军坦克，第1装甲师则占领了雷相卡镇的南部，只要再向前跨一步，德军的解围行动也许就能成功了。2月13日，第1装甲师夺回雷相卡后却在雷相卡东北3公里处的239高地下被苏军挡住了去路，从西到东，苏军排开了第109坦克旅、第31反坦克旅、第340步兵师、第155坦克旅和近卫第8坦克旅。激战至15日，德军只拿下了十月村（Oktyabr），第1装甲师损失惨重。

而在另一个方向，第47装甲军第3、14装甲师也陆续投入战斗，第24装甲师刚刚抵达前线就因尼科波尔桥头堡出现危机而被希特勒调了回去，这个师在遍地的泥沼中来回奔波了数百公里而一事无成，徒劳地损坏了大量车辆。剩下的2个装甲师由于虚弱不堪，从南面发起的救援行动已经没有成功的希望，最多只能起到牵制作用而无实质性进展。

苏军在2月8日就派出军使要求被围德军投降，遭拒绝后同样给他们送去了赛德利茨的劝降信，甚至派出50名被俘德军回去劝降，希望通过各种心理战的手段能击垮被围德军最后的抵抗意志。

曼施泰因和胡贝都认为，在恶劣天气和苏军的顽强抗击下，仅靠解围部队的努力是很难打开包围圈的（曼施泰因这会已经放弃了解围再反包围的幻想了），被围部队必须自救。胡贝和施特默尔曼取得了联系，被围德军要准备好在西南方突围，于是施特默尔曼命令第72步兵师等部队开始反击，他们首先切断了苏军部分战斗部队和后勤地域的联系，然后集中力量围歼这部分苏军。虽然德军身处包围圈之中，但是他们还是保持着严格的作战纪律和作战意志，于11日夜间至15日从苏军第27集团军手中夺回了希尔基（Khyl'ky）、申杰罗夫卡（Shenderivka）、新布达（Nova Buda）和科马罗夫卡（Komarivka），击退了苏军攻击部队。在里应外合之下，被围德军与第3装甲军的突击矛头之间还有大约10公里左右的路程。

2月14日，温克亲自开着履带式摩托车去第1装甲师驻地，一路上亲身体验了部队一路上到底是走的什么样的路，再次感受到苏联泥浆道路的巨大威力。他来到老部队，在了解部队状况的同时，想看看自己还能为他们做点什么。那么此时第3装甲军各部的情况到底如何呢？——第113装甲掷弹兵团2营还有战斗力的就剩60多人，以前满编的时候可是有600人；第1装甲掷弹兵团的情况也好不到哪里去，一线连队的连排长伤亡殆尽，大多数连队只剩下10多人，有些连队只能合并；装甲部队的情况也很悲惨，能用的豹式坦克只剩下12辆，Ⅳ号坦克也所剩无几，大多数坦克由于战损或故障被送进了修理连；第16装甲师和第17装甲师都已经由于苏军的反击而不得不转入防御，失去了进攻能量；党卫军希特勒警卫旗队装甲师同样已经筋疲力尽，部队情况和第1装甲师大同小异，再也无力继续前进，只能陷入被动的防御战；第198步兵师几乎都打光了，连1个营都凑不出来。经过实地考察，温克非常清楚，第3装甲军再

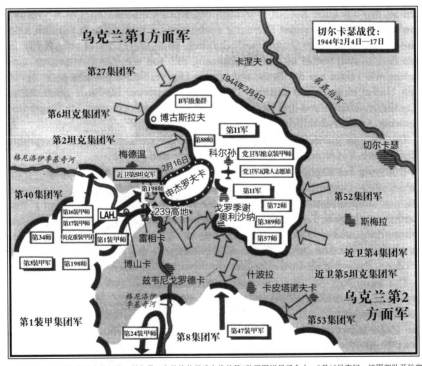

为了救援切尔卡瑟包围圈内的部队，赫尔曼·布赖特装甲兵上将的第3装甲军拼尽了全力。2月16日夜间，被围部队开始突围，依靠自己的力量拼尽全力冲出包围圈，避免了重蹈斯大林格勒的覆辙，但被围部队指挥官威廉·施特默尔曼炮兵上将阵亡。

也没有力量继续向前突击，包围圈内的被围部队必须从里面向外打，依靠自己的力量拼尽全力冲出包围圈，才能避免重蹈斯大林格勒的覆辙，而今晚就是包围圈内的部队突围的日子。

此刻胡贝将军正在位于乌曼的第1装甲集团军指挥部内，为了便于协调指挥第1装甲集团军和第8集团军，南方集团军群指挥部同样也迁到这里。根据温克少将明确而坦率的报告，曼施泰因元帅决心命令包围圈内的2个军向西南突围，因为解围的装甲部队已经精疲力竭，再没有能力继续前进一步，他们能做的只有尽可能长时间地守住通道，接应突围部队。第8集团军指挥部在15日上午11点05分致电施特默尔曼将军要凭自身的努力冲出包围圈，但没有明确告知239高地还在苏军手中——第3装甲军最后的尝试仍未成功。虽然239高地很可能给突围部队带来巨大威胁，但已经没有时间再犹豫下去了，数万人拥挤在希尔基、申杰罗夫卡、新布达和科马罗夫卡一带，等苏军反应过来，那就是万劫不复。斯大林格勒的幽灵在众多德军高级指挥官心中飘荡着，尽管没有获得希特勒的首肯，曼施泰因还是在2月16日果断地下达了突围命令："口令——自由！目标——雷相卡！时间——23点！"

一片漆黑，漫天飞雪中人群从村庄中蜂拥而出，刺刀上枪，但子弹不得上膛（不到万不得已不许开枪），要的就是出其不意。伴随着苏军的冷炮，突围部队分三路向雷相卡出发……

17日凌晨1点25分，曼施泰因得到前线的报告，突围部队的前锋已经和第3装甲军联系上了。在包围圈内的2个军总计为64000人（11日统计有56000人）左右，经过惨烈的突围战后大约有40000人突出了包围圈，此外还有4161名重伤员已经通过空运撤离包围圈。当然，突围出来的德军官兵丢盔弃甲、筋疲力尽，身心皆受到巨大创伤，基本失去战斗力，必须撤往后方休整。

有人认为第3装甲军尤其是第1装甲师应该能够继续前进一步，帮助突围部队突围，减轻他们的损失。但是这样的指责有失偏颇，第1装甲师在仅剩下为数不多的坦克和寥寥无几的步兵的情况下，已经在雷相卡桥头堡坚守了9天。当包围圈内的德军突围到此的时候，第1装甲师坚守在阵地上的作战力量只有12辆完好的Ⅳ号坦克和豹式坦克，少量作为固定火力点的受损坦克，大约80名装甲掷弹兵以及3组工兵，就是这些人保护着格尼洛伊季基奇河上的桥梁和道路通畅。在苏军的猛烈进攻下，第1装甲师在这里一直坚持到2月19日，接应最后的突围部队，对于第1装甲师，已经不能要求他们再做什么了。

2月17日，胡贝装甲兵上将在温克晋升中将军衔的推荐信中这样写道："优秀的参谋军官，在所有方面表现优异。坚强、果断、临危不乱的性格，参谋指挥工作能力突出……"

1944年2月29日，第1装甲集团军下属8个步兵师、1个炮兵师和1个装甲师，负责防守180公里正面防线。3月初，集团军防线边界进行了调整后，第1装甲集团军从第4装甲集团军手中接过了大约200公里宽的防线，同时也得到了5个步兵师和3个半装甲掷弹兵师的加强。由于苏军突破了第8集团军的右翼，为了应对苏军的攻势，曼施泰因不得不于3月11日下令第8集团军后撤，2天后命令第1装甲集团军的右翼也后撤到布格（Bug）河。而其左翼第3装甲军的任务则是继续在普罗斯库罗夫地区坚持作战，尽可能保持和第4装甲集团军的联系，减轻其右翼的压力，维持德军防线的连续性。

3月15日，乌克兰第2方面军成功击垮第8集团军的左翼，他们和第1装甲集团军之间出现了一个巨大的缺口（从乌曼到文尼察）。第1装甲集团军发现自己已经有被包围的危险，胡贝上将的第1装甲集团军指挥部就设在文尼察到卡尼夫卡（Kalynivka）之间的森林里，这里也曾是戈林帝国元帅设在东线的总指挥部。如今德国人必须撤离这座木头建筑，工兵用火焰喷射器把它烧了个干净。胡贝上将和温克一致认为，继续坚守文尼察是没有任何意义的，然而希特勒坚决反对他们的撤退计划，强调文尼察必须作为"要塞"坚守。国防军唯一的炮兵师，由原来第18装甲师改编而来的第18炮兵师，在师长卡尔·托霍尔特（Karl Tholte）中将的率领下，担负起了坚守任务。24小时内，第1装甲集团军的大部分车辆都渡过了布格河后撤，随后工兵们把大桥炸毁。

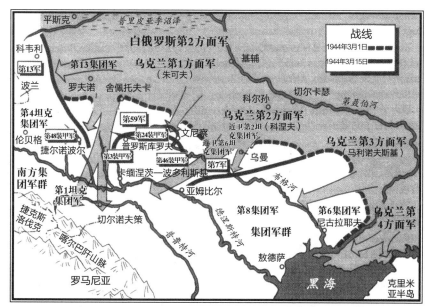

1944年的春天，德军在苏德战场的南翼再次爆发危机：乌克兰第1方面军向喀尔巴阡山脉方向挺进，第1坦克集团军突进到普鲁特河，乌克兰第2方面军的部队则突破到德涅斯特河，最终于3月24日在卡缅涅茨—波多利斯基地区包围了德军第1装甲集团军，形成了著名的"胡贝包围圈"。

　　胡贝将军在他的命令中这样写道："苏军已经从两侧突破我们的防线，并且切断了我们的后勤补给线……"由于两翼的2个友邻集团军均已经后撤，因此孤零零突在前面的第1装甲集团军就不可避免地被苏军从两翼包抄，最终于3月24日在卡缅涅茨-波多利斯基（Kamyanets–Podlskyy）地区被彻底包围，成为著名的"胡贝包围圈"。从此，第1装甲集团军不得不依靠空运来维持后勤补给。在曼施泰因和希特勒据理力争之后，在胡贝的运筹帷幄之中，在党卫军第2装甲军的策应下，第1装甲集团军非常漂亮地完成了200公里机动，从乌克兰第1方面军的包围圈突围而出，20余万德军官兵并没有失去战斗力，而是就地转入了防御，再次拖住了苏军前进的脚步。

　　4月20日，就在希特勒的生日那天，胡贝装甲兵上将由于在"史诗般的突围壮举"中的杰出指挥获得了钻石宝剑银橡叶骑士铁十字勋章（德军中第13位获得者）的荣誉，同时被晋升为大将。当晚，他乘坐He 111轰炸机连夜飞往柏林的时候，却不幸遭遇空难，飞机坠毁在上萨尔茨堡（OberSalzburg）附近的山上。

温克将军没有参加第1装甲集团军突出"胡贝包围圈"的艰苦作战，因为他在1944年3月12日被调回陆军总司令部述职，12天后接替勒廷格中将担任南乌克兰集团军群参谋长。温克在时任A集团军群（南乌克兰集团军群前身）指挥官的克莱斯特元帅手下工作了1周时间，3月30日克莱斯特元帅被解职。同一天，南方集团军群指挥官曼施泰因元帅也被解职，南方集团军群改名为北乌克兰集团军群，新任指挥官为莫德尔元帅。

新任南乌克兰集团军群指挥官是约翰·费迪南德·舍尔纳（Johann Ferdinand Schoerner）山地兵上将，温克将和他共事将近4个月。对于温克而言，配合舍尔纳工作并非是一件简单的事。这位指挥官不同于此前温克曾经共事过的其他德军将领，他是对参谋人员和部下都非常严厉的人，甚至以军长的身份跑去指挥交通，但是温克的性格和参谋素养保证他能够切实地完成任务，担负起参谋长的职责。另外值得一提的重要插曲是，温克在被任命为舍尔纳的参谋长时得到了希特勒为他准备的特殊礼物。

1943年3月底，随着泥泞时期的到来，苏德双方连续血战9个月后的局势渐渐平息下来。德军在过去的这个冬天经受了前所未有的惨败，伤亡巨大，撤退的路上来不及掩埋阵亡士兵的尸体，只能弃置路旁。

1943年5月，顿河中部防御战中德军装甲部队掩护步兵后撤，在公路边临时设置机枪阵地，步兵指挥官和坦克车长都在用望远镜观察远处的敌情。

1943年5月，苏军近卫第6重型坦克团的坦克兵们正在检查各自的KV–1S坦克，待命出击。

1943年7月的库尔斯克战役是德军在东线发动的最后一次战略性进攻，但进攻开始几天后，德军就发现其战役目标无法达成，而付出的惨重代价却再也无法重新弥补。

就现有资料来说，德军的虎式坦克在库尔斯克战役中发挥了相当大的作用，但苏军预备队的实力远远超出德军的预计。即便德军投入了虎式坦克、豹式坦克以及费迪南德重型坦克歼击车。

苏军将榴弹炮拖到前沿阵地对目标进行直射，在炮兵的掩护下苏军步兵发起了反冲击。

撤退！撤退！德军工兵们忙着准备爆破，破坏铁路线，希望能够尽可能延缓苏军紧追不舍的步伐。

所谓快马加鞭不过如此，为了追击撤退的德军，苏军炮兵一人一马拖着火炮飞速前进，恨不得马儿能够飞起来。

骁勇善战的乌克兰第1方面军司令员瓦杜丁大将（右）和赫鲁晓夫中将在一起，照片摄于1943年解放基辅战役期间的布克林登陆场。瓦杜丁的乌克兰第1方面军在随后进行的几场战役中英勇奋战，尤其是在切尔卡瑟战役中与乌克兰第2方面军配合，获得了自斯大林格勒战役后苏军再次包围德军重兵集团的战果。

1943年库尔斯克战役之后，虽然希特勒三令五申不能随便放弃阵地，但兵力不足导致德军不得不开始大踏步后撤。撤过第聂伯河之后，苏军的攻势依旧一浪高过一浪，德军在损失了大量兵力兵器的情况下再次向西撤退。图为苏军缴获的德军反坦克炮，由于数量太多，只能用铁链子拴起来，一起拖着走。

乌克兰第1方面军第1坦克集团军的部队在德军第1装甲集团军和第4装甲集团军之间的缺口突入防线纵深，于1944年1月11日突进到乌曼以北大约30公里处，对第1装甲集团军指挥部所在地和最重要的后勤补给基地产生了威胁。

1944年1月26日,瓦杜丁的乌克兰第1方面军以第6坦克集团军为先锋,从切尔卡瑟突出部北面开始进攻。28日,他们和乌克兰第2方面军近卫第5坦克集团军第155坦克旅在兹韦尼戈罗德卡成功会师,5万多德军落入了包围圈。

图为切尔卡瑟战役中苏军炮兵使用缴获的德军步兵炮投入战斗。

德军在撤退过程中遭到苏军猛烈的炮火阻击，无数人倒在枪林弹雨之中，许多运载伤员的马车和汽车都被苏军炮火及坦克重点轰击，结局自然是惨不忍睹。

担负解救切卡瑟包围圈内德军重任的主力装甲矛头：贝克重装甲团的虎式坦克、豹式坦克和装甲掷弹兵们。

第47装甲军第11装甲师的装甲掷弹兵和Ⅲ号突击炮。1944年2月1日，该部的进攻很快为苏军的反击所阻，未能取得有效进展。

1944年2月12日，贝克重装甲团的坦克群和苏军阻击部队大战一场，虽然取得了不错的战果，但进攻的势头被消磨得差不多了，仅靠解围部队的努力很难彻底打开包围圈，被围部队必须开始突围。图为贝克重装甲团出击时的混编坦克群，其中有老旧的Ⅲ号坦克和原本应该支援步兵作战的突击炮，也有威力巨大的虎式坦克。

伴随步兵和坦克前进的德军炮兵观察员，他们为进攻部队准确地呼叫火力支援，在战斗中功不可没。

陷入泥泞之中的德军第24装甲师的装甲掷弹兵车队，此刻他们失去了装甲部队最重要的武器：速度！在泥泞遍地的道路上来回奔波了数百公里之后，却由于上级的命令一事无成。

1943年2月16日，切尔卡瑟包围圈内的德军部队开始突围，他们不想重蹈斯大林格勒的覆辙，但突围的路上数以万计的人倒下了。

切尔卡瑟包围圈内的德军总指挥第11军军长威廉·施特默尔曼炮兵上将在突围时率部殿后，他乘坐的车辆被炮火击中，当场身亡。图为被俘的德军士兵在军官指挥下收殓施特默尔曼的遗体，苏军以军礼埋葬了他。

乌克兰第2方面军第31步兵师的战士们在申杰罗夫卡庆祝胜利，这支在斯大林格勒城下奋战过的部队有足够的理由自豪和骄傲。

1944年3月，切尔卡瑟战役后德军的战略态势不断恶化，部队只能且战且退，图为温克和胡贝正在商讨战局。

十二

无奈撤退

南乌克兰集团军群参谋长

温克少将于3月30日奉命前往贝希特斯加登（Berchtesgaden）的元首乡间别墅，他和一些将领得到了希特勒的亲自接见，舍尔纳上将被正式任命为南乌克兰集团军群指挥官。时任陆军总参谋长蔡茨勒大将对舍尔纳将军说道："您将得到温克少将来担任您的参谋长，没有人比他更加适合这个职位。"

希特勒听到后，转头对温克说道："温克将军，您得到了一封自由信函（表示温克通过这个渠道可以直接和元首沟通联络，如同密折一般）。"

1944年4月1日，温克晋升为中将。他在第1装甲集团军期间的工作业绩有目共睹，除了担负组织一线作战的繁重参谋指挥作业以外，还为该集团军的后勤组织工作做出了巨大贡献，以至于长期以来人们都传言温克将被调到总参谋部担任新的参谋部后勤主管（Generalquartiermeister）。不过在德国陆军中，没有哪个指挥官舍得把温克这样的优秀作战参谋军官就这样调到后方管理后勤工作。

京特·弗拉施卡（Guenther Fraschka）在《宝剑与钻石》一书中这样描述舍尔纳将军："在德国国防军中再也找不出第二个像舍尔纳这样的将军，对他的描述和评价存在这么多的不实、怀疑和争议。"第一次世界大战期间，舍尔纳作为一名年轻的少尉军官，因为其勇敢表现而获得普鲁士军队最高荣誉——蓝马克斯勋章。1941年10月，舍尔纳率第6山地师前往北冰洋战场的摩尔曼斯克（Murmansk）前线，

约翰·费迪南德·舍尔纳（1892.6.12～1973.7.2）陆军元帅。他生于慕尼黑，一战时是一名年轻军官，1941年任山地师师长，参与入侵希腊的行动。1942年任第19山地军军长，1943年任驻乌克兰第40装甲军军长，1944年先后任陆军总司令部国社党指挥参谋部参谋长、南乌克兰集团军群司令和北方集团军群司令。1945年1月任中央集团军群司令，4月任陆军总司令，晋升元帅。战后他作为战犯在苏联被监禁10年，1955年获释去西德。1957年又因杀害东线德国士兵罪被判刑4年半，后因健康原因1960年获释，1973年死于慕尼黑。

在利察（Litsa）河一线与苏军激战，因功晋升挪威山地军军长（1942年11月改称第19山地军），继续在冰海前线作战。1943年10月24日，舍尔纳山地兵上将由山地部队转而指挥装甲部队，成为第40装甲军军长。在第40装甲军军部的基础上，舍尔纳组建了"舍尔纳战役集群"（也被称为尼科波尔集团军级集群），指挥在尼科波尔的防御作战。

德国著名军史作者保罗·卡雷尔（Paul Carell）这样写道："舍尔纳在尼科波尔桥头堡坚守着，希特勒把一名山地兵将军放到了最危险的战线，对其极为信任。整个指挥部都熟知这位非同一般的将军，他个人极为勇敢、严厉、顽强和果敢，有钢铁般的意志，非常强调纪律性，严格监督命令的下达和执行。"

1944年2月15日—16日夜间，舍尔纳率部成功地撤出尼科波尔桥头堡，他指挥的这次撤退行动令人印象深刻：没有留下任何一名伤兵，全部随队带走。1944年3月14日，深得希特勒信任的舍尔纳在柏林奉命担任陆军纳粹党督导部部长，直接对希特勒负责，随着东线战事的节节失利，希特勒认为向军队灌输纳粹思想及教义的重要性愈发突出。他一度和纳粹党的元老人物马丁·鲍曼（Martin Bormann）产生严重的意见分歧，表面上是对如何向军队灌输纳粹意识形态有不同看法，实质上仍是纳粹党内部的权力斗争——鲍曼最大的权力对手党卫队领袖希姆莱和舍尔纳关系密切，而且舍尔纳独特的个性使得他很容易树敌。曼弗雷德·梅塞施密特（Manfred Messerschmidt）这样评价他："像舍尔纳这样的人决不会走什么中间路线。"

很快，舍尔纳就再次被希特勒派回前线，或许那里才是最适合他的地方。

1944年春季，希特勒最难以接受的东线战况就是失去克里米亚半岛。1944年4月10日，德军第6集团军放弃了敖德萨（Odesa），这样德军就失去了能够为克里米亚半岛的第17集团军运送后勤补给的军港。第17集团军指挥官埃尔温·耶内克（Erwin Jaenecke）大将早在1943年10月开始，就一直提议放弃克里米亚半岛。他认为第17集团军已经疲惫不堪，而且随时会被彻底切断后勤补给，根本无法继续留在克里米亚作战。克莱斯特放弃敖德萨后，德国人失去克里米亚半岛就已经进入了倒计时。4月10日，耶内克大将下令，第17集团军撤离克里米亚地区的各项准备开始进行，对此他将个人承担一切责任。4月12日，希特勒不得不同意所有不必要的人员撤离克里米亚。这个事件的政治影响力是显而易见的，土耳其的反应就是最直接的后果：4月20日，土耳其在英美压力下宣布加入盟国阵营，10天后土耳其终止向德国提供铬矿石。

在克里米亚半岛，无法说服希特勒同意第17集团军弃守的舍尔纳只能发布更为严厉的命令：谁再擅自撤离放弃阵地，将因临阵胆怯被就地枪决；任何击毁苏军坦克的士兵可以获得回国3周的奖励。

不过，兵败如山倒的德罗军队不会因为几条命令就能把苏军再打回去，局势依然越来越恶化。耶内克于1943年6月24日就开始指挥第17集团军，由于他坚决反对希特勒要坚守克里米亚半岛的命令，因此于1944年4月30日被解职，卡尔·阿尔门丁格（Karl Allmendinger）步兵上将接替了他的职务。不过，此时的局势换谁来都无法挽回了，毫无斗志和士气可言的第17集团军官兵就盼着赶快跑路，谁都不想再打下去了。5月5日，苏军进攻塞瓦斯托波尔（Sevastopol）要塞。5月8日，希特勒就获知失败已经不可避免，终于下令从空中和海路把第17集团军撤出塞瓦斯托波尔。实际上此前从1943年11月1日开始，第17集团军就被隔离在克里米亚地区，希特勒为了稳定和土耳其的关系，要求不惜一切代价守住克里米亚，拒绝承认从4月12日就已经开始的事实上的撤退工作。5月9日，希特勒终于同意下达撤离的正式命令，但是这对于第17集团军而言实在太晚了，从海路的撤退由于有限的船只运载能力而进展缓慢。从4月8日开始，总计有13万德军士兵通过海运撤离，另外21000人通过空运撤离，而在塞瓦斯托波尔共计有20000名德军官兵和7000名罗马尼亚官兵被苏军俘虏。

5月12日，塞瓦斯托波尔要塞最终失守，数以万计的德国和罗马尼亚军人当了俘虏。舍尔纳靠严厉的命令和激进的处事手段无法拯救克里米亚的战局，罪责只能由耶内克大将和上任还没几天的阿尔门丁格上将担当，他们都受到了军法审判，而耶内克大将于1945年1月31日退役。

当舍尔纳上将就任南乌克兰集团军群指挥官后，第6集团军指挥官霍利特大将正好在国内度假，由于敖德萨的失守，他作为替罪羊被解职，调回国防军最高统帅部作为预备指挥官，离开了一线指挥岗位。直到战争结束前不久，他才被重新起用调到鲁尔战区。接替霍利特大将担任第6集团军指挥官的是马克西米利安·德·安格里斯（Maximilian de Angelis）炮兵上将，1944年7月17日，他被弗雷特–皮克炮兵上将接替。

退到罗马尼亚边境的南乌克兰集团军群下属韦勒集团军级集群（下属第4和第8集团军）、杜米特雷斯库集团军级集群（下属第6集团军和罗马尼亚第3集团军），以及第17集团军的残部。为了确保部队能切实执行命令，也为了确保罗马尼亚人不临阵倒戈，舍尔纳把罗马尼亚师间隔部署到德军部队之间。这样他们就无法临阵后退，让德军给盟友树立榜样，帮助罗马尼亚人增强坚守防线、保卫国家的勇气和信心。

温克中将现在和舍尔纳大将（5月20日晋升）一同工作，他虽然对部下非常严厉，对温克却不同于常人，最初甚至有点敬而远之的味道。得到了希特勒"自由信函"特权的温克将军记录道："我要说明的是，我一共两次针对舍尔纳动用了自由信函。希特勒和蔡茨勒对我的态度对舍尔纳产生了明显影响，他对我一直很客气也很小心，总是问我，我们该怎样解决某个问题。最初，他从来不告诉我他准备飞到那里去，因为他担心我会把他的行踪提前泄露给前线部队：'小心，舍尔纳来了！'但是舍尔纳显然不清楚，我们参谋军官的信息渠道究竟有多发达！当舍尔纳动身去某地的时候，我在第一时间就能从机场得知，舍尔纳飞走了。然后我继续通过不同渠道询问舍尔纳的目的地，他什么时候着陆以及他还将飞到哪里去。这是一件很搞笑的事，一位集团军群参谋长竟然预先不知道司令官去了哪里。当舍尔纳回来后，他首先去传令军官那里了解情况，然后去情报参谋I c、后勤参谋I b那里，接下来去找首席（作战）参谋I a，最后才到我这个参谋长这里，要求我向他汇报情况。我缓缓说道：'上将先生，您刚才已经和其他军官会过面了，并且已经得到了详细介绍，再来问我就显得多余了。我可能是一名非常差劲的参谋长，因为关于您的事和您的想法我总是知道得最晚。'"

对于舍尔纳在实际指挥中的独断作风，温克毫不掩饰自己的不满："上将先生，我不是你的传令官，我是你的参谋长！如果您不需要一个参谋长，那么请您给蔡茨勒将军打电话，我确信，我会被调到另一个岗位。"

"我的老天！"一向以严厉著称的舍尔纳对于自己的参谋长温克的这些话只能表现出无比的惊讶。

温克继续写道："我们之间是慢慢地相互了解，我们并没有产生严重的不可调和的分歧，我慢慢地能够理解他说话的语调和包含的意思。有时候舍尔纳经常会突然发布一条命令：'某某中士因为做了什么什么被捕。'而实际上这个中士并不存在，舍尔纳只是希望能够通过虚拟惩罚一个不存在的士官来不时地提醒下属注意纪律的重要性和执行纪律的严格性。蔡茨勒大将派遣我当舍尔纳的参谋长的一个重要原因，就是我和罗马尼亚方面的良好关系以及和他们交涉的丰富经验。我个人和安东内斯库元帅以及杜米特雷斯库上将都建立起了非常良好的信任关系，尽管我并不会罗马尼亚语，但是通过翻译的帮助我们也能很好地交流。舍尔纳被任命为集团军群指挥官后，我们一同前往布加勒斯特（Bucharest）。途中，舍尔纳突然告诉我，他向罗马尼亚方面预订了一个正式的国家级欢迎接待仪式。我惊讶地看着他，他说因为在他的集团军群里面有2个罗马尼亚集团军。当飞机快要到的时候，我让我的传令兵把我的罗马尼亚勋章给拿过来。舍尔纳惊奇地看着，问我这是什么。我说道：'上将先生，您预订了一个正式的高规格的欢迎接待仪式，那我也必须隆重一点，戴上我的罗马尼亚勋章。'飞机降落后，舍尔纳第一个走出飞机，安东内斯库以及杜米特雷斯库等人都亲自来到机场迎接，他们用非常正式的礼节欢迎舍尔纳，随后走到我面前和我用非常亲密的法式礼节互致问候。后来舍尔纳有点嫉妒地说道：'嗯，温克将军，我看我是多余的了，我可以马上飞走了。'晚上我们一同参加了欢迎晚宴，安东内斯库再次强调了和德国的盟友关系。晚宴期间舍尔纳喝了好几杯，他借着一丝酒意对着翻译说：'温克戴的那个罗马尼亚勋章，我也想要一个。'不过他并未如愿。舍尔纳和安东内斯库以及杜米特雷斯库的关系并不紧张，但是互相之间都有保留。而我因为此前就已经作为德方参谋长在罗马尼亚第3集团军和他们一起共事，因此建立起了极度信任的个人关系。"

6月6日，盟军在诺曼底登陆之后，越来越多的德军部队被困在了西线，而东线的情况也就显得更加窘迫。苏军的春季大攻势以胜利收复克里米亚半岛而告终，德军现在急需喘息的机会。蒂佩尔斯基希在专著中写道："我们的装甲师可以从前线暂时撤出来，调去休整补充，而前线的步兵师则必须继续坚守防线。除了少数例外，大部分的东线步兵师都已经连续3年不间断地在一线作战，他们没有任何喘息和补充休整的机会。即便他们的战区暂时平静下来，这些步兵师仍不得不延长自己的防线，以便于能够抽调出力量投入到别的战区。平日里步兵们都在不停地忙着修建防御工事，日夜值班放哨，神经一直绷得紧紧的。即便偶尔有补充人员抵达，数量也远远不够弥补巨大的损失，东线几乎就没有完整充实的步兵师。"

蒂佩尔斯基希提出的另一个严重的问题就是，由于在德国本土不断组建新的部队，新的番号不断出现，导致大批回本土度假或者康复的老兵被转到这些新单位担任骨干，而原来的老部队却由于战斗骨干的流失而不断被削弱。前线部队无法得到足够的武器装备和人员的补充，因为这些资源都被投入到了本土的新建部队。此外，东线部队的后勤补给也问题重重，运输车辆严重匮乏，尤其是步兵最重要的两种武器机枪和迫击炮的弹药尤为紧张。温克将军每晚都会对比白天的战斗报告仔细分析伤亡情况，希望能以尽可能小的损失来达到作战目的。此外，他也必须尽可能充分组织利用一切可以利用的资源来满足从希特勒到舍尔纳的要求。在内忧外困、东西两线作战的艰苦时刻，集团军群参谋长的任务之重可想而知，温克必须全力以赴，在处理日常繁杂的工作同时还必须时刻保持紧绷的神经来应付可能的突发事件。

此时，恩斯特·布施元帅的中央集团军群已经意识到苏军可能对他们展开猛烈的进攻,攻击重点是博布鲁伊斯克(Babruysk)、莫吉廖夫(Mahilyow)、奥尔沙(Orsha)和维捷布斯克。6月14日,德国陆军总参谋长蔡茨勒大将召集所有集团军群和集团军参谋长开会,这也是白俄罗斯战役开始前德军最重要的一次会议,可谓决定命运的关键会议。温克和北方集团军群以及北乌克兰集团军群的2位参谋长的意见一致,认为他们的集团军群当面没有苏军大规模进攻的迹象。而中央集团军群及其下属集团军的参谋长们一致确认,他们当面的苏军已经快要完成集结。然而陆军总参谋部和希特勒坚持认为苏军的主攻方向将是莫德尔元帅的北乌克兰集团军群,这个看法已经在他们心中牢牢生根,根本无法改变。

为了应对预想中苏军可能发起的大规模进攻,德军将大量装甲师都调到了北乌克兰集团军群,而强烈要求获得装甲预备队支援的中央集团军群得到的回答是:鉴于东线的整体局势,任何新的力量分配都是不允许的。中央集团军群只能用手中的38个师(不包括预备队和后方警卫部队)来防御1100公里的防线。6月22日是苏德战争爆发3周年,苏军4个方面军对德军中央集团军群的博布鲁伊斯克、莫吉廖夫、奥尔沙和维捷布斯克发动了猛烈进攻,意图很简单:*彻底吃掉的德军中央集团军群。*

6月28日,莫德尔元帅接替布施元帅指挥中央集团军群,但是即便是莫德

1944年6月28日,莫德尔元帅接替布施元帅指挥中央集团军群,图为他和刚刚接任第4装甲集团军指挥官的瓦尔特·内林装甲兵上将在商讨战局。

尔这位德军最优秀的防御大师也没有能力来拯救中央集团军群了，这是德国军事史上最大的惨败。双方的实力对比相差悬殊，13天内中央集团军群的28个师被苏军歼灭，德军的防线一下子坍塌出一个大口子，苏军利用这个巨大的防线缺口高速向西挺进。7月3日解放白俄罗斯首府明斯克（Minsk）；13日收复立陶宛首府维尔纽斯（Vilnius）；16日收复格罗德诺（Grodna）；27日解放杜纳堡。陆军总参谋长蔡茨勒大将面对这样的局势，加上和希特勒的意见分歧，终于无法承受巨大的精神和心理压力，几乎陷于崩溃状态。7月20日，暗杀希特勒事件发生后，陆军总参谋长位置就空了出来，由陆军作战部部长阿道夫·霍伊辛格（Adolf Heusinger）中将临时代理。

从4月15日—5月12日，舍尔纳的南乌克兰集团军群下属的第6集团军一路撤退到德涅斯特（Dnestr）河下游，转入防御后在格里戈里奥波尔（Grigoriopol）地区发动反击。战斗一直持续到8月20日，该集团军连同南乌克兰集团军群的其他部队才被苏军的新攻势打垮。第8集团军于3月27日—5月12日在比萨拉比亚（Bessarabia）以北进行防御，雅西（Jassy）以北的防御战一直进行到6月6日，德军以装甲部队侧击进攻中的苏军和频繁出击的方式狠狠咬了乌克兰第2方面军几口，给苏军造成了15万人左右的损失。从6月7日—8月20日，该集团军在德涅斯特河至普鲁特（Prutul）河之间防御作战。

到1944年7月，温克将军的军事生涯出现了一次巨大转折，他继1942年担任总参谋部军官培训班教官之后第二次离开前线回到本土。这次他将和古德里安一同工作，成为古德里安最重要的副手和伙伴。

斯大林格勒的捍卫者之一——第62集团军被苏军最高统帅部改编为近卫第8集团军。当崔可夫上将于1944年4月10日率领部队解放敖德萨后，莫斯科为此鸣礼炮240响，以庆祝这一胜利。图为近卫第8集团军的官兵气宇轩昂地行走在敖德萨的大街上，领头的一排苏军中还有2名挎着冲锋枪的女兵。

对撤退中的德军紧追不舍的苏军装甲纵队。在牺牲了数百万将士之后，1944年苏军终于将全部国土从德军手中解放了出来。

从左到右：舒尔纳山地兵上将、温克中将和罗马尼亚陆军总参谋长施代夫利亚（Steflea）将军正在商谈。

1944年4月19日在罗马尼亚首都布加勒斯特召开的欢迎酒会，左起：温克中将、安东内斯库元帅和舒尔纳山地兵上将。4个月后，安东内斯库将在谒见国王时被捕，而罗马尼亚也将调转枪口，加入苏军一方。

白俄罗斯战役期间，苏军的一个机枪班正在涉渡一条小河，向德军阵地逼近。

战壕中的德军步兵，呈准备出击的状态。

装弹—撤离—开火！德军火箭炮部队的实战场景。由于火箭弹的精准度较差，德国在战前一直将这类火炮视为辅助武器，用来发射烟幕弹或其他特殊弹药，直到被苏军的喀秋莎火箭炮轰了个灰头土脸，才明白过来火箭弹的威力有多可怕。

白俄罗斯战役，德军中央集团军群遭遇了德国军事史上最大的惨败，28个师被歼灭，几乎被苏军打出国境线。图为押送德军战俘的队伍经过一个农庄，正在收割的农妇向被俘的德国人挥舞着手中的拳头以示轻蔑。

逃出苏军包围圈的德军官兵都狼狈不堪，为了不让泥浆粘掉靴子，这个德军士兵干脆把靴子脱下来挂在肩头光脚跑路。

十三

特立独行
陆军总参谋部

1944年7月20日，暗杀希特勒事件发生后，正担任南乌克兰集团军群参谋长的温克中将被希特勒和古德里安同时选中。按照古德里安大将的愿望，温克中将被任命为陆军总司令部作战处处长一职（作战处随后扩大为更大规模的参谋指挥部），由此他正式成为古德里安的副手，实际行使代理总参谋长职权。

古德里安日后回忆道："我给此时正在南乌克兰集团军群指挥部任参谋长的温克将军写信，希望他来担任我的作战处处长。而这个作战处很快将会扩大为规模更大的参谋指挥部，隶属他负责的除了原来的作战处以外，还包括组织处和东线外军研究处。这样温克将军就可以拥有一整套指挥组织和情报体系，便于他完整地掌握对东线陆军的指挥工作。"

作战处、组织处和东线外军研究处这3个部门的负责人分别为博吉斯

海因茨·威廉·古德里安（1888.6.17～1954.5.14）大将。德国装甲兵之父，坦克与机械化部队作战理论的推动者和实践者，他所强调的各军兵种协同作战的战术思想对后世影响深远。由于在莫斯科城下的失利，他被希特勒解除职务，之后又因战局不利而被重新启用，先任装甲兵总监，后任陆军总参谋长。由于无法认同希特勒在战争后期的一些固执意见，他屡屡与其发生激烈争吵，但挑选温克作为搭档是他和希特勒难得意见一致的时刻。

拉夫·冯·博宁（Bogislaw von Bonin）上校、文德兰（Wendland）中校和莱因哈德·格伦（Reinhard Gehlen）上校。

1944年7月20日，温克将军还在南乌克兰集团军群的指挥部里忙碌着。就在这天深夜，希特勒亲自通过广播发表讲话："……为了最终稳定国内秩序，我已经任命希姆莱为本土国防军总司令。同时，我任命古德里安大将为陆军总参谋部总参谋长，接替因病不得不离开工作岗位的原总参谋长。此外，我还将从东线的优秀指挥参谋军官中挑选一位担任古德里安将军的助手。"

温克听到这里后，回头询问他的首席参谋伊沃-蒂洛·冯·特罗塔（Ivo-Thilo von Trotha）上校："你认为会是谁呢？"

特罗塔上校非常干脆地回答："我认为肯定是您，将军！"

这次特罗塔上校猜得非常对，希特勒果然很快就亲自宣布了将温克将军调入陆军总参谋部的任命。接到命令后温克马上开始收拾行装，他于21日上午离开南乌克兰集团军群指挥部，下午坐上了飞往东普鲁士拉斯登堡（Rastenburg）的飞机。温克在日后回忆道："狼穴（元首大本营）里面乱得一塌糊涂，如同一个被狗踩过的鸡窝。暗杀行动的遗留惨景清晰可见，很多总部人员非死即伤，远程通信线路被切断，没有人知道谁负责什么或者应该和谁联络。我和古德里安短暂交谈后，彼此都认为此刻最重要的只有一件事：如何尽快稳定东线部队，尽可能减少这次暗杀事件对军队的影响。这样他才能继续有效地指挥东线部队和苏军作战。"

温克一到陆军总司令部就进入了角色，他以作战处处长的身份向希特勒做了关于东线战局的汇报。温克按照他一贯的说话风格和语气，不带任何掩饰和美化，就如同他一直以来向他的历任指挥官汇报一样，直截了当地向希特勒介绍东线局势。当他介绍完东线局势后，还对希特勒做了下述总结陈词："我的元首，您看，整条东线就如同一块黑奶酪一样，上面有很多很多漏洞。"

温克后来回忆道："元首就站在我的右侧，我们对面站着凯特尔元帅，在我发言期间他不停地摇头。约德尔大将和卡尔·邓尼茨（Karl Donitz）海军元帅则惊讶地看着我。汇报结束后，凯特尔亲自打电话给我，要我立即到他的办公室报到。在那里，凯特尔对我大发雷霆，严厉斥责我做汇报的态度和语气，他责问我：'你以为你这是在哪里？从来没有人向元首用这样的语气做过汇报！'我回答道：'元帅先生！我一直都是这样给我的历任指挥官做汇报的。我们能够很快沟通清楚，了解我们正处于怎样的境地。当然，如果您希望，那么我将用另一种语气做汇报。'于是在3天后，我换成了大多数人习惯的语气和方式给希特勒做汇报，汇报结束后我正准备离开。这时候希特勒突然站了起来，走到我面前，亲自陪着我走

派头十足的威廉·凯特尔元帅正在狼穴大本营和希特勒交谈。从1938年起直到德军1945年投降，凯特尔都担任着德国武装部队最高统帅部参谋长一职。有说法认为希特勒提拔他的原因不在于他的才能，而在于他的服从。1944年7月21日，温克担任陆军总参谋部作战处长，凯特尔曾对温克向希特勒汇报时过于直截了当的风格和态度进行过抨击，并要求温克做出修正，但由于希特勒欣赏温克这种直言不讳的风格而作罢。

到门口。其间他用低沉的声音询问我：'温克将军，怎么回事？你失去了你往日的锐气。'我平静地回答道：'根据命令，我的元首！''为什么？'希特勒奇怪地问道。然后我大概描述了凯特尔元帅对我的要求以及我和他之间的对话。希特勒静静听完后说道：'我本人对你的前线语气非常欣赏！''我的元首，明天这样的语气就会回来的。'我回答道。此后我又恢复了我往常习惯的汇报形式，古德里安将军对我的做法一直都非常赞同，而凯特尔则再次向我投来极度不解和愤怒的眼神。在汇报结束后，我专门绕过桌子走到凯特尔面前对他说：'这是元首允许的，元帅先生！'"

从青年时代起，温克就对摩托车一直非常感兴趣，他是一名喜欢追求速度的摩托车和汽车驾驶爱好者。当他刚到陆军总参谋部报到的时候，就对古德里安说道："大将先生，这是我第一次到一个没有属于我自己的摩托车的地方工作。"

"这怎么行？"古德里安立即回答道，"我们马上去办，这里有这么多的运输线，必须马上'闪电'一样快地给你运1辆过来。"

温克将军回忆道："他（古德里安）给我送来1辆插着鲜花的摩托车，太棒了。我马上骑上车，从我们的陆军总司令部向元首的总指挥部开去。路上我的心情非常愉悦，因为我终于可以继续骑着摩托上路了！这天我照例披着一件摩托风衣，顺利骑着摩托通过第一道警戒岗哨，没有哨兵阻拦我。当我到达第二道警戒哨的时候，我被哨兵们拦了下来。其中一名哨兵对我说：'您不能骑着摩托进入这里。'我脱下了我的风衣，露出了我的中将军服，这名哨兵赶紧立正：'对不起，将军先生！'我笑着说：'让开，年轻人！'然后我跨上车径直开了进去。不多会儿，我转过弯开到了直接通向元首总指挥部的道路上。从这里开始，几乎所有人都是步行前往的，走在我前面的有凯特尔、约德尔、邓尼茨和戈林，以及其他一班将军们。我骑着轰鸣的摩托很快就赶上了他们。'我该怎么办？'这时候我问自己，下车还是超过去？做出决定后我找到了摩托车把上的喇叭按钮摁了摁，顷刻间这一大群人都被我惊呆了，纷纷向两边闪躲，自然给我让出了一条通道。我也没怎么减速就直接擦着他们开了过去，然后在楼前转个弯，停好车，转身下车。这时候只见戈林扭动着肥胖的身躯，怒气冲冲地跑过来对我吼道：'你精神错乱了？我们所有人都是走路的，只有你开着摩托横冲直撞。我告诉你，元首会把你在空气中撕碎的！'周围的人们纷纷附和戈林说的话，看上去好像我捅了大娄子。这时候，希特勒从他的地堡那边走了过来，所有人都纷纷让开，希特勒缓步走到

正在狼穴大本营元首地堡门前讨论问题的纳粹高官们，左起：凯特尔元帅、戈林帝国元帅、邓尼茨海军元帅、希特勒的私人秘书鲍曼，被鲍曼挡住脸部的人则是党卫队全国领袖希姆莱。他们都对温克敢于在狼穴大本营内开摩托车而感到无比愤怒，在得到希特勒的允许后，这就不是问题了。

我面前，握着我的手对我说：'温克将军，一位开着摩托车威风凛凛的将军，这是我迄今为止看到过的最美丽的画面之一！'我赶紧问道：'我的元首！那我以后可以每天骑着摩托来吗？''当然可以！'希特勒回答道。这可把我周围这一群人惊呆了，因为他们心里都清楚，希特勒是个对于噪音很敏感而且非常讨厌的人，而我却侥幸得到了元首的特殊许可。"

关于温克在狼穴的经历，还有个小故事能从侧面来反应这位装甲兵将军的与众不同。

"以后每天给温克将军准备一份李子蛋糕，但是他必须留在这里！"这是希特勒的命令。

1944年7月—8月间的某日，元首大本营：温克在做完东线陆军形势汇报后，一时兴起，想看看希特勒为什么会如此钟爱这个"狼穴"。一直以来，元首地堡的卫兵们时常能看到希特勒对待温克将军非同一般的亲热态度，自然对这位年轻的将军倍加尊敬。温克将毫无阻碍地进入了元首地堡，他缓缓推开那道沉重的钢门……

温克知道，此刻希特勒肯定不在，他还要忙着去听海空军的汇报呢，不会有人来打扰他参观的。闲逛中，温克看到了一张铺着白布的桌子，角落边还坐着2位正在闲聊的美女——希特勒的2位秘书。看到这位英气勃勃的中年将领（当时温克已经45岁了，因为长着一张娃娃脸，所以看上去还算年轻），正百无聊赖的她们霎时间来了精神，都高兴地站了起来。

"嗯，我是温克……"他觉着还是有点唐突了，赶忙先自报家门。

"我们觉得也是您！"2个女孩不约而同地答道，对于这位颇受元首器重的将军大家早有耳闻。

"我们一直待在这个堡垒里面可真不舒服啊，无论是凌晨3点还是下午。对了，我可以在这里喝一杯咖啡吗？"温克抱怨归抱怨，实际上他是想好好地休息一下。

"当然可以啦！"女孩们高高兴兴地去准备咖啡。

"噢，对了，我看到你们这里还有我最喜欢的李子蛋糕，这真是太棒了……"他显然觉得肚子也有点饿了。

女孩们当然明白他的意思，很快温克就喝到了暖暖的咖啡，尝到了他最喜欢的李子蛋糕。

"明天我还可以来吗？"美味的蛋糕和咖啡，惬意的气氛让温克觉得意犹未尽。

"当然可以啦！"秘书们笑开了花。

此后几天，温克每天必来报到，享用美味的蛋糕和咖啡，放松心情和秘书们闲聊一会儿……

几天后，他还是照例去吃下午点心，可是发现没有李子蛋糕了。他感到非常奇怪，就问女孩怎么回事。原来由于前线吃紧，内忧外困之下希特勒下令元首大本营内也必须勤俭节约，因此蛋糕之类的"奢侈食物"也在禁止之列。

这让温克颇为失望，他对秘书抱怨道："嗯，好吧，我看我还是回前线比较好。在那里，至少一个老兵还是能够得到他想要的基本食物……"

第二天，温克照常给希特勒做完战况汇报后准备离开，希特勒走过去陪着他一起走到门口，边走边对温克说道："温克将军，你还是照常去吧，李子蛋糕会继续给你准备好的……"

听到这话，温克不由得吃了一惊，希特勒怎么知道的？当天下午，他还是去元首地堡吃他的蛋糕，喝他的咖啡，不过他也问了秘书们究竟怎么回事，怎么"奢侈食物"又回来了。女孩们也乐了，她们告诉温克，因为她们把他的原话转告了希特勒："温克将军说，如果没有李子蛋糕吃，他就想回前线了……"

这可把希特勒急坏了，于是就出现了这样一道特殊的元首令。

曾担任过第48装甲军参谋长的弗里德里希·冯·梅伦廷（Friedrich von Mellenthin）少将是这样评价温克的："全靠他的自信、可靠、智慧和准确明了的前线用语，他才能够真正对希特勒这位顽固的一直以来都以自我为中心、从不听取他人意见的人施加影响力。温克将军不属于那群只会对希特勒说'是！我的元首！'的人。"

从1944年7月21日开始，一直到1945年2月期间，温克一直担任陆军总司令部代理总参谋长、作战处长以及在此基础上扩充的参谋指挥部部长。在这7个月左右的时间里，他亲身感受到了希特勒对于陆军的强大影响力，古德里安作为陆军总参谋长的权限受到了严格限制，因此整个陆军总司令部的工作效率以及命令的制订和执行的效率都很低。古德里安曾经提出要得到东线各集团军群的实际指挥权、对陆军总参谋部参谋军官的指挥权和任免权的要求，结果都被希特勒否决。对于古德里安和温克而言，如何切实有效地运作陆军参谋部是一个非常困难而且充满挑战的任务。

此时德军的东线战局已经一塌糊涂，北乌克兰集团军群在苏军的压迫下节节败退，中央集团军群则简直成了一个大灾难，它在白俄罗斯战役中损失了近30个师！到7月21日，苏军已经抵达米陶（Mitau，现拉脱维亚叶尔加瓦）以北，彻底孤立了北方集团军群，割断了他们和德军其他部队的联系。由于中央集团军群的崩溃，北方集团军群不得不将它的右翼防线收缩到米陶—杜纳堡—普斯科夫一线。

古德里安对当时的困境这样评论道："我从我的前任手里接过来的不仅仅是一个失去组织秩序的总参谋部，而且还有一条几乎将要完全崩溃的东线。陆军总司令部手里已经没有预备队，此刻我们唯一能抽调的作战力量就只有部署在南乌克兰集团军群身后的罗马尼亚地区的部队了，而他们的调动运输则需要花费很长的时间。"

温克对于罗马尼亚的情况非常熟悉，他首先把几个装甲师从防线抽调出来，尽可能组织起一些能作为快速反击使用的预备力量。古德里安则继续向希特勒建议，把罗马尼亚所有能够抽调的部队都调到北面，用于重建中央集团军群和北方集团军群的联系，恢复已经被截断的防线，而且这些运输调动必须即刻开始。7月23日，在古德里安的建议下，原南乌克兰集团军群指挥官舍尔纳大将调任北方集团军群指挥官，作为交换，原北方集团军群指挥官约

1944年下半年的一次战局研讨会，左起：温克中将、冯·洛林霍芬少校、匈牙利陆军总参谋长约翰·瑞德（János Vörös）上将、古德里安大将、汉斯·冯·格赖芬贝格步兵上将。

翰内斯·弗里斯纳（Johannes Friessner）步兵上将在晋升大将后接任南乌克兰集团军群指挥官。

1944年8月1日，波兰首都华沙爆发武装起义。古德里安请求把华沙划入陆军管辖的指挥区域，但是在希姆莱等人的影响下，希特勒没有同意这个建议，而是派出党卫军部队进行残酷镇压。华沙起义于10月初失败，在此前不久的9月16日—26日期间，德军在投入了温克从罗马尼亚调来的装甲预备队后成功地重建了中央集团军群和北方集团军群的联系，总算勉强把巨大的防线空洞暂时补上了。

1944年8月5日，和温克将军非常熟悉的罗马尼亚首相安东内斯库元帅来到东普鲁士拜访希特勒。当古德里安向这位罗马尼亚元帅介绍东线局势的时候，温克也陪同在场。安东内斯库元帅非常理解东线此刻的严峻局势，也同意目前首要的任务是重建中央集团军群和北方集团军群的防线联系。

8月20日，苏军马利诺夫斯基大将的乌克兰第2方面军、费多尔·托尔布欣（Fedor I.Tolbukhin）大将的乌克兰第3方面军对德军南乌克兰集团军群的大

在前线视察的罗马尼亚首相安东内斯库元帅。1944年8月23日，罗马尼亚发生政变，安东内斯库元帅被解职，1946年6月1日他被判处绞刑。

规模进攻开始，苏军进攻的重点为罗马尼亚军队的防线。短短几天，罗马尼亚军队的防御就全面崩溃，使得德军有18个师陷入包围。就在前线一片混乱的时刻，罗马尼亚政局也出现了变数，8月23日安东内斯库元帅被解职，罗马尼亚选择苏联。2天后，罗马尼亚新政府宣布向德国宣战。差不多2年后的1946年6月1日，安东内斯库被判处绞刑，温克熟悉的罗马尼亚第3集团军指挥官杜米特雷斯库上将也是同样的命运。8月31日，16个德军师被全歼，重建的德军第6集团军除了指挥部逃出去外几乎全军覆没，苏军进入布加勒斯特。短短几天后，苏军于9月8日攻入了保加利亚，保加利亚宣布退出轴心国同盟，此时德国实际上已经失去了对整个巴尔干地区的控制和防御。9月19日，德国北面的盟友芬兰宣布和英国以及苏联停火，它和德国的关系就此彻底破裂。

此刻德国和最后的欧洲盟友匈牙利的关系也岌岌可危。1944年8月底，古德里安大将亲自前往布达佩斯（Budapest），向霍尔蒂（Horthy）海军元帅提交一封信，同时查访一下他的情况并听取其意见。霍尔蒂对古德里安说的第一句话就是："您看看，先生，在政治上，人们必须不停地往火里面添加冰。"

古德里安对此十分清楚和理解，他也确认了匈牙利的局势并不乐观，立刻回去向希特勒做了汇报——"战争之神已经在敲匈牙利边境的大门。"

此时德国的西线,也就是国防军最高统帅部(OKW)负责的区域,情况也很严峻。诺曼底登陆2个月后的8月15日,德军在西线的31个师不得不为自己的生存而奋斗,他们中的21个师已经陷入了盟军精心构筑的"法莱斯口袋"包围圈。8月25日,盟军解放巴黎,对于希特勒和国防军最高统帅部而言,最急迫的一个问题就是:新的防御重心建立在哪里?和英美盟军交涉有条件投降的政治斡旋是完全不可能实行的选择,陷入两线作战的德国此刻已经没有能力兼顾两边防御的要求。希特勒的意见是把作战重点先放在西线,在盟军抵达莱茵(Rhine)河流域以前,对其进行猛烈打击,尽可能重创盟军,然后寻求有条件的停战。古德里安的意见则是,希特勒制订西线作战计划的前提是必须保证东线能够稳定下来,并且能够维持防线,直到西线完成作战后,再把预备队从西线调往东线。此外,西线的进攻作战必须尽早开始,这样还有可能在冬季苏军大规模进攻到来前再把预备队调往东线,只有这样疲于奔命的德军部队才有可能勉强满足东西两线的基本要求。

德军在西线的大规模进攻计划——阿登反击战也在这段时间逐步被确立。对于负责东线作战的陆军总司令部而言,东线局势在苏军的猛烈打击下岌岌可危,目前首要的任务就是尽可能地稳定现有的战线。随着巴尔克将军的部队陆续调往西线,东线的德军兵力越加捉襟见肘。古德里安和温克的一致意见是首先缩短战线,借此节省出预备队,但是希特勒坚决反对这样的缩短防线计划,尤其他严令北方集团军群必须坚守库尔兰(Kurland)地区。古德里安回忆道:"最严重的问题是,原计划11月中旬展开的西线大反攻推迟到12月中旬。这样的话,东线获得预备队来应对苏军即将展开的大规模进攻的时间也不得不往后拖。"

东线艰苦的战斗在这段时间里并没有停歇下来,弗里斯纳大将指挥下的南乌克兰集团军群(9月25日改名为南方集团军群)虽已千疮百孔,却一直在拼命抵挡着苏军的猛烈进攻。10月中旬,苏军进入罗马尼亚中西部的特兰西瓦尼亚（Transylvania, 德语Siebenbürgen）地区；20日，南斯拉夫首都贝尔格莱德（Belgrade）被约瑟普·布罗兹·铁托（Josip Broz Tito）领导的南斯拉夫军队和苏军解放；29日，苏军已经挺进到距离匈牙利首都布达佩斯不远的地方；11月30日，苏军突破德军东南最高司令部（冯·魏克斯元帅）的防线，向着巴拉顿（Balaton）湖挺进，直接碾向南方集团军群的防线；12月5日，苏军突进到布达佩斯以南地区，25日基本完成对布达佩斯的包围。

在这段时间里，古德里安和希特勒的意见一直存在严重分歧，这也使得温克将军的工作进行得非常艰难。12月初，希特勒的大本营从东普鲁士搬迁到德国黑森州吉森（Giessen）附近的齐根贝格（Ziegenberg）。希特勒向古德里安承诺在西线反攻成功后，将削减西线力量从而抽调出部队来补充东线，以应付苏军即将发起的大规模进攻。

12月16日，阿登反击战打响。到22日，战况显示德军在阿登的反击目标基本无法达到，希特勒的构想已经远远超出当时德军的能力，不过希特勒和国防军最高统帅部并没有中止阿登的反击作战，而是继续投入兵力妄图一搏。即便如此，阿登反击战的最终失败依然是不可扭转的事实。此时，苏军的主攻方向已经可以确认，3个主攻出发点为：巴拉诺夫（Baranow）桥头堡、华沙北部和东普鲁士边境。古德里安和温克估计苏军的主攻时间定在1945年1月12日，因此对于东线德军而言，用来补充防线以及组织预备队的时间已经不多了。

12月24日，古德里安亲自前往希特勒大本营参加会议，与会的除了希特勒，还有凯特尔、约德尔、威廉·布格多夫（Wilhelm Burgdorf）步兵上将以及一群参谋军官。古德里安明确提出，根据东线外军研究处格伦少将的报告，苏军占据了绝对的优势，已经快要完成最后全线总攻的各项准备工作。然而希特勒对此嗤之以鼻，甚至连希姆莱都在晚餐的时候对古德里安说东线外军研究处的情报不准确，东线苏军不可能有这么强大，他相信在东线什么也不会发生。而约德尔为了确保西线战场的优先权，继续进行在阿登的攻势，自然也不会赞同古德里安的意见。于是在1944年的圣诞节，古德里安的心情郁闷到了极点。25日，古德里安回到措森（Zossen），而希特勒却背着古德里安把威廉·吉勒（Wilhelm Gille）党卫军上将的党卫军第4装甲军从华沙调到了匈牙利，投入到解救布达佩斯的战役中去。党卫军第4装甲军原本是莱因哈特大将手里唯一的装甲预备队。从此刻开始，德军在东线长达1200公里的防线上就剩下12个师的预备队了。

　　1945年新年，古德里安和温克继续就如何应对东线局势多次进行商讨。1月5日—8日，古德里安先视察了韦勒步兵上将的南方集团军群，先后和巴尔克、吉勒将军会面，然后他又去了约瑟芬·哈佩大将的A集团军群。通过实地考察，古德里安对于东线各集团军群尤其是南部德军的情况有了非常清晰的了解，他准备做最后一次努力，尝试说服希特勒重新把预备队部署到东线。然而无论古德里安拿出怎样翔实的数据资料和确切的情报，希特勒都不屑一顾，他固执地认为古德里安及总参谋部各部门的意见纯属胡扯，要求古德里安立刻停止这样的工作。古德里安据理力争，强调他的属下特别是负责收集苏军情报的格伦少将都是非常称职的总参谋部军官，他们的工作值得好好重视。希特勒和往常一样恼羞成怒，威胁要把格伦少将解职，"那同时把我也解职吧。"古德里安寸步不让。最后，和以往的争吵一样，希特勒和古德里安没能达成一致，解职的事情自然是说说就算，然而德军在东线的部署状况没有丝毫改变，古德里安没能说服希特勒把预备队部署到东线最危险的防御地段。

　　希特勒最后对古德里安说："东线从来没有像现在这样拥有如此充足的预备队，这是您的功劳，我非常感谢您！"

　　古德里安回答道："东线如同纸牌搭成的房子，随便抽掉一张牌，整个房子都会倒塌，对于漫长的防线而言，12个半师的预备队实在太少了。"

　　在这段时间，有一段历史悬案值得好好探寻一下，或许我们能从不同的声音中获得更多的思考空间。在布达佩斯战役期间，尤其是12月中旬的作战，古德里安和温克对于德军该战区装甲部队的指挥问题长期以来都被人指责，认为他们存在一个巨大的指挥失误。这些军史专家认为主要责任属于古德里安。那么究竟事实的真相是什么呢? 关于这方面的研究, 尤其是关于古德里安和温克是否存在严重指挥失误的问题, 最初开展详细研究的是德军第1装甲师战史作者鲁尔夫·施特弗斯中校, 冲突双方分别为古德里安和南方集团军群指挥官弗里斯纳大将。

最早的文字描述来自于弗里斯纳的回忆录, 他具体描述了德军第3、6、8这3个装甲师以及3个豹式坦克营在南方集团军群的作战情况。根据他的记载, 当时希特勒命令德军在巴拉顿湖—韦伦采(Velenczs)湖之间向东南方向发动进攻, 他要求进攻作战马上开始。12月14日, 弗里斯纳通报古德里安, 他无法对"利用现有装甲部队发动进攻, 把装甲部队送入泥泞的原野中"这个命令负责, 他希望能等进入冰冻期再开始进攻作战, 这样便于机械化部队的运动。12月18日, 古德里安和弗里斯纳对于这个进攻计划产生了严重分歧。当天弗里斯纳飞到措森古德里安的总参谋部, 亲自向古德里安介绍战场的实际情况, 希望能得到古德里安的理解和支持。

弗里斯纳在回忆录中继续这样写道: "陆军总司令部命令, 针对在沙希(Sahy, 匈牙利语Ipolysag, 现归属斯洛伐克)地区集结后南下的苏军近卫第6坦克集团军, 除了已经投入战斗的德军第8装甲师之外, 第3和第6装甲师在没有坦克部队支援的情况下, 仅仅把他们的步兵单位投入了该地区作战。这2个装甲师将从科马罗姆(Komárom, 德语Komorn)进入赫龙(德语Gran)运河以东地区, 在那里和已经陷入停滞状态的第8装甲师会合, 然后一同继续进攻, 封闭沙希地区, 并和第8集团军的右翼建立联系。第3装甲师和第6装甲师的坦克以及装甲炮兵单位则留在塞克什白堡(Székesfehérvár, 德语Stuhlweissenburg)地区作为进攻预备队。这是德军对装甲师的作战应用中, 第一次把他们的装甲单位和步兵单位分开投入战斗。而这个明显错误的命令是来自于古德里安这个装甲战专家! 这是一个明显有悖于装甲作战常识的命令, 它让所有相关的部队以及指挥机构大吃一惊! "

12月20日，苏军沿着维伦茨湖两侧发动了反攻。弗里斯纳继续写道："把第3装甲师、第6装甲师的步兵和装甲部队分开投入战斗的恶果已经显现了。在这关键时刻，我们的装甲部队没有了步兵的掩护。敌人清楚，在这样的地理和天气环境下，使用步兵部队进攻更加适合。可能他们已经发现我们装甲师的步兵部队向北调动，他们充分利用了这些情况。而我们留在此处的坦克部队面对苏军步兵却无计可施，虽然他们也给苏军造成了巨大损失，但是没有步兵部队的支持无法完全阻挡苏军的进攻。而苏军步兵可以绕过我们的坦克正面，切断装甲部队的后勤补给线。"

针对弗里斯纳的描述，鲁尔夫·施特弗斯中校这样认为："关于这段争议，简单地根据一家之言做出判断显然是不公平的。我曾经和当时担任南方集团军群参谋长的赫尔穆特·冯·格罗尔曼（Hellmuth von Grolman）中将详细交流过。他认为，弗里斯纳和古德里安的分歧或许可以慢慢处理调和，但是由于在1944年12月28日弗里斯纳突然被解职，导致他们之间的矛盾彻底无法得以调解。弗里斯纳的书是在古德里安去世后才出版，而且他在此书的写作中并没有得到正式官方文件的支持……我通过整理验对各种回忆记录后认为，第3装甲师和第6装甲师的指挥官们都非常聪明地明哲保身，宣称他们在没有坦克的情况下被部署到赫龙运河地区。但实际上他们至少带了1个装甲营或者2个装甲连才去的赫龙运河，而关于这部分内容，他们在和军部以及集团军部的沟通后保持缄默，并没有在作战日志中明文记录……"

对于1944年12月在匈牙利装甲部队指挥的争议事件中饱受指责的古德里安和温克将军，施特弗斯中校十分肯定地写道："在一些资料中，关于1944年12月中旬匈牙利战场的描述里，对于第6集团军聚集强大的新锐装甲力量的记录明显存在着夸张和不实的成分……关于新的豹式坦克营（每个营大约45辆豹式坦克，第130装甲教导团1营则有超过60辆豹式坦克）的使用，总参谋部（古德里安与温克）明确要求：整体投入作战，由装甲团团部指挥。只有这样的指挥机构才能最有效地使用豹式坦克作战，并且才能确保最大限度地发挥这些坦克的作战威力。"

施特弗斯中校认为，单方面指责古德里安和温克这两位装甲部队专家在此次事件中的错误指挥的论调是相当不负责任的。他为此总结道："南方集团军群第6集团军可以投入作战的坦克部队只有在天气、地形和敌情都适合的情况下才能发挥出最佳的作用。关于他们的使用问题，陆军总总参谋部和南方集团军群以及第6集团军指挥部之间进行了长时间的多次商谈。古德里安和温克提出要求，最新投入的3～4个豹式坦克营将在实战经验丰富的元老装甲师的装甲团指挥下整体投入作战。在沙希以西和以北地区的第3、6、8这3个装甲师（隶属第57装甲军）的3个战斗群各自除了大约3～4个装甲掷弹兵营以外，还各有1个装甲侦察营，以及大量装甲炮兵、工兵、高炮和反坦克炮兵（有些装备了坦克歼击车）部队。此外，他们还得到了该地区其他部队的突击炮和坦克歼击车单位的支援，而他们自己的装甲部队也还有第6装甲师第11装甲团2营、第8装甲师第10装甲团1营和第3装甲师的一个小型装甲战斗群。实际上，这3个装甲师并非没有'坦克力量'或者'坦克掩护'！然而上述这些事实，都被很多战史作者或多或少地忽略了，他们只提到了这些部队的步兵单位。陆军总参谋部的古德里安、温克和他们的助手们时刻都为在一线战斗的士兵们考虑，在当时的战局下，他们希望能够最有效地使用这些德军最后的豹式坦克营，由优秀的装甲团来指挥他们。即便在诸多不利情况的限制下，他们也希望能够最合理地使用这些装甲部队，尽可能发挥其作用。然而，在多瑙河以北地区严重缺乏步兵部队进行防御，并且又无法得到支援的紧要关头，古德里安和温克必须想方设法去解决危机。他们希望这3个装甲师的装甲掷弹兵在各自的炮兵、反坦克炮兵、装甲侦察营、突击炮部队和装甲部队的支援下，能够应对自己面前的危险局势。古德里安和温克并非在仓促中做出决定，这是他们和集团群以及集团军指挥部进行了多次协商后，共同得出的最佳应对方案。"

1月12日，东线的战局再次风起云涌，苏军准备充分的大规模进攻将从华沙以南的巴拉诺夫桥头堡开始。1月16日，希特勒把他的大本营迁回了柏林的总理府，同一天古德里安照例向希特勒汇报战况。希特勒终于同意停止西线德军的进攻作战，转入防御。从西线抽调出来的作战力量立刻调往东线，但是希特勒要求将这些部队中的大部分包括主力装甲部队都调往匈牙利。古德里安对此表示极度不理解，他和希特勒之间又发生了激烈争执。希特勒的固执使得古德里安和温克的工作变得越加艰难，两人的神经在重压下都时刻紧绷着，短短半年时间，两个人看上去都苍老了许多。唯一不变的是温克的自信和乐观，哪怕是在最困难的时候，他都给了古德里安工作和精神上的全力支持。

1月17日，陆军总司令部确定苏军的主攻方向为A集团军群，在这个集团军群正面部署着苏军大约15个坦克军，强大的坦克兵团正蓄势待发。该集团军群指挥官哈佩大将被舍尔纳大将接替，希特勒认为哈佩大将必须对战局的不利负责，而深得其信任的舍尔纳大将照例又被派到了最重要的地区。

17日下午，总参谋部作战处的参谋军官向古德里安和温克报告，华沙地区的前线情况非常危急，他们建议放弃华沙向西后退，重新建立一条防线。面对古德里安的询问，冯·博宁上校回答道，根据最新的报告，华沙的陷落已经是不可避免的事实，可能实际上已经发生了，因为和华沙的联络已经中断。在这种情况下，古德里安和温克都同意作战处的意见，随后古德里安前往总理府亲自向希特勒汇报。当他赶到那里的时候，华沙方面又传来了新的消息，此刻华沙还在德军手里，撤退将在晚上进行。希特勒对此大发雷霆，他严令必须不惜一切代价死守华沙。尽管如此，华沙城防指挥官还是决定违背希特勒的命令，率领残余部队撤出华沙。对他而言，依靠手中仅有的4个所谓要塞步兵营是根本不可能守住华沙的。

在得知华沙丢掉了之后，希特勒的愤怒持续升级。他在18日下令逮捕了所有参与和华沙联络以及指挥的陆军总司令部的参谋军官。古德里安对此明确表态，所有责任都将由他个人来承担，不允许随便逮捕他手下的参谋军官。希特勒很简单地回答道："不，不，我要惩罚的对象不是你，我只是要处理（陆军）总参谋部。我已经无法忍受这样自行其是，强迫他们的长官跟着他们的意见走的参谋部了！如果这就是总参谋部制度的传统精神，我一定要把这种制度打得粉碎！"

为此古德里安和希特勒进行了激烈的单独争辩，结果自然是不欢而散。晚上，轮到温克将军前往希特勒处汇报，他同样向希特勒表示这样对待参谋军官是非常不公正的，并且向希特勒转达了古德里安的态度，他已经做好了被逮捕的准备，但是不能涉及他的部下。温克向希特勒阐明了情况，但是希特勒丝毫没有让步妥协的意思。当晚，冯·博宁上校、冯·克内泽贝克（von Knesebeck）中校、冯·克里斯滕（von Christen）中校相继被捕。对此，古德里安完全没有得到任何消息，因此无法及时干预。第二天，古德里安给希特勒单独做报告时强烈抗议逮捕他的下属，他的作战处因此几乎陷于瘫痪，在如今东线局势如此紧张的情况下，这样的事情是绝不能允许的。为了向希特勒表明态度，古德里安还表示自己可以接受讯问，而希特勒居然批准了这种毫无意义的事情。几个星期后，冯·克内泽贝克中校和冯·克里斯滕中校相继被释放，但希特勒不允许他们再回总参谋部，而是派他们到前线去各自指挥1个团作战。冯·克内泽贝克中校到达前线3天后，在他的指挥部内阵亡，冯·克里斯滕中校幸运地活到了战后。没有被释放的冯·博宁上校后来辗转于几个集中营关押，最后成为美军的战俘，并和古德里安在战俘营重聚。

1945年1月20日，苏军前锋终于踏上了德国本土，他们抵达了在霍恩萨尔扎（Hohensalza，现波兰伊诺弗罗茨瓦夫）以东的德国边境地区。德军第4集团军指挥官弗里德里希·霍斯巴赫（Friedrich Hossbach）步兵上将决定把他的集团军从东普鲁士以东的纳雷夫（Narew）河突出部撤出来，向西进攻试图和第2集团军建立联系，逃脱被围歼的命运。1月26日，由于其擅自行动前没有请示撤退后没报告，希特勒得知保护东普鲁士的最重要的屏障——勒岑（Lotzen）要塞不战就弃守，不由得大发雷霆，认为这是通敌卖国的行为。在古德里安的劝说下，霍斯巴赫只是被撤职而不是被送上军事法庭，第4集团军指挥官由弗里德里希-威廉·缪勒（Friedrich-Wilhelm Müller）步兵上将接任。中央集团军群指挥官莱因哈特大将也受此事牵连被撤职，接替他的是"聪明的奥地利人"洛塔尔·伦杜里克（Lothar Rendulic）大将。东普鲁士的情况现在非常危险，苏军正向着巴腾施泰因（Bartenstein，现波兰巴尔托希采）方向突进，莱因哈特在去职前就下令把装着兴登堡夫妇遗体的石棺运走，然后把坦能堡会战大捷的纪念碑也炸毁了。

古德里安和温克一致认为，此刻需要新建一个维斯瓦集团军群，负责现有的A集团军群（1月25日改名为中央集团军群）和中央集团军群（现已改名为北方集团军群）之间的区域。他们希望马克西米利安·冯·魏克斯元帅担任这个新建集团军群的司令官。1月24日，古德里安向希特勒提出了这个建议。希特勒回答道："我对冯·魏克斯元帅的印象很差，我认为他根本没有足够的精力来担负起这样的重任。"

希特勒提出的新集团军群指挥官人选是希姆莱，他的理由是希姆莱在上莱茵（Oberrhein）集团军群干得还不错，他手里又掌握着国内后备军，因此希姆莱完全有能力重新建立一条稳固的防线。古德里安对此大吃一惊，他都不知道如何能让希特勒打消这个荒诞无稽的想法。好吧，这还不算完，希特勒又拒绝了古德里安的另一个提议：把魏克斯元帅成熟的集团军群参谋部调给希姆莱使用——古德里安认为哪怕希姆莱对打仗一窍不通，但一个专业的参谋团队好歹能起到牵制作用，不会因为指挥官的心血来潮就乱来一通，能确保部队的各项工作顺利运行。但希特勒认为这是多此一举，他觉得希姆莱完全可以自己组建新的参谋班底。

古德里安对希姆莱的新任参谋长和参谋部的态度非常悲观："希姆莱选择了非常勇敢的党卫军少将海因茨·拉默丁（Heinz Lammerding）担任他的参谋长。这位党卫军少将此前在前线指挥1个党卫军装甲师作战，虽然他是一名勇敢坚定的前线指挥官，但是对于繁杂的高级参谋部的工作以及集团军群的组织指挥工作几乎一无所知，既没有实际参谋指挥经验，也没有接受过这方面专门的培训。即便我可以派遣一批经验丰富的参谋军官充实这个指挥部，但是依然无法弥补由于指挥官和参谋长的不合格引起的参谋指挥上的失误，而这可能造成无法弥补的巨大损失。"

古德里安的担心很快就得到了印证，维斯瓦集团军群在组织指挥上的问题马上就显现出来了。古德里安和温克面对这样的情况几乎要陷入手足无措的境地，毕竟他们也是人，一天也只有24小时。他们从措森的陆军总司令部坐车赶到柏林总理府需要至少45分钟，为了一次情况汇报与商谈，他们需要来回1.5小时的路程。一天两次的话，就需要3个小时！而每次给希特勒做报告，进行协商的时间则至少3个小时。由此可见，仅仅为了战局汇报和协商，古德里安和温克就需要每天花上6~7个小时。希特勒还要求古德里安或者温克必须有一个人参加在总理府召开的其他会议，例如列席国防军最高统帅部关于西线战况的汇报或者其他方面内容的汇报。为此，古德里安和温克不得不分班轮流参加，一般晚上的汇报都由温克负责参加。

到1月31日，苏军已经在奥德（Oder）河西岸上建立了4个桥头堡，分别在菲尔斯滕贝格（Fuerstenberg）以北、奥德河畔法兰克福（Frankfurt）以南、屈斯特林（Kuestrin，现波兰科斯琴）南北各一个。苏军已然在逐步建立向德国本土纵深尤其是首都柏林进攻的前进基地。

2月份，东西线局势继续恶化，希特勒依然拒绝撤离库尔兰半岛。奋战在库尔兰地区的库尔兰集团军群拥有20个步兵师和2个装甲师，这些精锐的部队完全被困在毫无意义的土地上，仅仅能牵制住一部分苏军。拥有25个步兵师和8个装甲师的维斯瓦集团军群防守从维斯瓦河流域一直到奥德河流域的一条松散的防线，希姆莱一直在偷偷后撤，维斯瓦河防线几乎是拱手相让，但希特勒却对此视而不见。北方集团军群被挤压到了萨姆兰（Samland）半岛、柯尼斯堡（Königsberg，现俄罗斯加里宁格勒）和瓦尔米亚（德语Ermland，现属于波兰瓦尔米亚–马祖里省）地区之间的区域。他们和库尔兰集团军群一样，不得不通过海路和空运获得补给。中央集团军群从西里西亚（Silesia，现大部分归属波兰）退到了喀尔巴阡（Carpathian）山脉；南方集团军群则退到了喀尔巴阡山脉和德拉瓦（Drau）河之间的区域。苏军已经突进到了布雷斯劳（Breslau，现波兰弗罗茨瓦夫）的北部和南部地区，并且在奥德河上建立了桥头堡。

古德里安和温克都认为，需要立即对位于奥德河畔法兰克福和屈斯特林之间的苏军前锋进行打击，通过这样的打击来尽可能为柏林以及德国内陆提供更多的保护，赢得和西方进行谈判斡旋的时间。此外，古德里安一直坚持要求撤出库尔兰地区的德军部队，希特勒则坚持拒绝古德里安的上述提案。2月1日，古德里安又一次提出撤离库尔兰，他对希特勒说道："你应该相信我之所以坚持撤出库尔兰的守军，绝不是为了意气之争，我并不是那样的傻瓜。在我看来，除了撤军就无法积蓄我们的预备队，而没有预备兵力就绝不可能保卫我们的首都。我可以向你保证，我完全是为了国家的利益！"

希特勒听到之后气得浑身颤抖，在一天内第二次对着古德里安大发雷霆："你怎么敢向我讲出这样的话来？难道你以为我不是为了德国而战么，我这一生就是完全为了德国而奋斗的。"

面对气急败坏双脚乱蹦的希特勒，在场的戈林赶紧拽着古德里安的胳膊把他带到另一个房间，让这位怒火攻心的将军先喝点咖啡定定神。平复了情绪之后，古德里安和邓尼茨交流了一番，希望能得到他的支持，双方达成了一个共识——只要库尔兰的德军放弃重装备，只要船只足够，那么海军就可以把他们运出来。然而希特勒还是一点都不松口，古德里安日后回忆道："在会议室的希特勒叫我们回去，我继续提出从库尔兰撤军的要求，希特勒的怒火再次爆发。他举着拳头冲到我面前，沃尔夫冈·托马勒（Wolfgang Thomale）少将赶紧拽着我衣服的后摆把我拉开，阻止了一场可能的'拳击'搏斗。"

根据古德里安的作战计划，德军将进行一次有限度的进攻，目的是击垮瓦尔特河以北地区的苏军，守住波美拉尼亚地区并且保持和西普鲁士的联系。关于这次作战计划的决定性会谈于2月13日在总理府进行，与会者除了古德里安和温克以外，还有希特勒、维斯瓦集团军群指挥官希姆莱、第6装甲集团军的迪特里希党卫军大将以及希特勒的一班随从。

古德里安坚持要求将温克派到希姆莱的指挥部并负责作战指挥，他和温克一致同意2月15日发动进攻，否则随着苏军力量的不断增强，进攻计划将会变得更不可行。古德里安自己很清楚，他的意见肯定会遭到希特勒和希姆莱的一致反对，因为一旦开战，就会暴露出希姆莱的无能之处。希姆莱强调由于弹药和油料还没有完全到位，因此在准备不足的情况下不能马上发起进攻，而希特勒更是坚决反对古德里安的意见。

为此，希特勒和古德里安再次爆发了激烈的争执，古德里安这样记录了他和希特勒之间的对话：

古德里安："我们不能再等了，等到我们最后的弹药和油料到位后，当面苏军就会变得更加强大。"

希特勒："我请求您，斥责我吧，我等着。"

古德里安："我没任何斥责您的意思。但是继续等待后勤补给到位没有任何意义，反而会错过最佳的进攻时机。"

希特勒："我已经和您说了，请您斥责我，我等着。"

古德里安："我已经报告了，我没有任何斥责您的意思。但是我不会继续等待。"

希特勒："我再次重复，请您斥责我，我等着。"

古德里安："温克将军必须进入希姆莱的指挥部，否则我们的进攻没有成功的机会。"

希特勒："希姆莱有足够的能力指挥进攻。"

古德里安："希姆莱没有任何作战指挥经验，也没有一个合适的参谋部。他们无法独立指挥作战，温克将军的缺席是不可接受的。"

希特勒："我请您斥责我，告诉我希姆莱无法完成他的任务。"

古德里安："我必须坚持，温克将军必须派驻希姆莱的集团军群指挥部，只有他能保证进攻计划的完整实施。"

如果说希特勒的语气一开始还有点当老大的气概，甚至用故意要赖的话去刺激古德里安，那么当古德里安毫不退缩地强调自己的立场后，他就失控了。气得浑身颤抖的希特勒对着古德里安剧烈地挥舞着拳头，在地毯上大步地踱来踱去，大声狂吼着。他两颊通红，全身发抖，眼珠也好像要从眼眶里面跳了出来，头上的静脉都已经肿胀了起来。极度愤怒的他几乎无法控制自己的狂躁情绪，根本没有任何讨论的意愿。面对这样的状况，古德里安寸步不让，只是他还稍有理智些，努力地控制着情绪，尽量保持镇定。

这是一个相当微妙的时刻，后来古德里安回忆说："当希特勒背朝着我，向火炉边走去的时候，我就用眼睛朝壁炉架的上面望去，那里挂着伦巴赫（Lenbach）所画的奥托·冯·俾斯麦（Otto von Bismarck）的肖像。这位伟大的政治家、铁血宰相的一双眼睛，似乎正在注视着在他下面所上演的这一幕荒唐剧。在室内暗淡的灯光下，他头上那顶头盔仿佛发出了钢铁般的闪光，正刺进我的眼睛，那好像是向我问道：'你对于我们的国家到底有些什么贡献？'在我的背后，我似乎也可以感觉到兴登堡的眼睛也正盯在我的身上，他那个半身的铜像正位于房间的另一端。他的眼光似乎是向我问道：'你对德国做了些什么？我们普鲁士人未来的命运又将如何？'总之，这是一个很可怕的幻觉，却使我的态度分外坚定。所以我一直冷静地不为所动，我要希特勒明白我是威武不能屈的。希特勒到现在也终于明白了。"

转机就这么突然出现了，希特勒突然对希姆莱说道："好吧，希姆莱，温克将军今天晚上赶到你的指挥部，并且负责进攻作战的指挥工作。"

随后他走到温克面前，要求他马上前往维斯瓦集团军群指挥部。接下来，希特勒坐回到他习惯坐的椅子，对古德里安说："那么请您继续您的汇报，今天总参谋部赢得了一场战斗。"

许是为了缓和一下气氛吧，说完后希特勒甚至朝着古德里安媚笑了一下。

古德里安这样记录道："这是我赢的最后一场战斗，而且赢得太晚了。我从来没有经历过这样的场景，更没有见过希特勒发过这样大的脾气。"

温克中将和古德里安大将正在分析战局。随着苏军逼近柏林，他们正在策划进行一次有限度的进攻，目的是击垮瓦尔特河以北地区的苏军，守住波美拉尼亚地区并且保持和西普鲁士的联系。没想到在进攻开始两天后温克就出了车祸受重伤，进攻随后夭折了。

希姆莱的指挥部设在普伦茨劳（Prenzlau），温克赶到指挥部后对希姆莱说："我们必须在斯特丁（Stettin，现波兰什切青）东南地区集结力量，然后从这里出发向东南方向进攻，为我们争取喘息的空间。"

希姆莱觉得他们可以先吃完饭，然后再商讨战局。温克直截了当反对道："吃完饭后我就马上去前线，我属于那里！"

希姆莱觉得温克不给面子，生气地说道："您是不是想说我把指挥部设在这里是错误的？或者说我是胆小鬼？"

温克平静地回答道："我无法评判。我有特殊的全权处置权，我先走了。"

2月15日，埃哈德·劳斯（Erhard Raus）大将的第3装甲集团军做好了进攻准备，同时要投入战斗的还有党卫军第11装甲集团军和党卫军第10军等部队。2月16日早晨，劳斯在温克的亲自督促下开始了进攻。这次进攻在随后两天里取得了一定进展，可以说是有点惊喜，对于古德里安而言总算得到了一点儿缓冲的机会，可以稍事喘息。

连续两天两夜，温克在他的司机赫尔曼·多恩（Hermann Dorn）的陪同下一直在路上奔波，为了尽可能地协调组织各方面的力量，还要从前线赶回柏林做汇报。2月18日凌晨4点，温克赶到总理府向希特勒当面汇报部队的进展，并且在地图上一一向希特勒解释。希特勒了解了战况后同意他立刻离去，温克先通过无线电报通知集团军群指挥部的参谋们立刻按照原计划执行，再赶往措森向古德里安做汇报，汇报结束后他马不停蹄地返回集团军群指挥部。

司机大约开了1个小时后对温克说："我实在开不了了！我困得不行了，睁不开眼睛了。"

温克回答道："我理解，那么我们换一下，我来开。"

接下来温克亲自开车，为了驱除困意他拿出一根香烟直接塞进嘴里嚼了起来。然而即便在苦涩的烟草刺激下，温克还是没能提起精神，他也实在太困了。开到旧兰茨贝格（Altlandsberg）附近的时候，温克再也顶不住了，昏昏欲睡的他靠在了方向盘上，汽车直接撞上了一座公路桥。

温克身负重伤，他在维斯瓦集团军群的工作就这样结束在一场车祸之中。他在医院里躺了几个星期，期间无法再做任何工作。车祸引起的直接后果就是温克不可能再成为古德里安的继任者接管总参谋部，他的位置由汉斯·克雷布斯步兵上将接任。此后到3月28日，克雷布斯将军正式接替古德里安大将的位置。说实话这对温克来说未必是个坏事——克雷布斯作为目击者见证了希特勒的婚礼和自杀，又作为谈判代表与崔可夫进行停战谈判，然而苏军拒绝了他的停火要求，德国只能无条件投降。在将苏军的最后通牒向戈培尔（Goebbels）等人通报之后，不愿投降的他选择了自杀。

1945年3月3日，希特勒最后一次到前线视察。他这次出行令周围的将领和官员们都大吃一惊，因为他只带了司机肯普卡（Kempka）和很小规模的陪同团。他首先前往威廉·柏林（Wilhelm Berlin）炮兵上将的第101军视察，柏林将军向希特勒介绍了他的部队所在的第9集团军北翼的情况。在和第9集团军指挥官布塞步兵上将短暂会谈后，希特勒要求到第101军部署在第一线的师视

1945年3月，希特勒最后一次到前线视察。他来到位于柏林东南方的巴德萨罗夫（Bad Saarow）的第9集团军指挥部，听取第9集团军指挥官特奥多尔·布塞步兵上将汇报战况。站在希特勒身后的是时任第6航空队指挥官的罗伯特·冯·格莱姆空军大将（4月25日晋升空军元帅），他后来被希特勒任命为德国空军的最后一任总司令。站在他右手边的是第101军军长威廉·柏林炮兵上将。

察。在第303步兵师驻地，师长鲁道夫·许布纳（Rudolf Huebner）中将向希特勒介绍了部队的训练工作。希特勒随后还去看了第309步兵师，虽然德国的局势已经惨不忍睹，但是希特勒的出现还是给了部队官兵相当的鼓舞。为了鼓舞士气，德军的高层官员如邓尼茨海军元帅、戈林帝国元帅、党卫军全国领袖希姆莱和集团军群或集团军指挥官都纷纷亲临一线视察，现在轮到德国人喊出"保卫祖国，保卫家园"的口号了。

　　3月9日，希特勒突然将第3装甲集团军指挥官劳斯大将解职，再次把哈索-埃卡德·冯·曼陀菲尔（Hasso-Eccard von Manteuffel）装甲兵上将调回东线指挥这个装甲集团军。曼陀菲尔是德军中名声显赫的装甲兵将军，曾先后担任过第7装甲师师长和大德意志装甲掷弹兵师师长，在阿登反击战期间担任第5装甲集团军指挥官。他在战场上立下过赫赫功勋，是希特勒在战争后期能给予充分信任的国防军将领之一。在极其恶劣的条件下，曼陀菲尔率领这支疲惫虚弱而且缺乏补给的部队经受了数倍于己的苏军的猛烈进攻，尽量保证了防线的完整，并在战争的最后时刻掩护了大批平民进入盟军占领区。

在温克治疗休养期间,德国的战局依然在向着最后的覆灭发展。1945年3月,西线的美军全面抵达莱茵河西岸。3月7日,美军第1集团军第3军第7装甲师B战斗群冲过雷马根(Remagen)大桥,在莱茵河东岸建起了桥头堡。此刻东线的

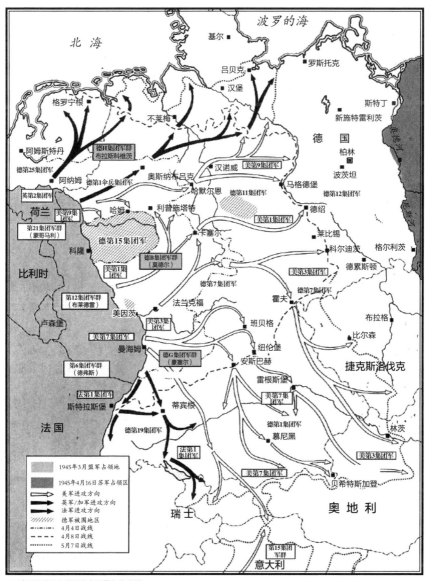

1945年3月后西方盟军进攻德国态势总图。

戈特哈德·海因里希（1886.12.25—1971.12.13）大将，1945年3月22日他被任命为维斯瓦集团军群指挥官。他无疑是一名优秀的防御战大师，从1942年1月起三度出任第4集团军指挥官，指挥步兵部队顶住了苏军的一次次攻击，并在1943年冬天到1944年春天的奥尔沙防御战期间表现出色。由于他全家都是虔诚的教徒（他公然违反纳粹党禁令允许麾下的官兵上教堂做礼拜），而且他妻子有一半的犹太血统，因此为希特勒所不喜，更得不到晋升和大力宣传，因此其战绩不太出名。他的防御战理念是"以最小的代价来据守战线"，只是现在交给他指挥的部队显然是一群乌合之众，人员素质良莠不齐，武器装备弹药什么都缺。他尽了最大努力迟滞苏军的进攻，并且尽可能多地掩护难民向西撤退，直到4月29日被希特勒解除了职务。5月28日，海因里希在德国北部的普伦（Plön）向英军投降，直到1948年5月19日被释放。1971年12月13日，海因里希在弗莱堡布赖斯高（Freiburg im Breisgau）去世，享年85岁。

焦点本应在奥德河和尼斯（Ness）河流域，强大的苏军正在做攻克柏林的准备工作，而德军最后的王牌装甲部队却在匈牙利巴拉顿湖地区发动反攻。虽然德军拼尽全力，但这次反攻很快就在苏军的顽强抵抗和泥沼之中陷入困境，根本不可能达到预期目标：沉重打击当面的苏军部队，迫使苏军重新编组休整，以减轻奥德河一线的压力。相反，苏军乘势发动反击，一鼓作气把德军彻底赶出匈牙利，并且一直快速追击到奥地利首都维也纳（Vienna）。

3月下旬，美军继续向德国内陆挺进，莫德尔元帅的B集团军群得到了不惜一切代价死守莱茵河防线的命令。但是面对美军的巨大压力，他们和友邻集团军群的联系逐步被切断，B集团军群被包围的命运一步步变成不可扭转的现实。3月29日，莫德尔要求撤离鲁尔（Ruhr）区的建议再次被希特勒否决，于是最后的逃生机会也失去了。4月1日，B集团军群的主力在鲁尔地区被包围，他们的突围尝试在盟军的铜墙铁壁面前毫无成功的希望。

3月20日，在古德里安德持之不懈的努力下，没有任何作战经验的希姆莱终于被解除了维斯瓦集团军群指挥官的职务。3月22日，原第1装甲集团军指挥官戈特哈德·海因里希（Gotthard Heinrici）大将接任了这个职务，新任参谋长为埃伯哈德·金策尔（Eberhard Kinzel）中将。作为一名前线指挥官，海因里希对政治并不感兴趣，但他个人希望英美盟军在苏军大规模进攻以前能尽快向柏林进军。海因里希认为，奥德河防线现有的情况在苏军猛烈进攻下最多只能坚持1周。上任之初，海因里希对维斯瓦集团军群的初步印象无疑非常糟糕："我发现我的下属军不像军，师不像师。很多部队零零散散，有的单位随同难民一同撤回了奥德河防线，有些部队正在重新补充组建，还有的根本就是混乱不堪。经过战斗考验的有经验的老兵骨干严重不足，除了残破的国防军部队以外，剩下就是那些诸如人民冲锋队、警卫单位、立陶宛的党卫军志愿者等。作战部队的运输车辆严重不足，缺乏重武器，弹药补给匮乏。"

海因里希将要指挥一支由国内预备军、空军、海军和党卫军单位共同组成的大杂烩集团军群，就靠他们来守卫柏林和德国北部。维斯瓦集团军群部署在波美拉尼亚和奥德河下游一线，北面从波罗的海海滨向南到埃伯斯瓦尔德（Eberswalde）。其下属有2个集团军：北翼是曼陀菲尔装甲兵上将的第3装甲集团军，指挥部设在罗尔维茨（Rollwitz），参谋长是米勒–希勒布兰特（Mueller-Hillebrandt）上校；南翼则是布塞步兵上将的第9集团军，参谋长是约翰内斯·赫尔茨（Johannes Hölz）少将。布塞将军曾经在1941年担任过曼施泰因的首席参谋官，此后他担任过第121步兵师师长和第1军军长，于1945年1月21日担任第9集团军指挥官。

第3装甲集团军从北向南部队部署情况如下。

第3装甲集团军部署在从新瓦尔普（Nowe warp）至施韦特（Schwedt）一线，其第32步兵军和奥德河步兵军防守奥德河西岸，防御正面宽90公里左右，将直接面对罗科索夫斯基元帅指挥的白俄罗斯第2方面军部队的冲击。第3装甲集团军部署在奥德河一线的第一梯队：第549步兵师、第610特种师、斯特丁要塞第3团和第4团、波美拉尼亚第4团、伞兵第1特种团、党卫军第27兰格马克志愿掷弹兵师1个营、施韦特战斗群、第547步兵师一部。

第3装甲集团军的第二梯队有第281步兵师、党卫军第27兰格马克志愿掷弹兵师、党卫军第28瓦隆人志愿装甲掷弹兵师、腓特烈坦克歼击旅、党卫军第103步兵旅、第171反坦克炮兵旅、第184突击炮旅、奥德河步兵军预备野战团、波美拉尼亚步兵师第5团、集团军属预备野战团、预备坦克第5营、人民冲锋队汉堡营、布兰登堡营和格莱芬哈根营等。之后第3装甲集团军又陆续加强了3个炮兵团和第15高炮师、第406炮兵军等部队。总之，即从贝格迪韦诺到施韦特这一地段上，德军共有9个步兵师、13个独立团、若干独立营和几所军事学校，大约折合13.5个师，共约有10万人，1800门火炮和迫击炮，约130辆坦克。

在白俄罗斯第1方面军的进攻地带内，即施韦特到古奥德河口一段，还有隶属于第3装甲集团军第46装甲军的部队负责防守。第46装甲军的第一梯队由第547步兵师和海军第1步兵师组成，负责防守奥德河防线的主要地带，第46装甲军的战役预备队由党卫军第11诺德兰装甲掷弹兵师和党卫军第23尼德兰装甲掷弹兵师组成。从以上内容就能看出，战争末期德军部队的建制跟人员组成可谓五花八门而又简陋不堪，许多顶着历史名人招牌的部队，充其量也就以前的营级规模。

曼陀菲尔的第3装甲集团军在梅克伦堡（Mecklenburg）与在波美拉尼亚的白俄罗斯第1方面军（以后是白俄罗斯第2方面军）对峙。在未来的柏林战役中，罗科索夫斯基的白俄罗斯第2方面军所属的第49、65、70集团军，近卫第1、3、8坦克军，第8机械化军和近卫第3骑兵军将对第3装甲集团军发起猛烈攻击。

3月24日—26日，部署在南翼的第9集团军试图挤压消灭苏军在屈斯特林南北两个桥头堡的努力失败了。此后直到4月16日，苏军在屈斯特林两侧搭建了23座桥梁，大批部队浩浩荡荡地开过奥德河。而缺乏空军以及远程炮兵力量的德军对此无能为力，只能眼睁睁地看着过河的苏军慢慢聚集起来成为可怕的突击力量，最终冲进柏林。

1944年夏天，德军在东线的局势已经一塌糊涂、节节败退，图为苏军正在展示缴获的德军军旗、火炮和机枪等武器装备。

苏军的120毫米重型迫击炮组正在射击。

1944年9月中旬后，德军在投入了温克从罗马尼亚调来的装甲预备队后成功地重建了中央集团军群和北方集团军群的联系，总算勉强把巨大的防线空洞暂时补上了。

一幅战时的苏军宣传画。

装备精良的德军战斗工兵正在发起反击。根据各种资料显示，德军在1944年下半年的防御战中不断发起小规模的战术反击，虽然取得了一定战果，但无力改变节节败退的总体战局。

德军的1941型6管150毫米火箭弹发射器。这种武器可以在极短时间内向敌方阵地倾泻大量钢雨，面杀伤力大，而且在射击后可以用牵引方式迅速转移阵地，是一种物美价廉的炮兵武器。

1辆陷入泥潭中的苏军坦克,这种早期型的T—34/76坦克由于炮塔顶上的2个圆形舱盖。

苏联某个小村庄内泥泞的道路。对于军队来说,在这样的道路上进行机动,实在是件可怕的事情。

苏军搭乘水陆两用车渡过维斯瓦河。华沙起义期间，在苏军控制下的波军部队曾经渡过维斯瓦河想策应城内的起义军，但被德军击退，而且伤亡惨重。

1944年8月31日，苏军进入布加勒斯特，罗马尼亚战役中有16个德军师被全歼，重建的德军第6集团军除了指挥部逃出去外几乎全军覆没。

1944年9月8日，苏联红军进入保加利亚境内，保加利亚政府宣布退出轴心国同盟。第二天，苏军接到在保加利亚境内停止军事行动的命令。图为在保加利亚洛维奇市的街道上人们正在迎接苏军的到来。

1944年11月，向匈牙利首都布达佩斯发起进攻的苏军部队，匈牙利是此时德国在欧洲的最后一个盟国。

1944年12月，在匈牙利沙希地区作战的德军豹式坦克部队。

十四

末日之战

第12集团军

1. 临危受命——大杂烩集团军

1945年4月6日，正在康复修养中的温克中将刚散步回来，他的夫人就告诉他，柏林方面正急着找他。温克马上拿起电话要通了柏林帝国总理府，电话那头的布格多夫将军急匆匆地告诉他，元首命令温克第二天马上去总理府报到，"元首已经任命你为第12集团军指挥官。"

温克对这个消息有点惊讶，他回答说他并不知道德军存在什么第12集团军，他也不知道他将要做什么。

"第12集团军将马上组建！"布格多夫将军在电话里确信地回答。

事实上第12集团军的组建命令于4月8日才正式下达到西线德军总部（OB West），要到4月19日第12集团军才正式隶属于西线德军总部。

和布格多夫将军通话结束几个小时后，温克就偕同夫人匆忙赶回魏玛（Weimar），准备从那里再转往柏林。4月7日，温克和他的夫人在柏林总理府前的废墟告别，温克夫人在希特勒的副官之一冯·洛林霍芬少校的陪同下返回相对安全的巴伐利亚（Bavaria）。等到下次他们夫妻再度会面的时候，温克将军已经身在盟军的战俘营之中。

温克对再次见到希特勒时的场面记忆犹新，他日后回忆道："元首的身体状况大不如前，他的右臂颤抖得非常厉害，时不时需要用左手去扶着右臂方能控制住颤抖。他的脸色很难看，不过当他转过身来看着我的时候，面色还是一如既往的平静。在战场形势汇报结束后，希特勒转向我说：'温克将军，我任命你为第12集团军指挥官。'"

同时温克被晋升为装甲兵上将（正式委任状上的时间被前推到1944年10月1日），由此他成为德军乃至盟军中最年轻的上将级别的集团军指挥官。

温克结束和希特勒的会面后立即赶往位于达勒姆（Dahlem）的国防军最高统帅部，在那里约德尔大将给温克介绍了西线战局的概况。温克回忆说："在鲁尔区，莫德尔元帅的B集团军群已经被合围，西线已经被截为两段，右翼

（北翼）退到哈尔茨（Harz），左翼则退到了阿尔卑斯（Alpes）山脉。在哈尔茨山脉和鲁尔区被围的B集团军群之间形成了一个巨大的缺口，盟军正从这个缺口向东面挺进。我在第9步兵团服役期间的营长，布施元帅此刻担任德军西北最高指挥部指挥官。在德国南部和北部进行的残酷的防御战期间，德军的防线岌岌可危，计划隶属于我第12集团军的很多新建的师不得不在其组建地就匆忙投入战斗。"

德军第12集团军参谋长京特·赖希黑尔姆上校。温克和参谋长赖希黑尔姆上校从一开始就建立起了非常信任的合作关系，并且一直维持到战争的最后一天，他们的合作构成了第12集团军的指挥灵魂。

温克将军的参谋长是京特·赖希黑尔姆（Guenter Reichhelm）上校，首席参谋是胡贝图斯·冯·洪堡－达赫罗登（Hubertus von Humboldt–Dachroeden）中校。作为参谋军官出身的温克和参谋长赖希黑尔姆上校从一开始就建立起了非常信任的合作关系，并且一直维持到战争的最后一天，他们的合作构成了第12集团军的指挥灵魂。

赖希黑尔姆上校在阿登战役前担任B集团军群的首席参谋官，在鲁尔区包围圈内他收到了希特勒的电报："我需要赖希黑尔姆上校来完成一项对B集团军群的命运具有决定性意义的任务，他现在必须马上到柏林来。"

此时赖希黑尔姆对B集团军群的命运已经基本绝望，他看不到有什么改善的可能，也找不出什么应对办法。因为无论从部队指挥，还是部队战斗力、后勤补给等各方面看，B集团军群都不具备自行突围的可能。尽管如此，希特勒的这份电报还是让他为之一振，于是他立刻带着这封电报向莫德尔元帅汇报，希望能派飞机送他回柏林，这样可以节省旅程时间。莫德尔慷慨地拨给他1架容克大婶（Ju 52运输机），并祝他旅途顺利。

4月12日早晨7点，赖希黑尔姆飞抵柏林。11点，他和温克做了短暂会面，温克告诉他自己将先行前往第12集团军战区，而赖希黑尔姆上校将在下午独自前往总理府向希特勒汇报，然后再赶往集团军战区和他会合。赖希黑尔姆向希特勒汇报了鲁尔包围圈内B集团军群的状况，希特勒回答道："B集团军群不能投降！我的温克将军将指挥第12集团军去营救他们。你将担任他的参谋长，你们要打击盟军的前锋，并且打通和B集团军群的联系，在莱茵地区重新建立起新的防线。为此，你们将指挥新建的师，拥有最好最先进的装备和年轻的战士，他们都是德国最好的青年战士，他们来自于军官学校、容克军校和装甲兵学校。这支强大的力量将能够解救出B集团军群……"

关于部队的运输希特勒说道："不久后你们就会得到3000辆新的大众汽车，它们将能够为部队提供充足的运输力量，保证部队的弹药后勤补给。"

在结束和希特勒的会面后，赖希黑尔姆上校带着30辆大众汽车出发，前往德绍-罗斯劳（Dessau-Rosslau）的工兵学校——第12集团军指挥部所在地，这就是他得到的希特勒口中所谓的"3000辆崭新大众汽车的强大运输力量"。依靠这些少得可怜的车队，第12集团军需要完成如下繁重的任务：运送在奥德河和易北河之间的士兵和难民。一直到4月21日，第12集团军指挥部就设在这所工兵学校内。

4月12日是一个值得关注的日子，温克下令他麾下的各个新建的师结束组建工作，前往进攻出发地域。当天晚上，美国总统富兰克林·罗斯福（Franklin D.Roosevelt）去世，这成为希特勒妄想的所谓战争转折点的重要契机。赖希黑尔姆上校在回忆录中这样描述1945年4月的战局背景："西欧的战争已经接近尾声了，由于上西里西亚（德语Oberschlesien）和鲁尔工业区的失陷，德国已经失去了最后的作战基础。东线只能勉强维持一条相对完整，但是已经没有什么预备力量的防线。在苏军完成短暂休整后，东线的继续崩溃是可以预见的。西线，鲁尔区的B集团军群正在做最后绝望的垂死挣扎，英美盟军庞大的装甲和机械化部队已经深深切入德国中部，盟军的装甲部队已经挺进到德绍和维滕堡（Wittenburg）

之间的易北河流域，他们已经完全把西线德军分割为南北两个孤立的集群。在哈尔茨地区，由第11集团军指挥的部队还在进行着最后的抵抗，但已经无力维持多久。从帝国首都柏林到哈尔茨地区的通道还在我们手里，由临时拼凑的作战人员和残缺不足的装备组成的作战力量，面对强大的盟军部队只能做短暂的抵抗。德国空军已经被打垮，只有东线还有部分空军部队能执行少量轰炸和侦察任务。"

在这样令人绝望的战局下，希特勒却命令第12集团军收拢聚集起所有在德国中部还能作战的人员和装备，拼凑出一支作战力量——向哈尔茨地区挺进，然后向西进攻为B集团军群解围，由此分割盟军部队，进而重建一条完整的西线。这是多么可笑又可悲的"妄想"计划，但这确确实实是希特勒指派给他最信任的指挥官温克将军的任务。温克对德国的局势已经有了非常清楚的认识，他对自己指挥的第12集团军应该完成的任务有着不同的理解："尽可能多地将难民和溃散的官兵（难民优先）从俄国人的控制区域中撤退出来，战争即将结束。"

4月17日，莫德尔元帅宣布B集团军群停火解散，最年老和最年轻的士兵被复员，官兵自行选择突围或者投降。4月21日，莫德尔元帅自杀身亡，第12集团军组建之初最重要的任务就这样不了了之。

国防军最高统帅部关于第12集团军的组建准备工作在1945年3月中旬已经开始，4月1日正式进行各项组建工作。计划编入第12集团军的部队基本为那些正驻扎在从马格德堡（Magdeburg）到德绍的易北河流域两岸的部队，全部为名号师，即部队采用德国著名历史人物或者地名命名，而不是采用数字命名。德军这样做的确切原因尚不清楚，根据德国军史文献的一般推测，可能的原因有2个：一是为了防止和德军原有的编号师的名称重叠或者混淆；二是避免德军部队编号过大。德军在战争后期不断出现的新番号令人印象深刻，其他的原因可能还包括鼓舞士气的需要。除了第12集团军下属的诸多名号师以外，德军在战争末期较为著名的部队还有穆钦贝格（Muencheberg）装甲师（核心基干为原第103装甲旅）和霍尔斯特

（Holste）装甲师（原驻丹麦的第233装甲师）等，这2个装甲师采用的是德国地名。这些名号师无论从编制还是实际作战能力都大大不同于国防军的正式编号师，其兵员主要来自于各类军事院校、军事培训班和帝国劳工组织等，很多新兵都只有18岁左右，有不少还未成年。其中相对比较优秀的兵源来自于军校（例如装甲兵学校等）和候补军官学校，他们是德国最后的作战人力储备。

第12集团军下属各名号师简介

克劳塞维茨装甲师（Pz.Div.Clausewitz），师长马丁·乌莱因（Martin Unrein）中将，4月4日组建，是德军组建的最后一个装甲师。

马丁·乌莱因中将是一位优秀的装甲部队指挥官，他奉命组建克劳塞维茨装甲师，驻地在劳恩堡（Lauenburg）—吕内堡区域。根据德军1945年型装甲师编制标准，其装甲团的坦克数量比1944年型装甲师少大约1/3，只有1个装甲营（3个装甲连，每个装甲连11辆坦克），全团35辆坦克，第二个营则变成装备装甲车的装甲掷弹兵营。原来的各装甲掷弹兵团全部是摩托化团，由卡车运输，即所谓的"橡胶掷弹兵"。全师满编人员大约为11500人，各类汽车1080辆。但是即便这样缩水的装甲师编制对于此刻的德军而言，都是极其奢华的部队，很少有部队能够真正达到这样的理论编制。克劳塞维茨装甲师的实力只相当于1个师级战斗群，全师5750人，约等于1个装甲旅的力量。该师兵源五花八门，包括原来的海军士兵、潜艇乘员、党卫军和希特勒青年团成员组成的小规模战斗群，被打垮的步兵师残余力量等。值得一提的是，该师战斗基干还是具备一定的战斗力，其主力主要来自于普特劳斯（Putlos）装甲兵学校、第二"布尔格"装甲兵学校、大德意志补充旅和第106统帅堂装甲旅等单位。这些都算得上是德军最后的装甲兵储备。第106统帅堂装甲旅隶属于B集团军群，在鲁尔陷入盟军重围之中，但是它下属的统帅堂装甲营部分兵力和第106装甲掷弹兵补充营的部分兵力幸运地逃出包围圈，总计有300余人。这支此时不可多得的"精锐"力量立刻得到了加强，拥有1个完整的装甲连（10辆豹式坦克）和1个坦克歼击车连（10辆Ⅳ号/L70坦克歼击车），再加上一些新出厂的突击炮，成为克劳塞维茨装甲师的重要战斗基干。另一个值得一提的装甲单位则是大德意志坦克歼击营，该营拥有31辆Ⅲ号突击炮，原本属于大德意志补充旅，还曾计划作为新建的勃兰登堡装甲团2营。克劳塞维茨装甲师的装甲掷弹兵部队的核心是统帅堂装甲掷弹兵团2营，该营拥有大约80辆装甲车。以上这3个装甲战斗单位成为克劳塞维茨装甲师的核心作战力量。为了组建新的师部，乌莱因中将亲自从柏林的装甲兵总监部带来一些军官和士官，并将原霍尔斯特装甲师师部的部分人员补充进来，师部必需的通信后勤单位也随之逐步得到加强。该师在组建过程中陆续得到了不少新装备，先后有20余辆豹式坦克、2辆虎式坦克、13辆Ⅳ号坦克、5辆猎豹、6辆4号坦克歼击车，还有各型高炮和改型坦克等，在战争末期的德军装甲师中可谓实力雄厚。不过该师的炮兵力量依然缺乏，只有1个不满编的摩托化轻型炮兵营。该师计划完成组建后归属温克的第12集团军指挥。克劳塞维茨装甲师作为德军组建的最后一个装甲师，被国防军最高统帅部寄予厚望，希望它能成为第12集团军的中流砥柱，成为锐利的进攻矛头。

波茨坦步兵师（Inf.Div.Potsdam），首任师长古斯塔夫–阿道夫·冯·武尔芬（Gustav-Adolf von Wulffen）少将，3月30日正式组建。

波茨坦步兵师（4月8日获得命名）是按照1945年型步兵师的标准组建的，核心骨干部分（师部、通信营和后勤单位）来自于第85步兵师，其他单位包括第412国民炮兵军的3营和4营、第1185坦克歼击连（包括1个步兵护卫排）、第185高炮连、第1053、1054和1064步兵团的剩余兵

波茨坦步兵师第二任师长洛伦茨（Lorenz）上校。

力。主要兵源来自于第3军区（柏林—勃兰登堡），该师没有得到突击炮单位，根据美方资料该师拥有大约4000～6000人，拥有1个3营制的炮兵团，装备105毫米榴弹炮，3个2营制步兵团。该师在组建期间就不得不派出第2团和工兵营到哈尔茨地区加入第11集团军的作战行动，因此除了划归沙恩霍斯特步兵师的1个虚弱的步兵团以外，这个师无法按照计划整体归属第12集团军作战序列。

施拉格特步兵师（Inf.Div.Schlageter），师长威廉·霍伊恩（Wilhelm Heun）中将，3月31日组建。相比同样使用"施拉格特"荣誉称号的德国空军的西线顶梁柱——第26战斗机联队，陆军的这个师的情况就要寒酸不少。

威廉·霍伊恩中将的施拉格特步兵师于3月31日开始组建，也被称为第1帝国劳工师（1 RAD）。另外2个帝国劳工师分别为弗里德里希·路德维希·雅恩步兵师（2 RAD）和特奥多尔·科尔纳步兵师（3 RAD）。这3个师的编制标准为缩水版的1945年型步兵师，即德军最后一个波次——第35波次的步兵师标准。该标准大大缩减了师属炮兵力量，取消了补充营，全师总计约9000名官兵。这3个步兵师的主要兵源来自帝国劳工组织（RAD），每个师编有7500名原RAD劳工组织成员，师部和战斗骨干则来自于一些被打残的国防军步兵师。施拉格特步兵师的战斗核心有的来自于第299步兵师，还有部分来自于大德意志补充旅和统帅堂补充旅。

乌尔利希·冯·胡滕步兵师（Inf.Div.Ulrich von Hutten），师长埃德蒙·布劳罗克（Edmund Blaurock）中将，4月12日组建完成。4月14日后，由格哈德·恩格尔（Gerhard Engel）中将接任。

注释：RAD全称为帝国劳工组织，1933年3月隶属于帝国劳工部，1934年7月直接隶属于帝国内政部。希姆莱被任命为国内预备军总司令后，RAD开始接受基础军事训练，以缩短帝国劳工转为国防军士兵所需要的训练时间。到战争末期，RAD下属的一些单位归入人民冲锋队投入战场，随后RAD开始组建自己独立的战斗单位，即RAD步兵师，共计有4个步兵师。

乌尔利希·冯·胡滕步兵师（4月8日获得命名）的组建地在维滕贝格（第2军区，波西米亚），于3月29日开始按照1945年型步兵师（扣除1个炮兵营、补充营和后勤单位）的标准组建。师部来自于第18国民掷弹兵师、第56和第190步兵师，其他部队分别来自第845工兵训练营、第412国民炮兵军第5营、汉诺威坦克歼击营营部和营部连、克朗普尼茨（Krampnitz）士官学校坦克歼击连、第4军区军官后备学校等。4月11日，该师得到了从马格德堡船运过来的28门75毫米步兵炮。4月12日，该师组建工作基本完成，这个师的重火力单位只有1个重炮营和1个突击炮连，这2个单位直到4月17日才正式加入该师。根据美国方面的资料，该师拥有大约5000人，下属每个团大约1200人。首任师长布劳罗克中将原来是第56步兵师师长，该师在东普鲁士被击溃。

乌尔利希·冯·胡滕步兵师师长格哈德·恩格尔（Gerhard Engel）中将，拍摄照片时还是上校。

沙恩霍斯特步兵师（Inf. Div. Scharnhorst），师长海因利希·格茨（Heinrich Götz）中将，4月16日组建完成。

沙恩霍斯特步兵师师长海因利希·格茨中将，拍摄这张照片时还是上校。

沙恩霍斯特步兵师组建地在德绍，3月20日开始按照1945年型步兵师的标准组建。它的师部和后勤单位来自于原第340国民掷弹兵师和第167国民掷弹兵师的残部，其他单位来自罗斯劳工兵学校的工兵营、第412国民炮兵军军部和1营及4营、马格德堡坦克歼击营营部和营部连、哈雷通信教导团的部分人员、第11军区军官后备学校的学员。全师辖3个团，约80%的人员来自于各类后备军官和士官学校，第2团部分人员来自于空军。其燧发枪兵营拥有3个燧发枪兵连和1个重武器连，拥有12门步兵炮。该营装备较好，因为他们担负着守卫师组建地的任务。除了必要的步兵武器，该师的坦克歼击连还拥有7辆坦克歼击车。该师一部分完成组建的单位负责防卫易北河以西的部分地段，掩护着德绍城，同时也和波茨坦步兵师建立了松散的联络。该师到4月15日正式加入第12集团军作战。原定师长为伯格曼（Borgmann）上校，他曾担任希特勒副官，但他在4月5日的夜间丧生于空袭，后由海因利希·格茨中将接任师长。

弗里德里希·路德维希·雅恩步兵师（Inf.Div.Friedrich Ludwig Jahn），也被称为第2帝国劳工师，师长格哈德·克莱因（Gerhard Klein）上校，此后依次由弗朗茨·威勒（Franz Weller）上校、路德维希·策勒（Ludwig Zoeller）上校、弗里德里希-威廉·冯·勒佩尔（Friedrich-Wilhelm von Löper）中将接任。

弗里德里希·路德维希·雅恩步兵师的组建工作更是缓慢，它于4月4日—7日得到正式的组建命令，组建地在于特博格（Jueterbog）。该师的战斗核心是原来

弗里德里希·路德维希·雅恩步兵师首任师长格哈德·克莱因上校。

的第251步兵师残部，包括其师部、通信营和其他剩余单位。该师在4月15日得到完成编组的命令，此刻该师的军官有70%为帝国劳工组织成员。一些来自陆军学校的有经验的军官担负着该师的训练任务，但他们无法预计这个师何时能具备作战能力，因为它无论是人员还是装备问题都没有得到解决。更加糟糕的是，苏军很快就突进到了该师的组建地，这支倒霉的部队还没形成战斗力就被苏军轻松打散。4月16日，为了抵挡苏军在科特布斯（Cottbus）地区

弗里德里希·路德维希·雅恩步兵师继任师长弗朗茨·威勒上校，他于1945年4月25日—5月3日期间任职。

特奥多尔·科尔纳步兵师师长布鲁诺·弗兰克维茨中将。

的快速突进，该师第1团被卡车临时拉到库莫斯多夫（Kummersdorf）—托伊皮茨（Teupitz）一线去封堵残破的防线。这样被匆忙投入战斗的结果可想而知，还没完成组建的步兵师就永远失去了第1团。4月18日，这个新建中的师再次遭遇了悲剧，第2团2营的机枪连驻地被美军轰炸机群的空袭直接命中，伤亡150余人，几乎相当于全连被歼。

特奥多尔·科尔纳步兵师（Inf.Div.Theodor Koerner），也被称为第3帝国劳工师，师长布鲁诺·弗兰克维茨（Bruno Frankewitz）中将，4月19日组建完成。

4月6日，布鲁诺·弗兰克维茨中将率领第215步兵师幸存的67名士官和老兵组建了特奥多尔·科尔纳步兵师师部，到4月12日这个步兵师拥有了1个加强团的规模。4月15日，该师收到集结部队的命令，他们得到了来自第3军区的已经完成了8周基本训练的新兵补充。在德贝里茨（Döberitz）地区的一些军事单位、学校学员和各类休假伤愈的兵员也被补充到该师，包括德贝里茨步兵教导团最后的骨干力量、梅斯（Metz）军事学院的军官学员等，第892工兵训练营直接成为师属工兵营。该师到4月19日才具备最基本的作战能力，逐步开赴前线。

费迪南德·冯·希尔步兵师（Inf.Div.Ferdinand von Schill），师长阿弗雷德·穆勒（Alfred Mueller）中校，4月24日在马格德堡附近的布尔格（Burg）突击炮兵学校组建完成，是德军组建的最后一个步兵师。

阿弗雷德·穆勒的布尔格突击炮兵学校是该师的核心力量。最初，这位银橡叶骑士铁十字勋章的获得者致力于收编他能够找到的各类单位、散兵和其他军种的剩余人员，然后把他们训练成为合格的步兵。后来他的布尔格战斗群成为第12集团军一个非常重要的作战人员和重装备的来源，该部的各项组织训练工作由温克将军亲自过问。4月20日，温克和时任少校的穆勒在德绍—罗斯劳会面，穆勒被晋升为中校，温克还推荐他继续晋升为上校。经过一系列考察后，温克下令在这个突击炮兵学校战斗群的基础上组建1个新的师——费迪南德·冯·希尔步兵师。由于相关资料残缺不全，该师的编制记录比较混乱。一般而言，该师编有2个3营制步兵团，1个燧发枪兵营（轮式机动车营），配属通信、工兵以及后勤单位。该师最有特点的下属单位就是独一无二的突击炮旅，旅长为内贝尔（Nebel）少校。该旅编有3个突击炮连和1个指挥部连，它也是德国陆军唯一的非独立的突击炮旅。其他可能存在的单位还有补充营，根据穆勒战后的记录，该师还有1个2营制炮兵团，但是更多资料显示这个团实际上并不存在。另外一个编入该师的单位是原第394突击炮旅，该旅已经失去了所有的突击炮，剩余人员作为步兵编入该师。穆勒中校最初以布尔格突击炮兵学校为主组建的战斗群在吸收了大量撤退到后方的零散单位后，实力很快就增强到1个师，人员数量增加到8000～10000人。值得一提的是，该师是第12集团军众多的名号师中最特别的一个，其他名号师的主力大多是军校学员或者帝国劳工组织成员，而该师拥有各个年龄段的合格兵员，来自于不同的德军单位，而且布尔格突击炮兵学校更是提供了很多合格的专业士官。该师的装备和第12集团军的其他部队相比一点都不差，除了来自于突击炮兵学校的突击炮，柏林地区的一些维修厂也为其提供了很多突击炮等装甲作战车辆。这些装备都是德国最后的储备，只要能用的都被拉到了前线。该师遇到的最大问题是通信设备不足。在后勤供应方面，师部想尽办法保证油料弹药和其他后勤物资的供应，但是由于运力不足等原因，部队依然遇到了油料和炮弹匮乏的问题。4月24日，全师完成基本组建可以投入作战，它被编入第20军序列。

党卫军第38尼伯龙根装甲掷弹兵师（38 SS-Pz.Gren.Nibelungen），师长里夏德·舒尔茨-克森斯（Richard Schulze-Kossens）中校。该师的核心部分来自于党卫军容克军校，在紧迫的战况下它在完成组建之前就已经被投入德国南部作战，因此实际上并没有能够编入第12集团军。

上述这些新建的部队中，个别步兵师的编制人数为1万人左右，整个集团军的总兵力大约有6万人，除了几个突击炮营和来自装甲兵学校的少量坦克，他们就没有什么重武器了。集团军唯一的装甲师总算拥有相对完整的装甲力量，成为进攻计划中的装甲矛头。该集团军值得一提的反坦克部队只有第3坦克歼击营——该营原为第3侦察营，拥有2个坦克歼击车连、1个装甲侦察连和1个装甲掷弹兵连。这个营后来被编入胡滕步兵师，成为该师的核心作战力量。为了让这些新组建的部队尽快形成战斗力，温克不得不亲自投入各项组织准备工作。赖希黑尔姆上校对第12集团军的组建和作战情况做了如下描述："由于混乱而又岌岌可危的战局，很多部队的组建都没有完成就已经被分散投入战斗，因此能以整建制完整地归属集团军指挥的部队几乎不存在，所以我们每次不得不根据不同战况，临时选择应对之策。"

根据原先制订的计划，这个匆忙中拼凑组建的集团军要从哈尔茨地区出发，向西挺进，打破包围圈，和B集团军群建立联系。但当时各部都在组建之中，温克无法有效地行使指挥权。

温克在巡查了下属的师级部队组建地后，前往哈尔茨地区的布兰肯堡（Blankenburg）——根据国防军最高统帅部的安排，这应该是他的集团军指挥部所在地。但实际上他的集团军指挥部还远在数十公里外的德绍—罗斯劳的工兵学校内，因为那里总算还具备完善的通信指挥系统。温克的司机一路上花了很多时间来寻找他的指挥部，当时的交通状况可谓一塌糊涂，拥挤不堪的道路上，一列列难民和部队的车辆排成长队一眼望不到头。温克的汽车在嘈杂喧闹的长龙中艰难穿行，如同牛车一样缓慢前进。当他到达魏玛附近时，他的车还被管理交通的宪兵拦了下来。宪兵告诉他，美军第3集团军的坦克部队刚刚出现在城市远郊地区。尽管如此，温克依然决定继续前往德绍—罗斯劳。

抵达目的后，温克对他的集团军指挥部人员还算满意，他日后回忆道："很幸运，我的指挥部拥有一批优秀的具备各项专业能力的参谋军官。指挥部成员们的磨合期很短，虽然大家此前来自不同的陆军单位或野战部队，但是他们很快就相互熟悉，并且发挥出各自优秀的专业能力，默契地开展合作，成为一个高效率的集体，一个负责的能担当重任的团队。此刻我们面临的是一个极其混乱的环境，时断时续的通信，拥挤混乱的交通，来自各个战区糟糕的战报和求援，防线上到处都是危机，处处受限的指挥，后勤补给的匮乏等，但是没有人因此退却或者绝望。依靠清晰的头脑，大家都整日整夜地拼命工作，希望能最大限度地完成任务。"

根据德军计划，温克的集团军指挥部由以下单位构成。

1.作战处来自于北方集团军群。

2.后勤处来自于维斯瓦集团军群。

3.通信处来自于陆军第513通信团和第591地图作业室。

4.宪兵单位来自于国防军秩序管理部门。

5.指挥部各部门的军官由陆军人事部门提供。

除此之外，第12集团军指挥部就再也没有其他单位、人员和物资的补充了。实际上，上述计划安排有很多也只是存在于纸面上而已。有资料显示，温克的集团军指挥部一共只有50多人，是一个货真价实的迷你型集团军指挥部。

为了尽可能快地提高部队战斗力，需要在整个集团军内建立起自上而下的信任关系，从军官到士官，从士官到士兵，从老兵到那些十七八岁的新兵。第12集团军努力寻找来自于老部队的有丰富经验的军官、士官和老兵，整个集团军的内部存在着非同一般的凝聚力。有个例子颇具说服力，沙恩霍斯特步兵师的坦克歼击营营长带着刚分配给他的80多名士兵路过马格德堡，正巧遇上该城遭到盟军的大规模空袭，空袭结束后城内到处都在燃烧，浓烟滚滚，情况极为混乱。由于这些士兵基本上都是马格德堡本地人，因而忧心忡忡的他们请求营长给他们一天时间回家看看，营长同意了他们的请求。到第二天集合时间，所有人都准时赶到，没有任何缺席和逃离情况，无论这些士兵的家里是否遭遇不幸，他们都准时赶了回来。

纵观整个战局的变化，温克和赖希黑尔姆一致判断美军将沿着汉诺威（Hannover）—马格德堡—勃兰登堡（Brandenburg）的路线向柏林挺进。对于德军士兵而言，他们更加愿意"覆灭"在盟军战线上，而不是在东线。由于政治上斡旋和博弈的结果，盟军放弃了进攻柏林的计划，总司令德怀特·艾森豪威尔（Dwight Eisenhower）将军宣布"柏林不再是重要目标"。

4月8日，哈尔茨"荣幸"地被希特勒宣布为"要塞"城市，将面对美军第3集团军的进攻。不过美军也不愿意停下来啃硬核桃，他们绕开这个要塞区域，直接向马格德堡方向挺进。美军第9集团军在威廉·辛普森（William H.Simpson）将军的指挥下快速向着易北河挺进，先头部队是第2装甲师和第5装甲师，紧跟其后的是第84步兵师和第30步兵师，侧翼是第83步兵师和第102步兵师。该集团军于4月11日抵达马格德堡南部的易北河区域，突入巴尔比（Barby）—采尔布斯特（Zerbst）地区。4月12日，美军第2装甲师在易北河东岸建立起了巴尔比桥头堡，第二天第83步兵师建立起了第二个桥头堡，小城巴尔比从此成为美德两军关注的一个焦点。

4月12日—16日，美军第9集团军的右翼全面抵达易北河沿岸，他们遵照雅尔塔会议决议，在易北河流域停下了大规模进攻的步伐。

4月13日，美军第1集团军的部队靠近了穆尔德（Mulde）河，美军和德军在马格德堡地区的战斗很快打响。德军第12集团军在与马格德堡城防司令阿道夫·雷根纳（Adolf Raegener）中将取得联系后，获悉美军的装甲部队已经出现在城市的西郊。在打退了美军装甲部队的第一次进攻后，美军转向南面，通过马格德堡和巴尔比之间的防线空隙向易北河的东岸进军。沙恩霍斯特师第2团1营在营长里格尔（Rieger）上尉的指挥下于14日夜间向马格德堡南部的美军第2装甲师桥头堡发动猛烈攻击。里格尔上尉获得的骑士铁十字勋章的颁发建议书上记录道："……在里格尔上尉带领下，该营突进到美军浮桥前，他们用铁拳和炸药包对付美军坦克，俘虏了220名美军士兵。"

阿弗雷德·穆勒中校的布尔格突击炮战斗群的一些突击炮支援了这次进攻。

位于巴尔比桥头堡的美军第83步兵师击退了德军所有的进攻，包括沙恩霍斯特师第2团2营和第1170突击炮旅发动的进攻。在这段时间里，沙恩霍斯特师担负起了防御巴尔比桥头堡的主力角色。德军虚弱的进攻和防御对于美军的作战计划几乎很难产生决定性影响，美军按照计划向着哈雷（Halle）和莱比锡进军。布劳罗克中将的胡滕步兵师驻守在德绍—莱比锡的高速公路线上，在美军的强大压力下他们抵挡了3天后就不得不向着穆尔德河西岸撤退，其防线已经被挤压成2个小桥头堡。美军继续增强巴尔比桥头堡的兵力，温克担心美军会以此为出发阵地对柏林展开进攻。虽然第12集团军一直都没有建立真正意义上的后勤补给系统，但是它的后勤补给还能够维持，因为它充分利用了分布在德国中部的弹药库和补给仓库，缺的只是装甲部队以及一些特殊弹药、油料和运输车队。此外，第12集团军不仅没有执行希特勒以及纳粹党下达的破坏德国即将失陷地区的工业经济设施的命令，相反它属下的一些部队还阻止这类行为的发生，担当了要点警戒部队的角色。

雷根纳中将的马格德堡城防指挥部于4月11日开始隶属于第11集团军指挥，城防部队下辖第48、第49要塞团，第4工兵营，3个炮兵营和布尔格突击炮兵学校的部分兵力,以及由警察、帝国劳工组织和希特勒青年团等单位组成的杂牌防御部队。美军第2装甲师和第30步兵师已绕过马格德堡前进。

4月12日,第12集团军接手了原属第11集团军的部分防线,马格德堡城防指挥部也转隶第12集团军指挥。第12集团军现在要负责的防区从德米茨(Doemitz)到莱比锡地段,如此漫长的防线依靠现有力量要想完全防守几乎是不可能的。

4月15日,温克向国防军最高统帅部报告,他目前能确保执行的任务是防御易北河和穆尔德河交界地段的任务,如果条件允许则将清除美军已经建立起来的桥头堡。

4月16日,美军第30步兵师要求马格德堡驻防德军投降,但是遭到了拒绝,于是美军于第二天开始攻城。17日中午12点,美军出动大约260余架中型轰炸机轰炸马格德堡,投下了770吨炸弹,倾泻而下的钢铁揭开了攻城序幕。德军则依托马格德堡城内的防御工事、街垒甚至街道房屋负隅顽抗。经过一番血战,美军消灭了城内的德军主力,雷根纳中将率领残余兵力于18日撤过易北河。

雪地中的苏军侦察兵。

随着越来越多的人民冲锋队员被送上前线，德国出现了制服和装备短缺的现象，所有的库存都已经消耗殆尽。在绝望之中的德军想方设法克服这一困难，于是名为"Volksopfer"的流动仓储车出现了，它们走街串巷收集人们捐赠的衣物、制服和靴子。这意味着平民要付出很大的牺牲，为了战争，他们不但要贡献出自己的家人，还要贡献出最后一件毛衣。图为1945年2月12日，柏林街头的流动仓储车，标语上写着："元首期待着你们的付出，为了军人和人民冲锋队员，你们要以他们身着你们贡献的衣物为荣—清空你们的衣柜，把里面的衣物给我们。"

苏德战场上苏军的大威力进攻性武器—ISU–152自行火炮。它能够在1000米距离上摧毁所有现役的德军坦克，在突破德军坚固设防阵地时能为步兵提供强大的火力支援，也能在德军发动的反突击中胜任防御任务，唯一的缺点是携弹量只有20发。

一名德军少尉在教导一群希特勒青年团的孩子如何使用MG–42机枪。

1945年3月18日，美军第3集团军的部队进入德国科布伦茨，路边被打倒的士兵从衣着和钢盔上看，应该是名美军。

1945年3月27日，美军第7集团军的部队在卡尔斯鲁厄附近突破齐格菲防线，向着斯图加特推进。

1945年4月24日,饱受战火蹂躏的德国科隆,只有著名的大教堂还较为完整地矗立在莱茵河边。火车站和霍亨索伦大桥右岸的城区,已经在持续3年的战争中毁于盟军空袭,德国的大城市基本都被空袭摧毁,战争潜力已经完全丧失了。

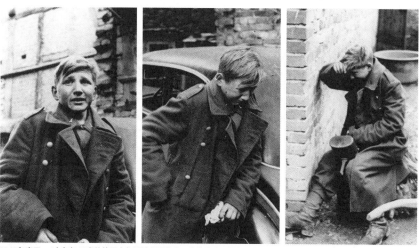

1945年春天,1个年仅16岁的德国少年兵被美军俘虏,他的脸上写满了恐惧、无助和难过。其实他应该庆幸,至少他能活下去了。

1945年4月17日，莫德尔元帅宣布B集团军群停火解散，最年老和最年轻的士兵被复员，官兵自行选择突围或者投降。4月21日，莫德尔元帅自杀身亡，温克的第12集团军组建之初最重要的任务就这样不了了之。图为被盟军俘获的德军被集中到了海德堡等地的战俘营。

美军第2装甲师的坦克正在向马格德堡发动进攻。

美军第83步兵师正在德国境内架设浮桥。

美军第9集团军指挥官威廉·辛普森将军正在视察第83步兵师在巴尔比地区易北河上架设的浮桥。

2.绝望出击——装甲将军之死

在德军本土战线的北段，原计划归属温克将军的克劳塞维茨装甲师和施拉格特步兵师的命运怎样呢？根据国防军最高统帅部原先制订的计划，西北最高司令部下辖第11和第12两个集团军，第11集团军指挥官原为费利克斯·施泰纳（Felix Steiner）党卫军上将，现由瓦尔特·卢赫特（Walther Lucht）炮兵上将接任。温克的第12集团军按计划将向哈尔茨方向推进，和第11集团军打通联络。同时卡尔·德克尔（Karl Decker）装甲兵上将的第39装甲军（该军直接隶属于布施元帅的西北最高司令部，下辖克劳塞维茨装甲师和施拉格特步兵师，还有第84步兵师残部）从北部的于尔岑（Uelzen）地区突向哈尔茨，经过不伦瑞克（Braunschweig）向南突进。然后集结力量共同向着B集团军群方向进攻，打通和他们的联系，重建一条完整的西线。第39装甲军执行的任务是其归属第12集团军指挥后的首次进攻，结果成为损失惨重的一个梦魇。

德军克劳塞维茨装甲师师长马丁·乌莱因，银橡叶骑士铁十字勋章获得者。

第39装甲军军长卡尔·德克尔是德军最年轻的装甲兵将军之一，死时年仅47岁，银橡叶骑士铁十字勋章获得者，是一名身经百战的优秀装甲部队指挥官。

47岁的卡尔·德克尔装甲兵上将是德军最年轻的装甲兵将军之一,这位银橡叶骑士铁十字勋章获得者曾担任第5装甲师师长。他和克劳塞维茨装甲师师长马丁·乌莱因中将虽然都是德军身经百战的优秀装甲部队指挥官,但是面对指派给他们的这些不可能完成的任务,自然也无力回天。4月16日,第39装甲军军部会同克劳塞维茨装甲师和施拉格特师(此时这2个师尚未完成组建,只有部分部队具备机动能力可投入作战)开始进攻,国防军最高统帅部4月18日战报:"在第39装甲军指挥下,克劳塞维茨装甲师以大约50辆坦克的装甲力量开始进攻……"

尚未完成组建的部队依然处于分散状态,乌莱因中将不得不将克劳塞维茨装甲师分为几个不同的战斗群,只有部分部队能投入从于尔岑地区向南的进攻作战。由于第12集团军当时尚未完成组建,有的部队已经陷入不同地区的防御作战而无法脱身,根本没有能力集中起来执行计划中从德绍桥头堡开始的进攻,以策应第39装甲军的行动。于是第39装甲军的进攻更像是一次在希特勒逼迫下有去无回的绝望突击,缺乏友军支持和掩护的他们陆续遭到了英军和美军的毁灭性打击,很快就流尽了鲜血。

其实在几天前,克劳塞维茨装甲师下属的不同作战单位就已经陆续展开进攻,例如编有普特劳斯装甲教导营、统帅堂装甲掷弹兵营和大德意志坦克歼击营的第1战斗群在15日晚就开始向南进攻。德克尔装甲兵上将把军部直属的装甲侦察力量也投入到战斗中,同时派出多名传令兵通知乌莱因中将率部紧紧跟上,不计一切代价向美军发动进攻。19日晚,他们距离易北河—威悉河(Elbe-Weser)运河依然还有25公里,但部队已经损失惨重,尤其是人员伤亡很大,几乎失去了进攻能力。

4月20日是希特勒度过的最后一个生日,而德克尔将军的第39装甲军几乎完全陷入绝境。克劳塞维茨装甲师的2个战斗群先后在运河区域被包围,不仅无力继续推进,自身能否逃脱被歼的命运也不得而知。其中第1战斗群突进美军防线的部队由于没有后续部队跟进,很快就被布防完善的美军击溃,不少人当了俘虏。原本应该紧跟其后的第4战斗群杳无音信，只有大约1个营实力的第3战斗群同样问题重重，部队的油料和弹药消耗殆尽。当天的侦察报告显示，运河上唯一一座完好的桥梁处在美军的严密防守之下，德克尔将军只能无奈地命令部队停止进攻，原地休整补充。

20日午夜，德克尔将军召集手下的军官开会，包括乌莱因中将、参谋长库兰上校、首席参谋沙恩霍斯特少校等人。他们聚集在微弱的灯光下等待着德克尔将军的命令，然而德克尔一言不发，他知道已经没有什么命令可以下达了。令人惊讶的是，沉默良久的德克尔将军突然要求大家陪他打牌，虽然地方简陋，甚至连张像样的桌子都没有，而且其牌运也不佳，但是他依然饶有兴致地玩着，最后输了50帝国马克。打完牌，德克尔和其他人笑着一一握手告别，最后只剩下他和首席参谋沙恩霍斯特少校站在昏暗的灯光下。德克尔平静地说道："明天我们只有两个选择，或者阵亡，或者进战俘营。但是我绝不会进美国人的战俘营。"

沙恩霍斯特少校问道："那您的夫人和女儿们怎么办？"

"这正是我最痛心的。"德克尔将军苦笑着回答。当晚他和沙恩霍斯特都没有睡觉，沙恩霍斯特一直努力劝说将军，希望能改变他绝望的想法。然而德克尔去意已决，丝毫没有任何改变："一名德国将军不能进战俘营。"

21日凌晨，克劳塞维茨装甲师开始进行最后一次进攻，它的1个战斗群攻击了美军的一支后勤车队，该师的虎式坦克和豹式坦克对着美军的运输车队猛烈开火，刹那间枪炮声大作，火焰照亮了半边天空。德克尔将军命令向着火光方向前进，他和沙恩霍斯特少校的装甲通信车紧跟着克劳塞维茨装甲师最后残存的作战力量（大约10辆坦克）向着美军阵地推进。美军边抵抗边撤退，当德军几乎不受阻挡地通过一座桥梁后，德克尔将军跳下车，大步向前走了几步，随后又走回到桥边。他在危险地段的如此举动让沙恩霍斯特少校大吃一惊，战后他回忆说实际上将军此刻一方面是在变相自杀，寻找"阵亡"的机会，另一方面他对于如此顺利地通过这座桥梁感到相当惊讶。战斗群仅剩的8辆坦克陆续通过这座桥继续向前进攻，前面不远处的镇子是法勒斯莱本（Fallersleben）。当他们快要进抵火车站时，遭到美军越来越猛烈的火力阻击，1辆虎式坦克触雷后失去行动力，1辆豹式坦克则干掉了美军的1门反坦克炮。突然间，德克尔将军的装甲通信车被1挺重机枪锁定，遭到了猛烈扫射，车后座的几名士兵纷纷中弹，死伤不明。很快车体就燃起大火，司机不得不紧急驶入一个拐角，就此失去了和其他坦克的联系。沙恩霍斯特少校拿着冲锋枪跳下车，侦察街道周边的情况。当他的手臂被街道暗角射来的子弹击穿后，不得不重新跑回车上。装甲通信车再次启动，以最高速度冲出法勒斯莱本，向着西面的叙尔费尔德（Sülfeld）村方向奔驰。天光放亮后，德克尔将军在一条街道的转角处临时停了下来，他的身边陆续聚集起一些士兵。当德克尔将军冲出法勒斯莱本后，克劳塞维茨装甲师最后的几辆坦克还在城里和美军激战。德克尔将军就此一去不返，当他们再次遭遇美军时，虽然其下属试图突围或者进行投降谈判，但德克尔将军选择了自杀。

第39装甲军从4月14日—21日的绝望进攻战，不仅使克劳塞维茨装甲师的4个战斗群大部被歼，而且军部和直属单位也基本损失殆尽。霍伊恩中将带着施拉格特师残部勉强逃脱被全歼的命运，撤退到易北河地区。4月26日后，施拉格特师重新组建，随后被编入德军第3装甲集团军序列。4月21日，第39装甲军这个事实上已经失去作战指挥功能的军部重新回到第12集团军的序列。4月23日，第12集团军得到了国防军最高统帅部命令："第39装甲军的进攻作战终止，全军撤回易北河东岸。此后加入柏林战役的作战部署将根据战事发展再予以下达。"

第39装甲军此时剩下的作战力量包括：少数没有参加进攻的克劳塞维茨装甲师官兵，施拉格特师（包括第299步兵师的残部和帝国劳工组织成员），第84步兵师师部以及残余力量。4月21日，随着莫德尔元帅的自杀，B集团军群至此灰飞烟灭。德军第11集团军也被盟军包围，只有少数部队突出重围，希特勒的狂妄解围计划正式宣告破产。

1945年4月14日，正在向于尔岑前进的英军装甲部队。

1945年4月16日，进攻于尔岑以南的奈特尔坎普（Nettelkamp）的德军装甲运兵车队。

战斗开始后，德军进攻部队遭到美军顽强抵抗，一名手提"铁拳"的德军掷弹兵从一队突击炮前快速跑过。

1945年4月20日，德克尔将军的第39装甲军几乎完全陷入绝境，图为德军阵亡的年轻掷弹兵。

盟军士兵正在查看触雷后失去行动力的虎式坦克。坦克右侧履带脱落在地，裙板被地雷爆炸的冲击波掀起，坦克炮塔上至少有5发炮弹命中的弹痕。

第39装甲军的部队与美军在运河边的法勒斯莱本镇内激战，图为美军士兵在装甲车上准备用机枪向德军射击。

第39装甲军在1945年4月14日—21日的绝望进攻战斗中，不仅使克劳塞维茨装甲师的4个战斗群大部被歼，而且军部和直属单位也基本损失殆尽，连军长都绝望自杀了。图为被美军俘虏的德军士兵，一个个年轻的脸庞，这分明就是一群穿了军装的中学生。

1945年4月20日，大德意志装甲歼击营在战斗中被击毁的追猎者坦克歼击车，克劳塞维茨装甲师也在这里耗尽了最后的战斗力量。

3.各显神通——下属军部的战斗

1945年4月的第二周里，东线的苏联红军终于再次举起了铁锤。虽然大规模进攻还要在1周后才开始，但柏林战役的前期战斗已经逐渐展开。14日，苏军主要突击部队——第47集团军、第3突击集团军、第5突击集团军、近卫第8集团军都派出了加强步兵营，在坦克的掩护下对德军第一道防线发动了猛烈进攻。在局部范围内的战斗打得非常激烈，战斗中苏军发现其装甲部队的力量仍显不足，甚至给步兵提供直接火力支援也不堪重负。德军防御部队装备了大量的"铁拳"和"坦克杀手"火箭筒，在坦克歼击车、火箭发射器和精心布置的雷场中，苏军每前进一步都会付出很大代价。最重要的是，现在德国人不能轻易放弃任何一片土地，在战斗最激烈的区域德军的防御部队减员达到一半以上，即便如此部队也不能轻易放弃阵地后撤，苏军毕竟已经打到自家门口了。由于许多部队是临时拼凑的，因此番号非常混乱，后勤补给更是若有若无。第一线的连队通常都配备了75毫米反坦克炮，但炮弹严重不足，战斗进行了2天，每门炮的弹药就剩下平均不到18发。轻武器的弹药补充情况也好不到哪里去，士兵们都迫切地希望能有补给到来。食物、弹药和水已经消耗得差不多了，只有对水的渴望还在激励他们去消灭敌人，战斗间隙德军士兵经常踩着还在冒烟的土地飞奔到敌人的尸体旁去抢夺水壶和弹药，丝毫不顾狙击手的威胁。

15日入夜后，苏联空军第4和第16集团军的飞机对德军第一道防线进行了猛烈轰炸，这让维斯瓦集团军群指挥官海因里希大将感觉到苏军的总攻即将开始，他给第9集团军指挥部下达了一个简短的命令："立即撤退，坚守第二道防线。"

为了掩护部队后撤并迷惑苏军，德军炮兵部队进行了迄今为止在该战区最猛烈的一次炮击，这使得苏军在最后时刻并没有发现德军的一线阵地几乎空无一人。

1945年4月16日，苏军在凌晨5点向德国首都柏林展开大规模进攻，战斗主要由白俄罗斯第1方面军和乌克兰第1方面军负责。凶猛的炮击令德军第一道防线及周边的森林和村庄几乎被钢铁撕碎，到处都是熊熊烈焰，不少炮弹甚至打到了第二道防线上。在苏军数万门火炮轰击下，奥德河沿岸的德军阵地全部都被覆盖，就像是一排排火热的锅炉，里面疯狂地爆发出火焰和硝烟，巨大的爆炸声在几十公里外都可以听到！尽管天还没亮，但在炮火的映照下，还是可以发现在低空穿梭的苏军轰炸机群的影子。它们把燃烧弹和炸弹投向每一片树林、投向炮兵阵地、高炮阵地……德军防线上到处都是飞扬的尘土、浓烟和大火，大地在颤抖，恍如世界末日已经来临。视线所及之处，倒塌的房屋、炸飞的碉堡顶盖、炸烂的树木和蒺藜，乃至火炮零件都在空中飞扬。人的肢体、头颅和各种残骸混合着土块被炸起几十米高，落下来，又被气浪掀起，最后被撕成粉末……

当炮击告一段落后，苏军坦克掩护着步兵开始了冲击。猛烈的炮火和轰炸几乎把德军的第一道防线碾为平地，第二道防线也受到很大破坏，许多人被炸死炸伤，伤员躺在战壕中哀号。由于药品和人力短缺，伤员只能被抬进临时掩蔽部里无法后送，而战壕中不断有人被炮弹爆炸的气浪抛到空中。在大规模炮击结束后，德军第一线连队剩余的人接到了出击的命令，逐渐靠近在致命的双层徐进弹幕掩护下冲锋的苏军坦克。党卫军士兵们摧毁了一些坦克，并把这些残骸当作躲避苏军炮击的掩体。7点左右，随着炮火向纵深延伸，苏军的坦克部队乱哄哄地冲了上来。他们一头扎进了德军炮兵阵地的火力范围中，于是坦克和步兵瞬间就被隐蔽着的火力大量杀伤。苏军不得不呼叫刚刚停止射击的炮兵支援，于是德军阵地再次被炮火覆盖。在反复的拉锯中，实力严重受损的德军一线部队不得不向后撤退，但几个装备了铁拳火箭弹的志愿小组仍隐蔽在阵地前沿的一些散兵坑中，他们将从侧后打击前进的苏军坦克，掩护战友撤退。大多数伤员都报名参加志愿小组，因为他们无法在这种情况下跟着部队一起转移，也找不到可以暂避一时的地方。一些德军重伤员为了不拖累战友，选择了开枪自杀，他们宁死也不愿意当俘虏。

中午时分，随着苏军逼近塞洛（Seelow）高地，战斗开始进入白热化。德军前沿步兵虽然由党卫军、海空军甚至帝国劳工组织的成员混编组成，但抵抗非常顽强。德军常用火箭筒来打击苏军的坦克，或者一组人员释放烟幕弹

柏林战役外围作战态势图。

掩护，另一组人员靠近用磁性炸弹来消灭坦克。那些缺乏训练的士兵虽然很勇敢，甚至爬到距离坦克不到20米的地方再开火，但结果往往和坦克同归于尽，要么被机枪打倒，要么被坦克爆炸后飞溅的燃油烧死。随着苏军近卫第1坦克集团军投入战场，被誉为"柏林之锁"的塞洛高地附近的战斗完全沸腾了，苏军坦克攻破了德军的前两道防线，来到高地下面。战场上留下了遍地的尸体和坦克残骸，苏军巨大的人力和兵器优势不是光靠士兵的勇敢就能阻挡得住的。在苏军坦克集群的反复冲击下，塞洛高地的守军只坚持到18日清晨就无法再打下去了，高地上的残余德军开始向柏林败退。到19日，战斗已经在柏林近郊打响了。

而此刻，温克的第12集团军却还在为下属的军级指挥部的残缺而苦恼。按照计划，第12集团军下属的军级指挥部计有：第20军、第39装甲军、第41装甲军和第48装甲军。然而这几个军部的情况都不容乐观，有的军部刚受到重创，还没有完全恢复，有的则还没有完成组建。而第12集团军指挥部本身也残缺不全，只有最基本的人员构成。

第39装甲军遭到美军的毁灭性打击后，直到4月21日才回归第12集团军。原第39装甲军军长卡尔·德克尔装甲兵上将自杀身亡后，卡尔·阿恩特（Karl Arndt）中将代理军长一职，开始重建军部并设法重组作战部队。从4月26日—29日，温克命令阿恩特中将尽快补充作战人员，竭尽全力让第39装甲军恢复最基本的作战能力。第12集团军分派给这个军的防线段是博伊岑堡（Boitzenburg）—哈弗尔贝格

当第39装甲军的军长卡尔·德克尔装甲兵上将在战场上自杀后，卡尔·阿恩特（Karl Arndt）中将将担任代理军长一职。他的首要任务是重建军部和恢复部队的作战能力。图为卡尔·阿恩特还是上校时期的照片。

（Havelberg）之间，此时该军下属的作战单位包括：恢复休整中的克劳塞维茨装甲师残部、汉堡（Hamburg）步兵师后备部队、梅耶师和作为军部预备队的第84步兵师。其中克劳塞维茨装甲师和第84步兵师各拥有1个3营制步兵团和1个炮兵团的兵力，汉堡步兵师后备部队和梅耶步兵师各有2个2营制步兵团和1个炮兵团（2营制6个连）。作为装甲军，阿恩特手里的装甲部队这时只剩下统帅堂装甲营的5辆猎豹了。至于原来的姐妹部队第233装甲师有没有提供补充力量，暂无文献资料可查。4月29日，第12集团军命令该军交出所属各师，保留军部执行新的任务。5月1日夜间，该军接防哈弗尔贝格一线的防御后，归属该军指挥的作战力量只剩下第309步兵师和赫尔曼·克尼茨基（Hermann Konitzky）少将的师级战斗群，这个战斗群主要由人民冲锋队和陆军预备单位组成。

卡尔-艾里克·科勒（Karl-Erik Koehler）骑兵上将指挥一个临时指挥部负责布尔格—德绍防线段，逐步补充完善了军部的指挥功能。这个指挥部4月21日得到了从东线来的第20军军部的补充，第20军军部在东普鲁士地区的战斗中遭受了严重损失，通过补充地图作业室、宪兵队、后勤部门和炮兵指挥部，以及从陆军人事部门和后备军司令部得到的军官和装备补充（卡车和装甲车）后，才重新具备完整的指挥能力，可以投入作战。4月16日，第20军建制内有希尔、沙恩霍斯特、胡滕和科尔纳四个步兵师，其中沙恩霍斯特师和马格德堡城防部队负责攻击巴尔比区域的美军桥头堡阵地。军部的恢复与休整工作继续进行，同时还要管理科尔纳步兵师和雅恩步兵师的组建工作。5月1日，雅恩步兵师能作战的部队

第20军军长卡尔-艾里克·科勒骑兵上将。

也正式编入这个军。

　　鲁道夫·霍尔斯特中将负责的临时指挥部位于拉特诺（Rathenow），他的任务是收拢周围还能组织起来的部队防御拉特诺地段的易北河防线，并且组织一些侦察兵过河侦察美军动向。4月21日，霍尔斯特中将得到了来自东普鲁士的第41装甲军军部，他担任军长。这个军部的情况也很糟糕，它于4月6日—9日从皮劳（Pillau，现俄罗斯波罗的斯克）海运出来，从4月15日开始在勃兰登堡地区集结。军部的人员不全，缺乏必需的通信设施和交通工具，因此必须由第12集团军帮助其恢复指挥能力。此后，温克决定把第39装甲军的剩余人员都编入第41装甲军，这2个残破的装甲军合并重组后成为新的第41装甲军，军长依然是霍尔斯特中将。4月22日，第41装甲军正式编入第12集团军，该军下辖冯·哈克（Von Hake）师群、特种任务师（Div.z.b.V）、第199步兵师部分单位和一些小规模的作战单位。

　　4月10日，来自中央集团军群第4装甲集团军的第48装甲军也划归第12集团军指挥，这支在东线屡立战功的部队现在由马克西米利安·埃德尔斯海姆（Maximilian von Edelsheim）装甲兵上将率领。该军军部拥有相对完善的指挥力量，包括炮兵和工兵指挥部、通信营、医疗、后勤和宪兵等单位也较为健全，还拥有150吨物资的运输能力。4月12日，这个军接管了德绍—格里马（Grimma）的防线，负责掩护第12集团军的南翼。但是在盟军的强大压力下，它只能集中兵力坚守哈雷和莱比锡这两个重要的城市。该军下属哈雷和莱比锡两个城防指挥部，分别编有高炮部队、人民冲锋队和补充营等单位。其中第14高炮师（师部设在莱比锡）还有一定的作战力量，在洛伊纳—梅泽堡（Leuna-Merseburg）之间的区域共部署了约1000门各种口径的高射炮。不过这些高炮大多都是固定炮台，缺少机动能力。在美军的快速进攻下，哈雷和莱比锡分别于4月19日和20日失陷。负责进攻哈雷的美军主力是第104步兵师和第3装甲师，攻城作战持续了5天。负责进攻莱比锡的是美军第9装甲师和第2、69步兵师，美军攻占莱比锡后，继续向东进军。在这段时间里，胡滕步兵师的任务是防守穆尔德河西岸,但是面对美军装甲部队的进攻,该师根本招架不住,只能继续后撤。为了掩护部队撤退,该师还组织起一些装备自行车和"铁拳"的所谓反坦克突击队,利用地形掩护尽可能地打击或者延缓美军装甲部队的进攻速度。

第12集团军建制内没有任何成规模的装甲部队。4月17日,隶属胡滕步兵师指挥的第3坦克歼击营就成为集团军内最重要的反坦克部队,在防线内担负起机动救火队的重任。布尔格突击炮兵学校的突击炮对于第12集团军漫长的防线而言是远远不够的,他们同样疲于奔命。此外,温克的集团军几乎没有直属部队,缺乏高炮、工兵和炮兵部队,只是在采儿布斯特地区和集团军后方部分区域内还有一些固定高射炮塔和铁路高炮部队,它们后来都成为地区防御战的重要力量。值得一提的是,已经山穷水尽的德国空军很少在第12集团军的防区内出现。4月16日,德军计划在原空军第2军编成内组建一个新的空军训练指挥部,希望能为第12集团军提供一点空中支援。但是由于战局发展,在缺油缺装备缺人员的状况下,这支空军部队的存在只能是象征意义的。温克非常清楚空军的价值,他还清晰地记得当他还是第1装甲师首席参谋官的时候,德军装甲部队是如何在空军支援下高速挺进的。只是德军曾经为之骄傲的空地协同、闪击突进的场景已经一去不复返了。

1945年3月27日，古德里安在给参加了屈斯特林桥头堡反击战的士兵们颁发勋章，从照片上就能看出这些士兵来自不同的部队，其中还包括山地兵。

德军士兵正在指导人民冲锋队的人如何使用一次性发射的"铁拳"单兵反坦克武器，这些老人很可能参加过第一次世界大战，上战场对他们来说并不陌生。盟军和苏军还发现，他们的对手中有很多都是未成年的孩子，除了戴着钢盔，衣着跟平民毫无区别。

在苏军对柏林发起总攻之前，从1945年2月起，双方在奥德河西岸的桥头堡曾发生过多次激烈的争夺战。图为战斗结束后的战场，看上去尸体都被搜检过，但并没有人去收殓。

隐蔽在散兵坑中的德军双人反坦克小组。图为绰号"坦克杀手"的反坦克火箭筒，一人负责装填，另一人负责射击，可重复装填，射程比"铁拳"远。

德军士兵制作的稻草人，躲在战壕中拿着它来吸引苏军狙击手或者机枪手开火，使其暴露位置。

在奥德河前线战壕中休息的德军步兵，许多人直接坐在简陋的猫耳洞中，但这种工事在苏军的大规模炮击下很难支撑过久。

苏军独有的安装在履带式底盘上的B-4型203毫米榴弹炮，威力十分巨大。在柏林战役期间，苏军甚至将其拉上街道对着德军坚守的建筑物猛轰，通常一两发炮弹就能轰塌一座楼房。

炮击结束后，苏军T-34/85坦克群搭载步兵开始了冲锋。这些搭乘坦克的冲锋枪手就是苏军的"装甲掷弹兵"，他们和苏军坦克部队共同组成了一把把锋利无比的尖刀，把德军防线撕得支离破碎。

苏军以大规模炮击拉开了攻打柏林的序幕，炮火之猛烈堪称当时的人类战争史之最，图为被炮火打死的德军士兵。

1945年4月12日，美军坦克纵队正在向哈雷逼近。4月19日，美军攻占哈雷。

马格德堡附近，美军第30步兵师的士兵正在讯问德国小战俘，有两名是希特勒青年团成员。

莱比锡城外被摧毁的德军高炮阵地，德军的88毫米高射炮不仅要面对来自天上的威胁，更要担当地面防御的重任。

正在进攻莱比锡的美军士兵。到战争接近尾声的时刻，受各种条件制约，德军的战术逐渐消极，大一点的城市都被希特勒要求建成"要塞"，但在实际战斗中德军对盟军的进攻往往是抵抗一阵，尽一下军人的义务就会放弃。

在莱比锡巷战中阵亡的德军士兵。

刚刚结束战斗的莱比锡，街道上还能看到美军坦克的残骸。美军的谢尔曼坦克相对来说防护能力较差，无奈德军大势已去，丧失了和盟军博弈的实力。

美军步兵在一所院子中查看战斗中阵亡的德军官兵尸体。

1945年4月20日，美军攻占莱比锡后，正在检查当地著名的莱比锡大会战纪念碑。这座巨大的建筑是为了纪念1813年10月16日—19日反法联盟在莱比锡城下击败拿破仑而建，德意志的民族主义甚至是纳粹主义都可以从这里找到起点。二战期间希特勒特意在莱比锡大会战纪念碑前举行隆重的誓师大会。美军攻城时有大约150名党卫军官兵在纪念堂内围积了大量弹药和食品准备顽抗，后在美军炮火的威逼下放下了武器。

莱比锡大会战纪念碑是莱比锡的标志之一，它于1898年10月18日奠基，修筑工程历经15年之久，在1913年10月18日莱比锡会战胜利100周年时正式落成。纪念碑高91米，有500级台阶，碑体正面是高达10米的英雄浮雕，顶端是10个持剑而立的巨型战士，长年累月的风雨洗礼已经使整个花岗岩碑体呈黑褐色。1968年，这个德国最重要的建筑纪念碑被内外翻修一新。

4.命令与现实——救所能救的人

温克将军和赖希黑尔姆上校一直都担心美军会以巴尔比桥头堡为进攻出发地，向柏林发动攻击，而来自东面的威胁也迫使第12集团军必须做出相应的准备措施。4月17日，温克下令抽调部分部队，连同来自德国北部的一些部队着手建立面向东面的防御线。

4月18日，第12集团军南翼受到了来自苏军的威胁，乌克兰第1方面军开始向德国中部纵深挺进。埃德尔斯海姆装甲兵上将的第48装甲军首当其冲面临苏军的攻击，该军奉命在施瓦策埃尔斯特（Schwarzen Elster）河一线建立新的防线，从此这个军就不得不面对东西两个方向的压力，构筑两条防线。作为补充，第48装甲军从第4装甲集团军得到了一个小规模的参谋班子以组建新的指挥部，专职负责东部防线的构筑。他们一方面要掩护集团军的南翼，尽可能地和莱比锡、哈雷地区的防御部队保持联系，收容溃退的部队，另一方面还要防御苏军的进攻。在没有任何装甲作战车辆的支援下，这个"装甲军"艰难地执行着自己的任务。

马克西米利安·埃德尔斯海姆装甲兵上将，第48装甲军军长。该军军部拥有相对完善的指挥力量，包括炮兵和工兵指挥部、通讯营，医疗、后勤和宪兵等单位也较为健全，部队具备一定的战斗力。

就在同一天，德军第9集团军的处境已经岌岌可危，苏军成功突破了该集团军在塞洛高地的防线，对它形成了两翼包抄的态势，第9集团军距离被苏军彻底包围已经不远了。4月19日，第9集团军被苏军分割为如下3大块。

1.南翼的党卫军第5山地军、奥德河畔法兰克福要塞防卫部队和党卫军第11军。

2.中部的第56装甲军。

3.北部的第101军。

海因里希为了尽可能营救即将被包围的第9集团军,当晚再次向希特勒提出撤退的请求。但是希特勒的想法与现实有极大的差距,他反而要求第9集团军在得到第4装甲集团军第5军(辖第21装甲师、党卫军第35警察掷弹兵师和第342、344步兵师残部以及一些炮兵支援单位)加强后向奥德河畔法兰克福的南部进攻,同时第4装甲集团军沿着奥德河进攻,以此来切断强大的乌克兰第1方面军的后路。这真是一个狂妄且充满幻想的"希特勒式"的作战计划。

美军于4月20日在穆尔德河西岸停下了进攻的脚步,第12集团军终于暂时获得了喘息的空间和时间。不过美军来自天空的打击却没有任何停歇,只要天气条件允许盟军的飞机就在德国的天空到处转悠,而德国空军已经毫无还手之力了。此时该集团军已经直接隶属于国防军最高统帅部指挥,希尔步兵师从20日开始把防御重点逐步转向东面,调防到贝尔齐希(Belzig),准备抵抗来自苏军的进攻。4月21日,第48装甲军所部和美军打了几仗,双方互有伤亡。希尔步兵师的换防继续进行,他们和驻防在特罗伊恩布里岑(Treuenbrietzen)的科尔纳步兵师建立起了联系。温克就这样搜罗一切能够利用的力量,慢慢转向东面,开始构建东部防线。

4月22日,苏军坦克部队突然出现在特罗伊恩布里岑,令德军大吃一惊,这意味着柏林快要被合围了。苏军的另一个目标是维滕贝格,显然他们想继续深入德国中部。第20军的形势岌岌可危,来自东西两面的压力几乎要把它彻底挤垮。第48装甲军从西线的转移仍在进行,对于它而言,一旦苏军进占维滕贝格,那么它和第12集团军的联系就将被切断,因此这个装甲军的转移速度必须加快。第48装甲军的新任务是在德绍和维滕贝格之间建立向南的防线。该军将撤退到易北河沿岸,由于严重缺乏卡车和工兵舟桥器材,第48装甲军的撤退重组遇到了很大困难,有的单位需要徒步行军大约140公里。直到24日过后,该军所属部队才在维滕贝格附近的科斯维希(Coswig)重新集结完毕。值得一提的是,在第48装甲军撤退的整个过程中,大批德军士兵有很多机会可以逃离部队向美军投降，从而结束残酷的战斗生涯获得生存机会，然而逃兵现象很少出现，绝大多数官兵在混乱的状况下最大限度地执行着命令，履行着职责。从心理角度来讲，支撑第12集团军官兵战斗意志的重要因素就是，他们知道他们的调动是要去抵抗来自苏军的进攻——"抵抗俄国人的入侵"已经成为德军士兵还能坚持战斗的精神支柱。此外，美军于4月20日停止了对第12集团军战区的空中打击，这也使得德军的调动变得轻松不少。

苏军的进攻在付出一定代价后也暂时停了下来，战争已经到了最后时刻，无论美军还是苏军都不愿意再做无谓的牺牲。第12集团军现在面临着两线作战的境况，而温克则开始把防御重点逐步转向东边。德国人日益感觉到，易北河将成为战争结束时的分界线，德国乃至世界都将在这条分界线上被分割成两大部分。4月23日，美苏部队建立起了直接的通信联系。

4月22日，第12集团军指挥部搬到了采尔布斯特东北22公里的米蒂维策胡滕（Medewitzerhütten）。23日凌晨2点，温克从第20军军部获悉，凯特尔元帅要到他的指挥部视察。他赶紧叫醒参谋长赖希黑尔姆上校，准备迎接凯特尔的到来。凯特尔不仅仅是执行希特勒的命令前来视察和督促，他向希特勒做出了保证——第12集团军会给柏林解围。温克见到凯特尔后发现这位元帅的神色非常紧张，凯特尔的副官取出作战地图刚打开，凯特尔就俯身指着柏林说道："我们必须去解救我们的元首！"

温克随后和凯特尔进行"四只眼睛"（德语单独面对面谈话的俗语）单独会谈。他向凯特尔介绍完战局后，凯特尔要求第12集团军尽快向东北方向进发，和第9集团军建立起联系，随后向柏林前进，共同参与在柏林进行的决定德国命运的大决战。如果可能的话，把元首强行带出总理府，送出柏林。凯特尔向温克和赖希黑尔姆介绍了希特勒的作战计划，柏林战役已经开始了。温克对于整体局势非常清楚，他明白希特勒的妄想计划没有任何现实基础，不过熟悉凯特尔脾气的他并没有当面提出异议，而是艺术性地表明他将采取作战行动，但是对于作战行动的具体情况和目标，温克避而不谈。凯特尔离开后，温克才对手下的军官们说:"那么,现在我给你们布置任务……"

温克指出单纯突向柏林没有意义,只是冲进苏军的包围圈去找死,而真正有价值的计划是:尽可能维持一条完整的战线,尽可能解救出依然和他保持通信联系的被围困的第9集团军,尽可能多地为从东部而来的难民提供向西逃生的时间和空间,稳定安抚数量庞大的难民流。当天晚上,温克和赖希黑尔姆一直谈到深夜,他们俩的意见非常一致。现在他们不是为了解救一个人(希特勒),而是尽可能解救更多的人。温克回忆说:"现在我已经非常明确,希特勒和凯特尔都对德国现在的局势一无所知,他们根本不知道现在的德国处于什么样的境地。"

4月23日,第12集团军各部根据温克的命令开始调动。首先是驻扎在科斯维希地区的胡滕步兵师派出1个团投入到察纳(Zahna)地区,以加强那里的防御,该师的另一部分则负责警戒尼梅克(Niemegk)以南的公路线,掩护第12集团军下属部队的调动。科勒骑兵上将的第20军受命负责指挥进攻部队,该军的指挥部目前设在贝尔齐希以西10公里。第12集团军和施泰纳集团军级集群是柏林防卫部队的最后希望。23日夜间,第9集团军和第12集团军都收到了来自国防军最高统帅部的最高级别的急电:

1.部分苏军坦克部队已经突进到哈弗尔(Havel)河地区,并且继续向南突进。柏林北部、东部和南部的外围防御区域都遭到苏军的猛烈进攻,多处防御阵地被突破。

2.第12集团军立刻动用第41装甲军所有能够投入作战的力量进攻斯潘道(Spandau)和奥拉宁堡(Oranienburg)之间的敌军部队,把他们从哈弗尔河地区击退。

3.第12集团军可调动国防军最高统帅部预备队:第2装甲团2营的2个装甲连进攻杜布里茨(Döberitz),向北击退苏军;第25装甲掷弹兵师加速向勒文贝格(Loewenberg)地区进军。

4.第41装甲军(霍尔斯特中将)将在拉特诺—费尔贝林(Fehrbellin)—瑞恩

（Nauen）地区得到第39装甲军所属部队、第199步兵师部分单位和第7装甲师的1个团级战斗群的加强，使其能够执行进攻任务。

5.第12集团军和维斯瓦集团军群新的分界线。

6.第9集团军直属国防军最高统帅部指挥，固守现有阵地，控制奥德河畔法兰克福和科特布斯通往柏林的公路线周边尽可能大的区域……

这份电报给温克的第12集团军指定了新的任务，第41装甲军将负责瑙恩区域，目前还在维滕贝格的第39装甲军则被调到拉特诺以西地区。第9集团军接到的任务表明国防军最高统帅部希望他们还能控制住一个较大的出击准备区域，为随后和第12集团军的联合作战预作准备——但是这个计划同样是不现实的狂妄设想。第9集团军的现状只能用悲惨绝望来形容了，即便它们已经得到从奥德河防线撤退的许可，但是一切都太晚了。连海因里希都只能无奈地和布塞将军说："你该试试去找你的老朋友温克帮忙，也可以根据实际情况'相机而断'。"

温克对他的任务有着清醒的认识，他更为身处混乱中的部队能保持相当高的士气感到骄傲："当士兵们看到长长的难民队伍后，他们都清楚无论付出什么代价，都要尽力长时间地维持向西的通道，让难民们尽可能多地向西撤退，这样他们的作战才会有意义。所以士兵们都表现出了优异的纪律性和高昂的战斗意志。"

4月24日，第12集团军在向西维持最基本的虚弱警戒力量的前提下，把主力逐步投向东线。起初温克和第12集团军指挥部一直担心美军会利用这个机会从巴尔比桥头堡突向柏林，随后的地面和空中侦察都显示，美军并没有任何继续进攻的迹象。此时无论德国还是盟军都很清楚，易北河就是确认的东西分界线。

第12集团军指挥部发布的命令如下。

1.第41装甲军在西线留下少许警戒部队后，主力向东集结。集结区域为勃兰登堡以东，并且和维斯瓦集团军群建立联系。

2.第20军准备向东进攻……

3.胡滕步兵师留下部分警戒部队后，向维滕贝格前进……

4.第48装甲军负责防御维滕贝格和德绍之间防线，掩护第12集团军的南翼。

根据新的进攻计划，同时为了优化指挥和组织工作，波茨坦步兵师和雅恩步兵师组成雷曼战斗群，由赫尔穆特·雷曼（Hellmuth Reymann）中将指挥，直属第12集团军。雷曼中将得到的任务是固守"孤岛"波茨坦，为第12集团军提供进攻的出发阵地。最初雷曼中将的部队多为人民冲锋队，还有所谓希特勒青年团的坦克歼击部队（自行车加"铁拳"），到4月25日雅恩步兵师等单位才陆续到达。

第20军也在其负责的区域集结部队，越来越多的部队被集中起来，用德军官兵的话说，就是"从西线战场到东线战场只有一天的路程！这就是我们现在面临的战局"。

24日晚，科尔纳步兵师的1个猎兵营在第243突击炮旅的支援下，重新冲入特罗伊恩布里岑地区，他们在那里遇上了苏军近卫第5机械化军的坦克部队。苏军猝不及防下损失了一些坦克，退出了特罗伊恩布里岑，但是依然保持着对该处德军强大的压力，并逐步加强南翼。在胡滕步兵师一部的掩护下，科尔纳步兵师进入贝尔齐希地区，对东北、东和东南方向开展战斗侦察行动，并且和胡滕步兵师的北翼建立了联系。胡滕步兵师的另一个重要任务就是准备应付来自东面的威胁，温克命令师长格哈德·恩格尔中将尽快在维滕贝格以东建立防御阵地，准备迎接苏军随时可能发起的进攻。胡滕步兵师从4月23日起开始掩护集团军的后方，并且与苏军坦克部队接火。师长恩格尔中将下令全师重点转向东面，对于西边的美军只在不得已的情况下才作战。为了能够及时应对苏军的威胁，恩格尔中将还组建了师属预备队，主要由1个步兵团配属1个炮兵营外加坦克歼击车和突击炮组成。此时希尔步兵师基本结束组建，进驻尼梅克以西地区。苏军正从尼梅克以南地区的胡滕步兵师北翼和科尔纳步兵师南翼之间的空当向公路线渗透，第41装甲军面临的压力越来越大。

当天温克又收到了一份催促他向柏林进发的所谓元首令,温克并没有向下传达这份无法确认其真实性的奇怪命令,而是果断地烧掉了。国防军最高统帅部继续催促第12集团军尽快转向东面,至少以师级以上的规模沿维滕贝格—特罗伊恩布里岑一线向东进攻,同时还命令各师长不管部队是否完成组建,立刻做好向北或者向东进攻的准备,并且直接向国防军最高统帅部报告。大约1个小时后,又有一份命令下达到第12集团军,要求他们立刻向于特博格方向进攻,在那里和向西突围的第9集团军会师,共同转向北面,向柏林进发。

雅恩步兵师师长得到了如下命令:"立刻向波茨坦前进,向雷曼将军报到。"但这个师在准备出动之前,就遭到苏军坦克部队的攻击,损失惨重。经过多处残酷的战斗,该师才勉强打开通道向波茨坦前进,前去和雷曼战斗群会合。

温克此时仍保留着开着摩托亲自到前线巡查的习惯,向前线部队说明他们现在的任务,鼓舞部队的士气,尤其是鼓励那些初上战场的年轻士兵完成最后的战斗任务。赖希黑尔姆上校记录道:"在苏军对柏林展开总攻以前,德军就面临着一个艰难的抉择,集中力量对付东线还是西线。结论是明确的:最后的战斗应该向着东线进行。英美盟军这边的情况显示出他们不会再继续越过分界线,大规模空袭也停了下来。西线防御部队已经得到命令,只有在美军进攻的时候才能开枪。"

4月25日,胡滕步兵师在维滕贝格以北遭到苏军多次进攻,双方的战斗几乎持续了一天。恩格尔中将回忆道:"25日凌晨,我的2个团、配属炮兵和突击炮部队刚到维滕贝格,就和几个苏军步兵师爆发了遭遇战。当时双方谁都不清楚对方的情况,都是在行军过程中'碰撞'在一起,就地展开短兵相接的激战。我们的炮兵表现出了灵活而迅速的应变能力,以准确且凶猛的射击成功击退苏军的3个步兵师,解救出一批被围困的友军,并且在维滕贝格建立了15公里深、30公里宽的桥头堡阵地,为德军部队和难民撤退提供了一个重要通道。"

该师的作战也有力掩护了正忙于重新部署的第12集团军的其他部队。25

日白天,苏军不断对胡滕步兵师的阵地展开猛烈进攻,但是苏军陆续投入的步兵部队往往与坦克部队脱节,而且部队的战斗准备也比较仓促,缺少有效协同和指挥,因此胡滕步兵师充分利用这些情况,依靠配属的少量坦克和突击炮灵活作战,有效发挥火力,成功击退苏军进攻,守住了阵地。不过这样的局面没有维持多久,随着苏军力量的不断聚集,对德军的压力也持续增加。苏军增援的坦克部队陆续抵达后,在步兵伴随下沿着各条街道同时向维滕贝格城内突进。德军依靠88毫米反坦克炮和步兵的"铁拳"拼命抵挡苏军坦克的前进,通过巧妙设伏击毁了不少T-34坦克,伴随步兵则被德军机枪一批批打倒,伤亡很大。苏军改变了进攻方式,坦克前进更为小心翼翼,对任何可疑的建筑都用坦克炮猛轰一阵,这也给胡滕步兵师造成了惨重损失,防线在步步后退。

面对这样的处境,温克只能命令该师撤离维滕贝格,退到贝尔齐希地区。久经沙场的恩格尔中将具有丰富的作战指挥和撤退组织经验,通过适时的小规模反击来迟滞苏军的进攻,有条不紊地组织撤退工作。历经东线战场残酷战斗的他非常清楚,面对苏军的迅猛进攻,任何无序且不实施后卫作战的撤退都将演变为一场溃退灾难。该师各战斗群的小规模反突击一直持续到晚上,全师才陆续撤离阵地,抵达集团军指定的新集结区域。

在柏林方向,苏军在波茨坦以西封闭了柏林包围圈,同时苏军和美军也在易北河畔的托尔高(Torgau)地区会师。第12集团军的局势变得越来越严峻,苏军部队开始攻击德军第20军的阵地,胡滕步兵师继续坚守自己的阵地,科尔纳步兵师在尼梅克东面的警戒部队也与苏军交上了火。沙恩霍斯特师在第20军军长科勒骑兵上将的命令下,师主力从巴尔比桥头堡撤离,转移到贝尔齐希东北的新阵地。留下罗斯劳工兵学校的工兵和2个自行车劳工营负责埋雷并担负警戒任务,并将部分防线移交给了新调来的第115、110要塞机枪营。这2个营战斗力很弱,基本上由患有胃病的兵员组成。

随着苏军坦克出现在勃兰登堡以东地区,波茨坦的雷曼战斗群已经被彻底包围。在这两天里，温克指挥的第12集团军在瞬息万变的战局态势下，一方面要完成部队重组和防线调整，另一方面则要随时配合第9集团军的态势变化调整自己的部署。苏军对第9集团军完成了决定性的分割包围，原定2个集团军的会合点于特博格已经被苏军占领。而希特勒此刻仍在幻想实际上已被打残的第9集团军能和温克的第12集团军会师，然后成为一支能够扭转柏林战局的决定性力量。同时，这位元首还把希望寄托在一些在战斗中受到重创早已自顾不暇的部队身上，如他的爱将海因茨·哈梅尔（Heinz Harmel）党卫军中将的党卫军第10弗伦茨贝格装甲师，出身大德意志装甲掷弹兵师的优秀将领、曾经担任柏林卫戍团团长的奥托-恩斯特·雷默（Otto-Ernst Remer）少将的元首卫队师和第344步兵师。他希望这些部队也能够加入到第9集团军和第12集团军的行列，来拯救处于火山口中的柏林。希特勒的幻想还不止这些，他一直对施泰纳集团军级集群能从西北方向杀来为柏林解围抱有厚望。昔日古德里安曾拼命要求希特勒把次要战场上数以百万计的德国军队都撤回本土，每次都遭到了拒绝。挪威、巴尔干、捷克斯洛伐克、意大利、库尔兰半岛都有许多作战经验丰富的德军部队在进行着一些无关紧要的战斗甚至无所事事，东普鲁士的德军最后走海路撤退的时候又有不少人白白葬身大海。如果希特勒听从古德里安和温克的建议，至少柏林方向上的兵力不会那么短缺，更不用提希特勒还把最精锐的党卫军装甲部队全部送到了匈牙利战场，这支庞大的装甲部队绝大部分葬身于巴拉顿湖湖畔的泥泞小道之中，毁灭得毫无意义。

幻想是美好的，现实是残酷的，柏林包围圈以外的第9集团军、第12集团军和施泰纳集团军级集群目前只能自保或者互相给予支援，勉强求生，根本无力和围攻柏林的250万苏军对抗。温克的目的很明确，那就是尽可能多地解救出第9集团军的部队，尽可能多地拯救难民和溃兵，在此基础上不让自己的部队再做无谓的牺牲。施泰纳在他的书中曾有这样的记录："柏林战役计划只是最高统帅部的幻想而已。而我们3个集团军指挥官（温克、布塞和施泰纳）都只能对各自面临的战局负责，各自做出最有意义的决定。"

4月27日，苏军终于在普伦茨劳方向达成突破，海因里希大将为了保住第3装甲集团军的正面，命令原先准备向柏林增援的2个师立刻去填补突破口。因为这个突破口一旦被罗科索夫斯基元帅的白俄罗斯第2方面军扩大，那么为了逃避苏军打击而从前线撤下的部队将和向西逃亡的难民混在一起，这会是一场灾难。在命令部队尽可能拖住苏军的同时，海因里希同意曼陀菲尔将残余的部队掩护难民向西撤退到梅克伦堡，这显然是不被希特勒允许的。

4月28日晚，凯特尔元帅通过空中侦察发现实情后给海因里希打了电话，指责他"违抗军令并且表现出了愧对军人职责的软弱意志"，随后凯特尔通知海因里希已被解职。凯特尔希望曼陀菲尔能作为海因里希的继任者，但是曼陀菲尔拒绝如此苛刻地对待海因里希大将，他深知战局已经毫无希望，这时能做的就是尽其所能救出他所能救出的一切，他把伤员、平民和部队送往英美军队控制区，希望他们获得相对的安全。不久后约德尔大将也给海因里希打了电话，他以非常冷漠的态度指责海因里希软弱胆小，指挥不力，并命令海因里希前往国防军最高统帅部的新指挥部述职。他的副官们担心他会被处死或是像埃尔温·隆美尔（Erwin Rommel）元帅一样遭受被逼自杀的命运，因而请求他有意拖延行程。海因里希听从了副官们的意见，战争很快结束了，他得以大难不死。

随着第9集团军和第3装甲集团军的大规模撤退，维斯瓦集团军群近乎四分五裂，凯特尔等人将最后的希望都寄托在了温克身上。27日，温克的第12集团军归属维斯瓦集团军群序列，但他们面临的压力并不会因此减轻。26日—28日，第12集团军各部在维滕贝格、尼梅克和勃兰登堡地区进行着残酷的防御战。温克面临的压力首先表现在胡滕步兵师的维滕贝格西北的防线上，该处以北的苏军前锋已经突进到尼梅克的公路线。如果苏军继续向着于特博格进攻，温克的部队势必要和苏军的坦克矛头相撞，结果肯定是德军被撞得粉身碎骨。为此温克不得不放弃向于特博格推进的企图，以该地区作为第9集团军和第12集团军会合点及攻击出发点的计划彻底宣告破产。于特博格地区的苏军力量已经很强大，德军的这2个集团军新的会合点只能继续北移，寻找最薄弱的苏军战线来达到会和的目的。

根据温克的参谋长赖希黑尔姆上校在其《最后的征召》一书中的记录，此时温克对于第12集团军接下来的作战计划有两种选择：1.第20军从贝尔齐希向波茨坦方向进攻，这条进攻路线上的苏军力量相对较弱，有可能与第9集团军在特罗伊恩布里岑—贝利茨（Beelitz）一线会合；2.第41装甲军从瑙恩—费尔贝林地区发动攻击，与维斯瓦集团军群的南翼取得联系。后一条攻击路线上的敌军阻力可能会很大，但优点是第12集团军的力量能够逐步集中、有序地向北集结，至少能保证有2个军的力量共同向北进攻，且能和维斯瓦集团军群保持联系，齐心协力尽可能长时间维持一条向西撤退的通道。

当天国防军最高统帅部拒绝了第二种方案，命令第12集团军执行第一种方案。但随之而来的严重问题是第12集团军和第3装甲集团军的联系将被苏军切断，也无法确保与位于瑙恩—费尔贝林地区的第41装甲军的联系。第39装甲军军部将负责指挥在拉特诺—勃兰登堡一线区域的警备部队和克尼茨基师级战斗群，全力掩护第12集团军的进攻。

当天苏军继续猛烈进攻第20军负责的维滕贝格—尼梅克的防线，并且攻占了维滕贝格（温克一直希望能守住他出生的城市，但是不利的战况迫使他只能选择放弃），尼梅克西南通往柏林的公路线也被苏军切断。27日夜间，温克命令第20军转入进攻状态，它原来负责的防线（包括胡藤步兵师和沙恩霍斯特步兵师的防线）移交给第48装甲军。只是此时第48装甲军能动用的部队数量有限，除非完全放弃穆尔德河防线，真是捉襟见肘。温克抽调了该军所有的运输车辆来执行当晚的调动，把胡藤师和沙恩霍斯特师调往北面，其中沙恩霍斯特师进驻贝尔齐希以东地区，连接科尔纳步兵师的左翼，同时做好进攻准备。胡藤步兵师则紧挨着沙恩霍斯特师的左翼，也进入了攻击出发阵地。在贝尔齐希以南集结的希尔步兵师则将负责掩护西北侧翼，一同攻击前进。第20军完成了最后的进攻准备，他们将在28日向波茨坦方向发动进攻。

温克希望这次进攻能够尽可能地解救出第9集团军的部队，同时为被包围在波茨坦的雷曼战斗群提供突围通道，温克对赖希黑尔姆上校说："如果我们能完成这些任务，我们就能带着部队向西撤退，向美军投降。这是我们最后的任务了。"

而在战火沸腾的柏林城内，只能待在地下堡垒里歇斯底里发脾气的希特勒到27日已经对施泰纳党卫军上将的指挥彻底失去信心，他下令将原先由施泰纳指挥的部队全部划归霍尔斯特中将的第41装甲军。施泰纳在他的《志愿者》一书中这样写道："霍尔斯特中将名义上接管了我的部队，不过我和他私下商定，我们两支部队还是维持原状。现在对于我们而言，最重要的任务是和在梅克伦堡集结的第3装甲集团军建立联系，然后一同向西突围撤退，无论如何也不能沦为苏军的战俘。"

根据作战计划，胡滕步兵师将会同希尔步兵师一起，向波茨坦方向发动进攻。其师长恩格尔中将记录道："尽管经过几天激烈的防御作战，以及连续不断地运动和集结，部队已经非常疲惫，但我们还是按时进入了攻击出发阵地。坦克歼击营的装甲侦察车立刻展开大范围的侦察活动，确认在莱比锡—柏林公路沿线出现了强大的苏军部队。我们的任务是从贝尔齐希地区向柏林方向发动楔形进攻——即一个主攻方向以及一个向东的侧翼掩护性攻击。对我们而言，进攻方向的右翼不到10公里的地方就有苏军是一种非常危险的感觉，因为我们对他们的实力和部署还一无所知，也无从判断他们对我们的侧翼将会构成怎样的威胁。对于我们而言，已经不可能得到空中侦察的支援了，地面侦察也因为时间等原因来不及进行。在没有充分侦察和可靠情报的支持下，这种几乎暴露整个侧翼的进攻让我感到非常危险，因此我尽可能在28日夜间组织起一支由装甲侦察车、装甲运兵车和摩托化反坦克炮组成的战斗群去执行掩护任务，充分利用这支部队的机动性来弥补侧翼的防守空当。同时我也组织了一个战斗群沿主攻方向进行战术侦察。"

4月28日，第20军军长科勒骑兵上将下达了进攻命令，德军在二战中的最后一次进攻开始了。一群群青年士兵在有着丰富作战经验的老兵带领下,向着苏军柏林包围圈的左铁钳发动了进攻。这些年轻士兵的制服和武器装备来自于德国最后的物资储备,其间夹杂着空军和帝国劳工组织的制服。

希尔步兵师拥有在德军步兵师中独一无二的突击炮旅,当表示进攻开始的信号弹拖着长长的尾迹升上天空后,各辆突击炮的车长耳机里传来旅长内贝尔少校鼓舞人心的声音:"战斗行进队列,突击炮兵! 前进!"

突击炮旅的出发阵地在胡滕步兵师左翼,低矮的车身比之坦克更具有隐蔽性,当突击炮群迅猛冲进苏军宿营地的时候显然让毫无心理准备的苏军士兵大吃一惊,他们没想到此刻德国人还能对他们发动主动进攻。突击炮群充分利用突袭达成的效果快速前进,内贝尔少校指挥的突击炮部队训练有素,因此他们能够随时保持或者变更作战队形,准确无误地执行各种有针对性的战术动作:急停、瞄准、速射和转向。伴随突击炮前进的是希尔步兵师的燧发枪兵营,他们负责清扫突击炮碾过的残余阵地,掩护后方和侧翼。

胡滕步兵师越接近波茨坦西南的雷尼纳(Lehniner)森林,苏军近卫第4坦克集团军部队的抵抗就越强烈。恩格尔中将写道:"我们在28日上午发动的进攻充分达到了出其不意的效果,在一些突击炮的支援下,我们勇敢地冲入苏军阵地,把俄国人驱逐出去。下午,随着我们越来越接近雷尼纳森林,俄国人的抵抗就愈发强烈。我们前面出现了一条以反坦克炮为主的防线,苏军后方的炮火掩护也越来越猛烈,他们的反攻随时可能开始,我们的进攻则随时有停滞的可能。我面临两个选择,或者我按照常规暂停进攻,重组部队,组织重火力支援后再继续进攻,或者不惜一切代价向前猛冲。我选择了后者。我属下的2个团按照命令各自把1个炮兵连以及能用的其他重武器推到第一线,直接攻击试图进行反突击的苏军。"

德军将各种榴弹炮、步兵炮和自行高射炮放到了前沿,对着苏军阵地直射,刹那间各种口径的炮弹夹杂在一起,在大地的另一头爆发出连绵不绝的爆炸声,使得苏军反攻部队损失惨重。年轻的士兵们首次遇到T-34或斯大林

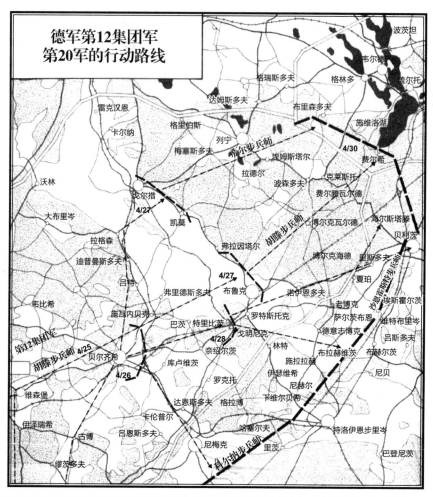

德军第12集团军
第20军的行动路线

波茨坦
韦尔德
盖尔托
格瑞斯多夫
格林多
达姆斯多夫
布里森多夫
施维洛湖
雷克汉恩
格里伯斯
列宁
4/30
费尔希
卡尔纳
梅塞斯多夫
希尔步兵师
埃姆斯塔尔
克莱斯托
拉德尔
波森多夫
费尔滕瓦尔德
沃林
戈尔措
4/27
凯莫
胡膝步兵师
博尔克瓦尔德
海尔斯塔滕
贝利茨
大布里岑
弗拉因塔尔
博尔克海德
里多夫
拉格森
4/27
夏珀
迪普曼斯多夫
布鲁克
诺伊恩多夫
老博克
埃恩斯霍尔茨
吕特
弗里德斯多夫
萨尔茨布恩
维特布里岑
韦比希
巴茨
特里比茨
罗特斯托克
德意志博克
吕斯多夫
施瓦内贝弗
第12集团军
4/25
4/28
戈明尼克
布拉赫维希
布赫尔茨
胡膝步兵师
贝尔齐希
奈绍尔茨
林特
施拉赫
尼贝
4/26
库卢维茨
伊瑟维希
尼赫尔
维森堡
罗克托
下维尔贝希
伊泽瑞希
达恩斯多夫
格拉博
特洛伊恩步里岑
古博
卡伦普尔
哈塞尔多夫
里茨
巴登尼茨
缪茨多夫
吕恩斯多夫
尼梅克
科尔纳步兵师

第12集团军第20军对波茨坦及以南地区的进攻态势图，这次进攻的目的在于尽可能维持一条完整的战线，尽可能解救出依然和温克保持通信联系的被围困的第9集团军，尽可能多地为从东部而来的难民提供向西逃生的时间和空间。

坦克时会染上"坦克恐惧症"——浑身颤抖拼命把身体特别是脑袋往浅浅的散兵坑里面塞，想要逃跑可根本迈不动步子。在经历了几场战斗，特别是用"铁拳"击毁几辆坦克之后，年轻士兵的信心才有所恢复——"我也能干掉这个大家伙了。"

恩格尔中将继续写道："我们突破了森林外围南侧的2道防线，俄国人退进了森林。右侧猛烈的枪炮声告诉我们，兄弟部队还在继续进攻。于是我召集起属下的指挥官们，调整了部署继续进攻，冲进树林。我们的青年士兵表现得非常勇敢，打得也非常漂亮。这支部队让我隐约想起了战争刚开始时候的步兵师，最近一两年这样的场景非常少见了。被俘的苏军士兵和军官交代，我们2个团的突然进攻击溃了他们的2个步兵师，这2个师原本的任务是向勃兰登堡方向前进，继续增加包围圈的封闭密度。"

胡滕步兵师的进攻正在按计划进行，他们的前锋已经推进到距离波茨坦西南的哈弗尔河渡口大约15公里的地方，将苏军的包围圈撕开了一个小口子。胡滕师和沙恩霍斯特师的分界线是波茨坦至贝尔齐希的铁路线，沙恩霍斯特师在胡滕步兵师的右翼进攻，该师的马洛（Malow）步兵团（该团名字是为了纪念在巴尔比桥头堡阵地阵亡的首任团长马洛少校）一度也攻进了波茨坦西南的雷尼纳森林。这里有大片浓密的新种植的人造林，也有茂盛的疏密有致的松树林，德军根本不知道前面会发生什么情况，士兵们分散开，从这棵树冲到那棵树，退进森林中的苏军忽然消失得无影无踪。沙恩霍斯特师第2团向着贝利茨方向进攻，负责支援沙恩霍斯特师的是第1170突击炮旅，其骨干主要来自原来的第322、278突击炮旅，该旅的突击炮大多是士兵们直接从柏林地区的不同工厂内开出来直接编入部队的，在战斗中该突击炮旅遭受了很大损失。

位于第12集团军进攻方向右翼的科尔纳步兵师在27日和28日经受了苏军的猛烈进攻。在将苏军打退之后，轮到他们按计划从尼梅克地区两侧发动进攻，掩护中部的进攻主力的侧翼。由于当面的苏军实力强大，这个师的进攻非常艰难，推进缓慢。苏军虽然在一开始被第12集团军的突然进攻打得有点懵，但是他们很快就反应过来，凭借强大的兵力和技术装备优势，迅速加强了柏林包围圈的左翼，同时准备发动反攻。28日夜间，第20军向集团军指挥部报告，他们当面的苏军已经发动了一系列侦察性进攻，可能已经基本摸清了德军的部署，苏军的大规模反攻将很快到来。

29日，温克命令部队继续按照原定方向进攻。穆勒中校的希尔步兵师以内贝尔少校的突击炮旅为矛头，突破并且穿越了雷尼纳森林，继续向北突进。当内贝尔突击炮旅向北突进到勃兰登堡南部的公路入口附近时，他们和部署在这里的苏军坦克部队展开了激烈战斗。随着苏军投入越来越强大的坦克部队进行反攻，包括第1170突击炮旅部分力量在内的德军突击炮部队和苏军坦克群进行了一场血战，双方都付出了非常惨重的代价，熊熊燃烧的装甲车辆残骸遍布田野和林间。在此期间，胡滕步兵师继续向森林内部突进，前锋部队已经和雷曼战斗群建立了初步联系。恩格尔中将记录道："我们的步兵团很快就陷入残酷的森林争夺战，士兵们用刺刀冲锋突入俄国人的防线，和他们展开惨烈的白刃战。苏军躲在森林里的坦克在近战中被我们的铁拳击毁，我布置的侦察掩护部队通过无线电报随时向我报告侧翼苏军的动态以及友军的进展，到29日中午我们已经夺回了6个村庄。"

　　散布在树林中的苏军车辆维修厂和后勤补给单位对于胡滕步兵师的进攻毫无准备，为数不多的警卫部队被一冲而散，胡滕步兵师还敲掉了树林里面的苏军炮兵阵地。它的下一个目标是施维洛（Schwielow）湖湖畔的小镇费尔希（Ferch），这里距离波茨坦也就10公里左右的路程了。此时苏军的防御越来越坚固，抵抗越来越坚决，侦察兵报告在费尔希的T字形公路路口处发现多辆斯大林坦克，他们已经布好阵位，静静地等待德军的到来。德军指挥官们经过短暂商谈后制订了作战计划，第243突击炮旅的突击炮群开始向前方机动，准备战斗。第243突击炮旅组建于1945年3月—4月间，装备的突击炮直接来自于各工厂，总数约35辆，其中2个连配备Ⅲ号突击炮（75毫米炮），1个连配备105毫米自行榴弹炮。该旅的核心战斗骨干也来自于布尔格突击炮兵学校，全旅官兵约有750人。

　　关于费尔希的T字形公路路口处的战斗，恩格尔中将这样记录道："我命令第243突击炮旅挑选出最有经验的突击炮车组，准备进攻。和任何武器一样，斯大林坦克也是有弱点的，这种坦克不仅笨重、机动性差，而且主炮射速低、精度差、装弹复杂、耗费时间很长。这些弱点都是我们灵活的突击炮可以充分利用的机会。我们这些经验丰富技术熟练的车组驾驶的突击炮利用地形和树丛的掩护，悄悄接近那些斯大林坦克，引诱他们先开火，然后猛然加速冲出隐蔽区，快速接近斯大林坦克。训练有素配合默契的车组可以在极短时间内完成急停、快速调整和射击这一整套战术动作，一气呵成，精准命中斯大林坦克炮塔和车身的连接部位，使其炮塔失灵，然后再攻击其履带和行驶机构。往往到了这个时候，苏军的坦克乘员就会弃车而逃。我们就这样击毁了6辆斯大林坦克，而自己没有任何损失。"

胡滕步兵师右翼的沙恩霍斯特师马洛步兵团攻入了苏军占据的贝利茨西北的海尔斯塔滕（Heilstätten）村，最先冲进村子的是该团的1辆装甲侦察车，几处警戒哨位里的苏军士兵一哄而散跑得干干净净，把阵地全丢给了德国人。马洛步兵团的1名少尉迅速冲进空无一人的苏军指挥所，切断了所有通信线路，5分钟后涌进村子的德军就占领了海尔斯塔滕。3天前，有大约3000名德军伤员在此落入苏军手里，不过苏联坦克部队没有停留，只是留下了一些警戒哨位后就继续向前推进。温克立即下令全集团军马上组织所有能用的运输车辆前往海尔斯塔滕，把那里的伤员撤出来，温克回忆道："当我们进入战地医院的时候，里面的德军伤员和护士惊讶地在窗前看着我们。他们可能想象不到，此刻还能有自己人的部队出现在他们面前。他们听到俄国人的战斗警报，却不知道发生了什么。当他们确认是德军部队以后，就希望能尽快转移，这也是我们急切需要完成的任务，好在俄国人在这3天里面没有伤害这批伤兵和医护人员。我找到了负责医生，明确告诉他我的集团军将会竭尽全力确保他们安全转移。任何还能走动的伤员都立即徒步向西转移。"

在国际红十字会的帮助下，这批伤员以及在海尔斯塔滕医院中避难的儿童通过汽车和一列货运火车全部安全转移给了巴尔比桥头堡阵地的美军。美军将这些伤员作为战俘收容，死里逃生的孩子们被送进了当地的儿童医院，这些人好歹保住了性命。

沙恩霍斯特师第2团和师直属队负责进攻贝利茨，他们和苏军在镇内外展开激战，小镇的控制权多次易手。从贝利茨到特罗伊恩布里岑的公路沿线的苏军力量并不强，因此沙恩霍斯特师一部协同科尔纳步兵师的左翼部队共同把苏军向东压缩。不过科尔纳步兵师沿着尼梅克—特罗伊恩布里岑公路两侧向东推进了没多少距离后就不得不停下转入防御，准备应付苏军随时可能开始的大规模反攻。

到29日夜间，第20军前锋希尔步兵师和胡滕步兵师抵达布里森多夫（Bliesendorf）—费尔希一线。由于第20军当面的苏军防御越来越顽强，德军难以再有所突破。当天下午温克就通过无线电给负责防御波茨坦的雷曼中将发去了最新的命令："第20军已经到达费尔希，你们采用一切可能的手段和他们建立联系，立刻突围，回归集团军。"

雷曼将军组织了大约2万名官兵开始突围，他们成功地与胡滕步兵师及希尔步兵师建立了联系。随后雷曼战斗群集中火力猛攻苏军包围圈内层，第20军的部队则在外层向里猛冲，德军里应外合的突围作战正式打响。雷曼的第一批突围部队包括雅恩步兵师的2个战斗群，他们在29日深夜冲出苏军包围圈，抵达第20军设在施维洛湖（Schwielowsee）东南端的接应点。

4月30日，希尔步兵师的部分兵力继续向施维洛湖西岸发动进攻，又接回了一批从波茨坦突围而出的部队。此时雷曼战斗群的大部分部队都已经突出包围圈，德雷曼中将亲率后卫部队完成掩护任务后也顺利突了出来。他在战后回忆道：

30日，我还在波茨坦的新王宫（德语Neuen Palais）指挥部内。在这里我再一次成功地和柏林总理府的克雷布斯将军通话，对话内容如下：

克雷布斯："俄国人到哪里了？"

雷曼："苏军已经到了无忧宫（德语Schloss Sans Souci），苏军步兵和我们在无忧宫附近展开激战。"

克雷布斯："你在哪里？"

雷曼："我在新王宫。"

克雷布斯："很好！"

我询问了柏林城内的战况，克雷布斯回答道："俄国人已经到了波茨坦（Potsdamer Platz）广场……"通话突然中断了。

雷曼战斗群的最后一部分兵力于4月30日夜间突围，内贝尔少校的突击炮旅在步兵支援下再次向着波茨坦方向发动进攻，击退了反击的苏军坦克部队，策应最后突围的雷曼中将和穆勒中校的部队，最终双方成功会师。当两支部队疲惫的官兵们终于会面的时候，一句简单的"谢谢"就包含了一切感情。雷曼战斗群总计有15000名官兵成功突围，被第20军接应而出，突围出来的尚有战斗力的部队立刻担负起掩护希尔步兵师侧翼的任务。为了解救雷曼战斗群，希尔步兵师的部队分得太散，暴露出了很多薄弱的环节。当雷曼中将向温克报到后，由希尔步兵师收容的原雷曼战斗群的官兵全部编入希尔步兵师的建制。

温克向国防军最高统帅部报告了目前的战况和已经取得的成果，后者立刻向全军做了通报——"温克已经到了波茨坦前！"当温克在指挥所里听到了这个国防军通报后，郁闷地和部下说道："我们以后很难再有这样出其不意的成功了，我们就这样向世界传达了我们的位置，苏联人很快就会组织起力量来对付我们。"

希尔步兵师师长阿弗雷德·穆勒中校，银橡叶骑士铁十字勋章获得者。他在组建费迪南德·冯·希尔步兵师时军衔只是少校，1945年4月20日被温克提升为中校。

温克对于第12集团军的前景和义务有着非常清晰的认识，他不会向柏林城进攻，尽管从波茨坦到柏林只有20公里路程，但他不会把这些年轻士兵无谓地送入地狱——不在进攻中阵亡也会在随后残酷的巷战中死去。但是他会向东面进攻，建立并且守住接应线，因为第12集团军是已经陷入绝境的第9集团军最后也是唯一的希望。因此整个集团军将继续履行温克制订的第二个计划：第一，接应一直和第20军保持无线电联系的第9集团军；第二，有秩序地向易北河撤退，如果可能再和北面的德军部队建立联系。第12集团军上下都做好了准备，和苏军战斗到最后一颗子弹，同时和美军建立联系，进行成建制投降和移交难民的谈判。从4月29日—5月2日，在巴尔比桥头堡的美军继续向北发动了一些进攻，在一定程度上直接威胁到了第48装甲军，使其撤退工作变得更加艰难。温克允许第48装甲军在美军进攻开始后有序地向北撤退，由于美军的进攻仅限于一定的区域，预计中可能的大规模进攻没有出现，所以整体上第12集团军的南翼依然能够勉强维持。

塞洛高地上散兵坑中的德军
机枪手。苏军成功突破了第
9集团军在塞洛高地的防线
后，对它形成了两翼包抄的
态势，它离被苏军彻底包围
已经不远了。

1944年4月22日，苏军坦克部队突然出现在特罗伊恩布里岑，令德军大吃一惊，这意味着柏林快要被合围了。

第48装甲军撤退的整个过程井然有序，"抵抗俄国人的入侵"已经成为德军士兵还能坚持战斗的精神支柱。图为大德意志坦克歼击营的装甲运兵车以及装甲掷弹兵们。

希特勒、约德尔大将、凯特尔元帅在研究战局。作为希特勒身边的哼哈二将，许多德军将领都不喜欢他们，认为正是由于他们脱离实际只会奉承拍马，才导致希特勒因对前线真正的战况一无所知而做出误判，因此刻薄地称他们为"德国陆军的掘墓人"。

1945年4月24日起，温克的第12集团军在向西维持最基本的虚弱警戒力量的前提下，把主力逐步投向东线。图为调动中的大德意志坦克歼击营的追猎者坦克歼击车，后面跟着1辆此时属于极其少见的Ⅱ号坦克，很可能原属某个装甲兵学校的训练用车。

1945年4月，希尔步兵师的军官预备人员。他们原本都是一些军校学生，迫于越来越严峻的形势成为带兵的军官。

1945年4月25日，沙恩霍斯特师在第20军军长科勒骑兵上将的命令下，将师主力从巴尔比桥头堡撤离，转移到贝尔齐希东北的新阵地，图为行军中的德军队列。

德军工兵正在布设地雷，为大部队转移争取时间。

这辆被击毁的豹式坦克属于海因茨·哈梅尔党卫军中将的党卫军第10弗伦茨贝格装甲师，它在柏林外围的战斗中车身首上装甲被两枚炮弹击穿，成员被迫弃车。

苏军坦克掩护步兵在德国城镇内搜索残敌。

乌克兰第1方面军占领于特
博格后，德军第12集团军
和第9集团军在此会师的计
划成为泡影。德军这两个集
团军新的会合点只能继续北
移，寻找最薄弱的苏军战线
来达到会和的目的。

1945年4月28日，调动中的德军突击炮部队，这是温克手中最具威胁力的机动部队了。

扛着"铁拳"的德军步兵正在交谈。用这种武器打坦克只能在几十米内近距离射击，对新兵而言这样的体验可谓"恐怖"，但有经验的老兵则觉得它让步兵打坦克从未这么"简单"。

第243突击炮旅的突击炮兵们正树林中等待出击命令。他们在随后的战斗中狠狠教训了一下苏军的重型坦克，只有最具经验的突击炮兵才能做到面对苏军的重型坦克还能在极短时间内娴熟地完成各种战术动作。

为了对付德军躲在建筑内的狙击手和机枪手，苏军直接把重型榴弹炮拖过来轰。面对如此"孔武有力"的对手，只有轻武器的德军步兵只能撤退了。

两名德军开着三轮摩托从1辆被击毁的苏军坦克边开过。1945年4月30日夜间，波茨坦的德国守军悉数突围而出。尽管从波茨坦到柏林只有20公里路程，但这段路程对许多人来说就是从天堂到地狱的距离了。而温克也很清楚他的部队根本没有实力打开这20公里长的通道，他能做的只是尽可能坚守到第9集团军的部队突围而出，即便如此他也拯救了许多人的生命。

在波茨坦市内的战斗中，一辆损失的德军Ⅳ号H型坦克。

5.冲出地狱——第9集团军的浴血突围

4月28日，根据特奥多尔·布塞步兵上将的记录，第9集团军残余部队被挤压到赫姆斯多夫（Hermsdorf）、哈尔伯（Halbe）、小克里斯（Klein köris）和梅尔基施布赫霍尔茨（Maerkisch Buchholz）地区，他们面临的只有两条路：要么突围去和第12集团军会合，要么进苏军战俘营。第12集团军通报，计划中向于特博格的进攻已经不可能实现，因为在于特博格—特罗伊恩布里岑一线已经出现了强大的苏军部队。贝利茨以南地区的苏军力量相对较弱且分散，在该区域的突围可能还有成功的希望。即便如此，对于第9集团军而言他们也不得不在苏军包围圈内前进超过60公里。这真可谓是关卡重重，前途叵测。

战后，布塞将军评述道："第9集团军想要跨过60公里的直线距离，突穿乌克兰第1方面军封锁，实现和第12集团军的会合，只有在以下情况下能够实现：以迅雷不及掩耳之势完成渗透，不给敌人时间组织有效的截击；必须日夜兼程地进

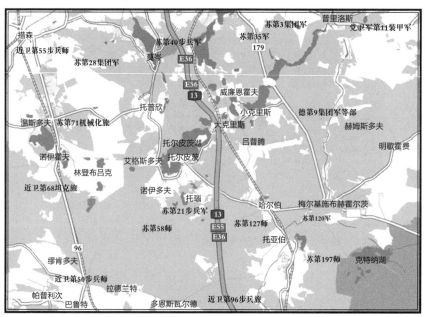

哈尔伯突围战开始前第9集团军前进之路上苏军部队布设的封锁线。

军，还要尽量削弱甚至无视苏军的空中力量和坦克力量；还有，即使实现了会合，能够隐藏部队的地方只有卢肯瓦尔德（Luckenwalde）北部的从哈尔伯延伸到库莫斯多夫的广袤森林。"

下午2点，布塞将军命令所有能联系到的军长和师长前来集团军指挥部开会。经过商谈，决定于下午6点开始向西突围，向贝尔齐希地区的第12集团军战线前进。由于无法联系到党卫军第5山地军和第5军，因此将由党卫军第11军担负突围的矛头。党卫军第11军军长马蒂亚斯·克莱因海斯特坎普（Matthias Kleinheisterkamp）党卫军上将召集所有能够联络到的营以上部队指挥官，给他们布置最后的作战任务。所有与会的指挥官都同意，必须由坦克在前方开道，为此德军突围部队预先组建了2个战斗群。

北翼战斗群以维利·朗凯特（Willy Langkeit）少将的库尔马克装甲掷弹兵师为主，这个师的豹式坦克和装甲掷弹兵还具备作战能力，党卫军第10装甲侦

党卫军第502重装甲营最后一任营长库尔特·哈特兰普夫党卫军少校。他所指挥的这个营装备虎王重型坦克，在第9集团军的突围道路上一直充当开路先锋。当冲出包围圈后，突围开始时的15辆坦克仅剩最后1辆。

察营（隶属党卫军第10弗伦茨贝格装甲师）则紧跟其后。

南翼战斗群由库尔特·哈特兰普夫（Kurt Hartrampf）党卫军少校的党卫军第502重装甲营打头，编入库尔马克装甲掷弹兵师的1个自行火箭炮连、1个装备半履带车的装甲掷弹兵连以及1个候补军官组成的不满员的步兵连，他们将掩护坦克进攻。紧随其后的是库尔马克装甲掷弹兵师的师部、党卫军第11军军部、第9集团军指挥部、党卫军第5山地军和第5军的残部。负责殿后的是党卫军第11军军部直属部队和党卫军第32坦克歼击营，为了谁殿后的问题还发生过争论，最后的

结果自然是将坦克歼击车安置在后面进行掩护。

克莱因海斯特坎普乃至布塞将军此刻都对两支打前锋的部队寄予了厚望，作战会议结束之后，克莱因海斯特坎普握着哈特兰普夫党卫军少校的手说道："现在我们把所有希望都寄托在您和您的'老虎'身上了。"

当然也不是所有高级军官都对突围成功抱有信心的，党卫军第11军的后勤参谋托马斯（Thomas）少校就因为绝望而自杀。另一位重要的前线指挥官，党卫军第5山地军军长弗里德里希·耶克尔恩（Friedrich Jeckeln）党卫军上将也由于过度紧张和绝望而几乎精神崩溃，此后不知所终。

哈尔伯，位于柏林—德累斯顿高速公路附近的美丽小镇，镇中心被铁路和公路一分为二，镇子的东西两侧各有一湖水点缀其间。谁都想不到，这里会成为苏德两军激战的重要焦点，短短数天内小镇在交战双方手中多次易手。

17点，党卫军第502重装甲营的连排长都得到了任务简报，并领取了最后一点配给和弹药，营长哈特兰普夫把自己的虎王指挥坦克交给一组失去坦克的乘员，随后做了如下部署：全营的先锋是2连（7辆坦克），接着是库尔马克装甲掷弹兵师搭乘装甲车的装甲掷弹兵连，以及营属侦察排和工兵排；紧跟着的是1连和营部（8辆坦克），包括他和通信军官乘载的装甲指挥车，以及1个火箭炮连。然后再是营里的其他部队，包括自行高炮排、维修连搭乘的车辆，还有救护车及军医用车。

18：00左右，德军开始了炮火准备，炮兵急匆匆把数量有限的炮弹打光后就把火炮全部炸毁，然后挤上能动的牵引车准备突围。然而先头部队的攻击一直推迟到18：30才发动，因为组织大群散兵编队花费了许多时间。就在502营出发前，从树林和道路上跑出来成千的德军士兵，他们将坦克和装甲车围在中央，谁都动弹不了。军官们忙着在混乱中恢复秩序，因为按照预定计划，只有候补军官所在的那个连才能搭乘坦克一起行动。严格来说，如果炮击一结束突围行动就能开始的话，也许炮击的效果会更好些。

整顿秩序后哈特兰普夫通过无线电下令出发，坦克发动机雷鸣般的声音在树林间回荡，近70吨重的坦克驶过，大地轻轻颤抖，成千上万的士兵跟在车队后面前进。2连1排排长沃尔夫冈·库恩克（Wolfgang Kuhnke）党卫军少尉的虎王坦克走在队伍的最前方，每辆虎王上面都搭载着负责护卫的士官生，被戏称为"移动的蚁山"。与此同时，以库尔马克装甲掷弹兵师为主的突围部队也沿着另一条路向着同一方向前进，许多人都有预感，哈尔伯地区的即将成为一个地狱般残酷的战场。

马丁·克莱因特（Martin Kleint）是候补军官中的一员，他把机枪架在坦克炮塔上（编队中的第四辆坦克），精神亢奋地左顾右盼。日后他回忆说："开始一切顺利，我们不知道将被带向何处，也不知道敌人在哪里，什么时候会交上火。我们只希望这些庞然大物能够多向西开一点，那样我们就会少走很多路。更不用提和这些坦克一起作战，我们的安全系数会高很多，也不会被苏军完全包围了……我坐在炮塔旁边一个固定的位置上，在穿过一片松树林的时候，我的机枪被树枝钩住掉了下去。由于身体失去平衡，我只得跳下坦克。更糟的是，下一辆坦克正朝着我开过来，我随时都有被碾碎的危险。谢天谢地！我和我的机枪都逃过一劫！我跟在我坐的那辆坦克后面狂奔，先把机枪递上去，然后抓住坦克后面拖着的一圈缆绳，爬了上去……"

天逐渐黑了下来，夕阳慢慢坠入西方的树影之后，在落日的余晖中，库恩克的坦克已经抵达树林边缘。面前有一块宽800米左右的牧场，对面是另一片树林，苏军的第一道阻击阵地就在林子边上，反坦克炮和机枪巢已经做好了战斗准备。交火，激烈交火，坦克主炮开火的声音如雷鸣般震耳，机枪则向着苏军阵地疯狂扫射。2连连长库尔特·诺伊（Kurt Neu）党卫军上尉通过无线电下达指令："先头部队立即进攻，不惜一切代价打开突破口，后续部队呈分散队形跟上。"

营长哈特兰普夫向火箭炮连下达命令：集中火力炮击敌军据点——锯木厂，压制对方的炮兵火力。随后他通过无线电向克莱因海斯特坎普党卫军上将汇报了先头部队已经和苏军交火的战况。火箭炮连的齐射打掉了苏军的反坦克炮阵地，一辆辆坦克穿过树林冲了出去，机枪和自动步枪开火的声音几乎连成了一片，苏军士兵的身影已经非常清晰，德军强大的火力迫使他们都趴到地上无法抬头。此刻，所有的坦克都趁机驶过牧场，苏军受惊的战马在牧场上四处乱窜。在坦克又打出一轮炮弹之后，苏军的防线终于崩溃了，幸存者跳起来向树林深处跑去，大部分人都没能逃过从背后射来的子弹，纷纷倒在地上。在稍作休整之后，德军车队继续出发，战斗时的惊恐转眼就被忘记，候补军官们匆匆吸掉最后一口烟，发动机的巨响淹没了人们的说话声。坦克碾过一个个匆匆挖成的散兵坑，死去的苏军士兵横尸遍野，各式武器和装备散落在地上。

穿过第二片林区后先头坦克已经接近哈尔伯东北方最外围的罗腾纳（Löptener）大街，突然前方出现了一排排阻挡去路的篱笆。坦克加大马力准备冲过去，然而在靠近篱笆时，有人却认出了篱笆下面的散兵坑里有穿着警察制服的德国士兵，他们从散兵坑中蹦出来，把枪举过头顶，朝着坦克飞奔而来。车队暂时停了下来，出现在装甲兵和士官生眼前的一幕让他们感慨万千——一顶顶一战时期留下的旧式头盔下面，满是胡茬、筋疲力尽的脸庞上露出的却是感激、狂喜的神色。在这段极其艰苦的日子里，这支位于哈尔伯东北方的警察部队顽强地坚守着阵地——和外界失去了任何联系，被苏军坦克和步兵部队包围着，对他们来说突围早已是天方夜谭。

篱笆旁边躺着许多未经掩埋的德国士兵尸体：有的脸朝下趴着，因为临死前巨大的疼痛，手里还紧紧攥着泥土；有的仰天倒地，睁着空洞的满是惊恐的双眼，四肢张开。还有一些重伤员在边上呻吟着，医护兵跳下车，试图将这些重伤的人抬上担架，然而先头部队几乎没有空闲的车辆，实在没有摆放担架的地方。军官们都很清楚，对这些伤势严重的士兵来说，一切都已无济于事，他们迟早都会再一次被击倒或者被流弹伤到。一边是无助的伤员，另一边是别无选择，502营2连2排的恩斯特·施特伦（Ernst Streng）党卫军下士回忆说，当时"任何人置身其中，随时都有被逼疯的可能"。最后，重伤员只能留下来，看看后续的突围部队有没有什么办法。被解救的部队加入了行军行列，凡是能够走路的人都躲到了坦克后面，这些庞然大物勉强能为他们提供一定的保护。

此时，在后面担任后卫的党卫军第32坦克歼击营也已经出发了，贝尔曼（Baermann）党卫军中尉回忆道："突围命令下达后，我们党卫军第32坦克歼击营的剩余力量奉命担任后卫的任务。由于我们的突击炮只能向着车头前方开火，因而只好把车倒着开，随时提防着后方和两侧。就这样，我们倒着开了大约有6公里。"

稍作休整之后，突围前锋的车队准备继续前进，先前派出的侦察兵返回报告：苏军沿途设下重重路障。库恩克的坦克沿着公路向前小心地驶去，公路两边长满参天大树，逐渐出现了花园和民宅。在越过铁路线之后，已经可以在路旁的建筑物上看到"Halbe"的字样了。此时已经是20点左右了，第一个反坦克路障出现了，周围却空无一人，而且路障没有完全被封闭，道路依然是畅通的。库恩克的坦克对着路障发射了1枚炮弹，没有任何反应。他的坦克继续前进，停在路障前大约80米处，随后他打开炮塔舱门，探头出细心观察前方的动静，一旦出现紧急情况，他将对其他坦克发出信号。

就在库恩克观察路障周边情况的时候，502营营部所在的车队被一处当地警察的治安岗亭拦了下来，哈特兰普夫亲自询问了仍在值勤的警察前方情况如何，得到的答复是哈尔伯镇内的苏军已经撤走了，里面只有一些德国警察在驻守。他立刻派了自己的通信军官去询问情况，眼见2连的坦克还停在那里不动，哈特兰普夫觉得有些奇怪，打算亲自到前头去问问诺伊到底出了什么事情。还没等他走出多远，前面突然枪炮声大作，再回头一看，刚才还在不断强调"一切正常"的"警察"突然消失不见了。

"上当了，那是一个奸细！一个可恶的'赛德利茨'！"哈特兰普夫这时才意识到自己被人骗了，懊悔已经来不及了，他飞快地向前跑去，跳上了2连连长诺伊的坦克。

在库恩克看来这是苏军设下的一个圈套,哈尔伯镇早已被苏军构筑成一个伪装巧妙的巨大陷阱,犹如地狱之门被打开——机枪弹、燃烧弹、迫击炮弹、榴弹和穿甲弹纷在排头的几辆虎王车体上闪烁爆炸,坦克里面的装甲兵一下子被震得七荤八素,陷入极度恐慌的噩梦之中。一些靠近路口的建筑物也被炮弹击中,燃起熊熊大火。库恩克立刻用无线电向连长报告,请求新的指示,无线电里传来的却是营长的答复:"继续前进,必须冲过哈尔伯。"

然而苏军的火力非常强大,如果库恩克强行穿过路障,坦克的侧装甲是顶不住近距离火炮射击的,那样他就死定了。于是他急忙命令各车组随机向所有能够打得到的建筑物开火,用炮火清扫街道和两旁的房屋。他需要步兵的支援,但是坦克上搭载的那些候补军官们早就跳车四处躲避炮火去了,根本组织不起来。他呼叫了库尔马克师的那支装甲掷弹兵连,结果由于炮火太猛装甲车开不上来……库恩克此刻能做的只能是倒车后退,然后绕道从侧翼进攻。

此时,突围德军的主力离哈尔伯越来越近了,许多部队试图从不同方向冲进哈尔伯,贝尔曼党卫军中尉回忆道:"突然间枪炮声大作,部队停了下来。所有人几乎都在大喊'步兵,向前'。我在一队马车中找到了我们的1辆追猎者坦克歼

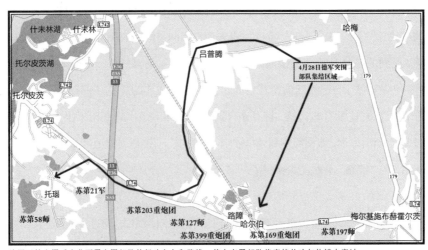

德军开始突围后南北两翼突围部队的行动方向和路线,其中南翼部队将直接从哈尔伯镇内穿过。

击车，车长已经负伤，于是其他乘员就让我当他们的车长。我们驶出马车队伍，开进大路旁边的树丛，然后上了另一条小路向哈尔伯方向开去。当我们到达哈尔伯后，发现这里已经变成一个混乱而残酷的人间地狱，主街道上挤满了坦克、装甲车、卡车和马车，还有不计其数的士兵和平民。哈尔伯镇有3/4都被苏军占领并且构筑了完善的防御工事，他们使用一切轻重武器拼命地射击，从路边的草丛到更远的树林里到处都是受伤或阵亡的官兵。随着炮弹不停地炸开，泥土、石块、树木混杂着肢体、枪械以及各种杂物不停地被掀起——落下——再掀起。突然有人大喊'俄国人从右边上来了'，我的坦克歼击车驶入道边朝着来敌的方向急速打了几发榴弹，接着马上退回主干道。"

越来越多的德军士兵聚集过来，一些士兵自发组织从两侧同时向苏军阵地发动进攻。党卫军第11军军长克莱因海斯特坎普离开后卫部队，拼命向前赶，他的装甲指挥车上还坐着参谋长格哈德·吉泽（Gerhard Giese）党卫军上校、传令官哈特曼上尉和几个指挥部的士官。这辆装甲指挥车在行驶途中被苏军反坦克炮命中，只有哈特曼活了下来（他被苏军俘虏后又设法逃了回来），而克莱因海斯特坎普和吉泽则下落不明，一般的说法是克莱因海斯特坎普当天被苏军俘虏，第二天自杀身亡。

伴随党卫军第502重装甲营突围的库尔马克装甲掷弹兵师第11装甲掷弹兵连在达林格尔（Dahlinger）少尉的有效指挥下，一直保持着完整的建制。他们和打头的502营2连一同陷入了哈尔伯苏军防御阵地的火网之中，这个连的作战记录这样写道："当领头的虎王坦克在反坦克障碍前停下来后不久，苏军轻重火力突然从前方和两侧倾泻而来，顷刻间把我们所处的地方变成了炮火的炼狱。反坦克炮、步兵炮和迫击炮的炮弹对我们的杀伤最大，爆炸声中我们的队伍中开始出现恐慌，有的士兵快要神志不清精神崩溃了。达林格尔少尉当机立断，身先士卒带着1个班沿着主街道两侧快速移动，冲进街道两旁的房屋，敲掉了苏军的火力点，强行打开一条通道。街道附近的一座教堂已成为苏军的核心防御阵地，火力十分凶悍。"

库恩克的坦克还在路障前面强撑着，依旧找不到突破的机会，一时间进退两难。有点不知所措的库恩克准备去找营长汇报情况，请求新的指示，结果刚一跳出坦克就碰到了白磷液体，整个人都亮了起来。在一些士兵的帮助下他很快扑灭了身上的火苗，好在没有什么大碍。找到诺伊的坦克后，他确认了营长哈特兰普夫也在其中，听完库恩克的汇报，哈特兰普夫决定让坦克都从路障周围绕过去，这条路是走不了了，那就让坦克从林子里杀出一条路。

　　库恩克回到他的坦克里，指挥驾驶员开始转向，发动机的轰鸣几乎被炮弹的爆炸声淹没，苏军的火力实在太猛了，路障前面不远处居然还出现了1辆苏军坦克。就在坦克即将钻进一片树林的时候，坦克底部突然触到一个树桩，车身猛地一顿，紧接着1枚炮弹击中了坦克尾部，瞬间腾起了一股火苗。看来坦克没救了，库恩克只得命令车组弃车。此前威风凛凛的虎王坦克燃起熊熊大火，苏军的注意力一时间都被吸引过来，黑暗中的火炬实在太显眼了，其他坦克趁机开始迂回。库恩克则带人爬上侦察排长尤斯图斯党卫军少尉的半履带车，向着另一个方向开去。

　　激烈的战斗仍在持续，在德军疯狂的反扑中，苏军隐藏在建筑和树林中的不少炮位和火力点都被打掉。突围中的车辆和人员都尽可能远离那些正在焚烧的建筑，随着夜色渐渐加深，各种目标也越来越难以辨别。施特伦的坦克也被1枚炮弹击中，正在观察敌情的他只觉得眼前花白一片，随后就感觉像坠入火海之中。驾驶员在无线电中大喊："着火了！"每个人都大吃一惊，打开各自的舱门爬了出去。跳下坦克的施特伦重重地跌在地上，手枪刮在路面上"咔嗒"作响，他刚站起身来，一道爆炸的冲击波直接吹飞了他的帽子。驾驶员奥托掉在履带边上，正痛苦地呻吟着，看上去肋骨受伤了。几名车组成员搀扶着奥托飞奔而去，跑出一段距离后施特伦回头瞥了一眼，发现他的坦克正处在熊熊大火中，周围是燃烧的橡胶、电线杆、横梁和屋顶。片刻之后，坦克车身上的火势反而逐渐小了，这让经验丰富的装甲兵们意识到，他们的坦克只是被燃烧弹击中，燃烧物质消耗完之后，坦克并不会受到多大损害。于是施特伦招呼所有人，示意大家回到坦克里，几个人依次爬回了战斗室。驾驶员奥托在座位上不断呻吟着，也许是肋骨断了，实在疼痛难忍，但他别无选择，战友的命运都紧紧地维系在他那钢铁一般的意志力上。施特伦用无线电联络其他坦克，库恩克没有回音，哈特兰普夫命令他马上掉头撤回到十字路口后面。

就在哈特兰普夫指挥部队开始迂回的同时，502营1连也已进入了哈尔伯，3排排长威廉·克卢斯特（Willhelm Klust）党卫军中尉的坦克走在最前面，此时是20点—21点之间。镇内一片混乱，给他留下深刻印象的是遍地燃烧的车辆残骸、废墟和尸体，士兵和平民就在其中到处乱跑，狂喊乱叫。毫不夸张地说，苏军打过来的不少炮弹直接就在尸体上爆炸，惨不忍睹……直接从镇内的主干道上冲过去已经不可能了，在接到营长从东边迂回穿过哈尔伯的命令后，克卢斯特让驾驶员贝特霍尔德·芬克（Berthold Fink）党卫军下士调整了路线，后面的车队也跟着开始转向。期间他们遭到了苏军反坦克炮的炮击，但虎王厚重的装甲再次救了他们的命。费迪南德·拉瑟（Ferdinand Lasser）是克卢斯特的炮手，一个出身于旧式学校的巴伐利亚人，为人处事一丝不苟到近乎瑞士钟表一样精确，尽管只能凭借炮口焰来判断苏军反坦克炮阵地的位置，但只打出几发榴弹之后，对方的火力就哑掉了。

哈特兰普夫的方法奏效了，苏军近卫第5步兵师在哈尔伯镇内外围的防线已经被逐渐瓦解。成千上万的人聚集在锯木厂周围，等待先头部队打开通道，不时有炮弹在人群中爆炸，特别可怕的是火箭弹的齐射，挤在一起的人群简直是最好的屠杀对象。出发的命令终于传了过来，车队和人群沿着被坦克碾压出来的道路在树林中奔行，开路的坦克周围更是聚集了大群步兵，所有人都在拼命跑，他们唯一的愿望就是立即逃出这座"巫婆的熔炉"。哈特兰普夫在这场大混乱中的表现可圈可点，无论开路的坦克在哪里出现停顿，他的指挥车就会立刻抵达，安抚部下后迅速做出判断下达命令，指挥部队突破。更多的时候，他都是在不厌其烦地回答后续部队询问的"先头部队在哪里？我们要从哪里走？"诸如此类的问题。

克卢斯特的坦克现在成了开路先锋，沿着一条丛林小道向西行驶，后面跟着一大圈士兵，还有不少人爬上了坦克，闹哄哄的一片。由于人太多，有的人直接坐到了炮塔顶上，连发动机舱的通风口都被遮得严严实实，结果一会儿工夫坦克里的空气就变热了。无可奈何的克卢斯特只能命令他们下车为坦克警戒侧翼，结果爬上来的人不愿意动窝，下面却还有更多的人想上来。在让步兵把通风口的位置让出来之后，克里斯特只能继续前进。又开出了几百米后，坦克却停下来，克卢斯特发觉自己迷路了。出发前拿到的临时地图并不完整，他拿着这张简陋的地图研究了一会，却怎么也无法和林间道路以及地形特征联系起来。后面渐渐地又跟上来几辆坦克，其中包括1连1排的113号虎王坦克，还有3辆豹式坦克、2辆追猎者坦克歼击车以及一些装甲车和20毫米自行高炮，党卫军第32坦克歼击营贝尔曼党卫军中尉的坦克歼击车就在其中。

几名车长经过短暂商议，决定继续前进。开了一段路后，前面突然出现了几堆隐隐闪现的篝火，走近一看，他们居然冲进了苏军的一个后勤车队宿营地。双方都大吃一惊，随后展开了一场混战。克卢斯特的坦克轰鸣着向前冲去，机电员用机枪乱扫了一阵，挡在路上的苏军步兵立即退开。突然间有名德军中尉跳上坦克，对着克卢斯特大喊："你开错方向了！"显然，他已经不想再和苏联人交火，还想寻找别的路。

克卢斯特短促地向他回答道："我是领头的！"然后盖上了舱盖。又开出去至少数百米之后，克卢斯特发现身边突然安静了下来，原来不知不觉中自己的坦克已经成了单车，身后的林子里却还打得火热。他决定停下来等后面的部队靠上来，又过了会，林子里陆续有人跑出来，但由于天太黑，根本看不清是敌是友。有胆子大的人靠近了坦克，有的则从边上跑了过去，又过了会儿，更多的坦克和装甲车冲了出来……

大约在午夜时分，党卫军第502重装甲营的所有坦克都已经冲过了哈尔伯，突破了苏军防线。大部分坦克绕到了哈尔伯南部，或者走小路，或者直接在森林中撞出一条路，带领着大群步兵向西滚滚而去。施特伦的坦克拉在了第一梯队的最后面，路上还遇见了正在给后续部队指点方向的库恩克，他用几句话向施特伦描述了此前在路障那里受阻的情形，并提醒说现在1排就剩下哈兰德尔（Harlander）党卫军上士的1辆坦克了。在向南走出300米之后，施特伦的坦克沿着树林开始向西前进，前方是潮水般涌动的人群，看来不必担心迷路了。又向前开了一段，影影绰绰能看见前头有辆虎王坦克在行进，排气管喷出的尾焰在黑夜中犹如明灯一般醒目。

忍着伤痛驾驶坦克的奥托有时候手脚不够灵便，尽管他已经竭尽全力，但在人群中行进坦克免不了会有所停顿。进入一片密林之后，恐怖的情景出现了，在坦克停顿的瞬间，许多伤员被人直接放到了坦克上，原先搭载的那些候补军官都被人挤了下去。然而，这些伤员并不会坐上多久，挨了流弹、树枝的剐蹭乃至颠簸，都会让这些人掉下车去。由于一路上伤员非常多，因此不断有新的伤员被人放上来，即便几分钟后他们还会再次中弹掉下去。由于林中过于黑暗，而且道路十分狭窄，施特伦只能打开舱门，冒着生命危险探出头去查探路况，尽可能避免压上倒在路中央的伤员。

战斗看似永远不会停歇，每分钟都会有人被子弹击中倒下，活着的人尽可能转移到坦克的另一侧，依托虎王坦克高大的车身来寻求掩护。在逃离地狱的赛跑中，掉队的士兵无人问津，重伤员被丢在路边，孤立无援的他们只能发出声嘶力竭的叫喊声。施特伦的坦克始终小心翼翼地前行，被子弹击中的伤员或者精疲力竭的人会突然倒下，运气太差的人会被履带碾过，虽然施特伦已经尽力避免这样的悲剧发生。坦克的周围有无数德军官兵跟着，潜伏在林子里的苏军有时会突然冒出来开火，然后再趁乱脱离接触。哈兰德尔的213号虎王坦克就在近距离内遭到了数枚"铁拳"的集火射击，2连1排的坦克这下全军覆灭了，哈兰德尔在跳车时被子弹当场打死，车组的其他人员倒是都幸存了下来。等施特伦的坦克赶上来后，炮长拉贝（Labe）党卫军下士向他叙述了当时的情况，然后爬上坦克替下筋疲力尽的炮手。奥伯胡波（Oberhuber）党卫军下士的224号车在附近也被击毁，施特伦让其驾驶员米尔克（Mielke）替下奥托，总算把忍着剧痛坚持了很久的奥托解放了出来。

就是这么一耽搁，施特伦的223号坦克已经无法再开动了，坦克用"人山人海"来形容也不为过，从炮塔到炮盾上都坐满了人。这些人都是无法步行的伤员，谁都不愿意下车，直至重重叠叠地摞在一起。施特伦苦劝那些躺在履带侧裙板上的人下车，因为这样太危险了，随时有掉下去被履带碾成肉泥的危险，至于那些挂在攀登架上的人，只要车一开，保证会被树枝刮下去……就这么走走停停，不知不觉，东方的天际已经开始发亮了。

当哈特兰普夫少校下令他的党卫军第502重装甲营转向离开哈尔伯，绕道突围的时候，第9集团军后续的突围部队却还在分批不停地向着哈尔伯前进。此刻大批德军士兵的心理和体力都已经接近彻底崩溃的边缘，他们几乎失去了继续战斗的体力和意志。只有一些有能力的指挥官还能有效组织他们的部队，用他们的勇气和意志来激励自己的下属，并且还能收拢一些散兵共同向前突击。然而，更多的德军士兵已经惊慌失措，趴在道路两侧的草丛中或者远离道路的树丛中不敢动弹，任由子弹和炮弹在身边穿梭或者爆炸，任由受伤的同伴在那里无助地呼号。

哈尔伯主干道上的反坦克障碍和教堂阵地是突围的关键点，是逃生大门的钥匙。不断有顽强而且有战斗力的部队经过激烈的近战，冒着苏军的火力封锁从这里突围而出。达林格尔少尉带领的库尔马克装甲掷弹兵师第11装甲掷弹兵连就这样经过惨烈的房屋争夺战后，冒着苏军的火力成建制突出了哈尔伯。当他们冲到哈尔伯以西的树林中后总算可以喘口气了，经过清点达林格尔少尉发现他的手下还有40人左右，而他们出发的时候有160多人。

德军另一支部队刚冲出哈尔伯，就遭到来自哈尔伯北面树林中苏军的火力攻击，库尔马克装甲掷弹兵师的1个班立即攻了上去，为突围的部队赢得了喘息的空间。幸存的第9集团军老兵和军官都证实此刻很多部队已经失去了组织和纪律，大批士兵陷入各自为战乃至不知所措的境地。道路边、草丛中、树林里到处都是死伤的士兵。党卫军第32"1月30日"志愿掷弹兵师师长汉斯·肯平

（Hans Kempin）党卫军上校记录道："……第9集团军已经陷入彻底混乱，残余部队没有任何组织纪律可言，很多军官和士官甚至把军衔扯掉，混在士兵群中逃命。成群的士兵往往跟着某个跑得最快的士兵狂奔，根本不看哪里是正确的突围方向，而那原本应该是连排长的带队位置。我在师部的参谋军官和传令官等人的帮助下，才能勉强维持住周围部队最低限度的秩序。"

在这样恶劣的环境下，倒是一些党卫军部队还保存着建制，这些日后被人们称作"纳粹狂热分子"的年轻人还背着武器，艰难地扛着弹药箱前进。当他们遇到苏军拦截的时候，还能拿起枪还击，或者组织突击队敲掉火力点，打通火力封锁线，让其他扔掉武器的国防军官兵能有一条逃生道路。和往常很多次一样，当他们被包围后，人们就会喊"党卫军向前"，然后这些人就会冲在最前面打开缺口。

虽然第9集团军有许多部队陷入混乱无序的状况，但还有很多团结且得到良好组织的部队成建制突围逃生。前面所述的党卫军第502重装甲营带领的部队（包括库尔马克装甲掷弹兵师部分、党卫军第32坦克歼击营和党卫军第561坦克歼击营部分）就是一个例子。在哈特兰普夫党卫军少校不知疲倦地勇敢指挥下，他们一直保持着部队秩序和战斗力。贝尔曼党卫军中尉继续记录道："4月29日凌晨，天即将放亮，经过一夜激战的我们更加小心地向前。突然，前面出现一道反坦克障碍，后面还有2辆T-34，领头的虎王坦克立刻射击。我大声下令：'目标！2点钟方向！开火！'我们共同打通了这道防线。随后我们又遇到一道反坦克障碍，再次一同射击，打通道路。不久，天空中出现了俄国人的攻击机群，幸好我们的车队中有自行高射炮的掩护，没有受到什么损失。"

负责担任北翼突围集群前锋，同时掩护南翼突围集群侧翼的库尔马克装甲掷弹兵师的部分部队经过一夜血战，付出惨重代价后从哈尔伯北部突破到哈尔伯—托伊皮茨公路。跟随北部突围集群的很多部队也都遭到严重损失，许多掉队或者跑散的人在托伊皮茨附近被苏军包围歼灭。党卫军第10装甲侦察营3连在突围中被苏军分割包围，最终仅少数人幸存到战后。负责殿后的党卫军第11

军工兵指挥官迈（May）党卫军少校指挥的军部直属部队的运气很好，他们从突围集群的北侧突了出来，一路向西，最终和大部队会合。

29日黎明时分，虎王坦克撞开了从第74号公路通往德累斯顿—柏林高速公路的路障，炸开了锅一般的人群沿着数十米宽的道路向着托伊皮茨方向跑去，全然不顾苏军的火力封锁。苏军的炮弹不停地在人群中爆炸，却根本起不到拦截的作用。跟着坦克向着巴鲁特方向而去的这股德军数量并不多，先头部队只有约2000名官兵，后面还跟着一些平民，其中倒有近20辆分属不同单位的坦克和装甲车。也许是苏军的注意力都被吸引到了北翼突围集群的方向，这股从哈尔伯西南方向插过去的德军起初走得非常顺利，借着黎明前黑暗的掩护误打误撞下冲进了一处苏军的炮兵阵地，施特伦的坦克被榴弹炸得如同圣诞树一样夺目，原先在车上摞着的人全部被气浪炸飞出去，爆炸声连绵不绝。德军捣毁了炮兵阵地后一直冲到了高速公路边，在这里他们遭到2辆隐蔽得非常好的苏军坦克攻击，一旦德军试图靠近公路，苏军的炮弹就会立即打来。哈特兰普夫少校命1辆虎王以及一队临时组织的步兵突击队绕道悄悄接近苏军坦克……解决掉苏军坦克后，大队人马冲过了高速公路，涌进路西边的树林。突围德军的标准步骤就是：由虎王领头冲锋——穿过公路进入树林——休整等候重组部队——继续往前冲。

第9集团军指挥官布塞将军在参谋冯·泽巴赫（Von Seebach）少校的陪同下赶到了计划中的临时集合点：马索（Massow）农庄。不久后，库尔马克装甲掷弹兵师师长朗凯特少将的传令官也匆匆赶到，报告了朗凯特少将的指挥车被击毁的情况。朗凯特少将逃出指挥车后下落不明，直到战后才确认他还活着。人们慢慢开始清晰地感受前一晚突围的惨烈，因为很多战友和指挥官都已经不在了。其中包括第9集团军参谋长约翰内斯·赫尔茨少将、党卫军第11军军长马蒂亚斯·克莱因海斯特坎普党卫军上将以及他的参谋长格哈德·吉泽上校。

布塞将军一方面布置集合地点的警戒，一方面询问下一步计划。哈特兰普

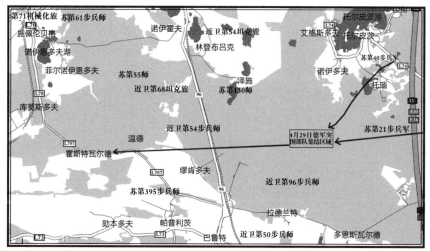

1945年4月29日黄昏，德军突围部队冲破苏军第二道封锁线，向霍斯特瓦尔德前进。

夫少校建议下一个集合点设在温德（Wunder）森林中的一栋建筑，在措森—巴鲁特（Baruth）公路以西。在指挥官们商讨突围计划的同时，越来越多的德军官兵躲进了树林，很多战斗单位在这里开始重组，凡是徒步行进的人都被编入临时组建的班、排、连、营，以应对后面可能发生的激烈战斗。

贝尔曼党卫军中尉继续记录道："我的追猎者此时负责警戒任务，布塞将军坐着他的装甲指挥车向前开去，我问他我们距离温克集团军还有多远，他告诉我还有大约60公里。60公里！我们的油肯定不够了，其他装甲车辆也都不够。布塞回答道，根据实际情况必须强行保证坦克的油料，因为没有坦克第9集团军就突不出去。"

一群坦克的车长们都围着自己的指挥官反映剩余油料不足的问题，指挥官们也没办法，难道指望老天爷下汽油吗？无奈之下，车长们只能把坦克停在路中央，从后面开上来的各类车辆里抽油。司机和乘客们尽管不满，但谁都知道没有坦克开路，突围的部队就毫无战斗力可言，让他们自己开车冲在最前面那是万万不可能。于是，被抽干汽油后丢弃在路边的车辆越来越多……

只有运送伤员的车辆是不能被丢弃的，而且能坐上车的全部都是重伤员，施特伦党卫军下士在战争结束后回忆道："在哈尔伯受重伤的营部连指挥排排长汉斯·罗丁（Hans Rodinger）党卫军上士被他的驾驶员临时抬到我们坦克后面，但我们没办法把他放进坦克里，他的后背被打穿一个洞。奄奄一息的他低声说道：'替我问候我的妻子和孩子，我已经不行了，请带着我的尸体，不要把我留在这里。'突然间出发的命令传了过来，周围的坦克和突击炮陆续发动，并以一定间隔距离前行，中间夹杂着各种通信指挥车、坦克歼击车或者自行高炮等车辆。我们焦急地寻找能把罗丁一起带走的机会，终于有一辆救护车停了下来。虽然这辆救护车早已挤满了伤员，但是车上的军医在我们的苦苦哀求下还是答应带上他。"

4月29日下午，突围部队在措森—巴鲁特公路线上的苏军第二道封锁线前停了下来。哈特兰普夫对于附近的温斯多夫（Wuensdorf）很熟悉，准确地估算出了苏军可能设伏的地段和火力封锁线。在对各级指挥官详细介绍了地形特征之后，他画出了详尽的地形示意图，命令乌兰（Ulan）党卫军中尉带3辆坦克按照示意图上的路线去占领右翼的制高点，掩护大部队的突破。双方约定，乌兰的坦克排必须在18：00以前进入警戒阵地。在缪肯多夫（Mückendorf）以北，此时德军已经集中了数以万计的兵力，只待一声令下就开始攻击。

约定的时间很快到了，第9集团军的突围主力开始穿越公路线，然而打头的502营1连3排的坦克在穿越公路时被炮弹击穿右侧装甲，包括车长波特（Pott）党卫军上士在内的5名车组成员全部阵亡。对于突围部队而言，这无异于一个严重的心理打击。大家都在奇怪，负责右侧翼警戒的乌兰排出什么事情了？第二天，乌兰又回来了，他向哈特兰普夫报告说，他带队按计划向着预定阵地前进的时候，突然出现1名上校命令他转移阵地，起初乌兰还试图解释，但是那名上校威胁要军法从事，他只好听命转移。结果表明，这又是苏军间谍的杰作。

德国人不知道的是，苏军近卫第38步兵军在巴鲁特–措森公路沿线布置了大量阻击部队，以坦克和反坦克炮构成了交叉火力，就等着德军来钻火网了。到了这个时候，尽管侧翼受到威胁，突围行动也不可能再停下来。于是哈特兰普夫又被推到第一线，他的装甲指挥车已经被击毁，全营仅剩的几辆虎王坦克现在必须负责把南北两侧的苏军火力点拔掉，掩护主力越过公路突入树林。尽管哈特兰普夫准备把全营的坦克都集合起来，但失去秩序的乱兵再一次严重影响了坦克的集结，各突围部队只能各自为战，大家都希望能依靠自己的力量先冲过公路，冲进树林。尝试在巴鲁特以南突围的部队纷纷被苏军火力拦阻、打垮，成群的德军士兵被机枪扫到，或被迫击炮弹打散，这些部队的幸存者再慢慢被苏军分割包围全歼或者生俘。在缪肯多夫以北，有限的几辆坦克终于把苏军近卫第54步兵师的防线撕开，绝望中的人往往会爆发出可怕的战斗力，白刃战让一些处于最前沿的苏军步兵连近乎全灭，于是突破口被不断扯大。

前赴后继的突围战持续了很长时间，德军的损失非常巨大，党卫军第23尼德兰装甲掷弹兵师第48志愿装甲掷弹兵团团长西格弗里德·沙伊贝（Siegfried Scheibe）党卫军中校就在巴鲁特公路沿线阵亡。苏军间谍再一次发挥了巨大的作用，他们的各种欺骗手段大大加剧了德军的混乱，在他们的指引下很多德军莫名其妙地成了俘虏或者干脆被诱进火力圈。党卫军士兵姆斯（Muhs）回忆道："一名国防军军官成了我们这群人的临时指挥，他开始试图恢复秩序，重新组织起部队。过了一会儿，这名军官开始发表演讲：'战争已经结束了，回家吧，不要再做无谓的流血牺牲了。'他的这番讲话让我一下子惊呆了！我回头猛然看到了后面不远处停着伪装不全的苏军车辆，这下子我们才都醒悟，我们被苏军间谍欺骗了！我和一些同伴赶紧跑进了树丛。"

贝尔曼党卫军中尉的车组也差点被苏军间谍诱入陷阱："我们停在公路线后面，前面情况不明。这时候大批步兵越过我们向前冲去，我们也只好发动车子跟在他们后面向南前进。大约行驶了几百米后，我发觉情况有点不对劲，我意识到我们可能掉入了敌军的火力陷阱，很可能是苏军间谍误导我们走进陷阱的。果然，埋伏在前面树丛里的苏军开火了，机枪、反坦克炮、坦克炮、迫击炮，还有狙击手精确的'点名'。我们赶紧倒车、转向，撤回原来的阵地。"

在缪肯多夫打开突破口后，502营接到的新命令是派出几辆坦克前往温斯多夫方向，掩护突破口的北翼。事实证明这次调动并不明智，有2辆坦克由于油料耗尽不得不丢弃，其中一个车组被苏军俘虏后全部处决。

克卢斯特党卫军中尉的坦克率领一群人最先抵达预定汇合点温德森林中的那栋建筑，他发现建筑周围居然有苏军坦克，在打了几炮后才确认那些T–34坦克是被人丢弃的空车。从不同方向跑来的德军士兵越来越多，再一次慢慢聚集起来。又逃过一劫的人们惊魂未定，大口喘着粗气，许多人累瘫在地。不远处激烈的枪炮声并没有停止，这意味着还有更多的人仍在修罗场中苦苦挣扎……

这个集合点逐步汇聚起了党卫军装甲兵、空军部队成员和库尔马克装甲掷弹兵师的官兵，达林格尔少尉的第11装甲掷弹兵连的残部也到了这里。在林中建筑里，一些军官正在和一名上校激烈讨论。此刻突围部队距离温克将军的第12集团军仍有30公里，还有差不多一半的路要走，上校要求军官带队跟着他走，因为他知道一条安全的通道。此时集合点已经不像一开始那么混乱了，更多的军官加入了讨论，这些军官逐渐发现情况不对，因为居然没有人认识这名上校是谁。于是争论变成了争吵，大家都质疑这名陌生的上校身份，在不断提出的质问声中，他的辩解显得越来越苍白。在众人的轮番询问下，上校已经无法自圆其说，他肯定是苏军派来的间谍！很快假上校就被枪毙，然后各单位开始整编，军官们也提高了警惕，开始建立询问巡查制度，要求大家注意甄别身边的陌生人。不久后又有几个混进队伍的苏军间谍被抓了出来，并且就地枪决。这些苏军间谍最大的与众不同之处就是他们的军服干干净净整整齐齐，跟新发的差不多。而突围行动已经进行了一天一夜，在钻过数不清的树林草丛，爬过各种大小弹坑后，包括将军们在内几乎所有人都已经制服肮脏狼狈不堪了。

502营所在的先头部队尽管一路上损失惨重，但仍保有一定的突击力量。为了保证坦克还能开动充当开路先锋，所有"不必要保留"的轮式车辆的油箱都被抽空。此时为了拦截向西突围的德军，苏军近卫第3坦克集团军第71机械化旅、近卫第4坦克集团军近卫第68坦克旅、第13集团军第102军近卫第117步兵师等部队从不同的方向压了过来。而在措森—巴鲁特公路沿线，苏军近卫第38步兵军的3个师在第395步兵师配合下，正在全力封闭突破口，以堵住第9集团军后卫部队的去路，哈尔伯地区已经完全被苏军占领了。

4月29日下午，温克给国防军最高统帅部发去了如下电文："集团军尤其是下属的第20军只能和波茨坦防御部队保持时断时续的联系，如果要继续完成收容任务那么第12集团军全线都将转入防御态势。"

国防军最高统帅部收到了这份电报后并没有转发给柏林，因为当时国防军最高统帅部正在向多宾（Dobbin）地区转移。23点，第12集团军发给国防军最高统帅部的电报再次明确描述了此刻的局势："第20军已全线转入防御……贝利茨和费尔希地区多处遭到敌军突破，只能勉强守住现有防线……即便得到第9集团军的帮助也无法继续向柏林进攻……"

国防军最高统帅部大约在23点还收到了希特勒自杀前发出的最后一封电报：

国防军最高统帅部 约德尔大将：

1.温克的前锋在哪里？

2.他什么时候到达？

3.第9集团军在哪里？

4.霍尔斯特战斗群在哪里？

5.他什么时候到达？

希特勒直到最后时刻还对柏林解围抱有一丝幻想。1945年4月30日凌晨1点，凯特尔回复如下：

1.温克前锋停滞在施维洛湖南部，苏军正攻击其东部侧翼。

2.第12集团军无法继续向柏林攻击前进。

3.第9集团军大部被围。

4.霍尔斯特战斗群被逼转入防御。

大约14小时后，彻底绝望的希特勒自杀。

4月29日23点30分，温克的第12集团军收到了国防军最高统帅部的一份电报："第12集团军的任务是协同下属第20军和第48装甲军向北突围，和第41装甲军建立联系。第9集团军和第12集团军指挥官，放弃波茨坦防御战，加速向我方突围，我们在这里等你们。"

温克很清楚，在贝尔齐希地区等候第9集团军突围的第12集团军将遭到苏军越来越猛烈的进攻，但是无论如何，他们都要坚持等待第9集团军的到来。此刻的任何损失，尤其是那些青年士兵、士官和军官的生命，都是为了兄弟部队所必须付出的代价，这是战友之间的责任和义务。为了这份责任和义务，第12集团军的官兵表现出了相当大的勇气，勇敢顽强不计代价地坚守着防线。

早在27日，温克就已经和柏林城防司令赫尔穆特·魏德林（Helmuth O.L.Weidling）炮兵上将通过无线电进行了联系，他通报魏德林："第12集团军的进攻停滞在波茨坦以南，部队已经陷入艰难的防御作战，建议你们向我方突围。温克。"

温克的第12集团军失去了继续进攻的能力，在苏军越来越大的压力之下即便是防御也力不可支。到4月30日，该集团军的情况如下：沙恩霍斯特师和科尔纳步兵师在贝利茨到特罗伊恩布里岑一线顽强地抵挡着苏军的进攻，沙恩霍斯特师的重要支援力量第1170突击炮旅经过多日激战已所剩无几；胡滕步兵师坚守在费尔希的公路三角交叉地带，多次打退苏军的进攻。第12集团军面临着非常危急的情况，柏林战役的失败已成定局，第20军全线陷入防御，忙着维持已有的防线。此刻温克面临的核心问题就是：这条准备接应第9集团军突围的防线能否顶住苏军强大的压力，能否维持到突围部队的到达。第12集团军指挥部和第9集团军一直保持着无线电联络，第9集团军的突围部队竭尽全力向西突进，他们距离第12集团军还有最后的20公里。在战局越来越紧张的时候，温克像往常一样穿梭在前线阵地，不停地鼓励着他的青年士兵们："我们必须坚守住，必须坚持住，必须牢牢地钉在这里，布塞还没到！我们必须等他！"

每天晚上温克都会和参谋长赖希黑尔姆上校长时间地分析战局，寻求对策。温克记录道："我们细细商谈了一切相关问题，最关键的问题总是这几个：战局形势如何？敌军的突破点在哪里？我们必须把力量及时投向哪里？每时每刻我们都在面临艰难的决定。部队在持续作战中已经筋疲力尽，下属部队纷纷要求休整。我们已没有能力进行大规模大区域的作战，我们没有空中掩护和支援，北面的苏军不断发起进攻。为了维持我们的侧翼，为了维持我们的防线，为了等候第9集团军的突围，众多年轻的士兵英勇而顽强地履行了自己的义务和职责，同时也付出了惨重的代价……我们都有一个明确的目标，这个目标给了我们勇气和力量。这个目标就是：挺过这段最艰难的时光。"

29日晚间到30日黎明这段时间里，越来越多的德军和平民通过公路上的突破口来到了库莫斯多夫地区，一路上留下了不计其数的尸体和伤员。德国人在争取时间，苏军也没闲着。当晚，苏军第13集团军命令巴鲁特地区的第395步兵师撤出阵地，准备在缪肯多夫地区展开，直接掐断德军后续部队通过缺口向西突围的道路。如果可能，该师还要向施佩伦贝格（Sperenberg）方向，也就是德军先头集团的南翼实施突击。主力在卢肯瓦尔德集结的近卫第117步兵师和近卫第68坦克旅向库莫斯多夫方向进攻，迎头拦截德军的突围部队。近卫第4坦克集团军则把近卫第63坦克旅和近卫第7机械化团调到了特雷宾（Trebbin）以南，防止德军在卢肯瓦尔德以北形成突破。第28集团军从柏林南郊用汽车连夜把第128步兵军第61师的2个团运到施佩伦贝格地域，加强给第71机械化旅，力争在天亮后从北面发起进攻，合围德军的先头集团。可以说双方都在争分夺秒，苏联人是为了胜利，而德国人在为生存赛跑。

4月30日的黎明时分，天空中又开始出现苏军的攻击机，不断地在突围部队的头上投弹扫射，凡是战争爆发时苏联人承受过的苦难，现在都原原本本地还给了德国人。克卢斯特不等命令下达就赶紧发动他的虎王坦克前进, 其他坦克和成群的德军士兵也赶紧跟上。冗长的队伍穿过霍斯特瓦尔德 (Horstwalde) 向着库莫斯多夫缓慢地行军, 有些德国平民携带的武器比士兵还多, 这让克卢斯特感到甚为羞愧和耻辱。开道的3辆虎王坦克和追猎者坦克歼击车不断与苏军阻击部队交火, 拿着武器的平民和士兵一同发起冲锋, 将拦路的苏军击溃。贝尔曼党卫军中尉所在的党卫军第32坦克歼击营还剩下80多人和7辆追猎者坦克歼击车, 他们和坦克一起走在队伍的最前方。

边打边冲的德军前锋到达了库莫斯多夫, 将坚守火车站和原炮兵射击场的苏军赶了出去, 丢下了一些反坦克炮的残骸和尸体。在炮兵射击场的库房里, 德国人意外地找到了几桶汽油, 如同久旱逢甘露, 立刻倒进了坦克油箱。贝尔曼党卫军中尉回忆道: "天亮后我们到了库莫斯多夫火车站, 这里已经一片狼藉, 一些被击毁的苏军反坦克炮歪倒在掩体边, 火车站、附近的工厂和油库都在熊熊燃烧。我们不顾损失直接穿过火车站, 伤员和阵亡者的尸体只能留在原地。1名失去突击炮的车长和他的乘员找到了1辆苏军留下的T-34, 他在上面铺了面万字旗后冲到了最前面。"

502营仅存的最后几辆虎王坦克和残余兵力全部通过库莫斯多夫, 终于在 "美丽牧场" (Schöneweide) 北部的树林中集结起来。其中1辆坦克拖着装满伤员的轨道车沿着一条支线铁路走了许久, 替伤员们省了不少力气。经过侦察确认, 苏军已经在特雷宾-卢肯瓦尔德公路沿线部署了坦克和反坦克炮, 一场新的血战不可避免。部队需要重整, 所有的坦克和装甲车辆都要在前头冲锋, 最终目标是温克将军的第12集团军防区, 终点线位于贝利茨以南地区。第9集团军突围部队此刻正在进行最后的努力, 恢复秩序, 恢复指挥, 准备最后的突围作战。德军所有的重伤员和不能跑动的士兵都不得不留下来, 一些志愿留下的军医和医护兵陪伴着他们, 等待被苏军俘虏的那一刻, 祈求上帝能让他们活下来。负责殿后的党卫军第11军工兵指挥官迈党卫军少校指挥的军部直属队也和主力部队会师了, 他们一直在主力突围部队的北面,沿着和主力部队平行的方向突围，经过多次惨烈激战后，已经所剩无几。为了确保坦克还能行动，德军再一次从剩余的其他车辆的油箱里抽空汽油，包括运载伤员的车辆。克卢斯特拿着布塞将军的亲笔手令，到处寻找可以利用的车辆，抓紧时间完成加油任务。有时面对一些顽固的不愿交出汽油的人，不得不采用武力相逼。

4月30日白天，第9集团军继续在库莫斯多夫以西的树林中集结，准备最后的突围。布塞将军记录道："现在负责指挥突围前锋部队的是第5军，原来担负这个任务的党卫军第11军部已失去联系。最后的突围将在黄昏时分开始，因为部队需要集结重整，以聚集起最后的力量。我们和第12集团军一直保持着密切的联络，他们指示我们最有利的突围地点是在贝利茨以南地区。"

库尔马克装甲掷弹兵师侦察营的一部和其他单位组成的战斗群首先进行了攻击，该部击退了苏军近卫第117师的警戒分队，穿越了维森哈根（Wiesenhagen）南侧的第101号公路，于黄昏时分一直攻到了维森哈根西南方的马滕斯磨坊（Martensmühle），行程有10多公里。他们在行军途中遭到苏军反坦克炮和迫击炮的持续攻击，幸亏随行的几辆自行高炮充分发挥了平射的威力，有效压制了苏军火力，为部队赢得了喘息空间。该部的成功突破，不但在突围部队的北翼建起了一道屏障，而且鼓舞了主力部队的士气，也打乱了苏军的部署，吸引住了近卫第117师的注意力。在这支侦察分队取得了突破的同时，德军先头集团的其余部队整个白天一直在休息和重组，同时在搜集一切能用得上的武器弹药。

第9集团军的后卫部队在苏军3个集团军的围攻下终于在30日傍晚土崩瓦解，除了少数逃进森林深处的人，大部分都当了俘虏。而在巴鲁特－措森公路以西的这股德军主力，经过奋战居然长时间挡住了近卫第38步兵军3个师的挤压，在突破口被封闭前有相当数量的部队和平民冲到了缪肯多夫一线。然而，就算这些人冲过了突破口，前面还有苏军第395步兵师的防线在等待着他们，最终只有一部分人能从森林中跑到库莫斯多夫和先头集团会合，当天仅

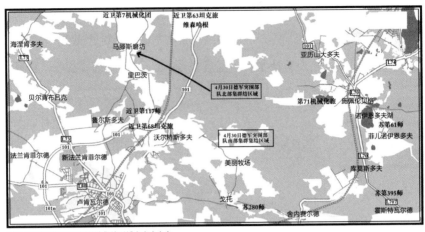

1945年4月30日德军突围部队集结区域和突击方向。

乌克兰第1方面军各部就俘虏了24000人。不过,苏军第395师、第61师配合第71机械化旅进行南北向心突击的攻势没能取得成功,他们在库莫斯多夫地区遭到德军顽强抵抗,后者在向南推进到施佩伦贝格西南2公里处的森林里就寸步难行了,只能停止攻击。为此,苏军第13集团军从于特博格地域抽出第27步兵军280师,在第395师的左翼向"美丽牧场"方向发起攻击,当晚该师经过战斗前出到舍内费尔德(Schönefeld)、戈托(Gottow)地区,保持了继续向北推进的姿态。

4月30日黄昏,德军第9集团军开始了最后的突围。此刻还没人知道希特勒已经自杀了,曾经的向元首个人效忠的军人誓言已经失效,现在他们只是为了自己的生存而战了。

主力部队在由党卫军第502重装甲营的虎王坦克、第920突击炮教导旅的突击炮和第32坦克歼击营的追猎者坦克歼击车组成的装甲前锋带领下,穿过了树林地带逼近了第101号帝国公路。走在最前面的还是克卢斯特的虎王坦克,他心里清楚公路沿线苏军有大量反坦克炮和坦克在"恭候"着,但他别无选择。用他的话说就是:"蹒跚而行,如履薄冰,而苏军只需等着我们自投罗网。"除了提醒车组成员保持警惕外,克卢斯特最伤脑筋的是应该把炮塔正面对准哪边才算安全，左边还是右边？进抵第101号公路后，伴随装甲集群前进的德军步兵高声呐喊着快速冲了过去，诱使苏军火力点开始射击。一时间，到处都是机枪"哒哒哒"的开火声，血腥大幕再次拉开。仗着虎王坦克装甲厚实，也亏得驾驶员贝特霍尔德·芬克娴熟的驾驶技术，克卢斯特的坦克躲开了炮弹，穿过公路钻进了对面的树林。他们又向前行驶了一段距离后，树林慢慢变得稀疏，到铁路线为止，逐渐失去了掩护的作用。铁道对面是一大片草地，一条小溪穿越其间，再远处看上去像是片沼泽地。克卢斯特用望远镜看了半天，没有发现任何异样，但是他内心觉得非常不安，这是一个老兵的本能，他能感觉得到苏军正在某处等着他们过去。虎王坦克再次前进，失去耐心的苏军终于开火了，炮弹命中坦克后被弹飞，坦克只是微微颤抖了一下，看来发射距离太远，炮弹飞到此处已经是强弩之末。克卢斯特仍旧在用望远镜搜索着苏军，此时炮长拉瑟用力拍了一下他的大腿，就在克卢斯特弯下身去钻进炮塔的瞬间，1枚炮弹直接命中了炮塔。然后拉瑟高喊着装填穿甲弹，短促急射了4发炮弹，解决了隐蔽的苏军坦克，原来他已经找到了对手的位置。交火结束后，克卢斯特拍了拍拉瑟的肩头，对他的救命之恩和出色表现致以谢意。

在装甲前锋身后，德军突围部队中数以万计的步兵发起了冲锋，已经负伤的第32坦克歼击营贝尔曼党卫军中尉就夹杂在队伍之中：

黄昏时分，我们到了第101号帝国公路前不远处，待命出击。我因为饥饿难耐随便吃了点儿野菜根，现在却由于腹痛难忍在这紧要关头想要拉肚子！被憋急了的我不得不爬出坦克歼击车找地方解决个人问题，终于痛苦地完事后，我找不到回去的路了。我身不由己地置身于一大群向西突围的士兵和难民之中，我的天！当我们到达公路前遭到2门伪装得很好的苏军反坦克炮的攻击。利用苏军装填炮弹的短暂时间，人群继续狂奔穿越公路，而我则不得不继续忍受乱吃东西的后果。此刻我两腿发软根本跑不动，当我回头四下张望时，看到树丛中停着1辆我们的装甲车，隐蔽得很好，不注意根本看不出来。车边站着5名车组成员，他们在短暂商量后就默默地带着手榴弹和1挺机枪出发了。他们要去敲掉那2门俄国人的反坦克炮，为大部队扫清障碍。不久后我就听到了短促的机枪声和几声手榴弹的爆炸声，然而短暂停歇后俄国人的反坦克炮又开始继续射击。显然那5名士兵失败了，他们生死未卜。对我而言，要想快速穿过公路几乎是不可能完成的任务，绝望的我拿出手枪准备给自己来个痛快，这时候我的救命天使出现了：我们后勤连的法伦坎普（Fahrenkamp）党卫军中士，他看到我后马上过来扶着我一同前进。接近公路时我们再次趴下隐蔽，一边喘口气，一边观察一下周围情况。很快我就发现周围出现了不少熟悉的面孔，原来我们营的不少年轻人也趴在周围，找到战友的我有点放心了，他们不会拉下我不管的。此时1名高炮部队的高个子军官过来问我们为什么不前进，就在这瞬间对面射来的炮弹很好地回答了问题。乘着俄国人装弹的时候，2个战友一左一右夹起我就跑，另一名伤员也被几名战友夹着向前狂奔。我们一路穿过公路，努力向前跑了几百米后再次躲入树林之中，终于暂时逃离了俄国人的火力封锁，其间我还看到了1辆被击毁的虎王。进入树林后我们继续向西前进，从后面开来一队卡车，我们恳请他们帮忙带走伤员，可是他们都无情地摇头拒绝。随后我们遇到了自己的2辆追猎者坦克歼击车和1辆105毫米自行火炮。天快要黑的时候，我们到了马滕斯磨坊，这个村子已经被苏军炮兵火力覆盖，东北方向还有反坦克炮不停地向这里射击。天黑后我们绕道继续前进，在树林里遇到了营长克劳斯（Krauss）党卫军上尉，他把我们派到了位于马滕斯磨坊的森林管理所，那里应该是师部所在地。他要我们去干吗？不久师长肯平党卫军上校出现了，陪同他的是名参谋军官。肯平告知我们，一部分人已经突了出去，他要求我们也马上开始准备，在夜间完成最后的突围。随后我们一一和师长告别，并且把我们的地址都写在纸上给了他。周围的炮火声不断，一名哨兵报告说，我们最后剩下的汽车都被苏军间谍炸毁了。至于事实究竟怎样，谁也不知道，反正这些汽车大多数都没有油了。这时一个小伙子双手提着大约40升汽油急匆匆赶了过来，靠着这点宝贵的救命油我们仅剩坦克歼击车还能继续前进。大家一致决定，坦克歼击车要一直向前开到没有油为止。午夜时分，我们终于突了出去。

党卫军第23尼德兰装甲掷弹兵师从哈尔伯开始一直充当着步兵突击队的角色，到达马滕斯磨坊附近后有组织的战斗群还剩下100多人，其中包括师长于尔根·瓦格纳（Jürgen Wagner）党卫军少将和党卫军第48装甲掷弹兵团1营营长特勒格尔（Troeger）党卫军上尉。他们随行的一些汽车上躺满了重伤员，但开到现在都已经没有汽油了，所有人都清楚已经到了突围的最后关头，也是最困难最危险的一关。40多名重伤员得到了最后一次补给和必要的救护，此后他们都将被留在马滕斯磨坊的一所学校里，其他人已经再也没有办法带走他们了。战斗群的剩余人员夜间抵达马滕斯磨坊附近的森林管理所，在这里他们组织起突击队，完成了最后的突围。

"在夜间我们突然遭到了敌军的炮火突袭。"党卫军装甲掷弹兵姆斯回忆道，"有1块弹片打中了我的钢盔，砸得我眼冒金星。昏沉沉的我赶紧摘下钢盔摸摸脑袋，幸好没有受伤。第二天，我在罩在钢盔上的袜子中找到了一块弹片，想想我的命还真大。后来我在人群中找到同一个连的战友达姆施克（Dameschke），我们就一同离开了大队到路边说话，正说到兴头上的时候，天空中突然俯冲下来俄国人的攻击机，顿时枪炮声大作。我们想躲进前面不远的树丛，可是趴在地上怎么也无法移动，弹片和石块就在四周溅开，简直寸步难行。突然，我的胳膊被弹片打伤了，幸好有达姆施克在我身边，可以帮我包扎。后来，我们看到了1辆属于空军运输队的马车，我是第一个跳上车的伤员，结果转眼间这辆车就坐满了伤兵。可惜达姆施克在苏军的下一波空袭中阵亡了，无能为力的我只能把这位战友的尸体留在路边。"

数以万计的人在马滕斯磨坊以东至沃尔特斯多夫（Woltersdorf）以北间大约5公里宽的口子上涌过第101号公路向西跑去。面对海浪般涌上来的人潮，苏军的坦克、炮兵、机枪乃至在空中盘旋的攻击机群都尽了最大努力，但还是无法让求生欲望强烈的人群停下脚步。天黑后，近卫第117步兵师的阻击阵地被一个个冲垮，北面的近卫第63坦克旅曾尝试南下投入战斗，但遭到德军掩护部队的拦截，少量沿着公路南下的坦克在战斗中又被德军击毁了。

尽管苏军做好了准备,但并没能完全成功拦截德军的突围行动,从兵力上看仅仅投入1个近卫步兵师进行正面拦截是根本不可能挡住数万德军的。苏军在南北两翼倒是投入了不少兵力,但只能起到钳制和削弱作用,逐渐吃掉落在后面的德军部队。战后苏军就当天的战斗有过一段总结:"4月30日,我军的战斗行动是在极其复杂的情况下进行的。希特勒军队被即将覆灭的命运弄到疯狂拼命的地步,凡有一点儿可能向西渗透过去的地方,他们都进行了冲击。大面积的森林、相当多的湖泊和河流,这种地形增加了我军从地面和空中观察敌人的困难,有助于希特勒军队迫使我们进行近战。参加这一战斗的兵力来自2个方面军的各个集团军,他们没有统一的指挥,互相之间没有联系,这就给组织协同增加了困难。"

5月1日凌晨,第9集团军的突围前锋陆续抵达马滕斯磨坊的森林管理所以及贝尔肯布吕克(Berkenbrück)农庄之间的地区,指挥官们开始商讨什么时候朝什么方向做最后的突围。贝尔肯布吕克附近的苏军防御很微弱,很快就被德军击溃,由此突围部队得以继续向西前进。凌晨大约3点30分,先头部队突到海涅肯多夫(Hennickendorf),领头的虎王碾开一道防坦克障碍。掩护这道障碍的苏军兵力并不多,小高地上的苏军炮兵连打了几发炮弹就撤走了。一大群浑身是伤筋疲力尽的德军官兵和难民又向前走了数百米,跟着坦克来到了费弗尔佛利斯(Pfefferfliess)河边,经过侦察德军发现从小河里可以直接跑过去,只是两岸的烂泥地有些麻烦,前方大约1500米的地方有一个小山包,散布着不少建筑,那里就是杜布里考(Dobbrikow)。苏军近卫第5机械化军的反坦克炮、坦克和威力巨大的火箭炮已经准备就绪,而德军别无选择。凌晨4点左右,德军前锋开始冲击,虎王坦克冲在最前方,身边还跟着1辆党卫军第10装甲侦察营的8轮装甲车和1辆自行火炮。数以千计的人流如潮水般趟过小河,向着杜布里考方向狂奔,其中就包括党卫军第32坦克歼击营剩余的15人。山坡附近的苏军阵地里各种口径的武器都疯狂地向着人群倾洒着弹药,火箭弹也劈头盖脸地砸进人群。德军坦克、装甲车和自行火炮拼命回击,掩护步兵群的冲锋,这是德军唯一的火力支援。

　　施特伦的坦克走在最前方,战斗爆发后,他马上俯身缩进炮塔,第一发炮弹"嗤"的一声擦顶而过。炮长拉贝立刻开炮还击,击毁了1门反坦克炮。随后施特伦对着空中打出3发照明弹,让其他坦克能更好地辨认苏军目标,他命令驾驶员向左开,加速冲向刚才被击毁的反坦克炮的位置,那里肯定是个缺口。面对冲过来的坦克,苏军防线开始动摇,一些步兵丢下武器向后逃跑,坦克履带从机枪阵地上"吱吱"地碾过,冲进了村里。此时右翼的德军步兵也在坦克和自行火炮的掩护下冲了上来,施特伦再次向空中发射了照明弹,为后续部队指示目标,随后他的无线电中传来命令:"继续攻击,直至完全占领村庄,2排作先头部队。"

　　村庄尽头是一片开阔地,一道缓缓的斜坡延伸至公路右侧的冷杉林。苏军隐蔽在林中的反坦克炮开始向施特伦的坦克射击,第一发炮弹就把挂在炮塔上的备用履带打落在地。坦克主炮缓缓转向树林,距离大约有300－400米,还击的榴弹撕碎了树干和树冠,但没有命中目标。就像一道闪电一般,"铛"的一声第二发炮弹以难以想象的力量撞在右侧炮塔顶上弹飞了。这是让人难以忍受的巨响和震动,装甲兵们撞得眼冒金星,只能紧紧抓住手边可以固定身体的东

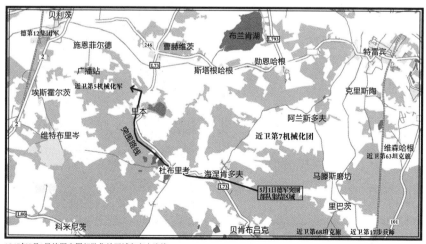

1945年5月1日德军突围部队集结区域和突击路线。

西,咬紧牙关。紧接着,第三发炮弹被前装甲挡住了,此刻施特伦的右耳和右臂都负伤了。

"驾驶员,快向左转,全速前进,立刻隐蔽,隐蔽!"施特伦对着通话器大吼道。

坦克全力发动,冲下左边的斜坡,一直开到湖边才停下来。沿湖开出几百米之后,坦克又向右拐回到了公路上,调头向村内开去。此时已经能看到步兵沿着公路向前奔跑,而施特伦却想着去哪里搞点汽油,对他而言,现在油料就是生命和希望。"铛"的一声,坦克左侧又挨了发炮弹,这是1辆停在公路左下方的苏军坦克,慌不择路的车组竟然没有发现它,还没等它打出第二发炮弹,冲出村外的克卢斯特的坦克就一炮轰掉了它。杜布里考的苏军防线已经瓦解,隐藏在树林里的苏军反坦克炮阵地被摧毁了,距离第12集团军的战线不足10公里,呈现在成千上万的德军士兵面前的是一条前进的道路,只是期间仍有难以逾越的苏军防线。

库尔马克装甲掷弹兵师装甲侦察营营长奥托-克里斯特·冯·阿贝迪(Otto-Christer von Albedyll)少校在突围战中阵亡,当时他正准备帮助负伤的副官韦伯(Wiebe)少尉一起走。阿贝迪少校是深受士兵爱戴的一名勇敢而又能干的指挥官,在突围期间一直身先士卒,如今他带出来的幸存士兵们只能把他埋在树林边上。

由于油料耗尽,党卫军第561坦克歼击营残部的机械化行军也彻底结束了。

"士兵们眼含热泪。"营长雅各布·洛布迈尔(Jakob Lobmeyer)党卫军少校这样写道,"车组成员不得不亲

党卫军第561坦克歼击营营长雅各布·洛布迈尔党卫军少校。

手炸毁最后的装甲车辆和火箭炮。我们又开始徒步行军，仿佛回到了战争开始的时候，我们又变成了步兵。大家拼尽最后所有的体力向着西面前进，温克集团军就在前面等着我们。"

从杜布里考出发，再向西北方向走上最多10公里就能和第12集团军会合。对经历了2天多磨难的突围德军来说，希望就在眼前，但现在也是最最困难的时刻。剩下的数万德军中，装甲战斗力量少得可怜，车辆所剩无几，就连弹药也基本耗尽，许多人连把刺刀都没剩下。在杜布里考举行的最后一次"作战会议"中，布塞将军几乎失去了继续战斗的勇气，他建议部队不要再向西突围了，就地建立防御阵地，等候第12集团军的部队打开缺口向他们靠拢。参加会议的几名指挥官提出了各自的意见，有能力继续前进的部队仍旧按原计划行军，实在无法行动的部队就留在原地，大家各自为生吧。

根据苏军的战史记载，4月30日和5月1日，德军第12集团军的部队"以极顽强的精神继续坚决地"在贝利茨地域和苏军激战。为了消灭"法兰克福-古本"集团突破到杜布里考和里本（Rieben）地域的残余德军，近卫第4坦克集团军先后投入了近卫第10坦克军近卫第61、63坦克旅、近卫第7机械化团、近卫第71轻型炮兵旅、近卫第5机械化军近卫第12机械化旅等部队。在贝利茨地域进行浴血奋战的近卫第5机械化各部甚至陷入了腹背受敌的局面。

德军第9集团军的步兵潮向着里本方向前进，其中包括库尔马克装甲掷弹兵师的残部。苏军攻击机和轰炸机群一直在德军的头顶盘旋攻击，这些来自天空的死神造成了德军大量的人员伤亡，并且使得他们的前进速度大大降低。无法行动的伤员都被人移到了路边，这些可怜的人哀号着向他们的同伴和战友招手，请求帮助，有些人紧抓着战友的衣角痛哭流涕。可是没有人愿意停下，也没有人能够帮助他们，许多人自己都负伤了，汩汩的血水从肮脏的衣服里渗出来，只能够勉强地步行。已经走到这里的人都不想再当俘虏，他们还要留着最后一点力气冲过森林外面苏军的炮火封锁线，那道由钢铁铸成的死亡幕墙对任何人都一样，包括妇女和儿童。

不久里本被德军攻下，但继续往前依然还有新的苏军防御阵地在等着他们。许多德军经过里本—曹赫维茨（Zauchwitz）之间的区域向西前进，这个区域内的苏军间谍异常活跃，很多德军士兵都成群地被误导，最后莫名其妙地进了苏军伏击圈。在这块区域内，特别是靠近施恩菲尔德（Schönefeld）方向，苏军近卫第5机械化军集中了自行火炮、反坦克炮和坦克进行炮火遮断，只要德军从森林里冲出来，他们就开炮射击。502营仅剩的3辆虎王坦克仍在发挥至关重要的作用，在通往施恩菲尔德的公路上，德军发现去路被10多辆苏军坦克和炮兵阵地所阻，保罗埃格（Paul Egger）武装党卫军上士的坦克距离苏军阵地大约400米处开火射击，施特伦的坦克也在连长诺伊的指挥下投入战斗，在击毁了数辆T-34之后，苏军开始后撤。德军步兵在此又分成了两路，一路继续跟着坦克沿着里本—施恩菲尔德—贝利茨公路向前走去，另一路转向左侧，跑过一段开阔地后爬上了施恩菲尔德以南大约400米的山坡。

此后发生的事情相当混乱，突围德军冒着炮火和飞机轰炸拼命向前冲，即便是苏军喀秋莎火箭炮的齐射也无法让他们停下脚步。相当一部分德军笔直向西冲去，在跑过2公里宽的田野后，看到了第12集团军的部队。还有一部分德军据说跟在施特伦的坦克后面向施恩菲尔德方向冲去，数以千计的疯狂人群将小村内的守军悉数歼灭，然后一直冲到了贝利茨。

施恩菲尔德周边地区战斗的具体情况已经无法考证，而受伤的施特伦只记得他的坦克是如何被击毁的，但对此后发生的事情却没有详谈：

我们的2辆坦克和1辆突击炮继续沿着大路前进，绵延数公里的队伍跟在我们后面踽踽而行。所有的罐头都空了，我饥渴难耐，尤其是口渴的滋味很不好受，我甚至都记不起上一次吃饭是在什么时候。突围路上的苦难不算什么，唯有饥肠辘辘一直在噬咬着我们。连长从口袋里取出一片腊肠，那芳香的气味狠狠地撩拨着我，奇怪的是我觉得更渴了！坦克内满是我们营的伤员，显得十分狭小，看来要把伤势最轻的人赶下去，否则装填手都不能正常装弹了。确保坦克的战斗力，显然是符合每个人的利益的。坐在坦克外面的许多伤员被敌军的子弹打中掉了下去，尽管如此，马上又有新的伤员爬上来，将坦克变成"硕果累累的葡萄藤"。

　　我们又一次遭到了阻击，连长把距离最近的1辆T-34击毁后，俄国人撤退了。不一会儿，我们在路边抛锚了，左侧的履带有问题，能够坚持到现在已经是奇迹了，修好故障得花40分钟。前面的突击炮在加油的时候不慎起火，大火引燃了炮弹，发生了剧烈的爆炸，车身被炸得粉碎。突击炮的车长是1名武装党卫军尉，被当场炸死。我们认真地讨论是否要炸掉坦克改为徒步前进，因为前方的德军战线已经越来越近了，而我们不得不花费许多时间来修履带，身心疲惫又饥又渴的我们哪还有力气挥舞锤子呢？这时营长搭乘着1辆满是伤员的运输车向我们驶来，他给车组的每一位成员都颁发了一级铁十字勋章。有人接过我们的工具来帮忙修理履带，这实在太棒了。就在我想找点水喝的时候，突然枪声响起，舒勒（Schuller）的大腿被子弹打了个对穿。"有狙击手！"驾驶员施廷策尔（Stinzel）尖叫着爬回坦克内。我也挨了发子弹，真疼啊，那个狙击手躲在哪儿呢？我忍着伤痛爬回车长的位置，通过望远镜搜寻狙击手的身影，狙击手没找到却看清了周围的情况，我们右前方有1架燃烧着的风车，遥远的后方有座无线电发射塔。

　　此时大概是上午10点，明媚的阳光笼罩在乡村的田野上，但现在不是晒太阳的时候，子弹还在身边飞舞着呢。众人举枪乱打了一阵，总算把狙击手打死了（也许只是赶跑了），一切恢复正常后从草丛中跑出来更多的人，纷纷爬上我们的坦克。履带修好后，坦克已经成了公共汽车，后来换上的驾驶员米尔歇尔（Milcher）由于

党卫军第502重装甲营2连2排的虎王坦克车长恩斯特·施特伦武装党卫军下士，在突围之路上身负重伤，历尽艰辛后还是奇迹般逃了出去。

受伤，被维修连的排长奥尔斯（Öls）替换下来。坦克内的无线电已经没法用了，人又多，我不想坐在坦克里，但我的伤又无法长距离步行，我想搭乘营长的车，但上面早就没了空位。这时有人把214号坦克的车长缪斯特武装党卫军下士抬到了主炮下的前装甲板上，他的伤势很严重，看上去已经奄奄一息了。坦克再次启动，沿着大路缓缓地驶向贝利茨。无数的人跟在坦克后面继续行军，他们大都衣衫褴褛，蓬头垢面，但至少大家都还活着。第12集团军的防区就在前面，人人都看到了生存的希望。

诺伊让奥尔斯加速前进，坦克里面实在是太吵了！无线电没法用，每道命令必须通过声嘶力竭地喊话才能传达。我们又一次停了下来，在道路前面发现了1门苏军反坦克炮，边上就是牵引车，我们迅速敲掉了它。突然间，又有1辆苏军坦克出现了。"穿甲弹！"虎王的炮塔慢慢向左转，射击——命中！爆炸产生的强光模糊了我们的视线，就这在一瞬间，坦克的右侧被炮弹击中了。中弹处的装甲板爆裂，发出"呲呲"的声音。炮塔里一片死寂，我们都被惊呆了，我们肯定忽视了右侧的对手，那里还有坦克或反坦克炮！被震得晕头转向的我本能地紧闭双眼、用手箍住脑袋蜷缩成一团，仿佛这样的姿势就能保护自己，躲避死亡。炮塔里面开

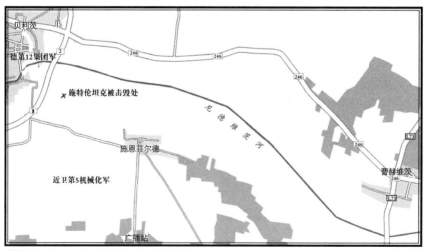

施特伦的虎王坦克在距离突围成功近在咫尺的地方被击毁。

始冒出白烟，空气越来越炙热。我们的坦克烧了起来！我的脑海中闪过极度恐惧的念头。瞬间，坦克里面哭喊一片，大家都拼命挣扎着向外面爬，都想快点逃出这个铁棺材，已经顾不上滚烫的钢板会灼伤双手和裸露的皮肤了。炽热的火焰灼坏了我的双手、上半身和脸庞。人们挤成一团，我几乎能听到身体里血液流动的声音，眼前也似开了个染坊：红的、绿的、紫的……我紧紧攥住舱门想要推开它，结果脑袋和拉贝的头撞到了一块。我本能地推开拉贝用头顶开舱门，皮衣好像被什么东西钩住了，瞬间就被扯碎，挂在胸前的那枚铁十字勋章好像快融化了。

我从3米高的坦克顶部滚下来，挣扎着手脚并用地爬离坦克，左手上的食指已经皮开肉绽，但那又如何？机电员全身着火，跌落在我的右边，紧接着哈廷格（Hartinger）、连长诺伊和奥尔斯从我的身边蹒跚走过。回头望去，正好看到从机电员的舱门口又掉下2个人：奥托和一位来自科特布斯的姑娘。他们摔在我旁边的壕沟里。我们并没有脱离危险，苏军机枪正对着我们扫射，我的大腿中了一颗流弹，渐渐地跑不动了。前面的人离我越来越远，他们爬上营长的运输车驶进了树林。我只能向着河边爬去，苏军机枪的子弹就擦着头皮飞过，到了河边我一头扎了进去，由于入水太猛，我呛了很多水。好不容易爬上了对岸，此时我的虎王坦克爆炸了，几十吨重的车身被炸得粉身碎骨，18吨重的炮塔被掀起来飞到几米开外。

这就是末日了吧！我心里这样想着，但是最后我还是奇迹般逃了出去，被送到了第12集团军的医疗站。

克卢斯特武装党卫军中尉的坦克也没能最终突破苏军的防线。在开往施恩菲尔德的路上，他的坦克发动机狠命地"喘"了起来，显然这表示快没油了！当地居民告诉他，在施恩菲尔德南面1.5公里处的广播站里可能还存着几桶汽油，克卢斯特立刻命令转向，凭借油箱里最后的几滴汽油，他们艰难地行驶到那里。在广播站的库房里他们果然找到了1个200升的油桶，转眼间，汽油就被一滴不剩地倒进了坦克油箱。坦克再次启动后，驾驶员贝特·芬克就对燃料的标号提出了怀疑，这油不对劲，发动机运作很不正常。最后多亏了芬克出色的驾驶技术,坦克才勉强继续上路。为了能够正常行驶,坦克后方的发动机盖一直开着,而且必须有人一直按着一个杠杆。

成千上万的士兵和平民在坦克周围拼命向西奔跑,身边不时落下几颗炮弹。生命此时是那么廉价,有人跑着跑着就一头栽倒,再也没能站起来。又开出去一段路,在埃斯霍尔茨(Elsholz)东北方约1公里处,第131号虎王坦克的发动机终于寿终正寝,再也挪不动步子了。克卢斯特通过无线电向上级做了汇报,也不知道是哪个上级(反正不是他的连长和营长)给他下了道让人感到非常郁闷的命令——把坦克埋起来充当固定炮台,用炮火掩护步兵突围。此时此刻,这样的命令只能受到鄙视,克卢斯特和车组成员心情沉重地向他们的老伙计做了告别,爆破了坦克后,汇入了徒步向西突围的队伍行列。就在他们到达贝利茨南部公路上的友军阵地,人人以为自己已经脱险的时候,一队苏军攻击机再次蹂躏了这些饱经磨难的人们,克卢斯特的机电员海姆利希(Heimlich)被当场炸死。这真是倒在了终点线上,好在的是,其他人都活了下来……

第12集团军的接应线上究竟是怎样的悲惨景象呢?党卫军第23尼德兰装甲掷弹兵师的通信兵安格施坦(Angerstein)党卫军下士这样写道:"在贝利茨以南,我们大约数千人向着一个苏军占领的小村庄发起进攻,驻守的苏军被我们一些小战斗群从后背切断退路并歼灭。这是精疲力竭的我们在即将被解救的时刻爆发出来的最后力量,温克的士兵们应该就在不远处了。这时候我终于支撑不住昏倒在地,隐约感觉有人把我抬上了马车,等我醒来已经在第12集团军的集结收容点了。"

党卫军第32坦克歼击营贝尔曼党卫军中尉的逃亡之旅也快结束了,在施恩菲尔德西南他快要赶到12集团军的接应点了:"我的腿快彻底不行了,一些战友帮着我快速穿过一段被火力封锁的道路,在我们面前的铁路线的西面就是第12集团军的防线。5月1日下午1点30分,我们做到了!我看到了一个拿着苏制冲锋枪的德军小兵,差不多16岁左右。我问他是不是一个人,他说不是,150米外还有一个。"

然而德军的梦魇并没有就此结束，苏军的侧翼火力依然能够覆盖贝利茨地区，他们利用空军和炮兵一直试图重新夺回该地区的控制权。贝尔曼继续写道："苏军的炮兵一直对着树林特别是树林边缘地带射击，我们必须继续快速向西走。苏军的攻击机和轰炸机从天上俯冲下来，对着人群扫射投弹，一位战友把我拉上了马车一路狂奔，苏军的炮火声终于慢慢远去，我们逃离了苏军的火力圈。随后，我被战友们带进了一所战地医院，战友们一直帮助我，直到我进入美军战俘营。"

贝尔曼的营长克劳斯党卫军上尉在战后回忆说："我带领的党卫军第32坦克歼击营一部一直有组织地共同战斗，当我们到达贝利茨的时还有2辆坦克歼击车和1辆高炮连的装甲车。休整的时候，布塞将军带着他的部分指挥部成员加入了我们的队伍，我们一同突出了苏军包围圈，抵达第12集团军的接应线。包括后勤连连长在内的一批战友就在突围的路上倒在我身边，2辆坦克歼击车就在我眼前被击毁。第12集团军这里的情况如何？我见到的第12集团军士兵中有的是高炮辅助服务队成员，有很多人来自于帝国劳工组织。我们在一个收容站里稍事休整，地名我已经不记得了。当布塞将军看着狼狈不堪的部下陆陆续续赶来，不禁热泪盈眶。他的集团军被彻底打垮了，很多士兵手里没有武器，大多负伤挂彩，而他们还将继续向着易北河方向行军。直到5月5日，我们进入了在马格德堡的美军战俘营。"

在埃斯霍尔茨（Elsholz）和维特布里岑（Wittbrietzen）之间，库尔马克装甲掷弹兵师装甲掷弹兵团2营的残部正在做最后突围。他们冲到一条公路上停下，看到了一些带着德军钢盔、身穿褐色制服、脸上还戴着眼镜的士兵，经过询问掷弹兵们才发现这些人都是帝国劳工组织的成员，他们是第12集团军的战友。随着时间的推移，陆续有突围部队到达萨尔茨布恩（Salzbrunn）地区，其中包括第920突击炮教导旅的幸存者。库尔马克装甲掷弹兵师的幸存人员在博尔克海德（Borkheide）地区集结。然而还没等这些人喘过气来，又传来了苏军逼近的消息，他们只能再次动身向着贝尔齐希方向行军。

5月4日，撤退的大军穿过根廷（Genthin），5日抵达耶里肖（Jerichow）。库尔马克装甲掷弹兵师的摩托化单位开往拉特诺，在那里他们听到原来的老部队大德意志师在德国北部的石勒苏益格—荷尔斯泰因（Schleswig-Holstein）州集结的消息，于是他们继续往哈弗尔贝格方向前进。海因里希·布林克曼（Heinrich Brinkmann）党卫军少校率领的党卫军第10装甲师装甲侦察营的幸存者也突围到了埃斯霍尔茨和贝利茨之间的地区。直到5月2日，该营设立的收容点一直在工作，收容失散的部队成员。

温克的第12集团军不惜一切代价，一直在贝利茨地区坚守防线等候第9集团军的突围。第9集团军成功突围而出的部队包括：党卫军第23尼德兰装甲掷弹兵师残部，包括师长于尔根·瓦格纳党卫军少将；党卫军第32"1月30日"志愿掷弹兵师残部；党卫军第35警察掷弹兵师和党卫军第36武装掷弹兵师残部；第169、214、286、303、342、391和712步兵师残部；奥德河畔法兰克福城防部队残部；新组建不久，但是在突围作战中发挥了重要作用的库尔马克装甲掷弹兵师残部等。

布塞将军战后回忆道："大约4万名官兵和数千难民精疲力竭地突围到了第12集团军的接应线。我们接到集团军群的命令，还能战斗的部分单位编入第12集团军，其他人员撤离。此刻，第9集团军已经不存在了。"

温克和布塞将军的手终于紧紧地握在了一起，温克略显激动地说道："感谢上帝，你和你的士兵终于到了。"

布塞将军回答道："我们的突围结束了，我的参谋长阵亡了，我的士兵们已经筋疲力尽，这世上已经没有什么能让他们再继续行军或者战斗了。"

温克态度坚决地要求道："不管怎样，我们必须马上离开。我们已经守不住现在这条面向东边的防线了，我们的侧翼快要被敌军包抄，后路也快要被切断了，防线的北翼和南翼也都发发可危。我们必须继续行动，否则我们都会再一次被包围。你的第9集团军必须继续行动，我们一起向西撤退！"

第9集团军的死亡突围之旅终于结束了，他们的突围道路上躺满了阵亡将士和难民的尸体，鲜血在树林中流淌。事后大部分无名的阵亡官兵被统一安葬在哈尔伯地区的士兵公墓中，也有很多死者在突围过程中被仓促安葬在途经的森林里，无法登记考证，因此第9集团军的确切损失数字永远弄不明白。可以基本确认的是，第9集团军总计突围而出的人员总数在3万到4万之间，另有数千难民也幸存了下来。对于活着突围而出的伤兵而言，他们的苦难历程还将继续，因为周围地区的野战医院都已经爆满，而且缺乏药品和医疗设施设备，甚至连绷带等医疗耗用品都不够，食物的供应补给也很紧张。对于所有的德军官兵而言，他们都希望拼尽全力冲到易北河畔向美军缴械投降。

德军在密林中为装甲部队补给弹药，这是战斗开始前的最后一次补给了。突围开始后，虎王坦克打先锋，党卫军的突击炮和坦克歼击车殿后，这是一条用鲜血和生命铺就的道路。

哈尔伯镇中心的主干道，这是朝西北的方向，也就是突围部队的必经之路。注意左边远方那栋建筑，当时苏军架设的第一道反坦克路障从阳台下面的位置开始，基本上遮断了道路，但并没有完全封闭，估计是作为陷阱吸引德军上前。

巷战中的坦克装甲车辆往往占不到任何便宜，由于观察死角太多，非常容易被近距离击毁。只有得到步兵的支援和配合，它们才能发挥出火力和机动的优势。从第二次世界大战到现代的车臣战争，这样的悲惨战例比比皆是。

党卫军第502重装甲营的一辆半履带装甲通信车。行军或者战斗中的命令下达、战况上报，除了使用指挥坦克或人工传递，一般都是通过通信车辆中的无线电设备来完成的。

恩斯特·施特伦党卫军下士在战后画的一张素描，是他在突围阶段指挥坦克冲出哈尔伯的场景，车身上的序列号223非常清楚，那就是他的坦克。

第9集团军的突围之路注定是不平坦的，刚刚开始突围的部队在哈尔伯的第一道封锁线就受到苏军火力重创，本来由车辆拖曳的反坦克炮被解下来丢弃，马车上搭载的反坦克火箭筒和弹药也扔得到处都是。

1辆被白磷弹击中的虎王坦克正在熊熊燃烧。

库尔马克装甲掷弹兵师的1辆豹式坦克,黑黝黝的炮塔上燃烧的痕迹清晰可见。

位于哈尔伯森林中的墓地,1945年4月底,在小镇周围的战斗中有超过20000名德国军人和平民伤亡,战后只有约8000人被确认了身份。

由于燃料不足被丢弃的虎王坦克。

苏军攻占柏林后，在帝国总理府的花园内找到了焚烧希特勒和爱娃尸体的地点，坑边还散落着几个空油桶。

为了堵住德军的突围道路，苏军频繁调动部队，图为苏军的喀秋莎火箭炮部队接到命令后正准备出发。

森林中的道路上，突围的德军损失惨重，一路上留下了不计其数的尸体和伤员，还丢弃了大量车辆和装备。

在恩斯特·施特伦的这张素描中，搭载兵员的虎王坦克碾碎了苏军的反坦克炮，带领着后继部队拼命突围。其地点在卢肯瓦尔德，当时德军的实际情况要比这幅画惨得多。

德军遗弃在村边的"铁拳"。由于这种单兵反坦克武器使用简便，苏军缴获后也会用它来打击德军的装甲车辆。

在森林中稍作休息准备继续出发的党卫军士兵。党卫军第23尼德兰装甲掷弹兵师从哈尔伯开始一直充当着步兵突击队的角色，到达马滕斯磨坊附近后有组织的战斗群只剩下100多人。

突围之路上被击毁的德军豹式坦克，可能属于库尔马克装甲掷弹兵师，被烧焦的尸体还留在坦克上。

苏军宣传人员站在被击毁的德军Ⅳ号坦克上拍摄苏军坦克部队追击德军的镜头。

党卫军第502重装甲营1辆被丢弃的虎王坦克，很可能属于1连连长卡尔斯，它成了苏军用来测试各种火炮射击数据的靶车。

在施恩菲尔德南面1.5公里处有一个广播站，图为广播站的大门。131号虎王坦克就是在这里的库房中找到1个200升的油桶，虽然油的质量不好，但至少能让坦克勉强上路，掩护步兵继续突围。

在突围之路的尾声死去的德军士兵。就建制来说，突围成功后的剩余部队被编入第12集团军，第9集团军已经不存在了。

6. 最后的目标——易北河西岸

温克的第12集团军一直以来都在未雨绸缪地做着接应第9集团军突围的各项准备，也收到了一定成效。预先准备好的铁路和公路运输力量即刻将突围出来的彻底筋疲力尽的第9集团军官兵向西转移。温克和布塞将军一致同意，现在的第9集团军没有任何战斗力，他们必须尽快向西撤退。

第20军沙恩霍斯特步兵师和科尔纳步兵师继续在原有防线上坚持了48小时，随着苏军的压力越来越大，德军渐渐支持不住了。1945年5月1日晚，邓尼茨海军元帅在其设在普伦（Plon）的总指挥部通过广播向全体德军官兵以及国民发表了讲话。邓尼茨向德国人民宣布，希特勒已经死了，他成为继任者。

"我的任务是拯救德国人民，使其免遭敌人毁灭。为了这个目标，战争还将继续……"对于德军官兵，邓尼茨要求他们"保持纪律和服从"，只有听从他的指挥，才能避免德国陷入彻底的混乱和毁灭。

温克和指挥部的全体军官在集团军指挥部一起收听了这段广播，他们都同意邓尼茨的意见——把德国交给西面的盟军。此时第12集团军下属的各个军部都发来紧急电报，他们当面的苏军压力不断增强，前线部队都快支持不住了。其中战场态势尤为严峻的是霍尔斯特将军的第41装甲军，该军部署在第12集团军左翼，和第3装甲集团军保持着松散的联系。在苏军的强大压力下，他们的情况非常危急。霍尔斯特的第41装甲军是曾被希特勒当作柏林解围最后希望的部队之一，此刻已经虚弱不堪、分崩离析。

此前的4月27日，第41装甲军保持战斗力的部队只剩下由空军警卫部队组成的冯·哈克师级战斗群、第115装甲侦察营、赫尔曼·戈林坦克歼击旅等为数不多的几个。一些人民冲锋队和希特勒青年团第1坦克歼击旅还算有名义上的建制，后者于4月30日部署在哈弗尔河以西。最疯狂的是，居然还有一个由V型导弹部队相关技术人员和警卫部队组成的高德克尔师群，指挥官是格拉赫·冯·高德克尔（Gerlach von Gaudecker）上校。

5月1日夜间, 霍尔斯特设在弗里萨克（Friesack）以西6公里的克莱森（Klessen）村的军部收到紧急报告, 在瑙恩—弗里萨克地区的苏军再次向西发动进攻。同时, 苏军白俄罗斯第2方面军对德军第3装甲集团军的防区也展开了全线猛攻。部署在弗里萨克地区的德军部队（哈克战斗群一部, 赫尔曼·戈林坦克歼击旅以及第115装甲侦察营）实力很弱, 要挡住苏军的进攻几乎是不可能。随着第3装甲集团军整体向西撤退, 为了保持战线的平衡, 霍尔斯特的第41装甲军也开始同步后撤。

5月2日, 维斯瓦集团军群的覆灭即将到来, 第3装甲集团军继续向西撤退, 负责殿后的部队依托一些有利的地形继续抵抗和延缓苏军的进攻。曼陀菲尔指挥第3装甲集团军残部和平民共30万人撤过濒临波罗的海的梅克伦堡州, 越过了苏军和盟军之间事先划定的分界线。5月3日, 在德国北部的哈格诺（Hagenow）, 曼陀菲尔率领他的第3装甲集团军残部向英军投降, 成了一名战俘。

在此期间, 苏军第61集团军和波兰第1集团军攻入了费尔贝林—瑙恩地区, 把霍尔斯特的第41装甲军击溃, 并且彻底分割了温克的第12集团军和第3装甲集团军之间的联系。第41装甲军军部被迫于5月2日夜间解散。第41装甲军迅速崩溃的一个重要原因就是高德克尔师群的投降。该师原来负责第41装甲军的左翼防线, 4月30日高德克尔上校在没有通知军部的情况下就和美军第29步兵师进行了投降谈判, 并于5月1日正式向美军投降。该师的投降使得第41装甲军的左翼完全崩溃, 出现了一个大缺口。苏军及时抓住有利战机, 从德军防线的缺口快速涌入, 穿插分割, 逐步切断了该地区德军部队的退路, 并且直接威胁到第12集团军的北翼防线, 使得该集团军也面临整体崩溃的威胁。

后来高德克尔上校为他擅自决定的行为这样解释:"我的部队虽然拥有良好的摩托化步兵装备, 但是大部分人员都是导弹技术人员, 根本没有进行过必要的步兵训练。因此这样的部队无法执行步兵师的任务, 而且这些技术人员都有很高的价值, 掌握着核心技术和秘密, 决不能落入苏军之手。"

由此可见高德克尔上校的行为也有他的苦衷。尽管如此，温克还是严厉指责了他擅作主张的行为，因为这直接威胁到整个第12集团军的安危，使得该集团军解救难民和溃退部队的行动受到了严重影响。这也是第12集团军向易北河有序撤退过程中遇到的唯一一次有可能失控崩溃的危机。到5月2日夜间，霍尔斯特的第41装甲军各部与集团军主力之间的联系被苏军彻底切断，苏军接下来的进攻重点是在拉特诺地区。在该地区以东抵挡苏军的德军主力是策勒上校的雅恩步兵师残部和吕比希（Ruebig）上尉的第243突击炮旅一部。尽管第12集团军目前的情况不妙，集团军指挥部内不断传来各部队抵挡不住苏军进攻的报告，但温克还是坚决命令负责接应第9集团军突围部队的第20军坚守战线，守住战友的逃生之门，继续等候剩余幸存者的到来。在第20军身后，是被彻底打垮的第9集团军残部，该集团军残存的各级指挥部正在竭尽全力组织幸存者撤退。与此同时，温克也开始着手组织集团军部分单位有序地向西撤退。

　　由于苏军坦克部队迅捷地穿插进攻，尤其是5月2日第41装甲军的崩溃使第12集团军的北翼受到了严重威胁，温克不得不命令还在休整阶段的阿恩特中将的第39装甲军即刻上阵，在哈弗尔河东岸坚守一条完整的防线：勃兰登堡—哈费尔塞（Havelsee）—普雷姆尼茨（Premnitz）—拉特诺。第39装甲军将掩护集团军的北翼，阻挡苏军从哈弗尔贝格沿着哈弗尔河向南的进攻，确保第12集团军的腹背安全，直到完成解救雷曼战斗群和第9集团军残部的任务。

　　对于处在休整状态的第39装甲军而言这个任务实在难以完成，归属该军指挥的部队只剩下第309步兵师和克尼茨基师群，战斗力不高。第309步兵师此刻还有3个步兵团，其中波森（Boysen）团有3个营，温特（Winter）团有2个营，归属拉特诺城防指挥部的第3团有2个营。此外该师还有1个2营制炮兵团，拥有一些榴弹炮和88毫米高射炮。克尼茨基师级群有2个2营制步兵团，其中的"胃病团"战斗力有限，最多只能算1个营级战斗群的实力。

　　除了虚弱的第39装甲军，温克不得不再次把希望寄托在一直表现优异的第20军身上，现在他手里真正还具备一定战斗力的就只有这个步兵军了。于是他把全集团军的运输力量集中到第20军的防区，运载从这里抽调出的"救火队"。

北线防御的核心关键首先是哈弗尔贝格，大批溃退下来的部队和难民正通过这里向西撤退，因此该地区目前非常混乱，这对于建立防线是个不小的麻烦。而且德军的士气也是个大问题，设想一下，当士兵们混杂在向西逃难的人潮中想要向盟军投降的时候，谁还愿意留下来继续战斗？在哈弗尔贝格东部和北部城郊防御的是德军陆军、空军的一些临时拼凑的战斗单位及希特勒青年团第1坦克歼击旅，在该城附近还有正在掩护海军后勤部队后撤的第3海军步兵师残部。第39装甲军军长阿恩特将军一直试图与霍尔斯特将军的第41装甲军保持无线电联系，但是没什么成效，他没有得到任何关于第41装甲军的信息。为了尽可能确保防线安全，阿恩特将军命令第309师的温特团在胡恩瑙—莫肯贝格（Hohennauen–Molkenberg）之间建立防线，军部工兵营则在莫肯贝格—加尔茨（Garz）之间建立防线。

5月2日下午，一队哥萨克骑兵在3辆坦克的掩护下突然从东面突进哈弗尔贝格。此时街道上挤满了逃亡的难民、溃退的士兵和各种车队，城内一时间陷入恐慌之中，居民则纷纷躲到自家的地下室里。城内外分属不同单位的德军齐心协力打退了这股苏军骑兵的突袭，战斗中第1坦克歼击旅边战边退，已经退回到城郊南部的桥头堡阵地。第20军胡滕步兵师派出的第2团及时赶到，临时配属第39装甲军作战，暂时稳定了由于第41装甲军崩溃而岌岌可危的战线。甚至可以说，是胡滕步兵师的这个团拯救了整个第12集团军，为此团长希尔伯特（Siebert）少校获得了金质德意志十字勋章（5月6日颁发）。

胡滕步兵师师长恩格尔中将派出的负责掩护侧翼的装甲侦察部队已经和敌军部队发生了正面接触，对手很可能是波兰第1军。他们于2日中午突进到哈弗尔贝格地区，并且继续向桑道（Sandau）前进。2日夜间，在苏军的强大压力下德军不得不放弃哈弗尔贝格以及哈弗尔河南岸的桥头堡，希特勒青年团第

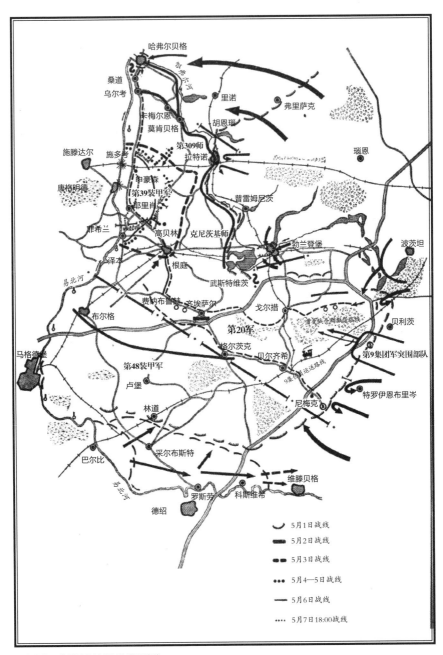

哈弗尔贝格

桑道
乌尔考

卡梅尔恩
莫肯贝格

第309师

施滕达尔　施多芬

唐格明德

申豪森
第39装甲军
那里肖

菲希兰

泽水

高贝林

根庭

里诺　　弗里萨克

胡恩瑙

拉特诺

克尼茨基师

普雷姆尼茨

瑙恩

波茨坦

勃兰登堡

武斯特维茨

费纳布普赫　齐埃萨尔

戈尔措

第20军

布尔格

马格德堡

第48装甲军

卢堡

林道

巴尔比

采尔布斯特

罗斯劳

德绍

格尔茨克
贝尔齐希

9集团运送路线

尼梅克

科斯维希

贝利茨

第9集团军突围部队

特罗伊恩布里岑

维滕贝格

易北河

	5月1日战线
	5月2日战线
	5月3日战线
	5月4—5日战线
	5月6日战线
	5月7日18:00战线

温克的第12集团军向易北河的撤退路线。

1坦克歼击旅的作战任务被国防军部队（主要为第3海军步兵师和第25装甲掷弹兵师的残部）接替。虽然这些希特勒青年团的成员们表现出了狂热的战斗意志，一直坚守着阵地，但他们中的大多数人毕竟还都是孩子，任何一位正常的德军指挥官都无法接受让一群孩子来为自己的撤退担当后卫。

5月2日这天，苏军还攻击了在拉特诺—勃兰登堡（Brandenburg）地区的克尼茨基师级战斗群。在勃兰登堡地区，苏军对希尔步兵师的防线发起了猛烈攻击。希尔步兵师以内贝尔突击炮旅为核心拼尽全力顶住了苏军的几次进攻后，于当天下午向根廷方向撤退。除此以外，第12集团军东、南两个方向的部队开始了调动，负责防守南线的第48装甲军后撤到尼梅克—阿尔滕格拉博（Altengrabow，现德国德尼茨）—布尔格一线。2日夜间，一直在东面顶着苏军重压，已经完成接应任务的第20军沙恩霍斯特师和科尔纳步兵师放弃原有防线大踏步向西撤退，胡滕步兵师担任后卫掩护。由于地雷和炸药匮乏，第20军的工兵甚至连最基本的敷设雷区迟滞苏军追击的措施都没有办法实现，全军只能凭借自己的力量快速后退。在东线积累了丰富撤退经验的恩格尔中将自有一套完成掩护任务的巧妙手段：具备机动能力的重武器部队配属有一定战斗力的步兵部队留守原有阵地，在天亮后苏军开始进攻时用猛烈的火力实施火力拦截，迫使苏军暂停进攻；在苏军重新组织进攻的间隙，后卫部队迅速和苏军脱离接触，乘坐集中起来待命的卡车高速撤离，侧翼掩护由配有装甲侦察车和突击炮的战斗群负责。他预计阻击战要进行3天，才能抵达集团军指挥部预定的易北河畔的唐格明德（Tangermünde）桥头堡。

5月3日清晨，第12集团军在乌尔考（Wulkau）—卡梅尔恩（Kamern）—莫肯贝格一线建立了一条新的防线，在哈弗尔贝格地区作战的库尔马克装甲掷弹兵师的部队和胡滕步兵师的1个团相继被撤下。库尔马克装甲掷弹兵师的部队前往耶里肖的师部集结，而临时被当作救火队调到北线的胡滕步兵师第2团也回归师建制。从当天早晨开始，恩格尔将军指挥胡滕步兵师的3个团以交替掩护的战术（1个团断后，2个团接应，随后轮换）逐步后撤：首先用一个团作为后卫在贝利茨以北地区（公路三岔口）阻击苏军的进攻，另一个团则在雷德尔（Rädel）地区设立了接应阵地，而刚刚归建的第2团在勃兰登堡西边的普劳厄（Plauer）湖地区集结并建立新的接应阵地。一切都部署完毕后，该师后卫团放弃原有防线向西撤退，部署在雷德尔的那个团负责接应并担负下一轮阻击苏军的任务……师属装甲侦察部队和所有能搜集到的装甲侦察车、装甲运兵车以及突击炮都被派到侧翼担任游动掩护，防止后撤的部队被苏军从侧翼突然切断。第20军的其他部队直接后撤到根廷以北一线。

3日白天，第48装甲军已经退到泽本（Zerben）—费纳布鲁赫（Fiener Bruch）—武斯特维茨（Wusterwitz）一线。截止到此时，在温克不知疲倦地领导和组织下，第12集团军有组织的后撤基本顺利进行。尤其是第20军在完成了大踏步后撤的情况下，整个集团军的态势依然整体稳定，并没有出现因快速后撤引起的防御崩溃现象，对于此时的德军而言这是非常不容易的。温克也明白现在已经到了和美军进行交涉，协商第12集团军与第9集团军残部向美军投降的时候了。

5月3日上午，在根廷以南的第48装甲军军部，埃德尔斯海姆装甲兵上将得到命令，马上动身前往位于小乌尔考（Klein Wulkow）的第12集团军指挥部，沃尔夫·哈格曼（Wolf Hagemann）中将接替他指挥第48装甲军。埃德尔斯海姆将军在集团军指挥部领受了新的重要任务，不久后他就带领由塞德尔（Seidel）中尉（温克最信赖的参谋军官之一）、坎多施（Kandusch）少校（第20军情报参谋，担任翻译）和基姆（Kiem）上等兵（司机）组成的特别参谋部，前往美军占领区协商会谈。埃德尔斯海姆将军得到了温克的授权，并且随身携带了书面投降要求，这份书面投降要求中有如下的内容：

易北河以及哈弗尔河地区德军部队总指挥

第12集团军指挥部 1945年5月3日

……

我将指挥我的部队与东面的敌军部队战斗到最后一颗子弹。

在集团军驻防区域内，我们没有能力继续为数量庞大的伤员提供最基本的医疗救护，医疗用品已经耗尽。在敌军压迫下，来自东面的难民数量庞大，他们被挤压在易北河东面无法过河。

大量已经失去武器的士兵，我将解除他们的兵役义务。我们将集中起所有剩余的作战力量，尽可能抵挡敌军。

我授权冯·埃德尔斯海姆装甲兵上将向美军集团军指挥部提交下列请求。

1.（向美军）转移伤员。

2.允许难民过河，尤其是妇女和儿童。

3.允许没有武器的德军士兵过河。

4.战争结束后，集团军剩余成建制单位集体移交给美军，供美军使用。

温克

装甲兵上将

同样在这一天的早晨，当埃德尔斯海姆将军乘坐的大众水陆两用车（Schwimmwagen，直译为游泳车）从唐格明德渡口渡过易北河的时候，苏军和美军在易北河流域的桑道胜利会师。美军第102步兵师的战史这样记录道："俄国人于5月3日赶到了，我们的第405步兵团第2营赢得了首先迎接苏军的荣誉。苏军方面的部队是第156步兵师第1185团。双方会面的气氛非常热烈，互致问候，互换武器。"

基姆上等兵开着大众水陆两用车在唐格明德一座被毁的桥梁附近下水渡河，车上飘扬着一面白旗。河岸另一头的美军士兵发现了这辆德国车，当这辆车开上河岸的时候，美军士兵纷纷围了上来。1名美军连长过来询问，坎多施少校说明了来意，随后他们被带到美军第405步兵团一位名叫弗莱森纳（Fresner）的营长那。弗莱森纳中校是一名颇具骑士风范的军官，他直接致电第102师师部，师长弗兰克·A.基廷（Frank A.Keating）少将闻讯命令把德国人送到师部去。埃德尔斯海姆将军估计投降谈判至少要到明天才会有结果，因此派遣塞德尔中尉回去向温克报告情况。

5月4日上午10点，德军的小规模谈判代表团被带到了施滕达尔（Stendal）市政府的会议大厅，在这里他们等候了大约1个多小时，美军派出以莫尔（Moore）少将为首的大约20人组成的代表团随后赶到。双方会面的气氛还算不错，颇具骑士风范。坎多施少校向美军方面提交了温克的书函，莫尔少将仔细阅读后回答道："先生们，我们是苏军的盟友，我们也清楚海牙国际战争法。我们接受你们的投降意愿并且停火，你们的部队可以在施多考（Storkau）、唐格明德和菲希兰（Ferchland）渡口向我方转移伤员并移交部队。所有移交过来的战斗部队都将得到8天的补给，我们也希望能为伤员建立医护站，但是不能有平民。"

埃德尔斯海姆将军在关于第48装甲军的文献中这样记录美军的具体要求。

1. 美军拒绝德军在易北河上新建桥梁或者修复唐格明德原有桥梁以便于德军人员步行和车辆通行的要求，但允许投降的德军通过已经损坏但尚可行走的原有唐格明德桥梁。此外，允许投降的德军从申豪森（Schönhausen）、唐格明德和菲希兰渡口渡河。

2. 允许将伤员和医护人员、医疗物资移交美军，但禁止通过任何形式向美军转移平民。

3. 美军拒绝为德军的转移提供物资和人员上的帮助，原因是：第一，美军是苏军的盟友；第二，易北河以西才是正式的美军控制区域。

5月4日下午，塞德尔中尉再次渡过易北河，回去向温克汇报最新的谈判进展。温克安静地听完了他的汇报，然后伏下身子仔细地查看地图，同时思考着塞德尔中尉带回来的信息。最后他慢慢转过身，对着参谋长赖希黑尔姆上校说道："赖希黑尔姆，这样对我们没有什么帮助！我们必须试试其他方法，也许我们能够成功地在晚间把一些难民送过河去，我们不能就这样把他们全留给俄国人。"

在温克的口头命令下，德军牺牲了自己过河的机会，动用一切可能的渡河工具帮助大批难民渡过易北河。然而，还是有许多人在美军的严厉命令下失去了继续向西逃亡的希望。

5月4日，当美德两军在施滕达尔的达成投降协议时，第12集团军还具备战斗力的部队都被调往东面抵挡逼近的苏军。唐格明德桥头堡阵地在苏军的不断攻击下，已经被压缩到很小的区域，该区域里的德军密度随之越来越大。这些部队被重新进行编组，划分指挥归属。第12集团军各师从北向南的部署顺序为：科尔纳步兵师、胡滕步兵师、沙恩霍斯特步兵师、希尔步兵师和雅恩步兵师，以及第48装甲军残部。担负第20军后卫任务的还是胡滕步兵师，师长恩格尔将军记录道："我的2个团于5月4日按计划退到普劳厄湖以南的集结点，同时留在东面还在和苏军交火的第3个团开始撤出阵地，脱离与敌军的正面接触。当面苏军没有发现该团的转移，我们判断他们可能正在进行战斗编组，因为在此前的战斗中，尤其是在南翼苏军遭到了相当大的损失。位于莱宁（Lehnin）和大武斯特维茨（Grosser Wusterwitzer）湖之间的茂密树林对我们的撤退行动非常有利，在重武器的火力掩护下，后卫团在撤出战斗的时候基本没有遇到什么困难。掩护撤退的警戒部队击退了苏军的几次小规模进攻，那些提前准备好的各种车辆来回不停地运送后卫团到预定集结点。我们的长距离快速撤退完成了，我的后卫团在脱离战斗后撤期间没有遭到任何损失，顺利到达计划中划分给他们的唐格明德桥头堡。"

5月5日，恩格尔将军的部队再次完成了防御作战的准备。在唐格明德桥头堡，原先负责集团军北翼的第39装甲军也奉命转移到这里。至此，第12集团军的防御态势如下：第20军负责唐格明德桥头堡阵地的北侧，第39装甲军负责其余部分；雷曼战斗群负责防御申豪森的桥头堡；第48装甲军负责菲希兰的桥头堡。

在各防御部队的掩护下，第12集团军的渡河行动正在加速进行。5月4日白天德军工兵部队在河岸边就已经准备好了渡河工具，其中包括各种橡皮艇艇、皮筏和渡船等。5月4日夜间，伤员和没有武器的士兵首先从唐格明德等渡口渡过易北河，随着美军禁止难民过河的消息在难民群中传开以后，引起了人们的极度不安和骚乱。这些历经千辛万苦从东部逃难到这里的难民眼看着只要过河就可以躲过苏军的追击了，此刻却失去了最后的希望。在这种绝望的情绪下，许多难民尝试着自己想办法过河，更有人穿上了德军制服试图蒙混过关。美军第102步兵师的战史这样记录道："德军士兵、德国难民以及劳工等拼命逃离苏军的追击，都挤到了易北河河岸前，希望能逃到西面。他们利用一切可利用的工具渡河……"

由于第12集团军的官兵不惜一切代价继续死守唐格明德桥头堡，苏军一时间无法打开任何一个突破口。面对混杂在德军中过河的难民，有些渡河地段的美军对此睁一只眼闭一只眼，但还是有不少人被甄别出来后遣送回易北河东岸。为了维持渡河秩序，德军在各个渡河区域都设立了专门的渡河指挥部。当天原属第9集团军的党卫军作战部队都赶到菲施贝克（Fischbeck）地区，做好了渡河准备。

5月6日凌晨，苏军对德军桥头堡进行了猛烈炮击，一些炮弹直接打到了易北河对岸的美军阵地。为避免不必要的伤亡，美军第9集团军命令易北河沿岸的部队后撤，脱离苏军的炮火范围。德军工兵部队充分利用这个机会，动用一切可用的冲锋舟、摩托艇以及橡皮艇，将大批难民送到了西岸。此刻，第20军各师的指挥部再次转移到距离易北河不远的新驻地，如科尔纳步兵师师部转移到了申豪森。其师长布鲁诺·弗兰克维茨中将和其他部队一样，先把他的后勤参谋以及一个小型指挥部先送到对岸，为接下来的部队渡河做准备。

5月6日夜间，第12集团军的桥头堡阵地继续被苏军压缩。第20军各师后撤到新的防御阵地，新的桥头堡阵地宽约20公里，纵深10公里，距离唐格明德大桥大约10公里。第188号帝国公路的拉特诺—唐格明德段是德军的重点防御区域，迅猛突击的苏军曾经短暂地在武斯特（Wust）地区打开过一个缺口，后被德军击退。作为第12集团军预备队的马洛步兵团第2营坚守在这条防线上。他们用"铁拳"对抗苏军坦克，用机枪压制苏军步兵，死战不退。整体而言，苏军依旧在不断侵蚀着德军最后的防御阵地，甚至将大炮直接拉到最前沿轰击德军的渡口。直到此刻，一线部队都一直在拼死守住桥头堡防线，保持着各部之间的联系，但是德军面临的问题也越来越严重，他们的后勤补给物资慢慢耗尽，尤其是弹药和医疗用品。

温克的集团军指挥部设在耶里肖市的克利茨尼克（Klietznick）村，他命令几个军级指挥官：科勒骑兵上将、雷曼中将和哈格曼中将，要求他们对非战斗部队的转移必须在5月7日前结束，以便为担任后卫的战斗部队腾出渡河工具。同时，仍在抵抗苏军进攻的各战斗部队也要做好分批后撤的准备，抓紧时间渡过易北河。6日白天，德军工兵在菲施贝克建造的宽约2米的紧急浮桥完工，工兵舟桥连完成了他们在战争中的最后一个杰作。撤退的部队开始有序过河，所有车辆都被留在原地，大部分被炸毁。埃德尔斯海姆装甲兵上将在西岸组织德军的渡河工作，并且负责把他们有秩序地送往美军战俘营。

负责防守菲施贝克以东，掩护渡河行动的是沙恩霍斯特师第3团，他们于5月5日夜间还向当面的苏军发动了一次反击，希望能减缓一点压力。虽然在这次夜袭中该团损失很大，但他们还是坚守到了5月7日。苏军在5月7日终于在菲施贝克以南打开了突破口，几乎把德军这个最后的桥头堡一切为二，直接威胁到该处的渡河行动。沙恩霍斯特师师长海因利希·格茨中将命令最后的预备队——师部警卫连发动了反击，对于此次战斗格茨中将记忆犹新，战后他回忆道："命令下达后，在我面前呈现的画面与以往的无数次进攻一样毫无区别，中尉平静地举起右手，坚决地敬了个军礼，把我给他的命令重复了一遍，随后带着他的连队毫不犹豫地投入了反击……他们把苏军前锋赶了回去，并且坚守了近2个小时。"

直到战争的最后关头，第12集团军的绝大部分部队都能够维持严格的纪律和良好的秩序（唯一的例外就是之前擅自撤离战线向美军投降，导致第41装甲军防线突然崩溃的由V型导弹部队组成的高德克尔师群）。"连级单位的秩序都很好，命令的传达和执行非常通畅，几乎没有擅自违令或者临阵退却的现象，更没有集体失控等情况发生。"很多营连级指挥官的回忆和记录都是如此，这就是第12集团军此刻大部分作战单位的真实写照。科尔纳步兵师师长弗兰克维茨中将对于部队在这段时间的战斗表现的总结可以作为高级指挥官的代表："（科尔纳步兵师）如同1939年开往前线的那些精锐师一样，纪律严格，意志顽强……"

这些记录都是第12集团军良好凝聚力和秩序的最佳验证，在战争已经失败的关口，第12集团军的优异表现不能不说和温克的个人品质以及组织指挥素养息息相关。他获得了集团军内部从上到下的绝对信任和理解，从而能够把他的各项计划付诸实施，挺过了战争最后也是最艰难的时刻，最大限度地避免了因部队崩溃而带来的惨剧。

在战争最后落幕的前一刻，第12集团军指挥部最重要的工作就是保证部队安全渡河并且向美军平稳移交。指挥部的军官们都在紧张地忙碌着，他们的脑袋里时刻思考的只有一个问题：能不能按时把所有德军部队送过河去？党卫军第10装甲师的装甲侦察营和党卫军第32志愿掷弹兵师大部都已过河，此时后者的师长汉斯·肯平党卫军上校能聚集起来的老部队只有148人！库尔马克装甲掷弹兵师的残部在唐格明德渡口渡过了易北河，在等候渡船的那刻许多人听到了一位德国将军的演讲，如同《兄弟连》结尾时的画面情节一样，将军向士兵们表达了最后的赞誉和感谢。

5月7日上午9点15分左右，美军第9集团军和德军第12集团军正式停火。与此同时，负责断后的第20军、第39装甲军、第48装甲军和雷曼战斗群的渡河行动正式开始。希尔步兵师在穆勒中校的率领下于7日下午抵达易北河岸边。撤退到申豪森的第1170突击炮旅还剩5门突击炮和一些后勤车辆，他们炸毁了最后的突击炮和车辆，然后向西渡河进入美军战俘营。第243突击炮旅的剩余官兵通过唐格明德渡口到了西岸，但是德军突击炮部队的悲惨命运并未就此结束，美军于5月8日开始违背原定协议，向苏军移交了甄别出来的德军突击炮车组人员。

5月7日下午5点10分左右，最后一批德军部队从菲希兰渡口渡过易北河。温克下令烧毁了第12集团军的所有文件，以免落入苏军之手。随后他和参谋长赖希黑尔姆上校、2名传令官以及指挥部的值守人员乘坐最后一艘渡船过河。就在他们身后几百米，苏军前锋部队的坦克和冲锋枪手们已经追了过来，但是他们已经无法阻止德军逃离，只能对着这艘船开火以发泄怒火。虽然温克的船已经远离岸边，但船上还是有3名士兵被打伤，为了加快航速，船上的士兵纷纷把多余的武器扔进河中。当温克踏上易北河西岸的时候，已经身心俱疲，此时河岸上一名年轻的德军士兵走过来对温克说道："将军先生，我们非常能够理解你的心情。我们虽然没能解救柏林，但是我们明白，我们解救了很多人，所以我们的战斗是值得的。"

温克拍拍他的肩膀，低声说道："你说得很对，非常感谢！"

至此，温克和他的指挥部成员进入了美军战俘营，第12集团军全部向美军投降。不过，坚守在霍恩贝林（Hohenbellin）地区为集团军断后的雅恩步兵师第2团第2营由于通信联络中断，当他们于7日晚上19点左右赶到菲希兰渡口的时候，等待他们的只有苏军黑洞洞的坦克炮口和大量步兵。

赖希黑尔姆上校这样总结第12集团军最后的奋战："……全体官兵完成了对德国人民应尽的所有义务，大批在1个月前还没有任何战斗经验的年轻士兵表现出了惊人的坚毅、顽强的战斗意志和严格的纪律，这意味着这些经历了最严酷战争考验的德国年轻人在战后的和平时期能够为德国做出巨大贡献。"

第12集团军的悲惨命运并没有随着渡河的结束而结束。5月8日，好不容易渡河进入美军战俘营的德军士兵们又听到了令他们绝望的消息——他们将被美军移交给苏军。根据德军幸存战俘的回忆，守卫战俘营的美军部队为了预防消息传达后可能引起的骚乱，调来大量坦克和机枪对准了德军战俘。而这个悲惨的消息的确在德军战俘中引起了恐慌，一些纳粹组织成员，例如希特勒青年团员选择了自杀。在混乱中有些美军卫兵开枪维持秩序，导致不少德军战俘丧生或负伤。根据相关记载和回忆，第12集团军投降部队中被美军移交给苏军的单

位如下:

1. 雅恩步兵师部分人员。

2. 希尔步兵师部分人员。

3. 雷根纳战斗群部分人员。

4. 第243突击炮旅的5名军官和65名士兵（唐格明德渡河）。

5. 第1170突击炮旅部分人员（唐格明德渡河）。

6. 第541国民掷弹兵师剩余的10名军官和士兵（原属第9集团军残部）。

7. 高炮和通信单位的辅助人员。

另: 第48装甲军残部据说也有部分人员被移交。

基本确认没有单位被移交给苏军的第12集团军部队有: 胡滕步兵师、科尔纳步兵师和沙恩霍斯特步兵师。负责谈判的埃德尔斯海姆将军试图与美军交涉, 阻止这样的移交行动, 但是没有任何结果, 美军方面没有回答他的问题。由于无论是美军第9集团军还是具体负责的第102步兵师都没有留下相关文件或档案来记载整个事件的过程, 而德军自己的记录也大部分丢失, 且幸存战俘的回忆无法精确描述那时混乱的场景, 因此无法详细描述移交战俘事件的情况, 也无法精确统计出究竟有多少德军战俘被移交给苏军。或许只有从苏联方面的档案资料入手, 才能找到精准的记载。

1945年5月9日0点, 德国一切陆海空军及仍在德国控制下的一切部队放下武器无条件投降, 纳粹德国战败。

温克的第12集团军一直以来都在未雨绸缪地做着接应第9集团军突围的各项准备，也收到了一定成效。预先准备好的铁路和公路运输力量立刻将突围出来的筋疲力尽的第9集团军伤员向西转移。

格拉赫·冯·高德克尔上校指挥的V弹师师群指挥部的一名上尉正在和美军第29步兵师的爱德华·H·麦克丹尼尔（Edward H.McDaniel）上校商讨投降事宜。

高德克尔师群的士兵们正在游泳渡过易北河，美军出动冲锋舟来接应他们。泡在水里的人有一些是昔日的V型导弹技术人员，美国人不会轻易放弃这样的人才。

美军第29步兵师设立的德军高德克尔师群的战俘收容点。这个师群擅自投降的举动使得第41装甲军的左翼完全崩溃，出现了一个大缺口，直接威胁到整个第12集团军的安危，使得温克解救难民和溃退部队的行动受到了严重影响。

后撤途中遭到苏军火箭炮轰击后的德军车队，一地狼藉。

追击德军后撤部队的苏军步兵在涉水渡河，摄影师按下快门的瞬间，一名士兵恰好中弹后仰。

苏军紧紧咬住后撤的德军，苏联空军掌握了制空权后可以肆意攻击德军车队。图为遭到空袭后被烧成铁架子的德军装甲车，几名德国空军地面部队的士兵尸体就倒在路边。

德军用来掩护部队后撤的高射炮，打击步兵和轻型车辆的效果上佳。除正常战损外，在完成任务无法带走的情况下，德军往往会先把炮炸掉再撤退。

在东线积累了丰富撤退经验的胡滕步兵师师长恩格尔中将指挥部队以交替掩护的战术逐步后撤，突击炮等装甲车辆都被他部署到侧翼担任掩护，防止后撤的部队被苏军从侧翼突然切断，最后部队成功撤到易北河畔。

铁拳！德国步兵们自己的反坦克武器，很多时候也是他们唯一能够指望的反坦克火力。

1945年5月3日，第48装甲军军长马克西米利安·埃德尔斯海姆装甲兵上将带着温克的授权，同几名下属坐着大众水陆两用车渡过易北河，代表第12集团军去和美军谈判投降事宜，他肩负着数以10万计的德国军民的生存希望。后来他回忆说，这一天是他生命中最艰难的一天。

第12集团军的投降谈判代表团，左后：坎多施少校（第20军情报参谋，担任翻译），左前：塞德尔中尉（温克最信赖的参谋军官之一），右后：基姆上等兵（司机），右前：马克西米利安·埃德尔斯海姆装甲兵上将。

德军第12集团军的投降谈判代表正在和美军代表会谈。

易北河唐格蒙德段已经被炸断的桥梁，这里是第12集团军和部分难民撤退到美军控制区域最重要的渡口。为了让部队顺利渡河，德军的后卫部队还在拼死抵抗苏军的进攻。

顺着唐格蒙德被炸断的铁路桥桥面，德军纷纷向着西岸撤退，河边能看见密密麻麻准备坐船过河的人群。

德军工兵利用被炸断的铁路桥上的钢梁,修建了一个能供人行走的便桥,大量德军官兵就是通过这座便桥跨过了易北河,准备进入美军战俘营。

所有过河投降的德军士兵都在桥头交出了武器,对他们而言战争终于结束了。

完成了最后使命的第12集团军官兵们此刻都成了美军的战俘。

美军战俘营中的德军战俘。虽然不知道还会有什么样的命运在等待着他们，至少这些人现在看上去心情还不错。

1945年5月3日，美军和苏军在易北河畔胜利会师，双方会面的气氛非常热烈，互致问候，互换武器。至少在这个时刻，美国军人和苏联军人都真诚地希望和平能够永久持续下去。

设在申豪森（Schoenhausen）俾斯麦公园的德军第12集团军的纪念石碑，纪念所有在1945年4月—5月间为了拯救更多的生命而阵亡的第12集团军官兵们。

十五

战后时光

老兵远去

温克在美军战俘营的生涯持续了2年，在此期间他一直保持着一颗忠诚的心，并且随时做好准备应对各种情况。在盟军针对曼施泰因元帅和霍利特大将的诉讼程序中，温克作为证人的表现再次向人们证明了他的优秀品质。温克毫不顾及自己可能受到牵连而产生的严重影响，依然以一名军人的身份，客观公正诚实地履行自己的义务和职责。为此，曼施泰因和霍利特都对温克怀有深深的谢意和感激，曼施泰因直到在1973年6月10日去世前都和温克保持着极其密切的联络，温克的老上级霍利特大将也同样如此。

1947年温克被释放，结束了战俘生涯。他和他的家人开始了"新的生活"——除了获得自由以外，他们几乎身无分文一无所有，而且夫妻二人都身患重病。幸运的是温克得到了波恩（Bonn）的医生马提尼教授的帮助，温克毫不隐讳自己窘迫的现状，而马提尼教授依然全力救治这位久经磨难的将军。

经过一段时间的治疗和休养后，温克逐步恢复了健康。1948年9月，温克作为一名助理销售人员进入了赫尔伯特·舒尔特公司，最初他每个月的工资只有300马克，不过温克优异的表现使得他很快便节节高升。冯·梅伦廷少将评论道："温克在战后进入经济界的表现就如同他在军队中一样优秀，他曾经接受过的各类军事培训（从基础军训、军官培训直到总参谋部的培训）为他打下了扎实的基础，无论他从事什么工作，这些优秀的素质都能让他如鱼得水，快速获得成功。"

1949年，温克就让舒尔特公司得到了大单收益，在他的努力斡旋下获得了某康采恩集团的资助。当舒尔特公司被奥托公司兼并后，奥托公司总裁埃克施坦博士立刻就把温克请到了面前，原因很简单，奥托公司也需要资助。埃克施坦博士询问道："您能告诉我，您是怎样帮舒尔特公司拿到资助的？"

温克回道："就靠着1瓶红酒，我们亲切交谈了关于公司合作的可能，然后就成功了。"

几天后，埃克施坦又一次邀请温克面谈，询问他舒尔特公司给了他什么待遇。

"每个月500马克。"温克答道。

"好,您马上可以拿到每月800马克。"埃克施坦说道。此后温克又开始帮助奥托公司去争取财政资助,同样也是马到成功,温克自然成为新公司总裁的得力助手。

1946年6月4日,胡安·多明戈·贝隆(Juan Domingo Perón)将军成为阿根廷总统。这位阿根廷将军曾经在德国待过很长一段时间,因此对德国非常感兴趣。尤其是在军事领域,他更是对德国军官的素质赞誉有加。上台后贝隆邀请了很多德国军官到阿根廷担任教官,希望能借助他们的能力帮助阿根廷组建一支高素质的国防军。温克这位优秀的装甲兵将领自然也在被邀之列,当温克抵达阿根廷时贝隆亲自接待了他。不过温克此行的目的并非是去担任顾问,而是去谈一笔对于德国而言非常重要的大生意。在他出发前,德国总理康拉德·阿登纳(Konrad Adenauer)曾提出希望能和温克进行面谈,然而由于阿登纳要与两位意大利部长临时会面,温克对总理只能表示歉意,因为他的航班也快要出发了。日后阿登纳再次提出和温克见面的时候,记忆力过人的他说道:"温克,这次请别放我鸽子了。"

对于阿根廷之行,温克回忆道:"和贝隆将军的会谈非常有意思,他希望能了解更多关于战争的东西。在会谈前,他的副官曾告诉我面谈时间只有10分钟,可当我们交谈了20分钟后,我隐讳地提醒贝隆将军面谈该结束了,但是他急切地摇摇手,连声说不。他很想听听关于东线战场的故事,于是我们继续热切地讨论了下去。50分钟后,我们仍旧意犹未尽。贝隆将军依依不舍地说我们一起拍张照片吧,并且希望这张照片如果明天出现在报纸头版的话,我不会生气。结果照片见报后,大怒的是美国人,他们认为贝隆又和纳粹搅和在了一起。当然,我们公司的合同水到渠成地拿到了,这份庞大的合同对于新生的德国,尤其是工业而言非常重要。"

当温克回到德国后,他受到德国经济部部长路德维希·埃哈德(Ludwig Erhard)博士的亲自接见,自然是为他庆功。

1953年，温克成为公司经理。该年年底，温克又飞到南美拓展业务，这次的目的地是智利。在这段时间，温克成为货真价实的"全球通"，他先后到过智利、阿根廷、巴西、美国、墨西哥、西班牙、委内瑞拉、土耳其、塞内加尔、泰国、印度、巴基斯坦、哥伦比亚、加拿大、日本和中国台湾、香港等地。温克出色的外交斡旋能力和市场开拓沟通能力使得他的工作业绩斐然，很快就被任命为奥托公司的代理执行总裁。

在温克服务于奥托公司的这段时间里，联邦德国的武装力量也开始诞生发展。1955年5月9日，德意志联邦共和国加入北约，并正式组建起武装力量。那些参加过二战的德军老兵对于新生的武装力量而言，价值非同一般。在1950年，温克的那些老上级们，如曼施泰因元帅、莱因哈特大将等人都给已经转行进入工业界的温克写信，有的表示慰问，有的则追述曾经的二战经历。尤其是莱因哈特大将，他对温克这位第1装甲师曾经的灵魂人物念念不忘，几次写信表达追忆之情，并且希望这位优秀的装甲参谋指挥官能回到新生的德国武装力量中来。对此温克委婉地拒绝了，但莱因哈特并没有放弃努力，而是继续写信劝说温克改变决定。《图片报》甚至在1955年5月11日关于德国加入北约的新闻中，赫然写道："德军总监（总司令）：路德维希·克吕维尔（Ludwig Crüwell）将军；陆军总监：瓦尔特·温克将军；空军总监：阿道夫·加兰德（Adolf Galland）将军……"

事实证明，这份名单只是媒体自作主张的猜测罢了。1956年7月6日，《法兰克福报》刊登了温克拒绝加入或者参与新建德军的消息。同年10月16日，弗朗茨·施特劳斯（Franz J.Strauss）博士正式接替特奥多尔·布兰克（Theodor A.Blank）担任联邦德国国防事务部部长，同期的《世界报》写道："施特劳斯向内阁建议，让温克到新的国防事务部（1961年12月30日改称联邦国防部）任职，但是温克至今依然拒绝了所有的邀请。"

温克曾经对原国防事务部部长布兰克的首席军事顾问霍伊辛格中将说："我无法接受你的邀请，我现在在工业界的发展很好。而且即便我接受总监之

战后，温克投身经济界，同样取得了优异的成绩，成为一名"全球通"。在战后的时光中，他与老上级、老战友们一直通信联络，保持着密切联系。图为一场老战友的聚会中，温克、曼施泰因和布塞的合影。

职，我也会要求将人事部门置于总监领导之下，因为只有总监才对下属指挥官有充分的了解，同时我希望我的控制范围以及职权能够得到充分保障。"

新任国防部部长施特劳斯对此答复道，他目前无力修改相关法规，温克的要求在政治上无法得到满足。1956年的另一份报道中写道："温克认为，首先必须在组织框架结构上进行调整，在没有得到明确的职位职责和职位权限的保证下，他将不会回到武装部队中。"

温克对于其服务的公司的忠诚和对于武装部队指挥构架的要求使得他无法回到曾经服务了多年的军队中，最终担任德国陆军总监的是汉斯·勒廷格将军，约瑟芬·卡姆胡伯（Josef Kammhuber）中将担任空军总监，阿道夫·霍伊辛格将军则担任三军总监。直到1960年4月15日勒廷格将军去世前，陆军总监一职都没有变动。尽管如此，温克的名字依然不断出现在各种报道之中，尤其是他在战争即将结束的时候率领第12集团军所作的各种努力和取得的成绩，更是成为这段时间德国人的回忆，关于第12集团军的各种报道和记录层出不穷。

1957年，施特劳斯又一次邀请温克面谈，温克依然坚决地表示拒绝，但实际上温克在这段时间里也处于内心的矛盾挣扎之中。他在给多位老上级、老战友和老朋友的信中都表达了自己的想法，其中他在1957年3月12日给他的老上级，原第1装甲集团军指挥官马肯森大将的信就很具代表性，信中这样写道：

"可能我让很多老战友们都失望了，但这是我的决定。留在公司，对我而言是长达6年的工作时光……对于我何去何从，我也曾进行了深刻的思考和激烈的挣扎。我也希望自己不会让老战友们失望，尤其是他们对于由我来担任总监之职寄予了厚望。但是，这样的职位需要各方面必要的支持才能确保工作顺利地展开，这其中包括人事部门、军事管理权限等方面。而这些要求无法得到满足的话，事实上我也很难确保能完成本职工作，甚至可能无力阻止给大家带来的巨大失望。另一个重要原因是我们公司董事会曾决议在2年后的管理层调整前不允许我离开岗位，而我们公司对于整个德国经济界和工业界而言都非常重要。加上其他一些个人原因，我实在无法接受大家的呼吁，满足大家的期望。"

没有重返军界的温克继续为公司的业务奔忙，又进行了多达25次的全球长途访问。在温克60岁生日这天，他收到了一封来自经济部部长埃哈德博士的贺信，向他表达了诚挚的敬意和祝贺，同时发来贺电的还有联邦外交部部长海因利希·冯·布兰塔诺（Heinrich von Brentano）和国防部部长施特劳斯。这也是温克在奥托公司度过的最后一个生日，不久后他在奥托公司的祝福下顺利"跳槽"到了位于纽伦堡（Nuremberg）的迪尔公司任职，主管国防科技领域，奥托公司董事会成员给温克发了热情洋溢的离别祝福信。此后温克在拥有15000余名员工的迪尔公司开始了新的职业生涯，到1966年他以迪尔公司首席执行官的身份退休，但依然半兼职地为公司服务。

在1966年后，温克携全家从纽伦堡搬到了巴德罗滕费尔德（Bad Rothenfelde）。退休后的温克也没有闲着，除了继续为老公司的一些事务东奔西跑外，他终于有时间可以回顾自己的军事生涯，并和他的老朋友们——从新

在联邦德国的武装力量诞生初期，温克婉拒了老战友们一次又一次的邀请，没有重返军界，而是继续为业务而奔忙。直到1966年，他以迪尔公司首席执行官的身份退休。1982年5月1日，温克不幸在一场交通意外中去世，图为他的家族墓地，后面那块石碑是他父母和两个哥哥。

兵生涯开始直到第12集团军的老上级和老战友们通信联络，始终保持着密切联系。同时他也对政治产生了浓厚兴趣，和联邦德国政府的官员们建立起良好的关系。

　　就这样，一直到1982年5月1日，温克不幸在一场交通意外中去世为止，这位曾经驰骋疆场的装甲参谋指挥官平静地度过了他的晚年。

瓦尔特·温克的军人生涯

1900年9月18日，出生在维滕贝格（Wittenberg）。

1919年2月12日，加入自由军团（Freikorps）。

1919年7月26日，上等兵（Gefreiter）。

1919年8月27日，士官（Unteroffizier）。

1920年5月1日—12月31日，陆军第5步兵团。

1921年1月1日—1932年10月31日，第9（普鲁士）步兵团。

1921年1月2日—8月20日，慕尼黑步兵学校培训班（第一期）。

1921年10月1日—1922年8月4日，慕尼黑步兵学校培训班（第二期）。

1921年11月1日，候补军官（Faehrich）。

1922年11月1日，高级后补军官（Oberfaehnrich）。

1923年2月1日，少尉，第9步兵团第3营第9连。

1926年1月1日，第12连（机枪连）。

1927年9月26日—10月15日，德贝里茨（Doeberitz）重机枪培训班。

1928年2月1日，中尉。

1928年10月3日，结婚。

1929年3月1日—1932年10月31日，第9步兵团第3营副官。

1930年8月1日，喜得双胞胎，一男一女。

1932年11月1日—1934年9月30日，转入第3（普鲁士）摩托化运输营（后来的第3摩托化侦察营），其间拿到了1、2和3b级驾照，获得驾驶10吨级车辆的资格，并且获得驾驶教官资格。

1934年3月18日—3月23日，通过军区资格考试。

1934年5月1日，上尉。

1934年10月1日—1936年10月5日，柏林军事学院学习。

1936年10月6日—1938年11月9日，柏林卫戍区装甲兵指挥部参谋部（该指挥部于1938年2月4日改编为第16摩托化军）。

1938年11月10日—1939年3月31日，第1装甲师第1装甲旅第2装甲团1营1连连长，驻地艾森巴赫。

1939年3月1日，少校。

1939年4月1日—1942年2月4日，第1装甲师首席参谋官（相当于师参谋长）。

1939年9月4日，获得进军苏台德奖章。

1939年9月18日，获得二级铁十字。

1939年10月4日，获得一级铁十字。

1940年5月18日，获得黑色战伤章。

1940年12月1日，中校。

1942年1月26日，获得金质德意志十字勋章。

1942年2月5日—2月19日，陆军总司令部，指挥官候补。

1942年2月20—9月2日，柏林总参谋军官培训班教官。

1942年6月1日，上校。

1942年8月1日，获得东线冬季作战纪念章。

1942年9月3日—11月25日，第57装甲军参谋长。

1942年11月26日—12月26日，罗马尼亚第3集团军参谋长。

1942年12月27日—1943年3月10日，霍利特战役集群参谋长。

1942年12月28日，获得骑士十字勋章。

1943年2月1日，少将（8月1日委任状）。

1943年3月11日—3月14日，陆军总司令部，指挥官候补。

1943年3月12日，获得罗马尼亚勋章。

1943年3月15日—1944年3月12日，第1装甲集团军参谋长。

1944年3月13日—3月23日，陆军总司令部，指挥官候补。

1944年3月24日—7月21日，南乌克兰集团军群参谋长。

1944年4月1日，中将。

1944年7月22日—1945年4月9日，陆军总司令部作战部长（作战部随后扩大为更大规模的指挥部），代理陆军总参谋长。

1945年2月13日—2月18日，代行维斯瓦集团军群作战指挥。

1945年2月18日，交通事故，汉斯·克雷布斯步兵上将代行其职位。

1945年2月19日—4月7日，疗养恢复。

1945年4月7日，装甲兵上将（1944年10月1日委任状）。

1945年4月10日—5月9日，第12集团军群指挥官。

1945年5月7日—1947年12月25日，美军战俘营，纽伦堡审判。